KB083474

이경재 평론집

문학과 애도

문학과 애도 이경재 평론집

초판 1쇄 발행 2016년 9월 5일
초판 2쇄 발행 2017년 8월 4일
지은이 이경재 **펴낸이** 박성모 **펴낸곳** 소명출판
출판등록 제13-522호 **주소** 서울시 서초구 서초중앙로6길 15, 1층
전화 02-585-7840 **팩스** 02-585-7848 **전자우편** somyungbooks@daum.net **홈페이지** www.somyong.co.kr

값 18,000원
ISBN 979-11-5905-109-8 03810
ⓒ 이경재, 2016

LITERATURE AND MOURNING

문학과 애도

이경재 평론집

소명출판

소설은 기본적으로 이미 일어났던 어떤 일을 독자에게 이야기하는 것이다. 소설이 다루는 과거로서의 사건은 대부분 상징질서의 균열에 해당하며, 대부분의 소설은 바로 그 균열에 대한 반응으로 이루어진다고 해도 과언이 아니다. 이러한 이유로 소설이란 기본적으로 애도의 성격을 지닐 수밖에 없다.

애도란 결코 간단한 문제가 아니다. 일상의 논리에서라면 애도란 현실성 검사를 통해 사랑했지만 이제는 잃어버린 대상에 부여했던 리비도를 철회하여 다른 대상에 그것을 부여하면 그만인 과정이다. 그러나 여기에는 몇 가지 문제가 따른다. 본래 소설의 대상이 될 만한 상실의 경험이란 리비도를 철회하기 위한 선행작업으로서의 상징화나 의미화가 쉽게 이루어질 수 있는 말랑말랑한 것이 아니기 때문이다. 그것은 라캉의 표현을 빌리자면 실재적 차원의 구멍에 해당하는 것이다. 더욱 중요한 문제는 상실된 대상을 일정한 의미로 규정하는 일이 쉽지 않을 뿐만 아니라, 존재의 중핵을 구성할 만큼 중요했던 무언가를 나에게서 분리하는 일은 폭력이 될 수도 있다는 점이다. 그렇다면 우울증적 주체가 되어 상실된 대상을 내 안에 영원히 간직하는 것만이 애도의 올바른 길일까? 그러나 상실의 체험이 실재적 차원의 구멍이라면 그것을 구멍 그대로 간직한다는 것은 주체의 포기로 이어질 수밖에 없다. 그것은 한마디로 삶의 끝이다. 동시에 과거가 그 자체로 절대화되고 신비화된다면 그것은 현재의 나와 분리된다는 면에서 반어적인 폭력을 낳을 수도 있다. 이때의 애도는 상실을 핑계로 현재를 회피하는 수단으로 전락할 수도 있는 것이다.

애도가 만들어 낸 끝이 보이지 않는 심연 앞에서, 오늘날 한국의 작가들은 고유한 윤리적 감각으로 여러 빛깔의 파문들을 만들어내고 있다. 이 평론집은 그 파문을 응시하며 그 속에서 솟아나는 문학의 가능성을 조심스럽게 측정해 본 기록이라고 할 수 있다. 그 기록의 한쪽 끝에는 마지막까지 상실을 부여잡는 것만이 인간의 최소조건이라는 목소리가 들리고, 다른 한쪽 끝에는 그럼에도 남겨진 사람은 살아야 한다는 그 흔한 말을 따를 때 애도가 가능하다는 목소리도 들려온다. 두 개의 목소리를 기본 축으로 하여 각각의 작품에 담겨 있는 애도의 윤리를 가능한 있는 그대로 탐구하고자 노력하였다.

1부에는 특히나 애도와 관련된 글들이 많이 모여 있다. 그것은 한국문학이 세월호 참사 앞에서 내지른 한숨, 탄식, 절규를 간신히 따라 읽었던 흔적이기도 하다. 그 독서를 통해 애도란 망각하기 위한 것이 아니라 영원히 기억하기 위한 작업이라는 것을, 사회적 애도가 선행되지 않는 개인적 애도는 불가능하다는 것을, 애도의 최종 귀착지는 상실된 대상이 아니라 지금의 우리라는 것을 가슴에 새길 수 있었다. 2부는 작가 / 작품론에 해당하는 글들로서 박민규, 김서령, 양진채, 천명관, 김애란, 이기호, 이하언, 윤후명의 문학세계를, 3부에서는 계간평에 해당하는 글들로서 하성란, 이신조, 구병모, 배상민, 이기호, 천정완, 김이설, 정지아, 김금희, 강화길, 김희선, 김민정, 전성태, 이순원, 구효서, 황정은, 최정화, 최제훈, 김훈, 신혜진, 윤고은, 정이현, 윤이형, 권여선, 손홍규, 정소현의 작품들을, 4부에서는 리뷰에 해당하는 글들로서 신경숙, 윤대녕, 편혜영, 이성아, 사사키 아타루 등의 글을 살펴보았다.

기본적으로 내가 논의한 작품들은 작가나 시대의 생혈로 쓰여진 일종의 혈서血書라고 생각한다. 서릿발 같은 비판을 하더라도 그 작품이 어디까지나 혈서라는 전제를 인정하지 않는다면, 그 평론은 최종적으로 무의미한 비난에 그치고 만다는 것을 확신한다. 그렇기에 이 평론집에 수록된 글들은 그 실상과는 무관하게 텍스트의 내적 논리에 충실한 정확성과 타당성을 최우선적인 고려의 대상으로 삼았다. 어느새 문단의 말석을 배회한 지도 10년이 넘는다. 얼마 전 문득 꺼내본 첫 번째 평론집의 머리말에서 "지금 나에게 문학은 자유의지가 만들어낸 선택으로밖에는 생각할 수 없다는 것이고, 그러하기에 나를 나로서 존재하게 하는 유일한 대상이라는 사실이다"라는 비장한 문장을 발견하고 놀란 적이 있다. 지금도 문학은 나에게 이토록 소중하고 절박한 것일까? 그 질문에 부끄럼 없는 대답을 할 수 있다면, 읽고 쓰는 나의 삶도 조금은 용납되리라는 기대를 가져본다. 언제나 초라한 글들을 주저 없이 책으로 엮어주시는 소명출판과 모자란 저에게 지면을 제공해 준 여러분들께 진심으로 감사드린다.

2016년 가을

차 례

제2부 창조적인 정신의 기록

제3부 | 같다는 것, 다르다는 것

제4부 | 파국 이후

제1부
슬픔의 기억

세월호 참사 이후 1년,
그 참담한 시간들을 돌아보며

1. 차라리 절규

수많은 생령들이 영문도 모른 채 죽어갔던, 그리고 그 장면을 온 국민이 반복해서 지켜보아야 했던, 그야말로 언어적 표상 자체가 불가능한 세월호 참사가 있은 지 어언 10개월이 되어 간다. 정말 이번만은 모든 이가 나서서 새로운 무언가를 만들어나갈 것만 같던 그 뜨거웠던 열기도 조금은 식어가는 분위기다. 일부에서는 모든 것을 잊어버리고 없던 일로 덮어두자는 식의 분위기마저 느껴진다. 그러나 그것을 잊는다는 것은 인간을 포기한다는 것과 다를 바 없을 것이다. 최소한의 공감과 연민마저 버린 인간, 생명의 소중함과 공동체의 안녕을 저버린 인간을 인간이라고 부를 수는 없기 때문이다. 그리하여 지난 시간 문학계에서 이루어진 세월호 참사에 대한 논의를 정리하는 것은, 그것을 망각하고 정리하기 위한 것이 아니라 오히려 그것을 새롭게 기억하고 영원히 간직하기 위한 작업이라고 할 수 있다.

처음 세월호 참사가 일어났을 때, 가장 먼저 반응한 것은 시인들이었다. 이것은 진실한 감흥의 순간적 표현에 적합한 시의 장르적 특성에서 비롯한 것이다. 구체적인 예로 69명의 시인들이 참여하여 만든 '세월호 추모시집 『우리 모두가 세월호였다』(실천문학사, 2014)를 들 수 있다. 여기 실린 시들에서는 분노, 죄의식, 슬픔, 무력감 등이 거의 절규에 가까운 목소리로 울려 퍼진다. 그 중의 한 편만 예로 들자면 김선우의 「이 봄의 이름을 찾지 못하고 있다」와 같은 시를 들 수 있다.

> 믿기지 않았다. 사고 소식이 들려온 그 아침만 해도
> 구조될 줄 알았다. 어디 먼 망망한 대양도 아니고
> 여기는 코앞의 우리 바다.
> 어리고 푸른 봄들이 눈앞에서 차갑게 식어가는 동안
> 생명을 보듬을 진심도 능력도 없는 자들이
> 사방에서 자동인형처럼 말한다.
> 가만히 있으라, 시키는 대로 하라, 지시를 기다리라.
>
> 가만히 기다린 봄이 얼어붙은 시신으로 올라오고 있다.
> 욕되고 부끄럽다, 이 참담한 땅의 어른이라는 것이.

만족을 모르는 자본과 가식에 찌든 권력,
가슴의 소리를 듣지 못하는 무능과 오만이 참혹하다.
미안하다, 반성 없이 미쳐가는 얼음 나라,
너희가 못 쉬는 숨을 여기서 쉰다.
너희가 못 먹는 밥을 여기서 먹는다.

환멸과 분노 사이에서 울음이 터지다가
길 잃은 울음을 그러모아 다시 생각한다.
기억하겠다, 너희가 못 피운 꽃을.
잊지 않겠다, 이 욕됨과 슬픔을.
환멸에 기울어 무능한 땅을 냉담하기엔
이 땅에서 살아남은 어른들의 죄가 너무 크다.
너희에게 갚아야 할 숙제가 너무 많다.

마지막까지 너희는 이 땅의 어른들을 향해
사랑한다, 사랑한다고 말한다.
차갑게 식은 봄을 안고 잿더미가 된 가슴으로 운다.
잠들지 마라, 부디 친구들과 손잡고 있어라.
돌아올 때까지 너희의 이름을 부르겠다.
살아 있으라, 제발 살아 있으라.

2. 불을 뿜는 세상의 입

시인들의 그 뜨거운 절규를 이어받은 것은 작가들의 에세이이다. 그것을 대표하는 것은 『문학동네』 2014년 여름호와 겨울호에 발표된 에세이를 모은 『눈먼 자들이 국가』와 『실천문학』 2014년 가을호의 '세월호 이후, 작가의 말' 특집을 들 수 있다.[1] 20여 명의 문인들이 참여한 그 에세이들의 내용은 크게 '망각의 거부', '진상 규명', '구체적 실천의 강조' 등으로 나누어진다.

많은 문인들이 망각을 끝내 거부하고 영원히 세월호에 대한 증언자로 남겠다는 입장을 내보이고 있다. 서영인은 "문학은 가장 가까이서 함께 아파하는 세월호의 동승자이며, 그러므로 끝까지 남아 가장 오래 기억하는 증언자가 되어야 할 것"(27)이라고 말한다. 이용임 역시 "산 사람은 살아야 하지 않겠어요?"(41)라는 유령의 목소리에 맞서 "살기 위해 잊지 않겠어요"(43)라는 대답을 해야 한다고 주장한다. 서효인은 "망각의 평범성"(47)에 맞서 세월호를 끝까지 생각하고 기억해야 한다고 주장한다. 고봉준은 연대의 감정을 "'의무의 말'로 바꾸려는 노력의 첫걸음은 당연히 함께 아파하면서 어린 죽음들을 잊지 않는 것이 아닐까"(56)라고 묻는다. 김연수는 "우리는 먼저 자신의 실수만을 선별적으로 잊어버리는 망각, 자신을 잘 안다고 생각하는 무지, 그리하여 시간이

---

1 『실천문학』(2014년 가을호) 특집에 참여한 문인은 서영인, 황현산, 권여선, 이용임, 서효인, 천정환, 고봉준, 최진영, 신혜진, 김하늘이다. 『눈 먼 자들의 국가』(문학동네, 2014)에 참여한 이들은 김애란, 김행숙, 김연수, 박민규, 진은영, 황정은, 배명훈, 황종연, 김홍중, 전규찬, 김서영, 홍철기이다. 이들의 글을 인용할 경우 본문 중에 페이지 수만 기록하기로 한다.

흐를수록 나만은 나아진다고 여기는 착각에서 벗어나야만 한다"(43)고 주장한다.

다음으로 진상규명을 강조하는 입장을 들 수 있다. 박민규는 차분하지만 예리한 목소리로 세월호의 탄생부터 시작해 사건의 발생과 이후의 경과 그리고 이에 대한 대응의 문제점 전반을 꼼꼼하게 짚어 나간다. 이를 바탕으로 세월호는 "선박이 침몰한 '사고'이자 국가가 국민을 구조하지 않은 '사건'이다"(56)라는 명제와 "아무리 힘들고 고통스러워도 우리는 눈을 떠야 한다"(65)는 명제를 제시하고 있다. 진은영은 「우리의 연민은 정오의 그림자처럼 짧고, 우리의 수치심은 자정의 그림자처럼 길다」에서 '선한 자의 연민'이 아닌 '고결한 자의 수치심'을 강조하며, 바로 그 수치심으로 "얼굴 붉히며 참사를 가져온 겹겹의 잘못에 대해 오래오래 따져 물어야 하는 시간"(74)이라고 이야기한다. 신혜진은 "아이를 왜 잃어야 했는지 이유도 모른 채 일상으로 돌아간다는 건 불가능하다"(65)며 진상규명을 강조한다.

마지막으로 '구체적인 실천'을 주장한 글들이 있다. 천정환은 "방구석에서 홀로 행해져 연기처럼 흩어진 '사유와 성찰'보다는, 단단한 집합적 지성과 연대를 위해 노력"(52)해야 한다고 말한다. 황현산 역시 다소 격앙된 목소리로 "실천은 지금 이 자리의 실천일 때만 실천이다"(33)라고 주장한다. 황종연은 세월호 참사를 겪은 우리는 "특정 정권의 정당성에 대해 의심하는 수준 이상으로 국가라는 통치 형식의 정당성에 대해 의심해야 하"(129)며, "자본주의적, 개발주의적 국가가 우리 사회 속에 일으키는 재난으로부터 우리와 우리의 자손을 구제할 의무는 조금도 낡지 않았다"(134)고 주장한다. 김서영은 안티고네에 대한 논의에서 시작하여 "생명이 가능해지는 조건을 지켜내기 위한 우리의 '윤리적 결정'과 '정치적 책임'"(198)을 강조하고 있다.

이외에도 세월호 참사를 "비명과 유혈이 낭자한 그로테스크한 바로크적 '비애극'으로 소비"(38)될 뿐이라고 안타까워한 권여선이나 "성인이라 참담하고 어른이기에 부끄럽다"(61)며 거의 자학에 가까운 심정을 드러내고 있는 최진영의 목소리도 잊기 어렵다. 김하늘은 "진정한 태평천하 태평천국은 서로 위로하고 위로받으며 사는 나라"라며 "위로"(70)를 강조하고 있다.

3. 애도와 실천

시와 에세이 이외에도 많은 문예지들이 각계 전문가들의 수많은 논설적 글을 수록하였다. 이것은 4·16이 한국사회의 온갖 총체적 모순을 담지하고 있는 사건일 뿐만 아니라, 그것이 지니고 있는 정치·사회적 의미가 매우 심대한 것에서 비롯된 현상이라고 할 수 있다. 그들의 글 중에서 상당 부분은 애도의 문제와 관련된 것들이다.

세월호 참사는 그 자체로 엄청난 상실의 경험이다. 더군다나 사건의 당사자들과 유가족들에게는 전존재가 걸린 상실의 체험이라고 해도 과언이 아닐 정도이다. 주체가 상실된 대상에 대한 애도를 하지 못하면 실재real의 무게에 짓눌려 끝내는 삶의 파탄에 이를 수도 있다.[2] 따라서 애도에 대한 다양한 담론이 등장하는 것은 너무도 당연한 일이라 할 수 있다.

많은 논자들은 하나같이 개인적 애도를 넘어서 사회적 애도의 필요성을 주장하였다. 김석은 죽음에 합당한 슬픔과 추모의 의미를 부여하고 그것을 통해 산 자와 죽은 자 사이에 구별을 두는 애도 작업은 개인적으로 진행되는 것 같지만 사실은 "의식이나 제례의 형태로 이루어지는 사회적 애도가 선행될 때만 가능"[3]하다고 말한다. 사회적 애도란 "상실에 합당한 의미를 부여하면서 이것을 감당할 만한 현실로 바꾸는 작업"[4]이며, 이것이 없으면 개인의 애도도 불가능하다는 것이다.

이러한 사회적 애도에 대한 강조는 '애도의 공동체'에 대한 이야기로 이어지기도 한다. 그것은 카트리나 이후 뉴올리언스의 폐허 속에서 레베카 솔닛R.Solnit이 목격한 '혁명적 공동체'를 오늘의 한국에서도 기대해 보아야 한다는 것이다. 이것은 정원옥이 말한 "희생자와 유가족을 위한 애도가 아닌, 우리 자신이 '살아남기surviving' 위한 애도를 수행해야만 한다는"[5] 입장과도 어느 정도 맥을 같이 하는 주장이다. 혈연과 친족 관계에 매몰되지 않고 전 사회가 나서는 '애도의 공동체'는 정혜신 정신과 전문의가 말한 '이웃'에서도 그 자취를 발견할 수 있다. 이것은

---

2 라캉이 말하는 애도는 주체가 감당하기 힘들 정도의 커다란 상실이나 고통을 경험하면 이것이 실재적 차원의 구멍으로 남는데 이 구멍을 상징화하면서 타자(사회)와의 관계 속에서 자신을 다시 욕망하는 주체로 세우는 작업이다. 주체가 애도를 하지 못하면 통제할 수 없는 날것 그대로의 실재(real)의 무게에 짓눌리면서 대상적 관계에서 욕망을 유지할 수 없다. 이것은 한마디로 삶의 파탄이다.(김석, 「야만의 시대 애도의 필요성」, 『시작』, 2014년 가을호, 42쪽)

3 위의 글, 42쪽.

4 위의 글, 44쪽.

5 정원옥, 「4 · 16과 애도담론」, 『자음과모음』, 2014년 겨울호, 320쪽.

세월호 참사를 피해자와 유가족들의 문제로만 한정지으려는 시각과 정면으로 대립하는 것이다. '이웃'이라는 치유공간을 안산에 열고 세월호 유가족을 비롯해 세월호 참사로 상처받은 사람들과 함께 하고 있는 정혜신은 진은영과의 대담에서 우리 사회가 치유에 이르기 위한 여러 가지 제안을 하고 있다. 정혜신은 "상처받은 이가 최고의 치유자이고, 슬픔의 과정에 함께 동행 하는 이웃이 가장 훌륭한 치유자"[6]이며, 치유의 과정에서는 "정신과 의사보다 이웃이 할 수 있는 일들"[7]이 더욱 많다고 주장한다.[8]

다음으로 구체적인 정치적 실천과 관련된 주장을 담고 있는 논설들이 여러 편 발표되었다. 이러한 시각은 단순히 문제를 한 악마적 개인의 일탈로 규정짓는 저널리즘적 시각과는 구분되는 것이다. 신자유주의적 사회 체제와 무력한 국가 시스템, 그리고 역사 사회적 지평을 문제 삼는 시각이라고 할 수 있다. 정용택은 세월호 참사의 역사적 현재성은 "4월 16일 이전과 이후에도 전혀 달라지지 않고 있는 위기의 국면들, 참사가 일상이 되고, 일상이 참사가 되어버린 그 끝없는 시간들에 '올바른 이름을 붙이는正名'일, 그래서 '세상의 질서를 바로잡는政治'일은 저 유가족들과 함께 세월호 참사와 그 여파를 정세적으로 인식하고, 거기에 실천적으로 개입하는 과정에서만 가능하리라"[9]고 주장한다. 전규찬은 세

---

6 정혜신·진은영, 「세월호 트라우마, 어떻게 극복할까」, 『창작과비평』, 2014년 겨울호, 169쪽.
7 위의 글, 165쪽.
8 이때의 치유는 사회적인 모든 문제를 도외시한 개인적인 치유와는 거리가 먼 '사회적 치유'를 의미한다. 또한 정혜신은 트라우마의 치유를 위해서는 진상규명과 같은 "외부적 요인을 해결"(위의 글, 165쪽)해야만 한다고 주장한다.
9 정용택, 「정세적 조건에 의해 강제된 개입의 시간」, 『자음과모음』, 2014년 가을호, 207쪽.

월호는 신자유주의 체제모순이 집약되고 농축되며 구체화되어 발생한 사건이며, 지금은 "감수성의 동작만큼이나 중요한 지성의 활동을 요청"[10]한다고 주장한다.

4. 문학의 자리

세월호 참사와 관련해서 문학의 성격과 본질에 대한 평론들도 발표되었다. 이것은 '세월호에 대한 발언'이라기보다는 '세월호에 대한 문학적 발언'은 어떤 것이어야 하는지에 대한 문제의식을 담고 있는 글들이다.

김형중은 '트라우마와 문학'이라는 부제가 붙은 글에서 『우리 모두가 세월호였다』(실천문학사, 2014)에 수록된 시들이 "시인들이 썼으니 저 발화들을 시라고 부르기는 해야겠으나, 엄밀히 말해 저 문장들은 시가 아니다"라고 단언한다. "뮤즈의 도움 없이 발화된 고통의 언어는 비명이거나 증상일 뿐"[11]이라는 것이다.[12] 김형중은 문학이 죽음의 상태를

---

10 전규찬, 「영원한 재난상태—세월호 이후의 시간은 없다」, 『눈먼 자들의 국가』, 문학동네, 2014, 172쪽.

11 김형중, 「「우리가 감당할 수 있을까?—트라우마와 문학」, 『문학과사회』, 2014년 가을호, 261쪽.

12 김언은 '바닥'이라는 암시성이 큰 시적 단어를 통해 자신이 세월호 참사에 대한 추모시 등을 쓸 수 없다고 말한다. 김언은 세월호 침몰 사태 앞에서 "나는 왜 추모시나 애도시 혹은 비판시를 쓰지 못하는가"(김언, 「문제는 바닥이다, 바닥에 있다」, 『시작』, 2014년 가을호, 54쪽)라는 질문으로 글을 시작한다. 시를 쓰기 위해서는 시인만의 고유한 '바닥'에 연결되어 있어야 하는데, 일련의 사태들이 아무래도 자신의 "바닥"(54)과 연결되어 있지 않기 때문에 자신은 시를 쓰지 못한다는 것이다. 그리고 지금 우리가 발견하는 추모시의 대부분은 "자신의 바닥과는 무관한 시"(58)이며, "자

살아야 한다고 말하는데, 이유는 문학이 생존자도, 유가족들이나 동료도, 우리 즉 사회도 아닌 죽은 자들의 애도를 치러야 하기 때문이다.[13] "죽은 자에게 입을 돌려주는 자"[14]가 바로 작가인 것이다.

'총체적' 진상 규명이나 사건의 인과를 밝히는 일은 살아 있는 자들이 재구성한 상징적 질서에 불과하며, 거기에 죽은 자들의 목소리가 들어설 여지는 없다는 것이다. 이러한 입장에 설 때, 홍희담의 「깃발」도 사료로서라면 몰라도 문학으로서는 실패한 것으로 치부될 수밖에 없다. 작가는 "상징적 질서 내에 일종의 외상으로 출현한 실재의 틈을 봉합하지 않고 텍스트 내로 들여오고 보존함으로써, 외상으로서의 사건에 오래도록 충실한 윤리적 주체가 될 수 있"[15]기 때문이다. 죽은 자들의 진짜 목소리는 한강의 『소년이 온다』에서의 연극장면이 보여주듯이, "텅 빈 지면으로부터만 발화"[16]될 수 있는 것이다.

이광호도 김형중과 유사한 입장을 보여준다. 살아남은 자가 살아남지 못한 자들에 대해 쓴다는 것은 "다른 언어가 발명"[17]되어야 한다는 것이다. '사건' 이후의 문학적 주체는 "자기 자신의 확실성 위에서 '양심'의 목소리를 드러내는 존재가 아니"며, 동시에 "자기가 보고 경험한

신의 바닥과 적절하게 거리를 두고 나오는 시"(58)라고 주장한다.
13 이영진도 같은 지면에서 "우리는 멜랑콜리의 어두운 심연 한가운데서 침잠한 채, 구조되지 못하고 결국 '가라앉은 이들(the drowned)'의 목소리에 계속 귀를 기울이며 그들의 말에 성실하게 응답해야 한다."(「2014년 여름, 비탄의 공화국에서—애도와 멜랑콜리 재론」, 『문학과사회』, 2014년 가을호, 306쪽)라고 주장한다.
14 김형중, 앞의 글, 274쪽.
15 위의 글, 276쪽.
16 위의 글, 279쪽.
17 이광호, 「남은 자의 침묵」, 『문학과사회』, 2014년 겨울호, 319쪽.

것을 자명한 언어로 말할 수 있는 증인도 아니"[18]라는 것이다. 오히려 "진정한 증인은 이미 말할 수 없는 자"[19]이기에, 문학의 언어는 "언어의 불가능성과 침묵의 잠재성에서부터 다시 시작 된다"[20]고 결론 내린다.

5. 소설적 형상화의 도정

처음 세월호에 대한 문학적 발언은 시를 통해 이루어졌다. 이후에는 여러 문인들이 에세이의 방식으로 '망각의 거부', '진상규명', '구체적 실천' 등에 대하여 간절한 목소리를 냈으며, 각계의 전문가들이 여러 논설을 통하여 바람직한 애도의 방향과 냉철한 사회적 실천의 필요성을 주장하였다.

한국의 작가들은 반년이 지나간 시점에서야 '겨우', '간신히' 세월호에 대한 형상화를 조금씩 해나가고 있다. 그 형상화의 가장 중요한 특징 중의 하나는 논픽션적 성격의 강화이다. 현실의 실제 사건이나 인물 등이 소설에 거의 그대로 등장하는 경우가 적지 않은 것이다. 최은영의 「미카엘라」(『실천문학』, 2014년 겨울호)와 이평재의 「위험한 아이의 인사법」(『작가세계』, 2014년 겨울호)이 그 예라고 할 수 있다.

다음으로 세월호를 직접적으로 지시하지는 않지만, 그로부터 비롯

---

18 위의 글, 340쪽.
19 위의 글, 340쪽.
20 위의 글, 341쪽.

되는 여러 가지 애도와 슬픔의 상상력을 자극하는 작품들이 있다. 김애란은 「입동」(『창작과비평』, 2014년 겨울호)에서 52개월 밖에 살지 못한 자식을 사고로 잃은 한 부부의 이야기를 들려준다. 이 작품은 주위 사람들로부터 무관심이라는 '꽃매'를 맞으며, "다른 사람들은 몰라"라는 말을 반복하는 부부의 모습을 통해, '애도의 불가능성'과 '슬픔의 공유 불가능성'이라는 가슴 아픈 진실을 형상화하고 있다.[21]

김인숙의 「모든 빛깔들의 밤」(『문학동네』, 2014)[22]은 사고로 인한 죽음의 고통이 얼마나 끔찍한 것인지를 환상소설The Fantastic의 기법으로 보여주고 있는 소설이다. 이 작품 속의 주요 인물들은 모두 귀신들과 사는 사람들이다. 희중의 아내 조안은 죽은 시아버지의 생신으로 본가에 가다가 기차가 전복되는 바람에 8개월이 안 된 아이를 잃는다.[23] 순간적으로 아이를 살리기 위해 창밖으로 던졌으나, 아이러니하게도 조안은

---

21 이 작품의 주제의식은 김애란의 에세이 「기우는 봄, 우리가 본 것」(『눈먼 자들의 국가』, 문학동네, 2014)과 유사하다. 이 에세이에서 김애란은 "'이해'란 타인 안으로 들어가 그의 내면과 만나고, 영혼을 훤히 들여다 보는 일이 아니라, 타인의 몸 바깥에 선 자신의 무지를 겸손하게 인정하고, 그 차이를 통렬하게 실감해나가는 과정일지 몰랐다"(18)고 이야기한다. 바로 그 '이해'야말로 "우리 세대가 할 일"(18)이라는 것이다. 「미카엘라」, 「위험한 아이의 인사법」, 「입동」에 대한 보다 자세한 논의는 「세월호 참사의 소설적 형상화」(졸고, 『한국문학』, 2015년 봄호)를 참고할 것.
22 이 작품은 2012년 문학동네 카페에 '마침내 모든 빛깔을 밤이 당겨갈 때'라는 제목으로 연재되었다. 그러나 이 작품은 개작의 과정을 거쳐 세월호 참사 이후에 출간되었으며, 여러 가지 사회적 원인이 뒤얽힌 사고로 인한 어린 아이의 죽음과 그에 따른 고통 등을 다룬다는 점에서 세월호에 대한 문학적 반응으로 보아도 무리가 없을 것이다.
23 이 사고도 세월호 참사가 그러하듯이 여러 가지 사회적 이유에서 비롯된 것이다. "기차가 전복한 데에는 수없이 많은 원인들이 있었다. 트럭 운전사의 가정불화와 하청건설업체의 부실시공이 가장 직접적인 원인이었지만, 그 배후에는 철도청과 공사수주업체였던 대기업의 관리 책임이 있었다. 물론 그 모든 것을 총괄하는 정부의 책임도 있었다. 위락지 건설을 맡았던 대기업이 공사수주 과정에서 정부 관계자에게 금품을 제공한 사실을 비롯하여 각종 비리가 속속 드러났다. 그중에는 대통령의 인척도 있었다."(43쪽)

살고 아이만 죽는다. 이 사건으로 인해 조안은 심인성 기억상실증, 불면과 발작, 조증과 울증, 공황장애에 걸리고, 수시로 죽은 아이의 울음소리를 듣는 존재가 된다. 조안의 윗집에 사는 웹툰 작가 백주 역시도 어린 시절의 사고로 인해 삼촌과 짝사랑하는 여자애를 잃은 후에 늘 귀신과 함께 사는 삶을 산다. 그것도 모자라 조안이 경험한 기차 사고 현장에 있다가 그곳에 있던 귀신들과도 동거하게 된다. 희중 역시 어린 시절 자신이 연루된 아버지의 자살로 인한 죄책감을 다시 되새기게 되고, 끝내는 아버지의 죽음의 원인이 된 어린 소녀 귀신으로부터 벗어나지 못한다. 심지어는 기차 사고의 직접적인 원인이 된 트럭운전사의 가족들도 "밤마다 죽은 사람들이 드글드글"(176)한 집에서 살아간다. 이것은 사고가 가져다 준 엄청난 상실이 제대로 애도되지 못했을 때, 그리하여 발생하는 우울의 강도가 현실의 논리를 초과하는 지점까지 사람들을 몰아붙인 결과라고 할 수 있다.[24]

있을 수도 없고, 있어서도 안 되는 세월호 참사 이후 1년 동안 한국문학은 그 참담함을 온몸으로 감내하며 새로운 가능성의 작은 빛이라도 만들어내기 위해 고심해 왔다. 말할 수조차 없는 그 고통 속에서도 우리 시대의 문인들은 자기만의 방식으로 집요하게 세월호에 대해 말

---

[24] 김인숙의 「모든 빛깔들의 밤」에 등장하는 귀신의 존재는 정신과 전문의인 정혜신이 대담에서 한 다음과 같은 발언을 염두에 둘 필요가 있다. "언니를 잃은 중학생 아이가 하나 있는데요, 학교 가서 갑자기 선생님 등에 숨었어요. 언니가 보인다는 거에요. 그러니까 부모가 너무 놀란 거죠. 정신적으로 문제가 생긴 게 아닐까 걱정하시길래 제가 그랬어요. 저는 모르는 아이들인데도 진도 신원확인소에서 종일 있으면서 희생된 아이들을 지켜보았더니 한동안 걔네들이 저한테 말을 걸었어요. 그런 느낌이 한동안 있었어요. 아이가 자기 언니가 찾아왔다고 느끼는 것은 심리적으로 뭔가 하고 싶은 작업이 있는 거예요." (정혜신 · 진은영, 앞의 글, 162쪽)

하고 또 말해왔던 것이다. 이러한 끈질긴 의지와 고심 속에서 참된 문학
의 실체는 조금씩 그 모습을 드러낼 수 있을 것이다.(2015)

세월호 참사의 소설적 형상화

1. 소설의 자리

2014년 한국 문학계 나아가 한국 사회의 가장 큰 '사건'은 세월호였다. 동일한 사건을 두고 '사고'에서 '범죄'까지 다양하게 표현되는 것에서 드러나듯이, 어찌 보면 언어적 표상 자체가 불가능한 세월호 앞에서 여러 사람들이 자기 나름대로 절규에 가까운 말들을 쏟아냈다. 처음 세월호에 대한 문학적 발언은 시를 통해 이루어졌다. 이것은 순간적 감흥의 표현에 적합한 시 장르의 본질적 특성에서 기인하는 현상이라고 할 수 있다. 이후에는 문단을 대표하는 여러 문인들이 여러 지면을 통하여 에세이를 발표하였다. 이것들은 '분노와 부끄러움에 대한 고백', '망각에 대한 거부', '진실 규명에의 의지', '애도의 사회적 의미 강조' 등으로 그 내용을 분류해 볼 수 있다. 그러나 사회적 대사건에 대한 문학적 발화의 양식으로 가장 적당한 소설의 영역에서는 아직 이렇다 할 문학적 발언의 모습을 발견할 수 없었다. 이것은 특별한 현상이라기보다는 나름의 인식적 지평이 확보되어야만 창작이 가능한 소설 본래의 장르적 특징에서 기인한다고 할 수 있다. 세월호 참사에 대한 진지한 소설적 성찰과 발언은 지금부터 시작인지도 모른다.

실제로 지난 계절에 발표된 최은영의 「미카엘라」(『실천문학』, 2014년 겨울호), 이평재의 「위험한 아이의 인사법」(『작가세계』, 2014년 겨울호), 김애란의 「입동」(『창작과비평』, 2014년 겨울호)에서는 세월호 참사가 소설적 형상화의 구체적인 대상으로 등장하고 있다.

2. 선한 자들의 하나 되기

최은영의 「미카엘라」에는 세월호 참사와 관련된 실제 현실의 사건들이 별다른 가공 없이 그대로 등장한다. 광화문 농성, 유민 아빠의 단식, 프란체스코 교황 방문, 유민 아빠와 교황의 만남 등이 그 구체적인 사례이다.

독실한 가톨릭 신자인 엄마는 교황이 집전하는 미사에 참가하기 위해 서울에 온다. 서울에는 딸 미카엘라가 살고 있지만, 별다른 도움도 주지 못했다는 이유로 딸 앞에서는 언제나 면목이 없는 엄마는 찜질방에서 하룻밤을 보낸다. 엄마는 찜질방의 맨바닥에 누워 있는 노인에게 자신이 가지고 있는 수건을 덮어준다. 그 인연으로 노인과 엄마는 말을 트게 되고, 나중에는 노인과 함께 광화문의 세월호 농성장에까지 가게 된다. 노인은 나이 들어서 같은 동네의 할머니를 친구로 사귀었는데, 그 할머니가 애지중지하며 키우던 손녀가 세월호에서 희생된 것이다. 찜질방에서 만난 노인은 자신의 친구를 찾아 광화문에 간 것이고, 엄마는 그 노인과 동행을 하다가 텔레비전에까지 등장한 것이다. 딸 미카엘라는 우연히 방송을 보다가 광화문 광장의 천막 아래 앉아 있는 엄마의 모습을 발견한다.

그러나 엄마의 광화문 행을 우연이라거나 부화뇌동 따위의 행동으로 치부할 수는 없다. 이미 엄마는 찜질방에서 텔레비전을 통해 교황의 손을 잡고 있는 유민 아버지를 보았고, 그 순간 "그 인파를 헤치고 그 남자에게로 가서 그를 한번 안아주고라도 싶"(325)은 마음이 들었기 때문이다. 이후에도 유민 아버지를 떠올리며 "내가 만약 그처럼 미카엘라를 잃었다면 나는 어떻게 살 것인가"(326)라며 고민하는 모습을 보여준다.

「미카엘라」의 마지막은 딸인 미카엘라가 엄마를 찾아 광화문의 농성장으로 가는 것이다. 그곳에서 딸인 미카엘라는 다음의 인용문처럼, 유가족이 엄마와 동일시되는 신비한 체험을 하게 된다.

텐트 앞에 감색 바지를 입고 분홍색 티셔츠를 입은 엄마가 서 있었다. 그녀는 엄마의 어깨에 손을 얹었다.

"엄마."

뒤를 돌아본 여자는 하지만 그녀의 엄마가 아니었다.

"누구세요?" 그녀가 물었다.

"아가씨, 내 딸도 그날 배에 있었어요." 여자가 말했다. 여자는 얼굴만 엄마와 다를 뿐, 모든 면에서 엄마를 닮아 있었다. 물이 빠진 감색 바지는, 그 물 빠진 정도까지 같았고, 분홍색 티셔츠는 상표와 디자인, 크기까지 같은 것이었다. 엄마가 잘 신고 다니는 베이지색 샌들도, 텐트 안에 있는 농구 가방도 모두 엄마의 것과 같았다. 오른쪽 검지에 낀 묵주 반지와 왼쪽 손목에 찬 묵주 팔찌도 엄마의 것과 똑같았다. 목에 난 북두칠성 모양의 점들도, 이마의 흉터도 같았다. 부드러운 중저음의 목소리는 엄마의 목소리 그대로였다.

"내 딸을 잊지 마세요. 잊음 안 돼요." (331)

위 인용문의 유가족 여인은 미카엘라의 엄마가 아닌 동시에 엄마이기도 하다. 미카엘라는 "뒤를 돌아본 여자는 하지만 그녀의 엄마가 아니었다"라고 말하지만, 이어지는 진술들은 미카엘라가 본 여인이 자신의 엄마임을 증명하고 있기 때문이다. 이를 통해 작가는 모든 이가 유가족을 자신의 혈육으로 여기는 것이야말로 세월호를 대하는 우리의 기본적인 태도여야 한다고 말하고 있는 것이다.

이러한 동일화의 상상력은 엄마에게도 일어난다. 엄마는 찜질방에서 만난 노인과 함께 간 광화문 농성장에서, 노인의 친구가 세월호에서 잃어버린 자신의 손녀를 '미카엘라'(334)라고 불렀다는 사실을 알게 된다. 그런데 이 엄마는 자신의 딸을 부를 때, '수진'이라는 이름 대신 미카엘라라고 부르고는 했던 것이다. 딸을 통해 '엄마=유가족'이라는 공감의 상상력이 발휘되었다면, 이번에는 엄마를 통해 '딸=희생자'라는 상상력이 발휘되고 있는 것이다. 결국 「미카엘라」는 딸과 엄마가 각각 세월호 희생자와 유가족이 되는 것으로 끝난다. 딸과 엄마가 초점화자로 번갈아 등장하는 이 작품의 서술구조는 결말에서 작가가 전하고자 하는 메시지를 더욱 뚜렷하게 부각시킨다. 「미카엘라」에서 세월호에 대한 정당한 자세는 다름 아닌 그들과의 공감을 넘어 한 몸이 되는 것이라는 결론에까지 이르고 있는 것이다.

이러한 메시지는 너무나도 옳다. 그러나 동시에 평범한 이들의 삶과는 조금 거리가 느껴지는 것도 사실이다. 이 작품은 철저히 선인들만의 세상이다. 엄마는 긍정적 인간성으로만 이루어진 인물로서, 세상 모든 일에 감사하며 산다.[25] 그러나 실제의 엄마는 보통 사람보다 훨씬 "초라한 현실"(314)을 살고 있다. 무능한 남편 대신 혼자 힘으로 가정을 꾸려나가야 했던 엄마는 쉬는 법을 모른 채 살아왔던 것이다. 그러나 "벌어진 일들을 꼬아 생각하거나 사람을 나쁘게 보지 않"(319)는 엄마는, 어린 딸마저 숙주인 엄마에 빌붙어 있는 "기생충"(320)이라고 생각하는 무능한 남편마저도 긍정적으로 평가한다.

아빠는 젊은 시절에 공장에 위장 취업을 하고 밤에는 야학 교사로 일했다. 엄마는 그 시절 아빠의 학생이었지만, 수업 도중 코피를 쏟고

---

25 "김치가 잘 익었다고 감사, 돼지고기 가격이 내려 마음껏 먹을 수 있음을 감사, 발가락에 난 사마귀 치료가 잘 된 것을 감사, 일을 할 수 있는 건강을 허락해주심에 감사, 외식할 수 있는 것에 감사, 일이 잘 안 풀리면 일이 잘 풀릴 때에 감사해야 한다는 것을 알게 되었음을 감사"(313)하며 사는 것이다.

아무 데서나 픽픽 쓰러지는 아빠를 돌보다가 결혼까지 하게 된 것이다. 신혼 때에도 아빠는 징역을 살았고, 이후에도 끊임없는 "구직과 퇴직으로 점철"(320)된 삶을 살았다. 아빠는 서울에서 큰 시위가 있으면 늘 참여했고, 중학생이던 딸에게 "김대중 옥중 서신과 함석헌의 책들을 읽으라고 권유"(320)하거나 "자본이 가난한 사람들을 소외"(321)시킨다고 말하던 사람이다. 엄마는 그런 남편 덕분에 "팔자에도 없는 교도소와 병원을 다녔고, 구멍 난 통장을 메우기 위해 휴일 없는 노동을"(321)을 해야 했다. 그러나 엄마는 남편을 지극정성으로 대할 뿐만 아니라 남편의 삶을 적극적으로 인정한다. 책을 읽고 글을 쓰고, 자신을 도울 수 있는 현장에 가있는 것이 그의 업이고, 남편이 하는 일들이 돈이 되지 않는다고 해서 그가 "무능하고 가치 없는 사람이라고 단죄"(323)할 수는 없다고 생각했던 것이다. 세상에서 가장 "다정하고 섬세한 사람"인 남편은 그녀에게 "깨끗한 샘물"(323) 같은 존재인 것이다. 독자는 아빠를 이렇게 높게 평가하는 엄마를 아빠보다도 더욱 숭고한 인물로 받아들일 수밖에 없다.

딸인 미카엘라 역시도 사람들에게 "평생 고생한 것을 보상해줄 만한 딸"이자 "속정이 있는 아이"(316)라는 평가를 받는다. 실제로 그녀는 가난하게 자라고 첫 학기 등록금만 엄마의 도움을 받았을 뿐, 자기 힘으로 졸업하고 취직하여 서울에 뿌리를 내린다. 「미카엘라」에서는 엄마와 딸은 말할 것도 없고 찜질방에서 만난 노인이나 엄마가 서울거리에서 우연히 만난 중년 여인마저도, "말을 받아주고 도움을 주는 사람"(318)으로 헤어질 때는 손까지 흔들어 줄 정도로 선량하다. 이러한 선인들의 세상에서 상실의 대상 혹은 상실의 주체와 하나 되는 주체가 탄생하는 것은 너무나 당연한 일이지만, 그것을 범인凡人들의 현실에 그대로 적용하는 것은 결코 간단한 일일 수만은 없을 것이다.

3. 누가 진짜 괴물인가?

이평재의 「위험한 아이의 인사법」(『작가세계』, 2014년 겨울호)은 10년 후의 미래를 배경으로 하여, 제대로 애도 되지 못한 세월호 참사가 우리 사회에 가져다 줄 수도 있는 최악의 상황을 가상적으로 보여주고 있다. 그것은 바로 "세월호의 사회가 만들어낸 괴물"(189)의 탄생이다.

준호는 아홉 살 때, 가족이 함께 탄 세월호에서 혼자만 살아남는다. 외삼촌 내외를 새 부모로 맞아들여 살아온 지난 10년은 치유의 시간과는 거리가 먼 고통과 학대의 시간이었다. 준호는 외삼촌 내외를 가짜엄마와 가짜아빠라고 부른다. 본래 사고가 나기 전에 준호 가족을 "거리로 내쫓은 사람"(174)이었던 외삼촌 내외는 준호 앞으로 돌아올 보상금만을 노렸던 것이다.

세월호 참사로부터 10년이 지난 열아홉 살이 된 준호는 외숙모에게 '년'이라는 호칭을 써가며 어마어마한 폭력을 가하고 있으며, 외삼촌에게도 그 폭력을 그대로 행사하기 위해 기다리는 중이다. 그러나 준호의 이러한 행동을 비난만 하기가 쉽지 않은데, 그것은 이러한 복수극 이전에 외삼촌 내외가 준호에게 가한 폭력이 너무도 끔찍하기 때문이다.

세월호 참사 직후부터 가짜엄마는 "네 엄마, 아빠, 동생 다 죽었어. 그러니까 이제부터 너는 우리가 시키는 대로만 해"(185)라고 윽박지른다. 이후에도 외숙모는 사람들에게 턱으로 나를 가리키며 "쟤가 세월호, 그 아이잖아"(175)라고 말하며, 그 뒤로 계속 준호를 "세월"(175)이라고 부른다. 외삼촌 내외는 자꾸만 세월호의 악몽을 일깨워 준호를 정신병자로 만들려는 의도에서 이런 비인간적인 일을 지속해온 것이다. 외삼촌과 준호가 나누는 다음의 전화통화는 그동안 준호가 겪은 삶이 어떤 것이었는지를 압축해서 보여준다.

"야, 대체 네가 아는 게 뭐야?"

"없어요."

"이런 병신 같은 자식, 끊어!"

"네, 끊어요. 그런데 왜 전화하셨어요?"

"밥 먹고 갈 거다. 조금 늦는다고 해라."

"네, 그런데 얼마나 늦는데요?"

"뭐?"(176)

이 대화 속에는 일방적인 지시와 무시 그리고 어떠한 소통도 거부하는 폭력성만이 담겨져 있다. 준호는 이미 여러 차례 정신병원에 끌려간 경험이 있으며, 한 번만 더 병원에 끌려가면 금치산자가 되어 한 푼의 보상금도 받을 수 없다.

「위험한 아이의 인사법」은 세월호 이전과 이후, 외삼촌 내외와 민수아저씨라는 이분법을 보여준다. 준호의 가족은 민수아저씨가 사는 제주도에 가서 목장을 관리하며 새로운 삶을 살기 위해서 세월호에 올랐던 것이다. 제주도행 세월호를 타기 전에 여관방에 머물렀던 일주일이 준호에게는 "생애 가장 행복했던 날"(177)들이다. 준호의 아버지는 대기업 직원이었지만 정리해고 통지를 받고, 이후 부당해고 파업에 참가했다가 도저히 감당할 수 없는 액수의 빚을 지게 된다.[26] "세상이 지옥"(178)이라고 느낄 수밖에 없는 삶에서 민수아저씨의 목장을 관리하며 산다는 것은 준호의 가족에게는 "'사람처럼'이라는 느낌"(178)을 가질 수 있는 굉장한 희망일 수밖에 없다. 세월호를 타기 이전에 준호 가족이 맛봤던 행복의 경험은 길게 묘사되어 있는데, 이러한 행복은 세월호 사건이 가져다준 불행을 보다 선명하게 부각시키는 역할을 한다.

이 작품은 두 부분으로 이루어져 있다. 준호가 외숙모에게 끔찍한 폭력을 가하면서 외삼촌과 전화통화를 하는 부분과, 민수아저씨에게 보내기 위해 자신이 겪은 일들을 녹음하는 부분이 그것이다. 철저한 악인들인 외삼촌 내외의 반대편에 놓여 있는 인물로 준호가 유일하게 믿고 의지하는 대상이 바로 민수아저씨이다. 지금 준호는 지난 삶의 고통을 녹음하여 민수아저씨에게 전달하려는 것이다. 준호는 계속 민수아저씨에게 전화를 하지만 응답은 없다. 그리고 결국에는 민수아저씨 아들로부

---

26 세월호 희생자들이 우리 사회의 약소자에 가깝다는 인식은 김애란의 「입동」에서도 확인된다. 김
    애란의 「입동」에서 '나'는 20여년을 셋방만 돌아다니다가 지은 지 20년 된 아파트를 힘겹게 장만
    한다. 자신의 집을 마련했을 때, '나'는 "중심은 아니나 그렇다고 원 바깥으로 밀려난 건 아니라는
    '안도'"(262)와 "외발로 선 채 가족을 안고 부들부들 떠는"(262) 신문지 게임을 하는 듯한 기분을
    동시에 느낀다.

터 "준호 씨, 지난번 아버지 장례식장에서 인사 나눴던 민수아저씨 아들입니다"(190)라는 문자메시지를 받는다. 준호가 마지막 은신처로 삼고 있었던 민수아저씨는 이 세상에 없었던 것이다. 그러고 보면 외삼촌 내외와 대비되는 민수아저씨의 모습은 처음부터 준호의 환상이었는지도 모른다. 이 작품에서 민수아저씨는 구체적으로 한번 모습을 드러내는데, 그때 민수아저씨는 날카로운 눈빛과 한일자로 꾹 다문 입으로, 가족을 잃고 혼자 된 아홉 살의 준호에게 "남자 녀석이 씩씩하게 큰 소리로 대답해야지!"(180)라고 무섭게 말했던 것이다.

「미카엘라」가 선인들의 세상이라면, 「위험한 아이」는 악인들의 세상이다. 철저한 무관심과 방치 속에서 준호는 '세월'이가 되고, 다시 정신병자가 되고, 나중에는 살인자가 되어 가고 있었던 것이다. 준호는 스스로의 병리성을 충분히 인식하고 있으며 스스로 자신을 '세월호의 사회가 만들어낸 괴물'(188)이라고 규정짓는다. 그러나 진짜 괴물은 준호가 아니라, 그러한 괴물을 만들어낸 '세월호의 사회' 그 자체인지도 모른다.

「위험한 아이의 인사법」역시 「미카엘라」처럼 실제 현실과의 거리가 매우 가깝다. 우리가 알고 있는 세월호 '사건'의 거의 모든 것이 그대로 드러나 있는 것이다. 특히 준호가 침몰하는 배 안에서 겪었던 일들은 언론을 통해 알려진 사실 그대로이다. 특히 침몰 직전에 세월호에서 들려 나오던 안내 방송, 즉 "현재 위치에서 절대 이동하지 마시고 대기해 주십시오"(186~187)라는 멘트는 굵고 진하게 표기되어 세 번이나 반복된다. 또한 침몰 직전 학생들이 주고받는 대화도 이미 여러 차례 방송

된 동영상 그대로이다. 이것은 세월호 참사의 '심각함'과 그 시간적·
정서적 거리의 '가까움'이 동시적으로 작용하여 벌어진 일이라고 할 수
있다.

> 그래도 나 구명조끼 입는다.
> 나도 입어야 할 거 같아.
> 내 꺼 입어.
> 넌?
> 나? 가져와야지.
> 아, 이거 왜 이래?
> 선장은 뭐 하길래?
> 전화도 안 터진다고.
> 엄마, 아빠, 아빠, 아빠, 아 내 동생, 어떡하지?
> 그런데, 갑판에 있던 애들은 어떻게 되는 거야?
> 바로 그 다음 순간, 스피커를 통해 선장의 말이 정확히 객실 가득 울
> 려 퍼졌지요.
> *학생 여러분 및 선생님 여러분께 다시 한 번 안내 말씀드립니다.*
> 조용히 해봐, 조용히 해봐.
> *현재 위치에서 절대 이동하지 마시고 대기해 주십시오.* (187)

4. 다른 사람들은 몰라!

　김애란의 「입동」은 제목부터 상당히 많은 의미를 담고 있는 소설이다. 겨울이 시작되는 절기를 의미하는 '입동'은 이 작품의 중심인물들이 앞두고 있는 슬픔의 긴긴 여정을 암시적으로 드러낸다. 제목부터 그러하듯이, 이 작품은 여러 가지 의미와 정서를 담고 있는 이미지와 비유들을 통해 세월호의 아픔을 간접적이지만 깊이 있게 사유하도록 이끈다. 이들 부부의 유일한 자식으로 52개월밖에 살지 못한 영우는 후진하던 어린이집 차에 치여 그 자리에서 숨진다.

　"자정 넘어 아내가 도배를 하자 했다"(258)는 문장으로 시작되는 이 작품의 핵심에는 만장처럼 나부끼는 벽지의 이미지가 놓여 있다. 이들이 도배를 하게 된 이유는 시어머니가 실수로 올리브색 벽지에 복분자액을 쏟았기 때문이다. 이 일이 벌어졌을 때, 아내는 "아이 씨……"(260)라고 말하는데, 이러한 과민반응은 이 벽지가 이들 부부의 잃어버린 꿈과 모욕당한 현실을 고스란히 담고 있는 것과 관련된다.

　"'정착'에 대한 욕구"(263)가 '나'보다 강했던 아내는 집을 꾸미는 데만 반년 이상 공을 들인다. 아내는 "'쓸모'와 '필요'로만 이뤄진 공간은 이제 물렸다는 듯"(23)이 인테리어에 큰 신경을 쓰는데, 그것은 "'물건'에서 '기능'을 뺀 나머지를, '삶'에서 '생활'을 뺀 나머지를 갖고 싶어"(263)하는 욕망에서 비롯된 행동이다. 그 중에서도 아내가 가장 큰 신경을 쓴 것이 바로 부엌 벽면이다. 아내는 부엌과 거실 도배는 모두 흰색으로 했지만, 싱크대와 마주한 부엌 벽면만 올리브색으로 바른다.

그 곳에서 영우는 "젓가락질을 배우고, 음식을 흘리고, 떼쓰고, 탁자 아래 숨고, 울고, 종알종알 분홍 혀를 놀려 어여쁜 헛소리를 했"(267)던 것이다.

시어머니가 쏟은 복분자 원액은 어린이집에서 "보내주신 성원에 감사드립니다. 풍성한 한가위 맞으세요. 햇님 어린이집"(270)이라고 쓰여진 카드와 함께 실수로 보낸 선물이다. 사고 이후 어린이집은 보험회사를 통해 민사상 손해배상을 했기에, 자신들은 그것으로 모든 일을 마무리했다는 입장을 보인다. 그 복분자 원액은 영우 일로 나빠진 평판을 바꿔보려는 의도에서 어린이집이 동네 사람들에게 보낸 것이다. 그러한 선물이 '나'의 집에 도착했다는 것은 "알고 보냈으면 나쁜 거고 모르고 보냈음 더 나쁜 거라고"(270)밖에 생각할 수 없는 일이다. 사건의 가해자인 어린이집은 얼마 지나지 않아 이토록 비참한 사건에 "무감"(270)해진 것이다. 이 단란했던 가정의 꿈이 그대로 담겨져 있는 벽지가 가해자의 무감각함과 무책임함을 상징하는 복분자 원액으로 더럽혀졌다는 것은, 이 가정의 모욕당한 현재를 감각적으로 보여주는 장면이다.

이들 부부의 고통은, 아내가 "영우가 있는 곳 말이야, 여기보다 더 좋을 것 같아. 왜냐하면 거기는 영우가 있으니까"(269)라고 말할 정도로 심각하다. 아내는 주변 사람들의 시선 때문에 장조차 보지 못한다. "마트 안에 바글거리는 어린아이들 때문"(269)에 외출을 기피하는 아내는, "아이 잃은 사람은 옷을 어떻게 입나, 아이 잃은 사람도 시식코너에서 음식을 먹나, 아이 잃은 사람은 어떤 반찬을 사나 빤히 지켜본다"(269)며 외출조차 꺼린다. 아내는 직장을 그만둔 지 오래되었고 매달 통장에선 아파트 대출금과 이자가 빠져나가고 있는 상황에서도, 이들 부부는 영우의 죽음으로 생긴 보험금 통장에서 1원도 꺼내 쓰지 않는다. 그럼에도 동네에는 '내'가 보험회사 직원이라는 이유로 차마 입에 담지 못할 소문이 돌기 시작한다. 이처럼 주변에서는 깊은 슬픔에 빠진 이들 부부를 위해 어떠한 배려도 보여주지 않으며, 오히려 그들의 말할 수도 없는 슬픔을 더욱 증폭시킬 뿐이다.

그러나 세상에 시간보다 더 강한 것은 없는 것일까? "붉은 액체로 사납게 얼룩진 벽지를, 점점 말라붙어 피처럼 가뭇하게 변하는 공간을 계속 방치"(272)해 두던 이들 부부는, 두 달이 지났을 때 드디어 도배를 시작하고 보험을 헐어서 빚을 갚자는 생각까지 한다. 그렇다면 이들은 드디어 프로이드적인 의미의 애도에 성공하여, '사납게 얼룩진 벽지'를 말끔한 새 벽지로 바꾸듯이, 영우가 가져다 준 그 끔찍한 고통과 슬픔에서 벗어날 수 있게 된 것일까?

그러나 사건 혹은 상처의 힘은 너무나 세다. 도배가 거의 끝나갈 무렵, 이들 부부는 영우가 자신의 성인 '김'자와 '이응'만을 서투르게 써놓은 낙서를 발견하는 것이다. 완성되지 못한 이 이름은 영우의 그 짧았던 삶을 상징하기에 모자람이 없다. 결국 아내는 "처마 밑에서 비를 피하는 사람마냥 내가 받치고 선 벽지 아래서 훌쩍"(279)인다. 그 벽지에는 흰 바탕에 이름을 알 수 없는 아이보리색 꽃이 촘촘히 박혀 있는데, 그 꽃은 "누군가 아내 머리 위에 함부로 던져놓은 조화弔花처럼 느껴"(279)진다. 동시에 이러한 아내의 모습은 다음의 인용문처럼 동네 사람들로부터 이들 부부가 "꽃매"(279)를 맞고 있는 모습으로 보이기도 한다.

우리는 알고 있었다. 처음에는 탄식과 안타까움을 표했던 사람들이 우리를 어떻게 대하기 시작했는지. 그들은 마치 거대한 불행에 감염되기라도 할까 우리를 피하고 수군댔다. 그래서 흰 꽃이 무더기로 그려진 벽지 아래 쭈그려 앉은 아내를 보고 있자니, 아내가 동네 사람들로부터 '꽃매'를 맞고 있는 것처럼 느껴졌다. 많은 이들이 '내가 이만큼 울어줬으니 너는 이제 그만 울라'며 줄기 긴 꽃으로 아내를 채찍질하는 것처럼 보였다.

— 다른 사람들은 몰라.

나도 멍하니 아내 말을 따라했다.

— 다른 사람들은 몰라. (279)

그리고 그 동네 사람들의 '꽃매'를 맞으며, 이들 부부는 "다른 사람들은 몰라"라는 말을 반복한다. 이 마지막 모습 속에서 우리는 '애도의 불가능성'과 '슬픔의 공유 불가능성'이라는 가슴 아픈 진실을 확인하게 된다. 누군가에게는 시간으로도 해결될 수 없는 상실의 고통이 있을 수 있다는 것, 그리고 그 깊은 슬픔은 때로는 공유마저 불가능하다는 것. 김애란의 「입동」은 이 지점에서 멈춰 있다. 그러나 이러한 진실의 확인은 값싼 위로나 애도가 아닌 참된 슬픔의 극복을 향해 나아가는 과정에 가깝다. 그것은 이전에 김애란이 세월호에 대하여 쓴 에세이 「기우는 봄, 우리가 본 것」에서도 확인할 수 있었던 사유이다.

'이해'란 타인 안으로 들어가 그의 내면과 만나고, 영혼을 훤히 들여다보는 일이 아니라, 타인의 몸 바깥에 선 자신의 무지를 겸손하게 인정하고, 그 차이를 통렬하게 실감해나가는 과정일지 몰랐다. 그렇게 조금씩 '바깥의 폭'을 좁혀가며 '밖'을 '옆'으로 만드는 일이 아닐까 싶었다. 그리고 그 이해가, 경청이, 공감이 아슬아슬한 이 기울기를 풀어야하는 우리 세대가 할 일이며, 제도를 만들고 뜯어고쳐야 하는 이들 역시 감시와 처벌 이전에, 통제와 회피 이전에 제일 먼저 해야 할 일인지도 몰랐다.

—『눈먼 자들의 국가』, 문학동네, 2014, 18쪽

'타인의 몸 바깥에 선 자신의 무지를 겸손하게 인정'하는 일과 '그 차이를 통렬하게 실감해나가는 과정'은 언제까지나 고통 받는 자의 '밖'에 머물기 위해서가 아니라 고통 받는 자의 '옆'에 머물기 위해서이다. 동시에 그것은 진정한 '이해'와 '경청'과 '공감'에 해당하는 일이며, 더 나은 사회를 만들어나가기 위한 하나의 전제조건에 해당한다고 말할 수 있다.

5. 현실과 문학의 거리

지금의 상황은 본론에서 다룰 최은영의 「미카엘라」(『실천문학』, 2014년 겨울호)에서처럼, 세월호를 "잊어버리고 없던 일로 덮어두자"(330)는 분위기가 지배적인지도 모른다. 엄마의 미용실에 오는 사람들은 다음과 같은 반응으로 보이는 것이다.

언제나처럼 시간은 흘렀고, 마음의 통증도 무뎌졌다. 그 일에 대해서 화를 내고 눈물을 짓던 손님들도 더 이상 그 일을 언급하지 않았고, 어떤 손님들은 도리어 이 일을 빨리 잊지 못하는 사람들에 대한 피로를 토로했다. 여자는 그이들의 말을 들으면서 재차 마음을 다쳤다. (332~333)

그러나 소설이 세월호 참사를 언제까지나 외면한다는 것은 불가능할 것이다. 기본적으로 숱한 생령들이 억울하게 죽어간 그 비인간적 참사를 외면한다는 것이 불가능할뿐더러, 사회적 현실로부터 상상력이 발아할 수밖에 없는 소설이라는 장르의 특성상 세월호는 어떤 식으로든 한국 소설에 그 모습을 드러낼 수밖에 없기 때문이다.

세월호 참사는 희생의 규모나 성격에 있어 그 전례를 찾아보기 힘들 정도의 '대사건'이다. 한국의 작가들은 반년이 지나간 시점에서야 겨우 간신히 세월호에 대한 형상화를 조금씩 해나가고 있다. 그 형상화의 가장 중요한 특징 중의 하나는 논픽션적 성격의 강화라고 할 수 있다. 현실의 실제 사건이나 인물 등이 소설에 거의 그대로 들어오는 현상을 발견할 수 있는 것이다. 「미카엘라」에서 유민 아빠가 등장한다거나 「위험한 아이의 인사법」에서 침몰 당시 세월호 내부의 모습이 그대로 재현되는 것 등을 구체적 사례로 들 수 있다. 반년은 세월호 참사와 관련해 문학적 간접화를 이룰만한 시간적·정서적 거리를 확보하기에는 턱없이 모자란 시간이었던 것이다. 이들 소설의 논픽션적 성격은 사건의 '심각함'과 그 시간적·정서적 거리의 '가까움'이 동시적으로 작용하여 벌어진 일이다. 그럼에도 작가들은 소설적 형상화를 위하여 나름의 문학적 기법을 활용하고 있다. 「미카엘라」의 환상체험, 「위험한 아이의 인사법」의 근미래 배경 설정, 「입동」의 알레고리와 비유 등이 그 구체적인 사례이다. 흥미로운 것은 당위적 주장이 강할수록 문학적 간접화의 양상은 약해진다는 사실이다. 반대로 문학적 간접화에 성공할수록 독자와 소설이 마주치는 접촉면은 커지는 반면, 세월호 참사의 고유성은 희석되는 경향이 나타난다. 집요하게 세월호 참사의 고유성을 파고드는 일과 세월호 참사가 환기시키는 보편적 감성을 어루만지는 일이 동시적으로 이루어질 때, 세월호 참사에 대한 문학적 형상화와 사회적 애도에 모두 성공할 수 있을 것이다.(2015)

'거대한 파국' 이후를
산다는 것에 대한 물음

1. 애도의 시절

2014년 한국 문학계의 한복판에 놓여 있었던 것은 말할 것도 없이 4·16 세월호 참사이다. 대부분의 사람들은 우울증적 주체가 되어 "부끄러움에 몸을 떠는, 비탄에 찬, 무기력과 자학의 언어들을 쏟아냄으로써 4·16이 야기한 충격과 고통은 재현될 수 없는 것임을 토로"[27]하고 있다. 소설의 영역에서는 아직까지 세월호를 정면에서 다룬 작품은 찾아보기 어렵다.[28]

---

27 정원옥, 「4·16과 애도담론—어떻게 살아남을 것인가라는 윤리적 과제」, 『자음과모음』, 2014년 겨울호, 236쪽.

그러나 한국 문학은 세월호 참사가 던져준 충격으로부터 벗어나기는 힘들 것이다. 인간으로서 숱한 생령들이 영문도 모른 채 죽어간 그 파국적 사건을 외면한다는 것이 불가능할뿐더러, 그 사건 속에는 문학이 감당해야 할 여러 가지 윤리적·정치적 과제들이 포함되어 있기 때문이다. 세월호 참사와 관련하여 세 가지 상상력이 한국 소설에서 중요한 몫을 차지하게 될 것으로 판단된다.

첫 번째는 그 범죄적 비극을 낳은 우리 사회의 모순을 파헤치는 시각이 존재할 것이다. 그것은 필연적으로 우리 현대사에 대한 고통스런 물음을 동반할 수밖에 없을 것이며, 이러한 징후는 이미 우리 소설계에 뚜렷한 모습을 보여주고 있다. 두 번째로는 그 파국적 참사를 낳은 근본적인 불감과 불통에 대한 보다 심화된 의문이 제기될 것으로 보여 진다. 바로 자신의 옆에서 벌어지는 그 끔찍한 고통을 태연하게 외면하며 자신들만의 이익을 추구하는 그 비인간적 태도에 내재된 문제점을 보다 다양한 방식으로 탐구할 수밖에 없을 것이다. 마지막으로 끔찍한 전쟁 후에는 늘 휴머니즘 문학이 꽃을 피우듯이 다시 한 번 인간과 삶에 대한 긍정의 시각을 보여주는 작품들이 나타날 것으로 보인다. 이것은 결코 과거를 은폐하거나 현재의 질서를 긍정하는 것이 아니라 인간 본연의 삶에 대한 그 숭고한 지지로서의 긍정에 해당할 것이다. 이 세 가지 경향은 당연히 여러 가지 방식으로 몸을 섞어 나타날 것이며, 아직 오지 않은 한

---

28 2014년의 소설계는 한강의 『소년이 온다』나 이기호의 『차남들의 세계사』와 같이 30여 년 전 우리 땅에서 벌어진 극한의 폭력과 원한에 대한 문학적 형상화에서 오히려 큰 성과를 낸 한 해였다. 이것은 직접적으로 세월호와는 무관할 수도 있지만, 4·16 이후 한국의 사회적 장 속에 무수한 애도담론이 쏟아져 나온 사회적 분위기를 일정 정도 반영한 것이라고 할 수 있다.

국 문학의 미래는 이미 몇몇 작가들을 통해 그 작은 실마리를 보여주고 있는 것으로 판단된다.

2. 우리는 어떻게 여기까지 왔나?

성석제의 『투명인간』(창비, 2014)은 1960년대에 태어난 만수라는 인물을 중심으로 21세기로 이어지는 한국의 현대사를 담아낸 작품이다. 만수는 물론이고 만수의 주변 사람들(만수의 아버지, 어머니, 형, 남동생, 누나들, 여동생, 선생님, 학교 친구, 직장 동료, 아내, 아들 등)이 초점화자로 등장하여 만수와 자신들의 삶에 대하여 이야기하는 서술구조로 되어 있다. 작가는 뛰어난 역량으로 산업화 시기 우리가 겪어온 삶의 구체적 풍경들을 매우 실감나게 제시한다. 거기에는 파리한 얼굴을 한 구로공단의 여공이, 폭력이 난무하는 학교가, 공사판에서 일하며 매혈까지 하는 고학생이, 독재 권력이 벌이는 민망한 정치 캠페인이, 연탄가스를 마시고 저능아가 된 소녀의 안타까운 모습이 보인다.

『투명인간』의 만수는 가족과 그것의 연장인 공동체를 위해 자신을 희생하는 인물이다. 처음 그는 기인奇人에 불과한 것으로 보이지만, 나중에는 하나의 가치를 담지한 영웅적 인물로 상승한다. 만수가 진정한 영웅일 수 있는 이유는 가족(공동체)을 위해 희생한다는 점에 있는 것이 아니라, 그 희생을 진심으로 즐긴다는 점에 있다. 그는 계산이나 이익이 아닌 투명할 정도로 진정성 넘치는 마음으로 가족(공동체)에게 헌신하는 인물이다. 만수에게는 좌나 우냐는 식의 이념도 들이대기 힘든데, 그는 "회사도 너도 나도 우리 모두 잘되는 쪽으로 좋아졌으면 하고 이러는 거야"(259)라는 말처럼, '우리'라는 큰 틀 안에서 모든 것을 사유하고 행동하기 때문이다. 만수는 이러한 삶의 자세를 자신의 할아버지와 아버지에게서 배운 것이다.

만수는 어린 시절부터 머리는 나빠도 어른들의 말만은 받들려고 애쓰던 아이였다. 만석꾼의 아들로 태어나 경성제대 예과까지 다녔던 할아버지는 독립운동에 연루되어 집안을 거덜 내고 산골에서 살게 된다. 산골에 들어와 할아버지가 처음 시도한 일은 "누구나 평등하게 의견을 이야기하고 서로 다른 점을 이해하며 보완하는 게 짐승과 사람이 다른 점"(20)이라는 생각으로 "동회며 규약을 만들"(20)려고 한 것이다. 할아버지는 백수가 서울의 대학으로 갈 때도 "나는 우리 백수가 수단 방법 가리지 않고 출세하여 남위에 서는 것을 바라지 않느니라"(92)라고 말한다. 할아버지는 개인의 영달보다는 공동체와 함께 가는 삶에 더 큰 관심을 가진 존재인 것이다. 아버지는 "식구는 너의 분신이고 너의 뿌리이고 울타리이다. 식구를 살리고 부양하는 것은 너희를 살리고 부양하는 것이다"(34)라고 말한다. 이 말은 투명인간이 된 만수에 의해 다시 한 번 반복될 정도로, 만수의 삶을 일관하는 가장 핵심적인 가치라고 할 수 있다.

가족과 공동체를 위해 희생하는 만수와 정반대의 삶을 보여주는 이들은 매제 강철원과 동생 석수이다. 강철원은 오직 철저한 계산과 욕망에 바탕해 외형상으로만 공동체를 위해 헌신하는 인물이다. 어릴 때부터 "개당귀 같은 독종"(72)으로 불린 석수는 자신이 경쟁을 통해 세상을 호령하는 자리에 오르는 과정에 뒤따르는 만수의 희생을 너무도 당연하게 생각한다. "형이 세차를 하든 공장의 부속품이 되든 남의 뒤를 닦아주든 상관없었다. 형에게 타고난 노예근성이 있다는 건 고마운 일이었다"(218)고 생각하는 것이다. 석수는 군대도 피하고 경력도 쌓기 위해 공활을 하다가 기관의 손발 노릇을 한다. 작가는 이 두 인물에게 가장 끔직한 삶을 제공하는데, 장철원은 가족들에게 버림받고 "사기, 불륜, 도박, 알코올중독"(332)의 인격파탄자로 귀결되며, 그토록 출세를 지향하던 석수는 작품의 후반부에 사라졌다가 마지막에 투명인간이 되어 나타난다.

만수가 감당해야 하는 삶의 짐은 점점 커진다. 처음 동생들의 가장 역할을 하던 만수는 나중에 석수가 남겨놓은 택석이를 떠안고 살아간다. 심지어는 공장을 지키다가 손해배상 소송으로 인해 거액의 빚을 지게 되지만, 그것마저도 순순히 감당하는 초인적인 모습을 보여준다. 이러한 짐을 만수는 즐겁게 받아들이는데, 이러한 모습은 「황만근은 이렇게 말했다」, 「인간의 힘」, 「지금 행복해」와 같은 작가의 이전 작품에 등장하는 디오니소스적 방외인들의 모습에 연결된다고 볼 수 있다. 이러한 만수의 입장은 투명인간이 되어 동생 석수에게 하는 다음의 말에 잘 압축되어 있다.[29]

죽는 건 절대 쉽지 않다. 사는 게 훨씬 쉽다. 나는 한 번도 내 삶을 포기하지 않았다. 내게는 아직 세상 누구보다도 사랑하는 가족이 있으니까. 그 사람들은 나 같은 평범한 사람이 지지하고 지켜줘야 한다. 내가 포기 하는 건 가족까지 포기하는 것이다. 내 생명보다 더 귀한 사람들, 어머니, 누나들, 나의 아내, 동생들, 나의 아들, 그리고 돌아가신 나의 조부모, 아버지, 형님까지 모두 그렇다. (365)

이렇게 하루하루 최선을 다하고 식구들 건강하고 하루하루 나 무사히 일 끝나고 하면 그게 고맙고 행복한 거죠. 도저히 참을 수 없을 것 같을 때에도 가만히 참고 좀 기다리다보면 훨씬 나아져요. 세상은 늘 변하거든. 인생의 답은 해피엔딩이 아니지만 말이죠. (367)

성석제의『투명인간』에 드러난 삶에 대한 긍정은 이혜경의『저녁이 깊다』(문학과지성사, 2014)와 비교해 볼 때 보다 뚜렷해진다.『저녁이 깊다』역시『투명인간』과 마찬가지로 1960년대부터 2000년대에 이르는 현대사의 궤적을 다루고 있다. 초등학교 동창인 기주와 지표를 초점화자로 내세운 이 작품이 다루는 역사의 편폭은『투명인간』보다 훨씬 좁지만, 좀 더 내밀하게 지난 시대가 인간들의 삶과 내면에 가져다 준 변화를 보여주고 있다. 사회적 현실보다는 인물의 개인적 삶과 내면에 초점을 맞추고 있지만, 그 안에는 이미 억압적인 시대상황, 빈부에 따른 차

---

29 『투명인간』에서는 온갖 장애를 가진 태식이가 그토록 미워하던 만수의 처 진주에게 자신의 신장을 줌으로써 삶이 지닌 근원적 희망의 메시지를 선명하게 드러낸다.

별, 물신주의 풍조 등이 은은하지만 깊은 통증을 유발하는 상처로 자리하고 있는 것이다. 이들은 이 사회 안에 자기만의 자리를 마련하기 위해 필사적인 노력을 기울이는데, 그러한 노력은 공장에 다니는 병묵과 공부밖에 믿을 것이 없는 기표가 먹는 타이밍 약을 통해 상징적으로 드러난다.

이들은 『투명인간』의 만수보다는 현실의 리얼리티가 있는 인물들이기에 빠르지는 않지만 더 깊게 공감할 수 있는 여지를 만든다. 작품의 마지막은 『투명인간』과 비슷하다. 빈부에 따른 차별과 약육강식의 현실은 결코 개선되지 않은 채, 더욱 심화된 형태로 지속되는 것이다. 그것은 순전히 육체노동으로 입신한 병묵이 결국 자살하고 마는 것과 부잣집 아들로 태어나 온갖 못된 짓만 일삼던 형태가 "힘을 가진 자가 힘없는 자를 밟는 건 자연의 당연한 이치"(274)라고 생각하며 당당하게 "I'll be back"(275)을 외치는 것에서 확인할 수 있다. 작품의 마지막에는 인간이 되지 못한 요괴인간의 이야기가 등장한다. 요괴인간은 작품의 시작 부분에 성장의 메타포로 등장한 바 있었다. 요괴인간이 끝내 인간이 되지 못했듯이, 시골 소읍의 초등학교에 다니던 이들 주인공도 끝내 '어른'은 되지 못한 것이다. 이러한 성장의 실패는 무엇보다도 이들의 삶을 옥죄어온 시대의 비인간성에서 비롯되었다고 할 수 있다. 그런 면에서 기주나 지표 등이 걸어온 삶은 만수의 삶보다 덜 가혹하지만, 그들이 감당해왔고 감당해갈 현실의 어둠은 더욱 짙게 느껴진다. 성석제의 『투명인간』과 이혜경의 『저녁이 깊다』는 한국을 대표하는 중견 문인들이 자신들의 고유한 작가적 역량을 발휘하여 오늘의 한국 사회를 만들어낸 기원으로서의 현대사를 조망하고 있는 작품들이다. 두 작품이 현실을 대하는 방식에는 차이가 있지만, 기본적으로 오늘의 현실이 이 전보다 좀 더 인간적인 세상으로 진보한 것은 아니라는 것과 얻은 것만 큼이나 많은 것을 잃어버렸다는 사실을 '투명인간'과 '저녁의 어둠'이라 는 이미지를 통해 가슴 아프게 전달하고 있다.

3. 나와 너, 그 이분법을 넘어

유현산은 장르 문학적 상상력을 한껏 발휘하여 한국사회의 예민한 지점들을 날카롭게 타격하는 작가이다. 2012년에도 지존파 사건에서 모티프를 가져온『살인의 추억』(네오픽션, 2012)을 발표하여, 눈에 보이 지 않는 구조적 폭력의 진정한 폭력성을 심문하였다. 2014년에 발표된 『두 번째 날』(네오픽션, 2014)은 조선족들을 등장시켜 우리 사회의 불감 과 불통에서 비롯된 파국의 가능성을 치밀하게 형상화하고 있다.

『두 번째 날』에서 '첫 번째 날'은 조선족 소년인 리진웅이 한국인들 의 탐욕과 폭력으로 어머니를 잃은 1991년의 어느 겨울밤이다. 그가 20년 후에 MIT 경영대학원 출신의 금융 투자 전문가인 제임스가 되어 한국에 돌아온다. 그가 하려는 일은 어머니를 살해한 한국인들에 대한 일종의 복수(?)이다. 제임스가 된 리진웅은 성현범이라는 거물 정치인 의 자금과 고려행정사라는 폭력조직을 거느린 박정호 령감을 이용하여 조선족 사회에서 유통되는 자금을 차지하고자 한다. 그것은 리진웅에게는 부모와도 같았던 과자삼촌의 유언인 "나중에 어른이 되면 쓰라. 사람들이 다 알 수 있도록"(292)을 실천하는 그만의 방식이라고 할 수 있다.

20년 전 리진웅의 어머니와 리진웅은 이남읍에서 한국정착의 꿈을 안고 박현필 장로가 만든 평화농장에서 살았다. 박현필 장로는 유기농 사업과 조선족 선교를 함께 하려고 이남읍에 유기농 농장을 만들고 조선족을 불러들였던 것이다. 그러나 박현필 장로는 이남읍의 유지들이 이남상조신용의 자금을 사금고처럼 마음대로 전용한 사실을 알게 되고, 이 때문에 유지들은 젊은이들을 부추겨 농장을 파괴하고 사람들의 목숨까지 빼앗는다. 리진웅은 이남읍의 유지들이 사용했던 수법을 그대로 조선족들에게 적용하여 가리봉상조신용과 대림동상조신용의 돈을 빼돌리려는 것이다.

이 작품의 주 스토리 시간은 2012년 9월 27일부터 2012년 12월 9일로 매우 짧으며,[30] 공간적 배경은 대림동이나 가리봉동과 같은 조선족 밀집지역으로 한정되어 있다. 『두 번째 날』에서 비중 있게 다루어지는 조선족 정문환은 북경에서 살인을 저지르고 아내와 아들을 남겨둔 채 도망 온 인물이다. 조선족만의 세상과 연결된 한국인은 조폭인 영등포 남문과 한사장 정도이다. 그러나 이 작품에서 한 사장은 결코 조선족 사회에 발을 들여놓지 못한다. 조선족 지역에 잠입하는 것은 르포작가인 조성우의 아내와 전직 기자로 아내와 아들의 복수를 하려고 하는 조

---

30 여기에 '첫번째 날'에 해당하는 1991년의 어느 겨울밤과 에필로그에 해당하는 2013년 6월 7일이 작품의 앞과 뒤에 붙어 있다.

성우 뿐이다. 르포작가나 기자 그리고 경찰은 결코 조선족과 삶을 공유하는 자들이 아니다. 이들은 단지 조선족을 관찰하고 기록하고 처벌하는 자들일 뿐이다. 조선족은 한국인의 삶으로부터 철저하게 분리되어 있는 것이다.

『두 번째 날』에서 그나마 한국인으로서 조선족과 '삶'을 공유하는 사람은 제임스와 가까운 정인애 뿐이다. 그러나 정인애가 조선족과 삶을 공유하는 것은 한국인으로서가 아니라 조선족 행세를 함으로써이다. 작가는 다음의 인용문처럼 "조선족이 되어 그들을 돕고 싶다는 욕망"을 가졌던 정인애를 부정적으로 평가한다.[31]

왜 조선족이 되기로 결심했을까. 정인애는 그 결정이 위선과 우월감 때문이었다고 생각했다. 자아라는 게 백화점 매대에 널린 속옷 같은 건 아니지만, 그때 정인애에게는 새로운 자아가 절실했다. 네일아트를 하면서 같은 업계에 들어온 조선족 여자들을 많이 만났고, 조선족이 되어 그들을 돕고 싶다는 욕망에 사로잡혔다. 누구에겐가 필요한 사람이 되기 위해 조선족으로 위장했다. 지금 생각해보면 그건 선한 일을 하고 있다는 자기 위안이나 불행한 사람들 앞에서 우쭐거리고 싶은 치기에 불과했다. (350)

이처럼 조선족과 한국인의 소통과 공감은 결코 간단한 일이 아니다. 심지어 제임스의 복수는, 그것이 설령 "조선족 사회를 숙주로 강력한

---

31 이러한 인식은 조성우에 의해서 다시 한번 반복된다. 조선족이 되고 싶었다는 정인애를 보며 조성우는 "그것이 오만이나 치기라고 생각"(403)하는 것이다.

세력을 형성해 한국사회를 움직이는 꿈"(155)에 바탕한 것이라고 해도, 철저하게 조선족들로 한정된다.

그러나 『두 번째 날』은 심층적인 차원에서 조선족의 분리와 게토화가 지니는 문제점을 날카롭게 보여준다. 20여 년 전 조그마한 이남읍에서 상조신용 횡령 사건이 가능했던 이유는 "인간관계가 폐쇄적"(279)이었기 때문이다. 그렇기에 전산망을 따로 만들어도 들통이 나지 않았던 것이며, 그 결과 사건 이후 그러한 폐쇄성이 해체되었을 때 횡령은 불가능해진다. 제임스가 조선족들을 상대로 금융범죄를 저지를 수 있었던 것도 가리봉동과 대림동의 조선족 사회가 "폐쇄적"(280)이기 때문에 가능했던 일이다. 이처럼 '나와 너', '한국인과 조선족'의 이분법은 조선족은 물론이고 한국인에게까지 커다란 고통을 줄 수 있는 것이다. 배제와 무관심의 이분법을 넘어서 공감과 연대를 지향할 때, 우리는 더 이상 리진웅 혹은 제임스의 상처와 대면하지 않을 수 있을 것이다.

『두 번째 날』에서 조선족은 하나의 상징이라 보는 것이 적당하다. '작가의 말'에서 유현산이 밝힌 것처럼, 조선족은 "한국 사회에서 독특한 마이너리티의 위치"(409)를 차지하는 존재인 것이다. 그것은 정문환과 구렁이가 본 외국인 노래자랑 프로그램에서 "베트남, 태국, 일본, 중국, 아시아 각국의 노동자들이 출연했지만 조선족은 없"(35)는 장면에서 분명하게 드러난다. 그들은 우리 사회에서 동일자와 타자의 경계선 상에 선 그야말로 '독특한 마이너리티'의 위치를 차지하는 것이다. 유현산은 조선족을 통해 우리 사회 약소자를 대하는 근본적인 자세에 대한 문제를 제기하고 있다.

4. 그럼에도, 계속해보겠습니다.

황정은이 이전에 발표한 경장편 『백의 그림자』(민음사, 2010)와 『야만적인 앨리스씨』(문학동네, 2013)는 시대적 현실을 재현하기보다는 시적인 이미지나 비유 혹은 분위기를 통하여 시대현실에 바탕한 심리적 실재를 환기하는 작품들이었다. 『백의 그림자』에서는 그토록 암울한 현실을 만든 인간들과 전례를 찾아보기 힘들 정도로 선량하고 윤리적인 인간들 사이의 선명한 이분법을 보여주었다. 『야만적인 앨리스씨』는 『백의 그림자』를 거꾸로 뒤집어 놓은 작품이라고 해도 과언이 아니다. 이 작품에 등장하는 인물들은 하나같이 악하다. 『백의 그림자』를 상징하는 어휘가 '은교씨'와 '무재씨'라면, 『야만적인 앨리스씨』에서는 단연코 '씨발'이다. '은교씨'와 '무교씨'라는 호칭이 서로를 충분히 사랑하면서도 서로의 고유성을 최대한 인정해주는 태도의 압축적 표현이라면, '씨발'은 상대방의 인격 나아가 존재 자체를 완벽하게 무시하는 태도의 집중된 표현이다. 『백의 그림자』가 악한 현실과 선한 인물이라는 두 가지 대조적인 색을 보여주었다면, 『야만적인 앨리스씨』는 악이라는 단색으로만 되어 있다. 『계속해보겠습니다』(창비, 2014)는 다시 『백의 그림자』에 가까워진 작품이다.[32]

『계속해보겠습니다』의 기본적인 서사는 "세계의 입장에서는 무의

---

32 『백의 그림자』는 약 160쪽, 『야만적인 앨리스씨』는 약 155쪽, 『계속해보겠습니다』는 약 230쪽 분량이다. 이전의 경장편 소설들보다 길어진 분량의 『계속해보겠습니다』를 채우는 것은 서사적 구체라기보다는 묘한 분위기를 조성하는 대화나 상황들이다.

미할지도 모르"는 "무의미에 가까울 정도로 덧없는 존재들"(227)인 소라, 나나, 나기가 의사 가족pseudo-family을 만들어 나가는 것으로 정리할 수 있다. 소라, 나나, 나기는 모두 편모슬하에서 자랐고, 소라와 나나의 어머니인 애자는 지금 요양원에서 그냥 살아 있을 뿐이다. 소라와 나나의 아버지인 금주는 소라와 나나가 각각 열 살과 아홉 살일 때 공장에서 일하다가 거대한 톱니바퀴에 말려들었다. 사고 합의금은 친가에서 모두 가져가고, 애자와 소라 자매는 "본래 한 개의 현관과 한 개의 화장실이 딸린 공간이던 지하실을 벽으로 나눈"(28) 터무니없는 반지하의 집(아니 방)으로 이사한다. 거기에서 나기와 그의 엄마인 순자를 만난다. 나기의 아버지도 죽었다는 이야기를 들은 후에 나나가 "마음이 편안해져 나기 오라버니를 더는 경계하지 않게 되"(96)었다는 것에서 알 수 있듯이, 이들의 공통점은 편모슬하의 환경에 놓여 있다는 점이다. 소라, 나나, 나기는 셋만의 공동체를 구성하게 되는데, 그것은 세 개의 물방울이 합쳐져서 큰 한 개의 물방울을 만드는 장면으로 감각화되기도 한다.

이 작품에서 혈연에 바탕한 공동체는 대안은커녕 오히려 비판의 대상에 가깝다. 친척들은 소라와 나나의 아버지가 죽자 사고 합의금을 가로채고도, 태연하게 할머니의 생일에 소라와 나나를 초대한다. 나나는 모세의 집을 방문했을 때, 아버지가 사용한 요강을 어머니가 비우는 모습에 충격을 받는다. 이러한 충격은 "남도 아니고 가족이라서 배설물을 맡기는 것은 괜찮다"(149)고 말하는 모세의 모습으로 인해 더욱 증폭된다. 나나는 모세가 말하는 "가족은 될 수 없"(158)기에, 모세와의 사이에서 생긴 아이는 낳을 수 있지만 결혼은 할 수 없다고 생각한다. "결혼하지도 않고, 가족이 되지도 않"(151)는 상황을 이해하지 못하는 모세는 결국 나나에게 폭력을 가한다.

이외에도 혈연은 진정한 공동체의 구성요건이 되지 못한다. 전쟁 중에 부모를 잃은 나기의 어머니는 숙모의 집에서 식모살이만 죽도록 하다가 고작 이불 한 채만을 받아 시집을 간다. 나기가 열네 살 때부터 사랑한 동성친구 역시 성공한 아버지로부터 심한 폭력을 당한다. 이러한 아버지의 모습은 "편부모가 아니라면 무조건 사랑받으면서, 건강하게 자라게 되는 거야?"(199)라는 소라의 의문에 대한 해답이 되기에 충분하다.

"사랑으로 가득하고 사랑으로 넘쳐서 사랑뿐인 사람"(88)인 애자는 자신의 사랑인 금주씨가 죽자 "껍질만 남은 묘한 것"(88)이 된다. 그녀는 사랑에 절망하여 완전한 허무에 빠진 존재라고 할 수 있다. 그녀의 이러한 모습은 폭력과 악의 덩어리였던 『야만적인 앨리스씨』에 등장하는 어머니의 전도된 모습이라고 할 수 있다. 애자는 남편의 억울한 죽음도 "인생의 본질"(12)에서 비롯된 어쩔 수 없는 일로 여기며, "필멸, 필멸, 필멸일 뿐인 세계에서 의미 있는 것은 아무것도 없"(13)기에 삶은 "아무래도 좋을 일과 아무래도 좋을 것"(12)으로 채우는 것이 좋다고 생각한다. 그녀의 사랑은 차라리 세상에 대한 무조건적인 방기에 가깝다. 애자는 밤에 전화를 걸어 "의미 있는 것은 아무것도 없어. 덧없어"(227)라고 말한다. 소라와 나나가 지향하는 것은 애자가 보여주는 삶의 태도와는 정반대 지점에 놓인다고 할 수 있다. 애자는 '엄마'도 '애자씨'도 아닌 '애자'일 수밖에 없는 것이다. 나나는 다음의 인용문처럼 그럼에도 살아가야만 하는 삶의 존엄에 대하여 이야기한다.

아무래도 좋을 일과 아무래도 좋을 것.

목숨이란 하찮게 중단되게 마련이고 죽고 나면 사람의 일생이란 그뿐, 이라고 그녀는 말하고 나나는 대체로 동의합니다. 인간이란 덧없고 하찮습니다. 하지만 그 때문에 사랑스럽다고 나나는 생각합니다.

그 하찮음으로 어떻게든 살아가고 있으니까.

즐거워하거나 슬퍼하거나 하며, 버텨가고 있으니까. (227)

위의 인용에서 굵게 표시된 부분은 이번 소설에서 주장하고 있는 삶에 대한 긍정의 메시지를 압축해 놓고 있다. 이러한 작가의식은 결코 세월호 참사와 무관한 것이 아니다.

황정은은 에세이 「가까스로, 인간」에서 세월호와 관련한 자신의 경험을 담담하게 풀어놓고 있다. 자신은 4월 16일 이후로 세계가 망했다고 말하고 다녔으며, 무력해져서는 온갖 것을 단념하고 다 혐오했다는 것이다. 그러나 세월호 백일이 되는 날 유가족을 대표해 한 어머니가 "엄마아빠는 이제 울고만 있지는 않을 거고, 싸울 거야"[33]라는 편지를 낭독했을 때, 세상에 대한 응답의 책임을 느꼈다고 고백한다. 그 깨달음은 다음의 인용에 잘 나타나 있다.

유가족들의 일상, 매일 습격해오는 고통을 품고 되새겨야 하는 결심, 단식, 행진, 그 비통한 싸움에 비해 세상이 이미 망해버렸다고 말하는

---

33 황정은, 「가까스로 인간」, 『눈먼 자들의 국가』, 문학동네, 2014, 96쪽.

것, 무언가를 믿는 것이 이제는 가능하지 않다고 말하는 것은 얼마나 쉬운가. 그러나 다 같이 망하고 있으므로 질문해도 소용없다고 내가 생각해버린 그 세상에 대고, 유가족들이 있는 힘을 다해 질문을 하고 있었던 것이다. 그러니 이제 내가 뭘 할까. 응답해야 하지 않을까. 세계와 꼭 같은 정도로 내가 망해버리지 않기 위해서라도, 응답해야 하지 않을까. 이 글의 처음에 신뢰를 잃었다고 나는 썼으나 이제 그 문장 역시 수정되지 않으면 안 되는 것이다.[34]

이러한 깨달음이 『계속해보겠습니다』에서 삶에 대한 가녀리지만 끈질긴 의지로 나타나고 있는 것이다.

『계속해보겠습니다』에서는 작가의 세계를 보는 시각이 보다 단단해지고 분명해진 면모를 확인할 수 있다. 그것은 분명한 문장으로 각각의 사건들이 지니는 의미를 정리하는 부분에서 뚜렷하게 드러난다. 『백의 그림자』와 『야만적인 앨리스씨』에서는 '그림자'와 '씨발스러움'으로 요약될 수 있는 사회적 적대가 생생하게 살아 있었다면, 「계속해보겠습니다」에서는 그러한 적대가 상당히 순화 내지는 변모된 채 드러나고 있다. 이전 소설들이 감정의 생산을 통해 다른 현실(가능성)을 열어놓는 것에 초점을 맞추었다면, 이번 작품은 현실을 버텨나가는 삶의 자세를 조용하지만 분명한 목소리로 또박또박 들려주고 있다.[35]

---

34 위의 글, 96~97쪽.
35 또 하나 『계속해보겠습니다』는 고통에 대한 공감을 강조한다. 나나는 어린 시절 작은 동물을 괴롭히며 놀고는 했다. 그러던 어느 날 나기 오빠에게 뺨을 맞았는데, 그때 나기 오빠는 나나가 오빠에게 따귀를 맞았을 때의 고통을 기억하라며, "이걸 잊어버리면 남의 고통 같은 것은 생각하지 않는 괴

5. 새로운 시작

앞으로의 한국 문학은 아마도 세월호 참사로부터 자유로울 수 없을 것이다. 숱한 목숨들이 영문도 모른 채 수장된 그 범죄적 비극을 외면한다는 것은 비윤리적일 뿐더러, 그 속에는 문학이 고민해야 할 여러 가지 유의미한 지점들이 존재하기 때문이다. 이를 바탕으로 앞으로의 문학은 '대재앙을 낳은 사회의 모순을 되돌아보는 역사적 상상력', '파국적 참사를 낳은 불감과 불통에 대한 심화된 문제제기', '벌거벗은 삶에 대한 긍정과 위로의 시선'을 중요하게 제시할 것으로 예상된다. 이것은 2014년의 문제작이라고 할 수 있는 성석제의 「투명인간」, 유현산의 『두 번째 날』, 황정은의 『계속해보겠습니다』를 통해 확인할 수 있는 사실이다. 마지막으로 4·16에 대한 애도의 지속과 더불어 그 현상의 실체를 보다 객관적인 시각으로 파헤치는 소설들도 나타날 것이다. 그러한 가능성은 이미 최인석의 『강철무지개』(한겨레출판, 2014)를 통해 에둘러 나타나고 있다. 본래 소설이란 곡비哭婢의 역할만으로 시종할 수는 없는 문학 장르이다.(2015)

물이 되는 거야"(131)라고 말한다. 이 말은 이 작품에서 두 번이나 반복된다.

과거, 미래, 그리고 현재

1. '실종된 성민이 아빠'

　김영하의 「아이를 찾습니다」(『문학동네』, 2014년 겨울호)는 기억이 인간의 삶에 가져다줄 수 있는 치명적인 독毒에 대하여 성찰하고 있는 작품이다. 우리의 내면이 기억 혹은 과거의 흔적들로 구성되어 있다는 점을 생각한다면, 기억이란 존재의 기반 그 자체라고도 할 수 있다. 그것을 통해서만 인간은 자기라는 안정된 동일성을 유지할 수 있기 때문이다. 그러나 때로 바로 그 안정된 기반은 하나의 구속으로 기능하여, 새로운 삶의 가능성을 현격히 제약하는 부정적인 힘으로 작용할 수도 있다. 그것은 때로 현재적 삶의 자유와 행복을 통째로 가져가버릴 수도 있는 것이다. 이러한 기억의 문제는 사랑하는 어떤 대상(사람, 이념, 가치관 등등)이 사라져버렸을 때, 가장 극적으로 드러나게 마련이다. 「아이를 찾습니다」는 어린 자식의 행방불명이라는 '사건'을 통하여 과거, 상실, 그리고 집착이라는 기억의 치명적인 메커니즘을 보여주고 있다. 상실된 대상과의 관계를 문제 삼기에 이 작품은 자연스럽게 애도나 멜랑콜리와 관련한 윤리적 사유도 펼쳐 나가게 된다.

이 작품은 윤석과 미라가 세 돌이 갓 지난 성민이를 데리고 대형 마트에 갔다가 성민이를 잃어버리는 '사건'(그 이전으로는 도저히 돌아갈 수 없다는 점에서 진정한 사건이다)이 발생하는 것으로 시작된다. 윤석은 이후의 시간을 오직 성민이 찾기로 보낸다. 자동차 회사의 정규직이었던 윤석은 아이를 찾으러 다니느라 회사도 그만두고, 아내인 미라도 다니던 서점을 그만둔다. 곧 얼마 안 되는 저축을 모두 날리고 보험을 해약하고 아파트까지 팔게 된다. 그들 부부는 성민이를 찾기 위해 좋은 집과 직장을 바쳤고, 부부관계 따위는 사라진 지 오래이다. "영원과도 같았던 지난 십일 년 동안"(120) 윤석의 의무는 자명했는데, 그것은 오직 "잃어버린 자식을 찾아오는 것"(120)이었다.

"십일 년간 윤석은 '실종된 성민이 아빠'로 살아"(120)야만 했던 것이다. '실종된 성민이 아빠'라는 부분에는 강조 표시까지 되어 있는데, 이것은 명백히 중의성을 갖는 잘못된 표현이다. 이 어구는 실종된 주체를 '성민'으로 해석할 수도 있지만, 동시에 실종된 주체를 '아빠'로 해석할 수도 있다. 이것을 단순하게 작가의 무지에서 비롯된 것으로만 보아서는 안 된다. 실제 십일 년 동안 자신을 잃어버린 삶을 살았다는 점에서, 실종된 사람은 성민이인 동시에 아빠 윤석이라고 보아도 별 무리는 없는 것이다. 실제로 윤석은 "그동안 모든 것을 유보하는 데 익숙해져 있었다. 도배도, 수리도, 건강검진도 모두 성민이를 찾은 후로 미"(118)루어 왔던 것이다.

사랑하는 사람을 잃었을 때, 모든 인간은 그 부재의 기억으로부터 자유로울 수 없다. 그러나 그 정도가 심해 부재의 기억에 함몰될 경우 삶은 치명적인 지경에 이른다. 현재의 삶으로부터 완전히 소외된 불구적 삶을 살게 되는 것이다. 윤석의 지난 삶은 부재의 기억과 그로부터 비롯되는 병적인 집착이 '영원'으로 이어지는 삶이었다고 할 수 있다. 성민을 기다리는 것은 과거에 대한 집착이기도 하지만, 동시에 그것은 성민이가 돌아올 시점, 즉 미래에 대한 집착이기도 하다. 과거와 미래에 완벽하게 점령당한 윤석의 삶에 현재가 자리할 곳은 없다.

소외된 삶을 사는 윤석은 자신도 의식하지 못한 채, 주위의 다른 것들도 소외시킨다. 윤석은 과거와 미래에 결박된 채 타자의 어떠한 몸짓도 보려고 하지 않기 때문이다. 집착에 빠지면 애정과 관심을 기울여야 하는 내 앞의 타자에게 신경 쓸 여유는 존재하지 않게 되는 법이다. 아내인 미라는 윤석으로부터 소외받는 대표적인 존재이다. 성민이를 잃어버린 후에 윤석과 미라는 상대방의 부주의를 원망하고 비난한다. 둘의 싸움은 "상대의 숨겨진 무의식까지 넘겨짚으며 위험구역으로 들어"(121)가고는 했던 것이다. 가혹한 처음 몇 년이 지나간 후에는 "체념과 냉소의 세월"(121)이 이어지고, 그러는 동안 미라의 정신분열증은 점점 깊어져만 간다.

미라는 정신분열증을 앓고 있지만, 윤석은 별다른 관심을 기울이지 않으며, 그 병을 오직 자신의 생각대로 규정해버린다. 자신이 꿈꾸는 욕망이 해결된다면 미라의 병 역시도 해결될 것이라는 막연한 믿음만 지니고 있는 것이다. 윤석은 "아이를 잃어버리지 않았더라면 저렇게 되지 않았을 것"(110)이라고 철석같이 믿으며, 심지어 "미라가 정신병원에 가면 성민이는 절대로 돌아오지 못한다, 는 말도 안 되는 비이성적인 믿음"(124)을 가지고 있다. 이 믿음은 "성민이만 돌아오면 미라의 정신분열증은 깨끗이 낫게 되리라는 또 다른 믿음"(124)에 이어져 있다. 미라를 "카라반의 낙타"(125)라고 여기는 것에서 알 수 있듯이, 윤석은 미라를 자신의 욕망과 생각을 그대로 연장한 존재 정도로만 생각하는 것이다. "그저 살아만 있어다오. 이 사막을 건널 때까지. 그래도 당신이 아니라면 누가 이 끔찍한 모래지옥을 함께 지나가겠는가"(125)라는 말 속에 미라의 삶과 고유성에 대한 인식이 놓일 자리는 없다.

그러나 아내의 정신분열증은 일주일에 한 번 찾아오는 사회복지사의 말처럼, "아드님을 잃어버린 충격이 직접적 원인은 아닐"(110) 수도 있다. 이모 손에서 자란 미라는 고등학교를 졸업하자마자 서점에 취직해 돈을 벌어야 했는데, 이미 그때도 서점 직원들이 자기를 따돌리고 뒤에서 자기 욕을 한다는 망상에 시달리고는 했던 것이다. 윤석은 아내의 이런 경험에 전혀 관심을 기울이지 않는다. "아내는 타인의 감정에 공감하는 능력을 급속히 잃어가고 있다"(111)고 생각하지만, 진정으로 타인의 감정에 공감하는 능력을 잃어가는 존재는 윤석 자신이었던 것이다.

우리는 윤석의 모습에서 망각이 없다면, 행복도, 명랑함도, 희망도, 자부심도, 현재도 있을 수 없다고 한 니체의 말을 떠올리지 않을 수 없다. 물론 이 말이 모든 과거의 것을 망각해야만 한다는 의미는 아닐 것이다. 그럼에도 과거에 대한 지나친 기억과 집착은 모든 것을 빨아들이는 블랙홀이 될 수 있으며, 그때 상실된 것은 과거의 대상뿐만 아니라 주체 자신이 될 수도 있다. 과거에 대한 집착으로 말미암아 현재가 배제되었을 때, 남는 것은 끝없이 이어지는 우울함과 절망 그리고 또 다른 상실인지도 모른다.

2. 성민=성민, 성민≠성민

윤석의 고통으로 가득 찬 소외된 삶에 마치 기적처럼 성민이가 모습을 나타낸다. 그러나 여기서 주의해야 할 것은 11년 만에 윤석의 앞에 나타난 성민이는 '성민'이 아닌 '종혁'이라는 점이다. 윤석도, 성민이가 자신이 생각하는 성민이가 아닐 수 있다는 가능성을 직감적으로 느낀다. 그것은 성민을 대면하는 순간이 되자, "멍하다. 지난 세월 오직 이 순간을 위해 살아온 그였다. 그런데 마음이 왜 이럴까. 흥분도, 감격도 없다"(117)고 반응하는 것에서 알 수 있다. 심지어 그 순간 윤석은 성민이를 만나는 상황이 비현실적으로만 느껴진다며, "이것은 혹시 잠시 후 저들이 데리고 들어올 애가 가짜라는 어떤 초자연적 증거가 아닐까?"(117)라고 생각하는데, 실제로 윤석의 머릿속에 있는 성민과 '지금-여기'에 몸을 드러낸 성민은 결코 윤석이 생각하는 것처럼 '같은 아이'가 아니다.

사십대 초반이었던 여성이 성민이를 유괴하여 11년간 키우다가 자살하는 바람에 성민이가 윤석의 앞에 다시 나타났지만, 성민이는 자기가 유괴 당했다는 사실을 전혀 모르는 채로 성장한다. 성민이는 자신을 유괴한 여성을 자신의 엄마라고 생각하며, 종혁이라는 새로운 이름으로 살아온 것이다.

윤석이 처음으로 11년 만에 돌아온 성민의 손을 잡으려고 하자, 성민이는 못내 불편해하며 손을 뒤로 뺀다. 그리고 자기를 낳아준 미라를 처음 보았을 때, 아이는 "이번에야말로 유괴를 당했다는 듯한 얼굴로 주변을 두리번거"(118)린다. 미라 역시도 "아이를 슬쩍 살피더니 무심하게 시선을 돌려버"(118)린다. 화장실에 들어간 아이는 자신을 유괴한 (혹은 키운) "엄마"(119)를 찾으며, 숨죽여 울다가 마침내 울부짖기까지 한다. 다음의 인용문에서처럼, 이 아이는 윤석에게는 그토록 기다리던 성민이 아니라 '이상한 애'에 불과한 것이다.

> 윤석은 전단지 한 장을 집어 그가 십일 년간 찾아 헤맨 아이의 얼굴을 물끄러미 바라보았다. 지금 화장실에서 울고 있는 아이보다는 전단지 속의 아이가 그에게는 훨씬 더 친근했다. 뭔가 잘못된 것이 틀림없어. 너무 이상한 애가 나타났어. (119~120쪽)

아이는 끝까지 자신이 윤석과 미라의 아들이라는 사실을 받아들이지 못한다. 식사 시간에도 아이는 윤석을 아빠라고 부르지 않으며, "나 정말 유괴된 거 맞아요?"(128)라고 묻는다. 아이는 눈물을 참으며, 자신을 유괴한 여인에 대해 "아무래도 뭔가 잘못된 것 같아요. 그럴 사람 아니거든요. 정말이에요"(128)라고 말하는 것이다. 아이는 산속에서 실족사한 미라의 장례식 기간에도, 장례식장에 가는 대신 대구에 위치한 죽은 엄마(?)의 추모공원에 다녀온다. 아이는 마지막까지 윤석에게 "지나간 걸 어떻게 바꿔요? 누가 잘못을 했든 지금까지 이렇게 살아온 거잖아요? 그러니까 그냥 살면 안 돼요?"(133)라고 말하는 존재로 남는다. 성민은 결코 윤석이 생각하는 성민은 아니었던 것이다. 늘 '성민이 아빠'였지만, 실제로 그 역할을 해본 적은 없는 윤석은, 오히려 자신이 "유괴범이 된 것 같은 기분"(123)에서 벗어나지 못한다.

이 아이의 등장은 과거에 집착하는 윤석의 문제를 더욱 부각시킨다. 니체는 어린아이를 낙타나 사자보다 우월한 존재로 설정하였는데, 주지하다시피 그 근거는 어린아이에게 있는 망각의 능력이었다. 윤석이 '기억의 달인'이었다면, 성민은 세 돌밖에 안 된 어린아이이기에 '망각의 달인'이 될 수밖에 없다. 윤석이 과거에 집착하여 그것을 또렷하게 기억할수록, 성민은 재빠르게 과거를 잊고 현재에 적응해간 것이다. 성민이 가진 망각의 능력으로 인해, 과거(혹은 그 과거의 연장으로서의 미래)에 집착하여 현재를 잃어버린 윤석의 문제점은 더욱 뚜렷하게 부각된다.

3. 기억의 폭력성

종혁이가 된 성민이와의 만남을 통해, '과거'와 '과거의 연장으로서의 미래'만 경험하던 윤석은 십일 년 만에 비로소 현재와 대면하게 된다. 이러한 상황에서 윤석이 택하는 방식은 '지금의 성민(실제의 성민)'을 인정하고 새로운 관계를 만들어나가는 것이 아니라 '과거의 성민(관념의 성민)'에 집착하는 것이다. 이것은 타자의 타자성을 통째로 부정한다는 면에서 폭력적일 수밖에 없다. 과거의 성민과 지금의 성민이 같다는 생각은, 모두 성민이라는 같은 주어를 사용한 것에서 비롯된 문법적인 착각에 불과한 것인지도 모른다. 그러나 가슴 아프게도 윤석은 이 사실을 받아들이지 못한다.

처음부터 윤석은 성민이를 이해할 마음의 준비가 전혀 되어 있지 않다. 경찰관으로부터 아이가 엄마로 알고 자란 사람이 자살한 걸 직접 목격하고, 자기가 유괴됐다는 사실까지 알게 돼 지금 거의 공황 상태라는 말을 듣고도, 윤석은 "여기가 왜 낯설어요? 저를 낳고 기른 부모가 있는데? 걱정할 것 없습니다. 진짜 가족에게 돌아왔으니 금방 회복될 겁니다"(116)라고 쉽게 말하는 것이다.

사소한 일이지만, 외식을 할 때도 피자를 먹고 싶어 하는 아이의 뜻을 외면한 채 윤석은 "너 짜장면 좋아했었어"(127)라며 자기 맘대로 중국집에 간다. 아이는 탕수육에는 젓가락도 대지 않고, 짜장면만 조금 먹을 뿐이다. 컴퓨터가 없으면 아무것도 못 하는 아이에게도 윤석은 컴퓨터를 사주지 않는다. 결국 아이는 벽돌을 치켜들고 거리로 나가 자기보다 어린 아이들에게 돈을 뜯어내게 되고, 윤석은 아이에게 "이 미친 자식아!"(131)라는 말까지 내지른다. 나중에 윤석이 귀향을 결심했을 때, 아이가 하는 "어차피 하고 싶은 대로 할 거잖아요. 저는 신경 쓰지 마세요"(133)라는 말처럼, 윤석에게 '현재의 성민'은 존재하지 않는다.

「아이를 찾습니다」에서 '과거의 성민'을 상징하는 것은 바로 전단지이다. 성민의 눈에 윤석과 미라가 살고 있는 집은 무엇보다도 "전단지들이 아직 구석구석 수북한 낡고 곰팡내 나는 집"(133)으로 표상된다. 아이를 잃어버린 11년 동안 윤석은 "전단지를 위해 돈을 벌고 전단지를 뿌리기 위해 밥을 먹고 잠을 잤"(111)던 것이다. 윤석에게 전단지를 돌리며 전국을 도는 일은 일종의 "종교적 상징이자 의식"(121)이며, 윤석과 미라를 연결해주는 그 얇은 끈도 전단지였다. 매달 찾아가는 인쇄소는 그들의 교회였고 전단지는 고난의 현세를 잊고 천국으로 인도할 복음서였다. 전단지란 윤석이 기억하는 성민을 고정시켜놓은 하나의 상징이다. 그렇기에 다시 나타난 성민이가 자신이 생각한 모습과는 완전히 다르다는 것을 깨닫자, 윤석은 전단지에 집착한다.

미라에게도 전단지는 과거의 성민을 확인하는 수단이다. 피시방에 갈 돈을 얻기 위해 아이가 미라를 향해 처음으로 "엄마"(130)라는 말을 하자, 미라는 정신을 차린 듯한 모습으로 장롱 밑에서 전단지를 꺼내서는 "어렸을 적 성민의 모습"(131)을 빤히 쳐다본다. 그러나 윤석이 달라진 성민을 인정하지 못하듯이, 미라 역시도 전단지의 모습과는 달라진 '현재의 성민'을 받아들이지 못한다. 미라는 곧 성민에게 "이 천하에 나쁜 새끼, 돼지새끼, 개새끼"(131) 등의 욕설을 하고 만다. 미래에서 온 아이가 타자일 수도 있다는 가능성, 그 미래야말로 자신이 생각한 것과는 완전히 다른 진짜 타자일 수도 있다는 가능성을 사유할 수 없을 때, 기억은 하나의 폭력이 될 수도 있다.

4. 회한일까? 보람일까? 그것도 아니면 단지 허무일까?

「아이를 찾습니다」는 일상의 논리와 감수성을 뛰어넘는 충격적인 사건들의 연속으로 되어 있다. 아이의 실종, 아내의 정신분열증, 타인이 되어 돌아온 아이, 아이의 연이은 비행 등이 계속해서 이어지는 것이다. 그러나 무엇보다 독자에게 가장 큰 충격을 주는 부분은 작품의 마지막이다. 윤석과 성민은 새로 시작한다는 의미에서 서울을 벗어나 윤석의 고향으로 이사한다. 그러나 고등학생이 된 성민은 어느 순간 가출해 버리고, 그로부터 2년 후 성민과 함께 사라졌던 여자아이가 마을에 다시 나타난다. 그 여자아이는 평상 위에 "성민이 아이예요"(135)라는 분홍색 포스트잇과 함께 아기를 남겨놓은 채 떠나가고, 윤석은 오랫동안 "그에게 찾아온 작은 생명을 응시"(135)하는 것으로 작품은 끝난다.

결국 이 작품에서는 윤석의 거의 모든 삶을 가져갔다고 해도 과언이 아닌 아들 성민이 대신, '성민의 아이'가 남겨진다. 이 아이를 어떻게 이해할 수 있을까? 만약 신적인 시선이 허락된다면, 이 아이는 정확하게 성민의 대체품이자 윤석의 지난 삶에 대한 보상이 될 수도 있다. 그리고 이 아기는 성민의 의지와는 무관하게, 그동안 무수한 사건들의 한 결과로서만 존재해야 했던 성민이 윤석에게 돌려주는 하나의 답례품이라고 볼 수도 있다.

본래 부모와 자식 사이에는 교환의 논리 대신 증여의 논리가 작동하게 마련이다. 그러나 윤석과 성민 사이에는 교환의 논리 역시 은밀하지만 강력하게 그 힘을 발휘하고 있었다. 처음 경찰관과 사회복지사가 성민이를 데리고 왔을 때, 그들이 발견한 것은 사방에 널려 있는 전단지였다. 윤석은 아들이 돌아오면 "우리가 어떻게 살아왔는가를"(113) 보여주기 위해 전단지를 치우지 않고 있었던 것이다. 앞에서 살펴본 것처럼 전단지는 그들이 잃어버린 '과거의 성민'을 상징하는 것이기도 하지만, 윤석이 성민을 위해 희생한 자신들의 삶에 대한 '구체적 물증'이기도 했던 것이다. 그 전단지 속에는 대가를 바랐던 윤석의 (무)의식적 욕망 같은 것이 고스란히 담겨져 있는 것이다. 심지어 성민이 돌아오기 전에는 문을 잠가놓고 일터에 나가기도 했던 윤석은, 성민에게는 자신이 일을 하러 가야 된다며 미라를 돌보라고 지시한다. 성민이 피시방에 가야 해서 미라를 돌볼 수 없다고 말을 하자 윤석은 성민을 향해, "우리는 가족이야. 가족은 가족을 돌봐야 해"(130)라며 소리를 지르기도 했던 것이다. 윤석에게는 지난 11년간 자신의 삶을 모두 바쳤던 성민을 향해 무언가를 되돌려 받고자 하는 의지가 강하게 남아 있었던 것이다.

그렇다면 무슨 근거로 마지막에 남겨진 '아기'가 윤석이 그토록 바라던 보상이라고 말할 수 있을까? 그것은 바로 '유전자'의 논리로 어느 정도 해명이 가능하다. 11년 만에 나타난 아이가 '과거의 성민'이라는 증거는 사실상 이 작품에서 유전자뿐이다. 성민이를 유괴한 여자는 주변 사람들에게 미혼모의 아이를 입양하게 됐다고 속이고는, 성민이를 자신의 친생자로 출생신고까지 마친 상태이다. 법적으로 성민이는 완벽하게 종혁이일뿐만 아니라, 성민 스스로도 자신을 종혁이라 여기고 윤석과의 삶이 오히려 '유괴된 것'이라 느낄 정도였던 것이다. 윤석이가 성민의 아버지이고, 대구에 사는 그 여자가 납치범이라는 근거는 오직 "유전자

검사"(129)뿐이다. 실제로 윤석은 성민의 실종 이후 11년이 지났을 때 대구의 한 경찰서로부터, 실종아동 유전자 DB에 등록된 정보에 바탕 해서 "이름은 다른데 유전자가 일치하는 아이가 있습니다"(109)라는 전화를 받았던 것이다. 그러나 윤석과 성민의 재회가 가져온 그 강력한 파열음을 생각한다면, '유전자'를 바탕으로 부자 관계를 구성하는 지금까지의 상식을 그대로 수용하는 것은 너무도 어려운 일이다.

마치 기독교에서 말하는 영혼처럼, 내 내부에 있다는, 인간마다 고유하다는 그것에 대해 나도 이전엔 아무 관심도 없었지. 너를 잃은 후에야, 방바닥을 기어 다니며 너의 갈색 머리카락을 주워본 후에야 나는 유전자라는 것에 대해 생각하게 됐지. 그게 내 아이를 다시 찾아줄지도 모른다고 믿었지. 그리고 그 결과로 지금 네가 내 앞에 앉아 있지. 그런데 나는 네가 아주 낯설고 너 역시 그렇겠지. 우리가 네 배내옷에서 찾아낸 머리카락과 네 구강에서 긁어낸 세포에서 나온 유전자가 일치하면 그게 한 사람이라는 증거라는데, 우리는 그걸 믿어야 한다는데, 반드시 믿어야 한다는데, 그럴 수밖에 없다는데. 왜 그것은 우리 눈에 보이지를 않을까? (129)

위의 인용문 속에는 유전자에 바탕 한 부자 관계(혈연)라는 것이 얼마나 알량한 것이며, 그것이야말로 하나의 허무한 이데올로기에 불과하다는 생각이 드러나 있다. 이러한 의문에도 불구하고, 성민과의 관계에서 "유전자는 거짓말을 안 하니까요"(109)라는 믿음을 끝까지 유지했던 윤석은 유전자에 바탕 해 '현재의 성민'과 '과거의 성민'을 동일시했던 것이다. 성민의 유전자는 분명 그가 윤석의 아들임을 증명하지만, 성민의 기억과 정체성은 결코 그가 진짜 아들일 수 없음을 증명한다. 마지막 순간 성민은 어떠한 기억과 정체성으로부터도 자유로운, 오직 유전자의 힘으로만 존재하는 '진짜 아들'을 윤석에게 돌려준 것이라고 말할수도 있다. 마지막 순간 그 작은 생명을 응시하는 윤석의 시선에 담긴 것은 깊은 회한일까? 보람일까? 그것도 아니면 단지 허무일까?

5. 해답이 아닌 질문

김영하의 「아이를 찾습니다」는 아이의 실종이라는 극단적인 사건을 등장시켜, 과거의 기억에 집착하는 삶의 비극을 날카롭게 파헤치고 있다. 우리는 애도나 멜랑콜리에 관련해 그동안 이루어진 윤리 담론의 그 심오하고도 다양한 역사를 알고 있다. 거칠게 말하자면 프로이트에게서 애도는 건강한 것임에 반해, 상실된 대상에 집착하는 우울증은 병리적인 것으로 규정되었다. 그러나 최근에는 데리다나 버틀러 등에 의해 멜랑콜리가 지닌 윤리적 의미가 크게 부각되는 상황이다. 오늘날 사회적 대사건이 발생할 때마다 대부분의 지식인들은 우울증적 주체의 정치적 가능성을 소리 높여 주장하고 있다. 그러나 상식에 안주하기를 거부하는 김영하는 「아이를 찾습니다」에서 우울증적 주체가 보여줄 수 있는 폭력의 가능성에 대하여 예리하게 촉각을 곤두세우고 있다

이 작품에서 윤석은 과거에 고착되어 미래마저도 오직 연장된 과거

로만 이해한다. 이렇게 될 경우 미래는 과거라는 동일자의 지배로부터 벗어날 수 없다. 그러나 레비나스의 말처럼 본래 미래는 어떤 방식으로도 나의 손아귀에 쥘 수 없는 것이며, 그렇기에 이전의 방식(내면, 생각, 입장)으로는 결코 환원할 수 없는 외재성을 지니는 대상이다. 그러나 과거에 고착된 삶은 미래마저도 과거의 연장으로서만 받아들이게 되고, 이렇게 될 경우 삶의 가장 본질적인 부분이라고 할 수 있는 현재는 사라져버리게 된다. 이 작품에서 아이를 잃어버린 윤석의 삶은 바로 대상의 상실과 그에 따른 과거에 대한 집착이 가져온 불행을 가장 실감 나게 보여준다. 윤석은 바로 자기의 곁에 있는 누군가의 숨결도 들을 수 없으며, 그토록 원하던 대상이 기적처럼 다시 나타나도 그것을 과거의 대상으로 환원시켜 바라볼 수밖에 없는 것이다. 윤석은 과거에 집착하느라 현재를 살지 못한다.

윤석이 과거에 매몰되어 있다면, 성민이 역시도 죽은 엄마라는 과거에 매몰되어 있다는 면에서는 마찬가지이다. 둘 다 모두 '지금-여기'에서 누려야 할 행복을 무한히 연기하는 존재들인 것이다. 동시에 「아이를 찾습니다」에서는 그 우울증적 주체의 내면에 잠재된 보상 욕망을 건드림으로써, 문제를 한층 복잡하게 만들고 있다. 사라진 대상에 대한 집착 속에 내재된 모종의 욕망은, 이 작품에서 마지막에 난데없이 등장하는 아기의 형상으로 나타나고 있는 것이다. 이 아기는 최근의 한국 소설이 찾아낸 가장 심오한 윤리적 아포리아 중의 하나임에 분명하다. 따라서 김영하의 「아이를 찾습니다」는 완성되었다기보다는 더 깊은 차원으로 새롭게 열린 작품이라고 보는 것이 타당할 것이다.(2015)

우리가 애꿎은 사람들에게
화를 내는 이유

　이기호의 「권순찬과 착한 사람들」(『문학동네』, 2015년 봄호)의 마지막 문장은 "그리고 지금 여기에, 그 이야기를 쓰기 시작했다. 우리는 왜 애 꿎은 사람들에게 화를 내는지에 대해서"(223)이다. 이 작품은 문자 그 대로 '우리가 애꿎은 사람들에게 화를 내는 이유'에 대한 탐구의 서사 라고 해도 과언이 아니다. 이기호는 그 이유를 지극히 자잘한 인간과 사 건들을 통하여 살펴보고 있다. "먼지 뭉치"(205)와 "흩날리는 눈송 이"(205)의 이미지로 표현될 정도로 미약한 존재감을 지닌 권순찬과 그 만큼이나 미미한 사람들이 겪는 일상의 작은 사건들이 이 심오한 주제 를 검증하는 실험도구이다.

　'나'는 지방 대학 교수로서 지은 지 이십오 년이 넘은 국도변의 아파트에 혼자 살고 있다. 버스도 한 시간에 한 대꼴로 다니며 변변한 교육 시설이나 상업 시설도 없는 이 아파트는 전체 백오십 세대 중 무려 삼십 세대 이상이 비어 있다. 지방대의 부교수인 '나'는 "알 수 없는 무력증"(201)에 빠져서 일 년 넘게 아무런 글도 쓰지 못한다. 그 무력증과 함께 '나'는 이유를 알 수 없이 화가 나는 증상을 겪는다. 그 화는 학교의 교무부처장이나 서울에 사는 가족처럼 애꿎은 사람들을 향하고는 하는데, 그때마다 "나는 왜 자꾸 애꿎은 사람들에게 화를 내는가? 나는 왜 자꾸 애꿎은 사람들에게 화를 내려 하는가?"(204)라는 자책을 멈추지 않는다. 이기호의 「권순찬과 착한 사람들」에서는 '나'에게 일어나는 이 무력증과 성냄이 집단(권순찬과 아파트 단지 사람들) 차원에서 그대로 반복되어 나타난다.

7월 초순부터 '내'가 사는 아파트 단지 앞에는 "103동 502호 김석만 씨는 내가 입금한 돈 칠백만원을 돌려주시오!"(206)라는 대자보를 붙인 합판을 들고 있는 남자가 나타난다. 그 남자가 바로 권순찬으로서, 그는 아예 천막과 돗자리까지 준비한 채 그곳에서 숙식을 해결하며 그 자리를 지킨다.

권순찬은 어린 시절부터 부모를 떠나 힘들게 살아왔다. 그러다가 어머니가 찾아와서 자신이 쓴 사채 700만원을 대신 갚아달라고 부탁한다. 몇 달 뒤 권순찬은 사채업자의 계좌로 700만원을 보내고, 이 사실을 모르는 권순찬의 어머니도 이후에 700만원을 사채업자의 계좌로 또다시 보낸다. 이후 어머니는 자살하고, 어머니의 장례를 치르자마자 권순찬은 '내'가 사는 아파트 단지로 내려온 것이다. 권순찬이 이 아파트 단지 앞에 나타난 이유는 사채업자의 주소지가 바로 '내'가 사는 아파트의 103동 502호이기 때문이다. 그러나 그 곳에는 아들과 수 년 동안 연락도 되지 않는 할머니가 살고 있을 뿐이며, 그 할머니는 유모차에 의지해 폐지를 주우러 다니며 간신히 살아가고 있다. 권순찬의 등장 이후 "폐지 안 주우면 제대로 살 수도 없는 할머니"(209)는 밖으로 나오지도 못한다.

아파트 단지의 사람들은 처음 권순찬을 향해 호의를 베푼다. 단지에 사는 경비 용역업체 사장은 봉선동 아파트 지하 주차장 청소 일을 소개시켜 주고, 경비 아저씨는 김치를 가져다주기도 하는 것이다. 아파트 단지 사람들의 선의는 그들이 700만원을 모금하여 권순찬에게 전달하는 장면에서 절정에 이른다. 입주민 대표는 여비조로 따로 이십 만원이 담긴 편지봉투와 함께 모금한 700만원을 권순찬에게 전달한다. 그러나 권순찬은 "저는 원래 그 할머니한테 돈을 받을 생각이 없었습니다. 저는 김석만씨를 만나러 온 거예요. 그 사람을 직접 만나서 일을 해결하려고요"(217)라고 담담하게 말하며 그 돈을 거부한다. 물론 이러한 행동은 아파트 사람들의 "사람들의 성의를 원 저렇게 무시해서야……"(217)라는 말을 듣기에 충분하다. 그러나 아파트 사람들의 행동은 애당초 권순찬이 원한 것이 아닐 수도 있는 것이다. 그렇다면 입주민 대표가 나중에 '나'를 찾아와 "우리가 뭘 잘못한 걸까요?"(218)라고 말한 것처럼, 그들은 과연 뭘 잘못한 것일까?

아파트 단지 사람들의 행동은 관리소장의 말처럼, "진짜 순수하게 권순찬씨 개인을 위해서"(211)라고 볼 수도 있다. 그러나 여기에는 중요한 도착(倒錯)이 존재한다. 권순찬을 위한다고 생각하는 것은 오직 아파트 사람들만의 생각에 머물 수도 있는 것이다. 이 생각 속에 권순찬의 자리는 존재하지 않는다. 이럴 경우 권순찬을 위한 행동은 선의로 포장된 자기애의 발로로 귀착될 수도 있다. 실제로 「권순찬과 착한 사람들」에서는 '타인(권순찬)의 타자성'이라는 심연이 적지 않게 고개를 내민다. 이것에 민감하지 못한 것은 아파트 사람들과 '나' 모두에게 해당한다. '나'는 처음 "남자가 돈보다도 자신에게 찾아온 죄책감을 어쩌지 못해 저러고 있는 것이라고. 어쩔 수 없는 것이라고. 저러고 있는 시간을 보낼 수밖에 없는 것이라고 생각"(209)한다. 그러나 권순찬은 어린 시절 친어머니가 돌아가신 후 거의 학대에 가까운 방치를 당했으며, 지금 자살한 어머니도 "새어머니"(214)임이 밝혀진다. '나'는 술에 취해서 권순찬의 멱살을 잡은 순간까지 권순찬의 행동이 죄책감에서 비롯된 것이라고 생각한다. 그러나 그 순간에도 권순찬은 "아닌데요…… 돈이 육백만원밖에 없어서…… 두 달을 더 일해야 돼서…… 그렇게 된 건데요……"(221)라며, '나'의 예상과는 다른 입장을 보여준다. '나'의 생각은 마지막까지 빗나가고 마는 것이다. 사실 그 순간에도 '나'는 권순찬의 "말을 제대로 듣지도 않"(221)는 모습을 보여준다.

　이러한 상황에서 '착한 사람들'의 호의가 적의, 즉 '애꿎은 사람에게 화를 내는 것'으로 바뀌는 것은 시간문제일 뿐이다. 사실 풍찬노숙을 하며 대자보판을 단지 가만히 들고 있는 권순찬의 행동은 '나' 스스로도 고백했듯이, "안타깝지만 성가신 것"(212) 정도라고 할 수 있다. 권순찬의 행동이 계속되자 '나'는 죄책감을 느껴, 유일한 낙이었던 호프

집 출입마저 꺼린다. 혼자 술을 마시고 있노라면 "무슨 잘못을 저지르고 있는 듯한 기분"과 "비정한 사람이 된 것만 같은 찜찜함"(215)이 들었던 것이다. 그러나 권순찬이 특별 모금한 700만원을 거부한 후에는, "다시 무력감이 찾아오고 다시 화가 나는 기분"(219)을 느끼며 "아무 거리낌 없이"(219) 호프집에 다시 가게 된다. 관리소장의 말마따나 "권순찬씨가 우리에게 피해를 입히는 건 아무것도 없"(211)는 데도 말이다.

그러나 권순찬 역시 애꿎은 사람들에게 화를 낸다는 점에서는 아파트 단지 사람들과 다를 바 없다. 사실 권순찬은 너무도 당당하게 밝히듯이 김석만을 만나는 것이 목적이다. 이 목적을 이루기 위해서는 말할 것도 없이 "직접 찾아가서 담판을 내야"(206) 한다. 그러나 권순찬은 502호에 할머니만 살고 있다는 것을 알고 있으면서도, 그 대자보를 들고 거의 반년동안 아파트 단지를 떠나지 않는다. 아파트 단지의 '착한 사람들'이 철저히 자신의 입장에서만 '착한' 행동을 했다면, 권순찬 역시도 자신이 생각하는 방식으로만 자신의 진실을 강변하는 것이다. 실제로 '내'가 권순찬을 처음 발견했을 때, 그는 "남자들을 향해 대자보를 높이 쳐들지도 않았고, 아파트 쪽도 쳐다보지 않은 채, 그저 가만히 고개를 숙인 채 앉아만 있었"(206)다. 이후에도 권순찬은 말이 없었고, "그저 고요하게 거기에 앉아 있을 뿐"(207)이었던 것이다. 12월에 접어든 이후, 권순찬의 천막은 구청 공무원들에 의해 세 번이나 철거당한다. 그러나 그때마다 권순찬은 다시 돌아와 아파트 단지 앞에 자리를 잡는다. 이런 권순찬의 행동은 '나'의 "애꿎은 사람들 좀 괴롭히지 마요! 애꿎은 사람들 좀 괴롭히지 말라고!"(221)라는 절규가 설득력 있게 들리도록 만든다. 착한 사람의 고집이 악한 사람의 변심보다 더욱 비윤리적으로 변모하는 현장을 권순찬은 시연試演해보이고 있는 것이다.

그렇다면 이기호의 「권순찬과 착한 사람들」은 '우리가 애꿎은 사람들에게 화를 내는 이유'에 대한 한 가지 분명한 해답을 제출하고 있다. 그 답은 타자에 대한 몰이해와 자기 진실에의 집착, 이로부터 비롯된 소통 불능이라고 정리할 수 있다. 이러한 해답은 이기호의 초기 소설의 주제의식과 맞닿아 있다. 이 때 문제설정의 층위는 다분히 추상적인 존재론의 차원으로 한없이 번져나갈 가능성이 농후하다. 이 때 우리에게 주어진 해결의 방법은 개인적이며 인식론적인 층위에 한정될 수밖에 없는 것이다. 여기서 한걸음 나아가는 것이야말로 이기호의 최근 소설이 보여주고 있는 놀라운 변화의 중핵에 해당한다. 우리가 애꿎은 사람들에게 화를 내는 진짜 이유는 권순찬이 'G시 노숙인 쉼터'라는 글자가 박힌 승합차에 태워져 어딘가로 끌려간 이후에야 밝혀진다.

지금까지 이 작품에는 '애꿎은 사람들'만이 등장했다. 권순찬이나 502호 할머니나, '나', 관리소장 등은 모두 호의만을 가지고 있었으며, 그들은 어떠한 비난 받을 행동도 하지 않았다. 그러나 결국에 '애꿎은 사람들'(착한 사람들과 권순찬)인 그들은 '애꿎은 사람들'(권순찬과 착한 사람들)을 향하여 화를 냈던 것이다. 그러나 '애꿎은 사람'만이 존재하는 세상에서는 당연히 '애꿎은 사람'이 존재할 수 없다. '애꿎은 사람'이 있기 위해서는 그렇지 않은 사람도 존재해야만 하는 것이다. 그럼에도 독자들은 작품의 마지막에 이를 때까지 너무도 당연한 이 사실을 망각하기 쉽다. 이것은 권순찬이나 '나'를 포함한 '착한 사람들'도 마찬가지이다. 그들은 오직 선량하기 이를 데 없는 서로에게서만 문제의 원인과 해결책을 찾으려 할 뿐, 진짜 원인을 향해서는 관심을 기울이지 않았던 것이다. 권순찬과 그의 어머니로부터 두 번이나 700만원을 받은 사채업자 김석만이 등장하는 작품의 마지막 순간에서야, 우리는 이 당연한 사실을 깨닫게 된다.

김석만이 등장하는 장면은 매우 적은 분량이지만 너무도 압도적이다. 이것은 작가 자신도 작품에 직접적으로 개입해서 다음과 같은 의미를 부여할 정도이다.

나는 원래 그의 이야기를 문장으로 쓸 마음은 갖고 있질 않았다. 아니, 처음엔 쓸 생각이었지만 중간에 그만, 쓰지 않기로 마음을 고쳐먹었다. 도무지 그에 대해서 쓸 자신이 없었기 때문이다. 하지만 나는 지금 여기에, 그의 이야기를 썼다. 그건 지지난주 금요일, 아파트 단지 주차장에서 내가 만난 한 사람 때문이었다. (…중략…) 그리고 지금 여기에, 그 이야기를 쓰기 시작했다. 우리는 왜 애꿎은 사람들에게 화를 내는지에 대해서. (222~223)

위의 인용문에 등장하는 '한 사람'은 다름 아닌 103동의 5층에 사는 사채업자 김석만이다. 그의 등장부터가 애꿎은 사람들과는 분명히 구분된다. "낡은 트럭이나 택시, 오토바이 등이 세워져 있"(203)는 아파트의 주차장에, 김석만은 "쿠페형 외제차"(222)를 타고 등장하는 것이다. 김석만의 등장으로 '우리가 애꿎은 사람들에게 화를 내는 이유'는 분명하게 밝혀진다. 우리는 이 사회에 고통을 만들어 내는 진정한 악인(강자)은 제대로 인식조차 못하고 있는 것이다. 우리의 시야에는 고작 자신들처럼 약하고 선한 사람들만이 존재하고 있었던 것이다. 이런 상황에서 약하고 착한 사람들은 서로에게만 화를 냈던 것이며, 당연히 해결되지 않는 문제 앞에서 그들은 무력감을 느낄 수밖에 없다. 모든 문제의 진정한 근원인 악인(강자)은 모든 사건이 종결된 후에야 외제차를 타고 슬그머니 그 모습을 드러낼 뿐이다. 김석만으로 상징되는 우리 사회의 진정한 악에 대한 분명한 인식에서부터 권순찬과 '착한 사람들'이 겪는 무력증과 성냄은 극복될 수 있을 것이다.(2015)

애도의 (불)가능성과
슬픔의 공유(불)가능성

　김애란은 일상의 사소한 것들에 대한 인상적이고 간결한 묘사를 통해 '삶이란 바로 이런 것이라는 느낌'을 확연하게 불러일으키는 천재를 지닌 작가이다. 그러한 재능은 야광 팬티를 입은 채 달리기를 하는 아버지를 그리는 경우에도, 혹은 빚에 짓눌려 인간으로서의 존엄을 잃어가는 우리 시대 청춘의 모습을 그리는 경우에도, 예외 없이 자신의 진가를 드러내고는 한다. 「어디로 가고 싶으신가요」(『21세기 문학』, 2015년 가을호)에서도 갑작스러운 사고로 혼자가 된 명지가 느끼는 남편의 빈자리는 "그러곤 당신이 늘 눕던 자리 쪽으로 몸을 틀어, 당신 머리 자국이 오목하게 남아 있는 베개를 바라보다 눈을 감았다"(82)와 같은 간단한 문장을 통해 실감나게 전달되고 있다.

김애란의 「어디로 가고 싶으신가요」는 인간이 겪는 이별이나 애도와 관련하여 '삶이란 바로 이런 것이라는 느낌'을 환기시켜준다. 이 작품은 얼마 전에 발표한 「입동」(『창작과비평』, 2014년 겨울호)과 하나로 묶어 이해할 필요가 있다. 「입동」은 동네 사람들이 '내가 이만큼 울어줬으니 너는 이제 그만 울라'며 줄기 긴 꽃으로 채찍질하는 '꽃매'를 맞으면서 "다른 사람들은 몰라"라는 말을 반복하는 아이 잃은 부부의 모습을 통하여, '애도의 불가능성'과 '슬픔의 공유 불가능성'을 가슴 아프게 보여주고 있는 작품이다. 누군가에게는 시간으로도 해결될 수 없는 상실의 고통이 있을 수 있다는 것, 그리고 그 깊은 슬픔은 때로 공유마저 불가능하다는 것을 역시나 인상적인 비유를 통해 보여주고 있는 것이다. 김애란에게 이러한 슬픈 진실은 슬픔 그 자체에 함몰되기 위해서라기보다는 '타인의 몸 바깥에 선 자신의 무지를 겸손하게 인정'하는 일과 '그 차이를 통렬하게 실감해나가는 과정'을 통해 진정한 애도에 이르기 위한 필수적인 과정이라고 할 수 있다.[36] 「어디로 가고 싶으신가요」는 '슬픔의 공유 불가능성'과 '애도의 불가능성'이라는 문제를 '스마트폰'과 '인간'의 관계라는 독특한 설정을 통하여 진지하게 성찰하고 있다.

이 작품의 한복판에는 명지의 몸뚱어리에 피어난 끔찍한 반점이 자리 잡고 있다. 그 흉측하기 이를 데 없는 반점은 둥그스름한 분홍색 반점으로 시작하여 나중에는 명지의 몸뚱어리를 거의 대부분 뒤덮는다.

---

36 김애란, 「기우는 봄, 우리가 본 것」, 『눈먼 자들의 국가』, 문학동네, 2014, 18쪽.

분홍빛에서 검붉은 색을 지나 연한 갈색으로 변하여 비늘처럼 반질거리는 그 반점들은 허물이 내려앉고 벗겨지길 반복하며, 나중에는 그 위로 인설이라 불리는 살비듬이 내려앉아 파들거리기까지 한다. "벌레에 물린 게 아니라 벌레가 된 기분"(90)을 안겨주는 반점들은 명지가 겪고 있는 상실의 고통이 얼마나 끔찍한 것인지를 감각적으로 보여준다. 이 흉측한 반점의 이미지는 초기 김애란 소설을 지배하던 발랄한 감수성이 삶의 심연에 밀착된 진중한 밀도를 지닌 것으로 변모했음을 직접적으로 보여준다.

시종일관 이 반점은 남편인 도경을 사고로 잃은 명지의 상처에 대한 메타포로 훌륭하게 기능하고 있다. 이 피부질환은 "겉으로 드러나는 부위에 이상이 없어 남들에게는 멀쩡해 보이는 병"(89)이지만, 남들이 볼 수 없는 "배와 등, 허벅지와 엉덩이"(89)에는 심한 흔적을 남겨 놓는다. 남들이 쉽게 발견할 수 없지만, 그것은 당사자에게는 거의 온몸을 차지하는 슬픔이자 고통인 것이다. 특히나 이 피부의 반점은 "매일매일 고통스럽게, 구체적으로 감각해야"(90) 하는 것이며, 반점의 자리에는 "허물이 새살처럼 계속 돋아"(91)난다. 그것은 "마치 '죽음' 위에서 다른 건 몰라도 '죽음'만은 계속 피어날 수 있다는 말처럼 들렸다"(91)는 것처럼, 치명적이며 쉽게 극복할 수도 없는 사별의 트라우마를 표현하는 그로테스크한 기호이다.

사촌 언니의 배려로 '나'는 사촌언니가 살고 있는 영국의 에든버러에 잠시 머물게 된다. 그곳에서 '나'는 대학동창으로 에든버러예술대학에서 박사과정을 밟고 있는 현석을 만난다. 명지가 남편을 사고로 잃었다는 사실을 전혀 모르는 현석은 명지와 즐거운 시간을 보내고, 둘은 몸을 섞는 단계에까지 이르게 된다. 그러나 결국 둘의 몸은 하나가 되지 못한다. 명지가 실수로 스탠드 줄을 잡아당기자 주위는 갑자기 밝아지고, 현석은 명지의 반점으로 뒤덮인 육체를 보자 그만 모든 행동을 멈추었던 것이다. 결국 도경의 죽음과 그에 따른 상처를 의미하는 반점은 명지에게 그 어떤 새로운 사랑도 불가능하게 한다. 명지는 과거의 상처로부터 벗어날 수 없기에 새로운 사랑도 시작할 수 없는 것이다. 귀국 후에도 명지의 몸에서 반점은 사라지지 않는다. 이처럼 "한국에서부터 내 몸에 들러붙어, 영국까지 따라와 기어이 같이 귀국"(106)한 반점은 애도 불가능한 남편과의 사별이 가져다 준 상실을 비유하기에 모자람이 없다.

이제 명지의 유일한 말 상대는 스마트폰 음성인식서비스 프로그램인 시리Siri뿐이다. 명지의 친구를 사귀지 않고, 티브이를 켜지 않고, 달리기를 하지 않는 생활은 결국 시리를 불러낸다. 물론 그처럼 고립된 삶을 만들어 낸 최종심급은 죽음 직전의 남편 모습이 명지의 꿈속에 수시로 뛰어나오는 것에서도 알 수 있듯이, 남편인 도경의 죽음이다. 시리는 "우리가 '대답'이라 부르는"(85) 것을 하는데, 이것은 "누군가의 상상을 상상하는 상상"(85)에 의해서 가능해진 일이다. 명지는 시리에게서 당시 주위 인간들에게서 찾을 수 없던 특별한 자질을 발견하는데, 그것은 바로 "예의"(87)이다. 적어도 그 예의는 명지에게 "편안함"(87)을 안겨준다. 시리의 '예의'는 모종의 윤리와 연결된 것으로 이해할 수도 있다. 시리는 일종의 기계로서 자신의 내부에 프로그램화 된 규칙대로만 행동할 뿐이다. 그것은 창공의 별처럼 빛나는 우리 안의 도덕률에 해당하는 것일 수도 있다. 시리의 행동은 어떠한 대가나 결과도 바라지 않은 채, 무조건적으로 자신을 찾는 상대방에게 반응한다는 점에서 칸트적 의미의 윤리와 연결될 수도 있는 것이다.

그러나 이러한 시리의 '예의'가 지닌 한계 역시 분명하다. 시리는 결코 명지의 감정을 공감할 수 없으며, 당연히 명지의 슬픔을 나눠가질 수도 없다. 일테면 명지가 "진심으로 궁금한"(103) 질문, 즉 "고통이란 무엇인가요?"(103)와 같은 질문을 하자, 시리는 고통에 대한 검색 결과를 보여줄 수 있을 뿐이다. 명지의 처연한 고통 앞에서 시리는 그야말로 "멍청아!"(104)라는 소리를 들을 수밖에 없는 존재인 것이다. 명지는 연달아 "내 고통에 의미가 있냐?"(104)와 "당신도 영혼이 있나요?"(104)와 같은 질문을 시리에게 던지지만 시리는 딴청을 부린다.

이러한 딴청 역시도 하나의 위로가 되기도 한다. 명지가 그 즈음 가장 오래 붙든 문제인 "사람이 죽으면 어떻게 되나요?"(104)를 물었을 때, 시리는 "어디로 가는 경로 말씀이세요?", "어디로 가고 싶으신가요?", "죄송해요. 잘 못 알아들었어요"(104)라고 세 번이나 연거푸 혼자서 말한다. 이것은 기계인 시리에게는 무척이나 드문 일이고, 그렇기에 명지는 시리의 반응이 "저 먼 데서 '누군가의 상상을 상상하는' 한 인간이 이런 일을 예상하고 희미하게나마 걱정을 담아 넣은 문장"(104)인지도 모른다고 상상한다. 이러한 상상 속에서 프로그램 언어에 따라 작동하는 기계를 넘어선 인간의 온기는 조금 그 모습을 드러내기도 한다.

우리가 일컫는 '예의'란 바로 이러한 수준에서 작동하는 것이라고 말할 수도 있을 것이다. 적절한 농담도 주고받으며 상대방에게 성실하게 반응하지만, 결코 상대방의 아픈 상처까지는 건드리지 않는 것. 이것은 분명 하나의 배려일 수도 있지만, 그것은 어디까지나 상대방과 나 사이의 거리를 설정한다는 전제 아래서 이루어지는 일이기도 하다. 어찌보면 상대방의 상처나 난제에 다가가서는 안 된다는 것이야말로 '누군가의 상상을 상상하는' 가장 이상적인 방법이며, 그렇기에 문명의 최첨단 이기인 시리는 그런 식으로만 반응하도록 만들어진 것인지도 모른다. 시리가 지닌 이러한 '예의'는 여타의 문명이 그러하듯이 인간에게 '편안함'을 주지만, 채워질 수 없는 '공허'를 인간에게 안겨줄 수밖에 없는 운명이기도 하다. 시리가 지하철 안내방송과 같이 "누군가에게 목적지로 가는 법은 말해줄 수 있어도, 거기까지 함께 가주지는 못할 친구"(105)처럼 느껴진다 해도 이상할 것은 없다. 문명과 예의는 결코 타인의 가장 깊은 곳에 놓여 있는 슬픔까지 공감할 수는 없는 것이다.

이제 명지는 자신의 몸통을 빈틈없이 채우고 있는 그 반점과 함께 혼자 외로운 싸움을 벌이며 그렇게 조금씩 침전해 갈 수밖에 없는 것일까? 명지의 남편이 자신의 목숨을 던져 구하려 했지만, 결국에는 함께 죽고 만 권지용의 누나가 보내는 편지를 통해 새로운 가능성은 그 모습을 보이게 된다. 지용은 부모를 잃고 누나와 단둘이서 살아왔으며, 누나는 몸이 아파 학교까지 관둔 상태였다. 갑자기 마비가 와 오른쪽 몸을 쓸 수 없게 된 누나가 힘들게 써서 보낸 편지를 보며 명지는 나름의 위안을 얻는다. 그 위안은 사랑하는 사람을 잃어서 괴로워하는 동류의 인간을 발견한 데서 오는 것이다.

지용의 누나는 "요즘은 집이 너무 조용해 제가 제 발소리를 듣다 놀라요"(107)라고 고백한다. 이러한 경험은 남편을 잃은 명지 역시도 그대로 겪고 있던 일이다. 같이 사는 사람 기척에 섞여서 이전에는 결코 들을 수 없었던, 자신의 발소리, 물소리, 문소리 등을 명지도 혼자가 된 후에야 의식하게 된 것이다. 지용의 누나가 명지에게 편지를 보낸 것부터가 명지의 아픔에 공감했기에 가능했던 일이기도 하다. 지용의 누나는 꿈에 나타나서 "누나 나 키워주고 업어줘서 고마워. 누나 혼자 있다고 밥 거르지 말고 꼭 챙겨 먹어"(108)라고 말한 동생 지용을 보고서야, "권도경 선생님과 사모님이 떠올랐"(108)던 것이다. 그때서야 도경의 누나는 "저는 지금도 지용이가 너무 보고 싶어요. 사모님도 선생님이 많이 그리우시죠?"(108)라는 문장이 담긴 편지를 명지에게 쓴 것이다.

그러나 지용의 누나 지은과 도경의 아내 명지는 무엇보다도 핵심적인 의문을 공유하고 있다. 그것은 "그때 권도경 선생님이 우리 지용이의 손을 잡아주신 마음"(109)이 과연 무엇이었는가에 대한 의문이다. 명지에게 남편이 아이를 구한 일은 "온전히 자기가 하는 선택"(101)에 해당하는 것이며, 그렇기에 아내까지 있는 사내가 자신의 목숨을 버릴 수도 있는 행동을 한 이유는 해명되어야만 하는 절대적인 과제가 된다. 지용의 누나가 보낸 편지를 읽고 명지는 "당신을 보낸 뒤 줄곧 궁금해한 무엇과 만난 기분"(109)을 느끼는데, 그것은 명지가 지용의 누나가 보낸 편지 속에서 자신과 같은 의문을 갖고 있음을 깨달았기에 가능한 일이다. 지용의 누나가 보낸 편지는 드디어 명지에게 남편 도경의 마지막 행동을 이해할 수 있게 해준다.

얼룩진 문장 위로 지용이의 얼굴이 겹쳐 보였다. 살려주세요. 소리도 못 지르고 연신 계곡물을 들이키며 세상을 향해 길게 손 내밀었을 그 아이의 눈이 아른댔다. 당신이 떠난 후 줄곧 보지 않으려한 눈이었다. 나는 당신이 누군가의 삶을 구하려 자기 삶을 버린 데 아직 화가 나 있었다. 잠시라도 정말이지 아주 잠깐만이라도 우리 생각은 안 했을까. 내 생각은 안 났을까. 떠난 사람 마음을 자르고 저울질했다. 그런데 거기 내 앞에 놓인 말들과 마주하자니 그날 그 곳에서 처음 제자를 발견했을 당신의 모습이 그려졌다. 놀란 눈으로 하나의 삶이 다른 삶을 바라보는 얼굴이 떠올랐다. 그 순간 남편이 무엇을 할 수 있었을까……. 어쩌면 그날, 그 시간, 그곳에서 '삶'이 '죽음'에게 뛰어든 게 아니라 '삶'이 '삶'에게 뛰어든 것일지도 모른다는 생각이 들었다. 처음 드는 생각이었다. (109~110)

이 편지를 읽기 전에 명지는 지용을 하나의 살아 있는 생명으로 충분히 느낄 수가 없었다. 명지에게 지용은 사물화 된 하나의 시체로서만 존재했던 것이다. 그러나 지용 누나의 편지를 통해 명지는 처음으로 지용이 자신의 누나를 사랑하고 걱정하는 생생한 인간임을 깨달을 수 있었다. 그렇기에 남편의 마지막 행동도 "'삶'이 '죽음'에게 뛰어든 게 아니라" 처음으로 "'삶'이 '삶'에게 뛰어든 것"으로 이해하게 된다. 지용은 남편과의 관계 속에서만 존재하는 사물화된 '죽음'이 아니라, 다른 관계 속에서 엄연히 살아 숨쉬는 '삶'이었던 것이다.

이러한 깨달음 뒤에 명지는 새로이 남편이 "사무치게 보고 싶"(110)

다는 생각을 한다. 이것은 남편에 대한 이해와 지용의 누나에 대한 이해가 지난날의 상처로부터 벗어나기 위한, 즉 손쉬운 애도를 위한 중간 과정이 아니었음을 증명하는 것이다. 남편의 목숨을 건 마지막 결단에 대한 이해는 어찌 보면 불가능한 그렇지만 불가피한 애도를 위한 하나의 과정에 해당하는 것이라고 말할 수 있다. 인간의 존엄을 확보해 줄 수 있는 이 '끝나지 않는 애도'는 작품의 마지막 문장, "허물이 덮였다 벗겨졌다 다시 돋은 반점 위로, 도무지 사라질 기미를 보이지 않는 얼룩 위로 투두둑 흘러내렸다. 당신이 보고 싶었다"(110)를 통해서 분명하게 확인할 수 있다. 이러한 애도의 과정을 통해 명지는 처음으로 자신이 아닌 누군가를 걱정하기 시작한다. "혼자 남은 그 아이야말로 밥은 먹었을까? 얼마나 안 먹었으면 동생이 꿈에서까지 부탁했을까"(110)라며 지용의 누나인 지은을 걱정하는 것이다. 이제 명지는 스마트폰 음성인식서비스 프로그램인 시리Siri와의 관계와는 다른 살아 있는 인간과의 관계를 시작하게 된 것이다. 「입동」에서 보여준 '애도의 불가능성'과 '슬픔의 공유 불가능성'은 「어디로 가고 싶으신가요」에 이르러서는 '애도의 (불)가능성'과 '슬픔의 공유 (불)가능성'이라는 조금 더 따뜻한 좌표로 이동하게 되었다.(2015)

기억의 윤리

1. 내면과 기억

    수많은 예술 장르에 맞서 소설이 자신의 존재 근거로 내세울 수 있는 것 중의 하나는 내면을 표현하는 장기일 것이다. 내면의 흐름, 내면의 세부를 소설만큼 정밀하면서도 대범하게 추구할 수 있는 예술 장르는 아직까지 찾아보기 힘들다. 권여선은 누구보다도 내면의 서사를 구축하는데 탁월한 능력과 성취를 보여준 작가이다. 그녀의 소설이 겨냥하는 초점은 구체적인 사건의 발생이나 전개가 아니라 사소해보이기까지 한 일상의 작은 파편으로부터 비롯된 정동의 강도와 흐름에 맞춰져 있다. 내면을 채우는 여러 정념과 욕망, 그리고 내면으로부터 발아하는 관계의 만화경에 대한 묘사야말로 권여선 소설을 읽게 만드는 근원적 힘이 되는 경우가 많다. 생동감 넘치는 문장으로 형상화한 인간들처럼 기괴하면서도 동시에 일상의 실감에 부합하는 인물은 우리 소설사에서 발견하기 힘든 것이었다.

권여선이 매우 민감한 현대사의 주요 시기를 다루는 경우에도 그 배경은 방이나 집으로 한정되는데, 이러한 현상도 사건이 아닌 내면에 초점을 맞추는 작품세계의 기본 성격과 결코 무관하지 않다. 지금의 우리를 낳은 결정적인 연대인 1979년과 1980년을 다룬 『레가토』(창비, 2012)의 주요 배경은 '카타콤'이라 불리던 반지하 서클방이나 풍년집 골방이나 인하의 하숙방 등이다. 1980년대 운동권의 일상이 주요한 서사인 『푸르른 틈새』(살림, 1996)에서도 핵심적인 배경은 '젖은 방'과 같은 개인적인 장소를 결코 벗어나지 않는다. 1980년대를 기억하는 내용의 「내 정원의 붉은 열매」(『소진의 기억』, 문학동네, 2007)에서도 "선배라는 존재는 방을 하나씩 가지고 있었고 그 방으로 상징되었다"(86)라는 문장에서 알 수 있듯이, 기억의 핵심에는 언제나 방이라는 사적인 공간이 등장하는 것이다. 심지어 제2차 인혁당 사건을 떠올릴 수밖에 없는 『토우의 집』(자음과모음, 2014)에서는 그 당시 대통령의 이름조차 한 번도 등장하지 않을 정도이다. 우물집을 중심으로 한 사적인 공간으로 소설의 조망 범위는 제한되어 있다.

권여선 소설을 채우는 그 다양하고도 신비로운 내면이 펼쳐지는 촉발지점은 다름 아닌 기억이다. 가치의 경중과는 무관한 기억이 도래하는 순간 변화무쌍한 내면의 드라마는 시작되는 것이다. 더욱 중요한 것은 기억이야말로 권여선이 생각하는 윤리와 정치의 핵심이라는 점이다. 「사랑을 믿다」(『한국문학』, 2007년 여름호)에서는 끝나지 않고 지속되는 기억이야말로 사랑이라는 새로운 인간학의 공식을 서사화하고 있을 정도이다. 이 작품에서는 현재를 뒤흔드는 과거의 기억이야말로 사랑을 완성시키는 가장 중요한 요건이다. 「약콩이 끓는 동안」(『문학동네』, 2006년 여름호)에서는 "비인간"(103)에 대한 정의가 등장하는데, 그것은 바로 기억의 부재와 연관된 것이다.

> 미래가 적은 사람들에게는 과거나 기억도 적었다. 상욱이 이제껏 지켜봐온 노인이나 폐인 들은 집요하게 현재적이었다. 죽음에 가까울수록 그들은 현재에만, 오직 찰나에만 집착했다. 그렇게 기억의 보따리가 지나치리만큼 가벼워져 거의 비인간에 가까워진 종족을 일컫는 이름을 상욱은 얼마전 책에서 발견했다. 그 이름은 보보끄 또는 보보보끄였다. (102~103)

위의 인용문은 아들 상욱이 사고로 하반신이 마비되어 죽음과도 같은 시간을 보내고 있는 자신의 아버지를 가리키며 하는 말이다. 여기에서 비인간은 다름 아니라 "기억의 보따리가 지나치리만큼 가벼워"진 존재이다. 권여선에게 "과거나 기억"이란 인간으로서의 존재를 담보하는 기본조건이 되고 있는 것이다. 따라서 기억에 대한 탐구는 권여선 문학의 기원을 밝히는 작업인 동시에, 권여선 문학이 지향하는 작가의식의 심층을 밝히는 작업이 될 것이다. 이 글에서는 작가의 장편소설 세 편

(『푸르른 틈새』, 『레가토』, 『토우의 집』)을 중심으로 하여 기억의 서사화 방식과 그것이 겨냥하는 삶의 윤리를 살펴보고자 한다.

2. 푸르른 틈새를 채우는 기억의 빛살

『푸르른 틈새』의 '작가의 말'에는 다음과 같은 인상적인 문구가 등장한다. 이것은 기억의 서사라고도 부를 수 있는 권여선 문학으로 들어가는 비상통로와도 같은 역할을 하는 것으로 판단된다.

성숙이 좌절된 자리에 자폐가 생겨난다. 자위와 자해, 두 가지 형태로 드러나는 자폐의 증세는 오로지 과거를 되돌아봄을 통해서만 치유될 수 있다. 그녀에게 기억이란 날로 고와지는 봄의 햇살 같은 것이다. 그녀는 기억의 요람 안에서 흔들린다. 그녀는 그 흔들림을 통해 잔잔히 퍼져가는 고통과 치유의 파문을 느낀다. 기억, 그것이 설사 아무리 뼈아픈 것에 대한 반추라 할지라도, 기억만이 그녀로 하여금 앞으로 나아갈 수 있게 하고 남은 삶을 살아나갈 수 있게 한다. (10~11쪽)

이 문구의 그녀를 작가 권여선으로 대체하고 읽어보면, 이 문구만큼 권여선의 문학세계를 압축해놓은 것도 드물다. 조금 과장해서 말하자면, 권여선의 거의 모든 작품은 위 문구를 창의적이다 못해 놀랍기까지 한 비유와 문장의 향연들로 직조해나가는 것이라고 볼 수 있을 정도이다.

기억에 이토록 많은 의미를 부여하는 사례는 한국문학사에서 일찍이 찾아보기 힘든 것이다. 기억은 '고통'을 주기도 하지만, '유일한 치유'의 방법이며, '앞으로 나아갈 수 있게' 해주고 '남은 삶을 살아나갈 수 있게' 해주는 대상이다. 그것은 과거, 현재, 미래를 모두 버텨내게 해주는 삶의 만능키라고 해도 과언이 아니다.[1] 실제로 그녀가 창작한 3편의 장편소설은 모두 기억에 대한 이야기이다. 위 문구가 등장하는 첫 번째 작품 『푸르른 틈새』는 기억의 서사인 것은 말할 것도 없으며, 위에 언급한 문구가 소설의 핵심 서사와 거의 일치한다.

등단작인 『푸르른 틈새』는 작가와 같은 연배인 미옥의 1980년대 대학시절을 주요 서사로 삼고 있는 작품이다. 성장소설의 성격을 지니는 이 작품에서 성장의 과정은 "내 수련과정에 필요한 것은 "'정치 용어 사전'과 '성 용어 사전'이었다"[2]는 말에서 알 수 있듯이, '정치'와 '성'의 두

---

1 『푸르른 틈새』에서는 소설 쓰기의 상관물이라고 할 수 있는 『아라비안나이트』를 언급하며 "과거는 피고름 흐르는 상처의 눈으로 현재를 쏘아본다. 현재의 시간 위로, 과거의 빛줄기가, 잊혀지지 않은 낮의 상처가 관통하고 있다. 상처는 이야기를 불러일으키고 이야기는 상처를 환기시킨다"(191쪽)고 하여 이야기의 근원으로서의 과거(상처)를 언급하고 있다.

2 권여선, 『푸르른 틈새』, 살림, 1996, 28쪽. 권여선은 등단작인 『푸르른 틈새』를 포함하여 세 권의 장편소설(『레가토』(창비, 2012), 『토우의 집』(자음과모음, 2014)과 다섯권의 창작집(『처녀치마』(이룸, 2004), 『분홍 리본의 시절』(창비, 2007), 『내 정원의 붉은 열매』(문학동네, 2010), 『비자나무숲』, 2013), 『안녕 주정뱅이』(창비, 2016))을 발표하였다. 『처녀치마』에는 「처녀치마」, 「트라우마」, 「12월 31일」, 「두리번거리다」, 「수업 시대」, 「불멸」, 「나쁜 음자리표」, 「그것은 아니다」가 『분홍 리본의 시절』에는 「가을이 오면」, 「분홍 리본의 시절」, 「약콩이 끓는 동안」, 「솔숲 사이로」, 「반죽의 형상」, 「문상」, 「위험한 산책」이, 『내 정원의 붉은 열매』에는 「빈 찻잔 놓기」, 「사랑을 믿다」, 「내 정원의 붉은 열매」, 「당신은 손에 잡힐 듯」, 「K가의 사람들」, 「웬 아이가 보았네」, 「그대 안의 불우」가, 『비자나무숲』에는 「팔도기획」, 「은반지」, 「끝내 가보지 못한 비자나무숲」, 「길모퉁이」, 「소녀의 기도」, 「꽃잎 속 응달」, 「진짜 진짜 좋아해」가, 『안녕 주정뱅이』에는 「봄밤」, 「삼인행」, 「이모」, 「카메라」, 「역광」, 「실내화 한 켤레」, 「층」이 수록되었다. 앞으로의 인용시 위에서 언급한 단행본의 페이지수만 본문중에 기록하기로 한다.

영역을 중심으로 이루어진다.[3] 그러나 미옥의 성숙을 향한 그 열렬했던 시도는 모두 실패로 돌아간다. 물론 그 성장의 시도가 성공을 구가하는 것처럼 보이던 시절도 있었다. 한영과 나누었던 3년간의 연애기간과 그 시기와 얼추 겹치는 문예운동조직에서의 활동시기가 미옥에게는 일종의 화양연화花樣年華였던 것이다. 연애와 조직은 미옥이 성장의 계기로 삼은 성과 정치의 영역에서 그녀가 도달한 목표점이 되기에 충분하다. 한영과의 연애는 말할 것도 없고, 조직에서의 할동도 "내가 맡은 일들에서 기쁨을 느꼈고, 조직이 나를 구원할 것이라는 믿음을 회복"(203)할 수 있던 시간이었던 것이다.

연애와 조직활동 모두에서 실패한 미옥은 아버지의 죽음까지 겪으며 젖은 방에서 자위와 자해를 순서대로 시도한다. 그러한 시도는 '자위와 자해는 성숙이 실패한 자리에 남는 자폐의 두 가지 현상'이라는 '작가의 말'에 그대로 들어맞는 행동이다. 그러나 미옥은 자위에도 자해에도 모두 실패한다. 그 순간 그녀에게 남겨진 것은 과거를 되돌아보는 일이며, 그것은 작품의 마지막에 푸르른 틈새를 가득 채우는 "빛"(263)이라는 이미지로 감각화된다. 성숙이 좌절된 자리에서 선택할 수 있는 유일한 치유 행위는 기억이라고 할 수 있으며, 권여선에게 소설이란 바로 그 빛에 해당한다.

---

3 『푸르른 틈새』는 1990년대 창작되었던 후일담 소설들과 그 결을 달리 한다. 일반적으로 후일담 소설들은 이상과 동경으로 가득찬 과거와 무능과 부패로 가득찬 현재라는 이분법을 보여주고는 하였다. 여기에는 '빛나는 과거' 對 '타락한 현재'라는 노스탤지어적 시선이 잠재되어 있었던 것이다. 『푸르른 틈새』에는 과거를 바라보는 낭만화되거나 이상화된 시선은 거의 드러나지 않는다. 『푸르른 틈새』에서 미옥은 공장을 며칠 나가다가 시끄러운 음악소리를 견디지 못해 그만두고, 술을 조금씩 먹고 집회에 나가는 인물이다. 그녀가 떠올리는 그 혁명의 과거는 회한과 그리움으로 낭만화되는 것과는 거리가 멀다.

3. 현실의 논리가 아닌 애도의 윤리

두 번째 장편소설인 『레가토』 역시 기억이 그 핵심을 관통하고 있다. '작가의 말'에서부터 "나는 이 소설이 과거의 흔적과 현재의 시간이 겹쳐 뭔가를 만들어내는 레가토 독법으로 읽히기를 소망하면서 썼다"(429)고 밝히고 있는 것이다. 이 작품은 박정희 정권 말기에 대학교에 입학해서 80년 광주를 겪은 운동권의 이야기를 담고 있다. 장별로 30여년의 격차가 존재하는 현재와 과거가 번갈아가며 등장하는 구성 방식을 보여준다. 과거는 오정연, 박인하, 신진태, 조준환 등이 운동권 대학생으로 겪었던 일상들, 즉 피세일(유인물 배포), 농활, 합숙, 시위, 뒷풀이 등으로 채워져 있다. 30여년 전 순수함 하나로 독재정권에 맞섰던 이들의 현재는 당연히 이전만큼 순수하지는 않다. 그들은 세상과 타협하여 한 자리 꿰찬 속물들에 가깝다.

그들의 과거와 현재를 이어주는 핵심에는 '부재하는 중심'으로서의 오정연이 존재한다. 『레가토』에는 쉽게 잊혀지지 않는 장면이 등장하는데, 그것은 인하가 정연을 강간하는 대목이다. 정연은 강간 당한 후 아이까지 출산하고, 나중에는 80년 광주의 현장에 섰다가 실종된다. 오정연을 강간한 인하 뿐만 아니라 정연과 함께 대학생활을 한 모두는 죄의식에 시달린다. 이러한 죄의식은 정연의 비밀을 인지하지 못하고, 그를 써클 구성원 중의 하나로만 인식한 자신들의 무지와 폭력에 대한 반성으로부터 비롯된다. 나중에 진태는 "그때 그들은 정연이 아이를 가진 줄 몰랐다. 몰랐지만 결과적으로 그들은 그녀에게 자식을 사지로 내몰

것을 강요했고 그녀는 결사적으로 항전했던 것"(390)임을 깨닫는다.

『레가토』에서 진정 중요한 것은 파리까지 가서 정연을 찾게 만든, 즉 고작 8개월 가량을 함께 보냈으면서도 끝끝내 정연을 잊지 않은 동년배들의 윤리적 자세이다. 그들은 본래 오뎅, 오월, 오라질, 오미자차, 오골계, 오도리, 오이지, 오대산, 오리무중, 오선지, 오렌지, 오징어에서도 오정연을 떠올리는 사람들이었던 것이다. 과거의 기억은 병리의 경계를 넘나드는 자기 모멸로 나타나기도 했지만, 그들은 결코 과거의 기억을 자신들로부터 분리하지는 않았다. 그러한 우울증적 주체의 윤리는 끝내 아델이 된 오정연을 프랑스 파리에서까지 찾아내고야 말았던 것이다.

이 작품에서 지난 기억을 가장 맹렬하게 지켜낸 존재는 다름 아닌 오정연이라고 보아야 할지도 모른다. 광주의 한복판에서 칼에 찔리고 총에 맞아 "기억도 잃고 한국말도 잊은"(423) 정연이지만, 그녀는 파리에 온 옛날 친구들의 한국말과 자신의 딸 하연의 이름을 기억하고 있었던 것이다. 그녀는 누구보다 필사적으로 과거의 기억을 지켜내기 위해 사투를 벌여온 존재라고 볼 수 있다. 그녀의 불분명한 발음을 통해 지난 80년대와 지금은 파리에서 간신히 조우할 수 있었던 것이다. 정연이 끝내 자신의 목숨을 걸고 광주 현장에 남은 이유 역시 짧은 기간이나마 함께 행동했던 동년배들을 기억함으로써 가능했던 것이다.

정연이 서울로 가기 위해 광주시내에 갔다가 광주민주화운동에 휩쓸린 이유도 짧았지만 강렬했던 대학생 시절에 대한 기억 때문이다. 그 살육의 현장에서 정연은 "서울로 올라가야 하나, 성암사로 돌아가야 하나"(323)라는 갈등에 빠진다. 정연은 시위 대열에 선 사람들에게서 써 클 사람들의 얼굴을 본 것이다. 그 갈등 끝에 오정연은 인하형은 물론이고 "오난이도, 재현이도, 진태도, 경애와 명식이도, 주춤거리면서라도 끝끝내 자리를 지켰을 것"(324)이라며 광주에 남기로 결정을 내린다.

그리고 보면 이 작품에서 악인에 가까운 박인하도 우울증적 주체이기는 마찬가지이다. 유명한 여배우의 사생아로 태어난 인하는 학생운동 할 때는 가난뱅이 고학생 연기를, 감옥에 들어가면서는 부잣집 외동아들 연기를, 연수원에서는 공부만 파는 수재 연기를, 정치판에서는 민주투사의 연기를 출중하게 해낸다. 그런 뛰어난 연기력 덕분에 인하는 지금도 잘 나가는 정치인으로 행세하고 있다. 그러나 인하는 과거와의 대면을 망각하고 앞으로 나아가는 것이 아니라, 과거를 굳이 떠올림으로써 나아갈 힘을 얻는 자이다. 정연에게 천 겹의 고통과 슬픔과 능욕을 안겨준 자신을 기억함으로써, 퍼펙트한 자술서로 동지들을 팔아먹고 번번이 어머니의 치마폭에 감싸여 사지를 빠져나온 자신을 기억함으로써 "작은 고난과 유혹들을 인내할 힘"(208)을 얻는 존재인 것이다. 박인하야말로 "기억, 그것이 설사 아무리 뼈아픈 것에 대한 반추라 할지라도, 기억만이 그녀로 하여금 앞으로 나아갈 수 있게 하고 남은 삶을 살아나갈 수 있게 한다"는 권여선 소설의 기본 명제에 충실한 인간이라고 할 수 있다. 박인하는 "자술의 욕망"(177)에 사로잡혀,[4] 자신의 강간 행

---

4   구체적인 자술의 내용은 다음과 같다. "네 그렇습니다. 나는 성폭행범입니다. 강간범입니다. 착하고 힘없는 후배를 때리고 욕보였습니다. 그녀는 나도 모르는 내 아픔을 알고 내 손톱 밑을 바늘로 따주었던 여자입니다. 이방의 언어로 나를 편안히 잠들게 해주었던 여자입니다. 강제로 당한 후에도 풀처럼 조용히 일어나 몸을 씻고 아침 이슬처럼 맑은 흐느낌으로 「보헤미안 랩소디」를 흥얼거

위를 세밀하게 기억해내고 오정연을 애타게 찾기도 하는 것이다. 박인하야말로 "정연이 살아오면, 이라는 가정"을 "절체절명의 소망"(203)으로 받아들이는 사람이다.

정연과 지난 날을 함께 했던 여러 친구들 중에서 가장 건전하게 현재의 삶을 꾸려나가는 재현이야말로 과거의 기억으로부터 가장 멀리 떨어진 존재라는 점은 작가의 인간관과 관련하여 중요한 시사점을 던져준다. 재현은 "과거는 과거일 뿐"(107)이라며 정연과 관련된 "옛 기억에 깊이 연루되고 싶지 않"(107)아 한다. 갑작스러운 기억의 환기로 일상에 작은 혼란이나 번거로움이 초래되는 것을 재현은 원하지 않는 것이다.[5] 이에 반해 인하의 보좌관으로 활동하는 준환은 정연을 향한 흠모와 인하에 대한 열등감을 떨쳐 내지 못한다. 그로 인해 준환은 평소에는 "최선을 다해 노예처럼 봉사하는 비굴한 태도"(29)를 보이지만 술만 마시면 욕설을 반복해서 퍼붓는 기괴한 인간이 된다. 과거의 기억으로부터 비교적 자유로운 존재가 보여주는 합리와 과거의 기억에 강박된 존재가 보여주는 병리 중에서 작가는 아무래도 후자 쪽에 의미를 부여한다. 현실의 논리로 볼 때의 병리는 물론 준환이나 인하에게 해당하는 것이지만, 애도의 윤리라는 측면에서는 재현이야말로 병리적인 인물일 수도 있기 때문이다. 권여선이 관심을 갖는 쪽은 현실의 논리라기보다는 애도의 윤리이다.

리던 여자입니다. 나는 두려움과 외로움에 거듭 그녀를 범했습니다. 그런데 그녀는 지금 어디에 있습니까? 정말 사라진 겁니까? 어디에도 없습니까?(177)

5   물론 재현도 "그때 정연이가 나가는 걸 붙잡았더라면 상황이 달라졌을까?"(190)라며 정연에 대한 회한을 드러낸다. 그 역시 정연의 기억으로부터 완전히 자유로운 존재는 아니다.

4. 사람의 집, 토우의 집

『토우의 집』은 기억의 차원을 개인을 넘어선 우리 사회의 외상적 기원에 해당하는 공적 기억으로까지 확장시킨 작품이다.[6] 소설이 다루고 있는 기억의 순서라는 측면에서, 발표시기와는 무관하게 세 편의 장편소설 중에서 가장 처음에 놓이는 작품이기도 하다.

삼악동(삼벌레고개)의 우물집이라고 불리는 김순분의 집으로 새댁 식구(새댁 효경과 남편 안덕규, 큰딸 영과 작은딸 원)가 이사를 온다. 이 우물집은 "재산의 등급과 등고선의 높이"(11)가 긴밀하게 연관된 삼악동의 중간쯤에 위치해 있다. 이러한 우물집의 위치는 새댁 식구와 그들을 둘러싼 삼악동 사람들의 삶이 당대 보통 사람들의 삶에 해당하는 것임을 드러내기에 적당해 보인다. 새댁네 작은 딸 원은 이 작품의 주요한 초점화자라고 할 수 있는데, 일곱 살의 원은 이 작품에서 김순분네 둘째 아들 은철과 함께 스파이가 되기로 작정한다. 스파이가 되어 알게 된 이 세상의 비밀은 옳은 소리 하는 사람은 죽거나 '토우'가 되어버리는 끔찍한 시대적 진실이다.

원의 아버지 안덕규는 어느날 기관원들에게 끌려갔다가 얼마 후에 시체가 되어 우물집으로 돌아온다. 이후 새댁은 "불에 타고 나서도 탄 물체의 형태가 잠깐 남아 있는 것"(301)처럼, "그렇게 아슬아슬한 소진 직후의 순간을 버텨"(301)간다. 그러나 상태는 점차 악화되고, 아이들

---

6   이 소설은 1975년 4월 9일 대법원 선고 18시간 후에 여덟 명이나 사형으로 죽어간 제2차 인혁당 사건을 직접적으로 드러내지 않는 방식으로 더욱 선명하게 드러내고 있는 작품이다.

을 인식할 수조차 없는 지경에 이르자, "마지막 모성"(320)으로 순분네에게 건너가 자신을 병원에 데려가 달라고 부탁한다. 들것에 실려 집을 나갈 때 새댁은 안덕규가 "시신이 되어 실려 들어오던 때와 크게 다르지 않은 느낌"(321)을 준다. 결국 새댁은 억울하게 사형당한 안덕규와 문자 그대로 합체incorporation된 것이다. 새댁이 병원에 실려간 이후 이제 그 상처와 고통은 그 어린 원에게로 옮겨간다. 원은 새댁이 병원에 실려간 날부터 어떤 일에도 별다른 반응이 없는 사람으로 변해서는, 동생처럼 아끼는 인형 희를 제외하고는 아무와도 말을 하지 않는 것이다. 원에게는 말뿐만이 아니라 표정, 몸짓도 사라져서 그 모습은 인형 희의 모습과 놀랍도록 흡사해진다. 토우土偶가 된 원이 우물집을 떠날 때, 순분이 안아주지만 원은 이 때도 아무런 반응을 보이지 않는다. 원은 이제 "날카로운 고통이 사방에 철창을 두른 작은 방 속에 갇혀버"(329)린 것이다. 이제 안덕규의 고통이 새댁을 거쳐 원에게까지 고스란히 전이된 것이다.

원의 언니인 영은 새댁이나 원과는 전혀 다른 모습을 보여준다. "영은 사모하던 미남 청년이 아직 감옥에 있으나 죽지는 않았다는 사실에 안도하며, 그런 자신의 마음에 조금도 죄의식을 느끼지 않"(306)는 것이다. 영은 어머니가 병원으로 가고 큰아버지네 집에 살게 되어서도, 큰아버지네 집이 마당 딸린 이층 양옥에다 늙은 가정부까지 있는 것을 보고는 오히려 좋아한다. "언제나 과거보다 미래가 중요"(306)한 영에게는 "어쩔 수 없는 일 앞에서는 포기가 빨랐"(327)던 것이다. 이 작품에서 새댁네 큰 딸 영은 권여선이 그토록 증오해마지 않는 '우아'의 세계에 소속되기에 충분한 자질을 보여주었다.7 영은 시종일관 "미용의 욕망을 노출"(31)할 뿐이었던 것이다.

"그렇게 필체가 좋던 사람이, 그렇게 옷매무새가 단정하고 그렇게 음성이 똑부러지고 그렇게 동작이 노루처럼 경쾌하던"(319) 사람들이 토우가 된 후에 삼악동 사람들은 어떻게 변해 갔을까? 새댁이 골목을 지나간 후면 통장집이 나와 소금을 뿌리고, 통장은 "서슬이 퍼래서 당장 빨갱이 집을 쫓아내자고 설치고 다"(276)닌다. 이어 우물집은 "아무도 찾아오지 않고 말도 걸지 않"(316)는 마을 안의 빈터가 된다. 곧 새댁을 병원으로 보낸 이후에는 순분마저 "이젠 그만 되었다 싶고 한시름이 놓였다"(322)며 안도한다. 다음의 인용문에는 순분이 마지막에 도달한 자리가 선명하게 새겨져 있다.

　　박가나 통장집이나 남편이나 자기나, 알고 보면 다 거기서 거기였다.

7　권여선은 「가을이 오면」(『문예중앙』, 2005년 겨울호) 등의 작품에서 우아의 세계가 지닌 비폭력적 폭력성을 날카롭게 조명하였다. 그것은 『푸르른 틈새』에서 미혜로 대표되는 "내숭떠는 여자"(78)에서부터 비롯된다. 그것은 "물질적으로 풍요롭거나, 적어도 그런 상태를 열망하는 사치스런 여자의 이미지"(78)에 연결되는 것이기도 하다. "허기진 얼굴로 우아하고 아름다운 여성의 자리를 기웃거리는 짓"(89)은 초등학교 시절에나 허용되며, 대학교 신입생도 청산해야만 하는 부끄러운 삶의 태도인 것이다. 그 우아의 세계는 결별 이후 다시 만난 한영이 미옥에게 건네는 그 예의와 품위로 가득찬 존댓말의 세계가 가진 위선과 가식에 연결되는 것이며, "기름칠을 한 입으로 고기를 쩍쩍 먹으며 신나게 떠들"(224)던 건강한 식욕의 세계와는 거리가 먼 "고급음식"(224)의 세계이기도 하다. 권여선은 『푸르른 틈새』의 '작가의 말'에서 자폐의 증세는 자해와 자위로 드러난다고 보았다. 앞으로 본격적인 논의가 뒤따라야 하겠지만, 우아는 이 중 자위의 세계에 연결된다고 볼 수 있다. 권여선 소설을 크게 자위 계열의 소설과 자해 계열의 소설로 나누어 보는 것도 가능하다. 「소녀의 기도」(『문학동네』, 2011년 여름호)나 「은반지」(『한국문학』, 2011년 여름호)는 우아와는 다르지만 모든 책임을 타인에게 돌린다는 측면에서 자위 계열의 소설에, 「이모」(『창작과비평』, 2014년 가을호)같은 소설은 모든 책임을 자신에게 돌린다는 점에서 자해 계열의 소설에 위치시킬 수도 있다.

박가가 우물집을 탐낸다는 말을 복덕방 영감으로부터 들었는데, 빨갱이가 살던 집에 빨갱이 잡는 놈이 들어와 사는 것도 나쁘지 않을 것 같았다. 슬렁슬렁 재미를 보면서 살든 따박따박 도리를 지키며 살든 철퇴가 떨어지면 맞아 죽는 건 똑같았다. 그러니 어떻게든 철퇴를 맞지 않는 게 장땡이었다.

먼 동네로 이사가면 순분은 다시 계원을 모아 계 오야를 하고 집을 빈틈없이 세놓아 먹을 작정이었다. (…중략…) 사형도 당하지 않고 매일 나가서 꼬박꼬박 돈을 벌어 오는 남편이란 가족에게 얼마나 소중한 존재인가 말이다. (323)

삼악동 사람들에게 중요한 것은 과거의 진실이 아니라 현재의 행복이었던 것이다. 현재의 행복 앞에서 과거의 진실 따위는 시간의 문제일 뿐 언젠가는 반드시 정리해야 할 불편한 삶의 잉여에 불과하다. 순분을 비롯한 삼악동 사람들의 모습이야말로 안덕규와 새댁을 파탄낸 국가권력만큼이나 작가가 비판하고자 하는 대상으로 보인다. 그들이야말로 과거를 거부한 자들이기 때문이다. 그들에게는 오직 자폐의 두 가지 증상인 자위와 자해의 삶만이 남아 있으며, 그러한 삶은 어떠한 치유나 전망도 가져올 수 없는 것이다. 우리 현대사에서 새댁네와 같은 무고한 죽음을 만들어낸 것이 어디 2차 인혁당 사건뿐이겠는가? 최근의 용산과 세월호에까지 이어지는 그 무고한 죽음의 행렬을 우리는 계속 보아오고 있는 것이 아닌가? 그들에 대한 기억을 중지한 인간들의 세상, 어쩌면 그것이야말로 진정한 '토우의 집'인지도 모른다. 최소한 권여선의 소설을 진심으로 경청했다면 우리는 그렇게 이야기해야만 한다.

5. 우울의 괴물적 형상

『토우의 집』은 권여선표 인간형('적대와 모욕의 인간형', '자학과 자폭의 인간형', '진물이 뚝뚝 떨어지는 추醜의 감각에 부합하는 인간형')의 정치적 의미를 되새겨 볼 수 있다는 점에서 그 의미가 매우 크다. 작가가 그동안 창조해 온 괴물들의 역사철학적 전사前史와 같은 것이라고 볼 수도 있기 때문이다. 이 말이 결코 과장이라고만은 할 수 없는데, 이유는 「토우의 집」에 등장한 그 고결한 영혼의 원이가 다름 아닌 권여선표 인간의 대표라고 해도 손색이 없는 「문상」(『문장웹진』, 2005년 6월)의 우정미와 동일인이라는 강력한 증표를 발견할 수 있기 때문이다.

우정미는 권여선이 만들어 놓은 여러 괴물 중에서도 진짜 괴물에 해당한다. 우정미는 "뚱뚱하고 나이들어 보이는 삼십대 중반"(179)의 여자로 "머릿속에 살짝 떠올리는 것만으로도 깊고 은밀한 접촉을 당한 듯 불쾌해지는 질감의 소유자"(179)이다. 창작교실의 그 누구도 그녀와 눈을 맞추지 않으려 하고, 뒷풀이 자리에서도 그녀는 "없는 사람 취급"(192)을 당한다. 우정미는 창작교실의 강사와 성관계를 맺으면서도, "선배님, 누구한테 배웠어요?"(196)라는 말을 짜증이 날만큼 반복하고 나중에는 화가 난 강사에게 화해하자며 음모로 만든 "꽃다발"(198)을 건넨다.

그러한 우정미의 내면은 오통 정치범으로 사형당한 아버지와 자신의 가족을 돌본 큰아버지로 채워져 있다. 우정미는 창작교실에서 자기 시를 평할 차례가 오자 "큰아버지를 돌봐드릴 호스피스를 구하러 다니느라 바빴어요"(180)라며 변명한다. 이후에도 우정미는 이후 정치적 사건으로 자기 나이 다섯 살 때 사형당한 아버지와, 이후 어머니와 자신을 돌봐온 큰아버지에 대한 이야기를 구구절절히 늘어놓는다. 자신이 시를 쓰게 된 계기도 아버지의 사형이었다고 고백한다. 수업이 끝나고 차를 마실 때 그 누구도 우정미와 눈을 맞추지 않으려 하는 상황에서도 우정미는 큰아버지를 간병할 호스피스를 드디어 찾아냈다고 혼자 떠든다. 술자리의 모든 사람들이 우정미를 없는 사람 취급하는 와중에도 "구석에 앉아 고장난 라디오처럼 누구에게랄 것도 없이 끈질기게 자신의 생각을 중계"(192)한다. 우정미가 중계하고 있는 자신의 생각이 작품에 드러나 있지는 않지만, 그것 역시 아버지와 관련된 것임이 분명하다. 우정미는 그에게 "선배님도 나처럼 교육받아봐요. 그럼 다 못 쓰게 돼 있어요"(193)라며 "그래도 나는 우리 아버지를 존경해요. 존경합니다"(193)라고 말했던 것이다.

정치적 사건으로 사형당한 우정미의 아버지 모습에서 안덕규를 떠올리는 것은 너무나 자연스럽다. 또한 우정미가 말하는 큰아버지의 모습 역시 원이의 큰아버지 모습과 매우 흡사하다. 『토우의 집』에서 원이의 큰아버지 안덕수는 양복점을 하면서, 동생인 안덕규의 가족을 조금씩 도와주고 있었던 것이다. 거기다가 「문상」에서 우정미의 큰아버지가 그러하듯이, 안덕수도 "아내도 자식도 없이"(101) 외톨이로 살아왔다. 가장 중요한 사실은 안덕규가 죽고 새댁이 병원에 간 이후 원과 영을 데려간 사람이 다름아닌 큰아버지였다는 사실이다.

아버지 안덕규와 어머니 효경의 고통과 아픔을 자기 안에 합체시켜 또 한 명의 토우가 되었던 일곱 살의 원이 30년 후에는 아무도 귀기울여주지 않는데도 끊임없이 아버지와 큰아버지 이야기를 하는 괴물 우정미가 되어 우리 앞에 나타난 것이다. 결국 창작교실의 강사는 "자동 인형의 섬뜩함"(198)으로 "누구한테 배웠어요?"(198)를 되풀이하는 우정미의 나체에 토를 하고 만다. 벌거벗은 하체에는 토사물이 죽죽 쏟아져 내리고, 한손에는 여전히 음모로 만든 꽃다발을 쥔 우정미의 몸에서는 다음과 같은 외침이 흘러내린다.

나를 봐요! 당신들은 모조리 죄인이에요! 나를 봐요! 당신들의 죄가 만들어낸 이 괴물을 좀 보라고요! 사형 당한 정치범의 딸인, 추악하고 막무가내인 노처녀의 오물 묻은 다리 사이에서 이런 외침이 진액처럼 쏟아져내리는 것 같았다. (199)

우정미의 전사前史를 알게 된 지금도, 우리는 여전히 우정미를 단지 괴물이라고만 부를 수 있을까? 과연 우정미의 유년시절까지 알게 된 우리들 중 누가 자신은 '죄인'이 아니며 우정미가 '괴물'일 뿐이라고 단언할 수 있는가? 현실의 논리에서 우정미는 분명 '괴물'이고 우리는 '죄인'이 아닐 수 있겠지만, 애도의 윤리에서라면 '죄인'인 우리 중의 그 누구도 우정미를 '괴물'이라고 부를 수는 없을 것이다.[8] 권여선은 과거를 쉽게 잊어버리는 손쉬운 애도의 정상성보다는 기억의 빛을 끝까지 놓치지 않는 우울의 괴물적 형상 속에 윤리적 가능성이 더욱 많이 존재한다고 믿는 작가라고 할 수 있다.[9] (2016)

---

8 권여선은 약자를 어떻게 해보자거나 그들을 찬양하는 것과는 거리가 멀다. 이들은 약자이기는 하지만 괴물이다. 그들은 세상의 어떤 규정과 틀에도 포섭되기를 거부함으로써 그야말로 발본적인 지점에서 저항적인 의미를 획득한다. 괴물스러움이야말로 매끄러운 전체인 양 가장하는 대타자의 얼룩이나 균열을 드러내는 근본적인 힘이 되기 때문이다. 이러한 분열적이고 해체된 인간형은 기존의 어떠한 상징적 사회 체제도 이미 실패를 구성적 외부로 포함하고 있다는 사실을 환기시킨다.

9 프로이트가 주장한 애도와 우울은 이후 아브라함(Nicolas Abraham)과 토록(Maria Torok)에 의해 내사(introjection)와 합체(incorporation)라는 개념으로 정밀해진다. 내사는 살아남은 사람이 죽은 사람의 좋은 기억들을 자신의 일부로 동화시키는 정상적인 애도를 의미하고, 합체란 살아남은 사람이 죽은 사람의 면면을 자기화하지 못하고 마음속에 지하묘지를 만들어 그를 살아 있게 하는 비정상적인 애도를 의미한다. 내사는 프로이트가 말한 애도작업의 성공을, 합체는 애도 작업의 실패 즉 우울증의 경우를 지칭한다. 데리다는 타자를 자아의 상징 구조 안으로 동일화하는 정상적 애도는 심각한 (상징적) 폭력을 함축한다고 보았다. 동시에 납골로서의 실패한 애도 역시 자아 내부에 타자가 타자 그 자체로서 충실하게 보존되면 될수록 이 타자는 자아로부터 분리된 채 자아와 아무런 연관성 없이 존재하게 된다는 점에서 또 하나의 폭력이 된다고 보았다. (자크 데리다, 진태원 역, 『마르크스의 유령들』, 이제이북스, 2007, 388~389쪽, Jacques Derrida, *Memories for Paul de Man*, trans. Cecile Lindsay, Jonathan Culler, and Eduardo Cadava, Columbia University Press, 1989, p.35) 따라서 진정한 애도는 '불가능하지만 불가피한' 혹은 '불가피하지만 불가능한' 방식으로 존재할 수밖에 없다. 『토우의 집』이 '작가의 말'에는 '불가능하지만 불가피한' 혹은 '불가피하지만 불가능한' 애도를 수행하고자 고심한 작가의 마음이 간결하지만 아름답게 표현되어 있다. "처음, 나는 그들의 고통에서 시선을 떼지 못한다. 그것을 어루만져 위로해야 한다고 생각한다. 그러나 이것은, 뭔가를 먹는 것, 이를테면 소비하는 건 아닌가 하는 생각이 든다"(333)는 정상적 애도의 문제점을 지적한 것으로 읽을 수 있다. 다음으로 "다음, 갑자기 그들의 고통, 이를테면 어떤 커다란 철근덩어리 같은 고통에서 갈고리가 튀어나와 내 목을 움켜쥐는, 그런 꿈을 오래 꾼다. 그러니 이제 그만 써야 하는 건 아닌가 생각한다"(333)에서는 실패한 애도, 즉 우울의 한계를 엿볼 수 있다. 사정이 이러하기에 "고통 앞에서 내 언어는 늘 실패하고 정지한다"(334)와 "오늘도 미완의 다리 앞에서 직녀처럼 당신을 기다린다는 걸"(334)이라는 문장은 각각 '불가능한 애도'와 '불가피한 애도'에 대한 솔직한 고백으로 읽을 수 있다.

제2부
창조적인 정신의 기록

새로움의 새로움

박민규, 「더블」(창비, 2010)論

1. 박민규라는 사건

어떤 사건은 그 이전과 그 이후를 완전히 다른 시공으로 바꾸어 버릴 수도 있다. 지난 10년 박민규는 하나의 문학적 사건이라 부를 만하다. 지금 그의 소설로부터 비롯된 여러 문학적 태도와 기법은 하나의 주류이자 상식이 되었지만, 그가 등장하기 이전 그것들은 쉽게 떠올리기 어려운 것들이었다. 세계를 자기 속에 담고 있는 훌리건 출신의 냉장고, 기린이나 너구리가 되어 버린 인간, 링고 스타와 함께 떠나는 우주여행, 갑자기 나타난 프로레슬러 헐크 호건에게 헤드락head lock을 당하는 인물 등을 박민규 이전의 한국문학사 어디에서 찾아볼 수 있었던가?

더군다나 이러한 무지막지한 환상이 그것만의 자폐적 유희에 빠지지 않고 끔찍한 사회적 현실과 밀접하게 관련되어 있는 경우는 더욱더 찾아보기 힘들었다. 동시대와의 끈끈한 결합은 박민규의 소설이 독자를 한없이 웃기면서도 슬프고 쓸쓸한 페이소스를 자아내는 원천이기도 하다. 신자유주의가 가져온 무한적대의 현실을 만화적·인류학적·우주적 상상력으로 버무려낸 독특한 그의 소설세계는 이제 여러 후배작가들의 작품에서 다양한 형태로 변주되고 있다. 기존의 문학판에 널리 퍼져 있던 엄숙주의에 "조까라 마이싱"을 외치며 등장한 박민규는 어느새 이 시대 문학을 대표하는 하나의 문학적 상징이 되어 버린 것이다.

소설집 『카스테라』(문학동네, 2005)는 초기 박민규 문학의 작은 종합이라 볼 수 있다. 그는 신자유주의가 지배하는 황량한 현실을 배경으로 하위주체들의 고통스런 삶을 그리는 경향(『삼미슈퍼스타즈의 마지막 팬클럽』, 한겨레출판, 2003)과 대중문화를 바탕으로 한 무지막지한 상상력으로 새로운 비전을 제시하는 경향(『지구영웅전설』, 문학동네, 2003)을 공유한 채 문학적 출발을 하였다. 작품집 『카스테라』에서는 두 가지 경향이 맛 좋은 비율로 결합되어 있다. 이 작품집에 이르러 독자들은 허탈한 형식실험의 무위와 작품이 되지 못한 사회 비판적 문건을 뛰어넘는 새로운 문학적 형식의 탄생을 목도하게 된 것이다.

소설적 시공의 우주적 확장, 등장인물의 동물적·사물적 존재로의 손쉬운 변환, 각종 대중문화에 뿌리를 두고 있는 여러 장면과 장치 등은 박민규 문학의 감수성과 상상력의 근간을 이룬다. 이러한 상상력은 그의 소설에서 현실 비판과 대응이라는 이중적 역할을 하고 있다. 한층 확장된 시야를 확보함으로써 미로처럼 복잡해진 현실의 병리적 본질과 그 증상은 보다 선명하게 드러나는 동시에 뾰족한 해결책 없이 고통 받는 이들은 잠시나마 정서적 여유와 안정을 얻을 수 있는 것이다. 박민규에게 인간은 "지구를 떠나보지 않으면, 우리가 지구에서 가지고 있는 것이 진정 무엇인지 깨닫지 못"(「몰라 몰라, 개복치라니」, 100쪽)하는 존재인 동시에, 우주에서라면 지구 전체를 하나의 탁구공으로 바라볼 수 있는 존재이다.

이러한 박민규의 감수성과 상상력은 양면성을 지닌다. 우주적 차원에서 이루어지는 문제제기는 현실의 핵심만을 전달한다는 점에서 매우 선명하지만, 현실과 일상의 구체적 실감과 주름을 배제할 수밖에 없다는 면에서는 공허하기도 하다. 동시에 그의 상상력에서 비롯되는 유머는 프로이트의 말처럼 자신을 억압하는 현실에 굴복하지 않고 자아를 내주지 않으려는 의지를 드러내기도 하지만, 기존 체제에 정면으로 맞서지 못하는 자의 냉소에 바탕한 것이기도 하다. 이러한 양면성 역시 2000년대 소설 전체로 확장시켜 볼 수 있다는 면에서, 박민규의 소설은 지난 10년의 소설계를 대표하는 문제적인 작품집임에 분명하다.

이번 작품집 『더블 A, B』(창비, 2010)에는 『카스테라』 후에 창작된 장편 『핑퐁』(창비, 2006)과 『죽은 왕녀를 위한 파반느』(예담, 2009)와 비슷한 시기에 쓰여 진 작품들이 수록되어 있다. 이 글에서는 박민규의 전체 작품을 염두에 두고 『더블 A, B』의 기본적인 의미와 성취 등을 다양하게 정리해보고자 한다. 이번 작품집은 분량에서도 알 수 있듯이, 하나의 초점으로만 수렴될 수 없는 깊이와 넓이를 확보하고 있기 때문이다. 기존 작품들과의 연관성 속에서 '신자유주의에 대한 비판적 성찰'과 '우주적 상상력'의 문제를 다루고, 이번 작품집에서 새롭게 나타난 특징으로서의 '현자적 사유'에 대해서 논의해 보고자 한다.

2. 한층 구체화된 현실의 질감

두 번째 작품집 『더블』(창비, 2010)에서는 '무지막지한 우주적 상상력'과 '환란 이후에 닥친 무한경쟁의 살벌한 현실'에 대한 탐구가 다시 분리되어 작품화되고 있다. 이번 작품집에도 '환란 이후에 닥친 무한경쟁의 살벌한 현실'에 대한 탐구는 중요한 축을 이루고 있다. 모두 18편의 작품 중에서 지금의 현실에 발 딛고 있는 작품으로는 「아치」, 「굿바이, 제플린」, 「딜도가 우리 가정을 지켜줬어요」, 「슬ᄤ」, 「별」 등을 들 수 있다. 이전 박민규의 작품들은 현실의 핵심만을 전달한다는 점에서 매우 선명하지만, 현실과 일상의 구체적 실감과 주름을 배제할 수밖에 없기에 공허한 측면도 있었다. 박민규의 『더블』에서는 현실의 구체적 질감도 한층 선명하게 느껴진다.

「아치」는 이인극二人劇을 연상시키는 작품으로 양극화로 인해 피폐해진 한국인의 삶을 다루고 있다. 작품은 한강 다리 위에서 자살하려는 사내와 그를 막으려는 경찰의 대화로 이루어져 있다. 한강 다리 위에서 자살소동을 벌인다는 상투적인 소재를 상투적이지 않게 그려내는데서 작가의 내공을 느낄 수 있는 작품이다. 이 작품의 주제는 무려 세 번에 걸쳐 반복되는 '무전무죄 유전유죄'라는 말 속에 압축되어 있다.

사내가 호소하고자 하는 억울함이란 결국 '무전무죄 유전유죄'라는 문구에 얽혀 있는 이 사회의 불평등과 차별에 대해서이다. 문제는 사내가 부끄러운 줄도 모르고 '무전유죄無錢有罪 유전무죄有錢無罪'가 아니라 '무전무죄 유전유죄'라고 목놓아 외치고 있다는 점이다. 사내의 모습은 무언가 말하고자 하는 것은 있지만 그것을 이 사회에서 통용되는 방식으로 기호화해내지 못하는, 침묵할 수밖에 없는 소외된 자subaltern의 모습을 나타낸 것이라 할 수 있다. 그러나 이 사내는 바보가 아니라 현자인지도 모른다. 그는 결코 '무전유죄 유전무죄'라는 말을 몰라서가 아니라 진심으로 '무전무죄無錢無罪 유전유죄有錢有罪'라는 말을 하고 싶은 것은 아닐까? 이 사내야말로 사람들을 향해 세상의 당위를 한강 다리 위까지 올라가 주장하는 것일 수도 있다.

「굿바이, 제플린」은 광고용 대형 풍선 제플린이 날아가 버리자 '나'와 제이슨 형이 그것을 자동차로 쫓아가는 과정을 기본 얼개로 하고 있다. 이러한 추적의 과정은 '나'의 애인인 도우미 미려가 거래처 사장에게 겁탈되는 과정과 나란히 진행된다. 이 소설은 레고처럼 정교하게 짜맞춘 알레고리로 이루어져 있다. 광고용 대형 풍선인 제플린은 '나'의 꿈을 나타낸다. 현재의 '나'는 미려의 원룸에 얹혀살며 호객행위를 하는 처지지만, 꿈은 삼 년 만에 부사장이나 이사가 되고, 미려와 결혼해서는 주식투자로 돈을 불리고, 그 돈으로 변리사 시험을 준비해서 변리사가 되는 것이다. 로또 당첨만큼이나 이루기 힘든 '나'의 꿈이 저 하늘에 두둥실 떠오른 것이 바로 제플린이다. 멀지 않아 '나'의 꿈이 가혹한 현실에 부딪쳐 좌초될 가능성이 농후한 것처럼, 비행풍선 제플린은 외

제차를 탄 사냥꾼들이 쏜 엽총에 터져 버린다.[10]

「딜도가 우리 가정을 지켜줬어요」는 태양계까지 등장시켜 도저히 벗어날 수 없는 지금의 퍽퍽한 현실을 유머러스한 어조로 드러내고 있다. '나'는 한때 잘 나가던 자동차 외판원이었지만 지금은 몰락을 거듭하고 있다. "외곽이긴 해도 32평 아파트를 사기 직전이었는데 22평 전세로, 방 두 칸 연립으로…… 다시 연립 월세로…… 계약직 전환으로…… 나와도 그만, 안 나와도 그만인 사람으로…… 쏜살처럼 미끄러져 내려왔"(179)던 것이다. 열 달째 한 대의 차도 팔지 못한 '나'는 스스로 "나는 끝났다. 끝장난 인생"(183)이라고 여긴다.

'나'는 아내의 딜도를 발견하고서는 가출하여 같은 상고 출신으로 함께 영업을 뛰던 김상호를 만난다. 김상호는 내가 밟아나갈 길을 조금 앞서 겪은 사람이다. 딸은 이혼한 부인과 함께 살고, 고시원에서도 밀려나 찜질방에서 살고 있다. 그러나 김상호는 자신이 달에 판로를 개척했다며, '나'에게 화성에 가보라는 조언을 해준다.

'나'는 화성에 가고, 그곳에서 뉴욕 출신 죠를 만난다. 죠의 존재를 통해 내가 겪고 있는 곤란이 한국에 한정된 것이 아니라 전 세계적 현상임이 다음 인용에서처럼 분명하게 드러난다.

"듣보잡 보험세일즈를 한다는데 전기세가 여섯 달, 의료보험비가 석 달치 체납이란다. 곧 길거리로 나앉아야 할 판인데 무엇보다 아들이 치통이 심하단다.

---

10 「아치」와 「굿바이, 제플린」에 대한 자세한 논의는 『단독성의 박물관』(문학동네, 2009), 357~359쪽을 참조할 것.

유산 한 푼 없는 것도 마찬가지, 먹고 살겠다 여기까지 온 것도 매한가지였다. 좆 같은 세금이 너무 많아." (B권, 207)

화성에서 '나'는 엄청난 크기의 화성인 혹은 화성괴물이라 칭해야 할 '그것'을 만난다. 나는 '그것'의 질에 자동차를 몰고 들어가 딜도 역할을 함으로써, 세 장의 계약서를 들고 지구로 돌아온다. 아내의 딜도 때문에 가출했던 '나'는, 화성인 혹은 화성괴물의 딜도가 됨으로써 간신히 지구로 귀환할 수 있었던 것이다. 이 작품은 지구적 차원을 벗어난 우주적 차원의 곤란함과 괴로움을 박민규 특유의 무지막지한 상상력으로 환기시키는데 성공하고 있다.

「슬」은 BC 17000년을 배경으로 한 작품이다. 「딜도가 우리 가정을 지켜줬어요」가 공간적 외부를 도입함으로써 벗어날 길 없는 현실의 곤궁함을 유머러스하게 드러냈다면, 「슬」은 시간적 외부를 도입함으로써 벗어날 길 없는 현실의 곤란함을 진지하게 드러낸 작품이다. 이 작품의 우는 다른 사람들이 먹이를 찾아 다른 곳으로 떠나지만 누가 자신의 아이를 잉태하는 바람에 홀로 남는다. 손톱마저 식량이 되는 극한의 상황에서, 우는 마지막 사냥을 나선다. 그러나 늙은 코끼리에 밀려 오히려 바위 사이에 빠지고, 우는 무릎을 창으로 끊고는 간신히 탈출한다. 그의 손에는 자신의 다리에서 나온 몇 점의 살이 쥐어져 있을 뿐이다. 흰 색의 눈만이 가득한 설원과 그 속에서 가진 것이라고는 자신의 살 점 몇 조각뿐인 우의 모습은 무한경쟁의 시대를 살아가는 지금 우리의 모습을 간명하게 드러내준다.

3. 좁아지고 깊어진 우주적 상상력

이 작품집에서 박민규 소설의 한 축을 형성하는 우주적cosmic 상상력은 한층 본격화되었다. 「깊」, 「굿모닝 존 웨인」, 「크로만, 운」 등은 SF 소설의 여러 외양을 빌려와 진지한 분위기를 연출하는 작품들이다. 이들 작품들은 『지구영웅전설』로부터 시작된 박민규 소설의 우주적 상상력에 바탕해 있지만 훨씬 건조하며 SF로서의 장르적 컨벤션이나 과학적 정합성에 한층 다가가 있다.

박민규 소설의 무지막지한 우주적 상상력과 관련해, 이전과 비교해 보아야 할 특징은 유머가 훨씬 줄어들었다는 점이다. 이전 작품들에서 볼 수 있는 박민규식 유머가 남아 있는 작품은 「축구도 잘해요」와 「딜도가 우리 가정을 지켜줬어요」 정도뿐이며, 이 유머의 빈자리를 채우는 것은 묵시록적인 분위기이다. 우주적 배경의 작품들은 대부분 종말의 상상력과 긴밀하게 연결되어 있다.

「끝까지 이럴래?」는 리퍼리라는 혜성의 돌진으로 인류의 종말, 즉 "인류의 마지막 날"을 앞둔 바로 전 날 밤이 시간적 배경이다. 무분별한 약탈과 폭동은 일상사가 되었고, 방송은 중단되고 공권력도 힘을 잃었다. 도시의 곳곳에서는 연이은 폭음과 여러 줄기의 연기가 피어오른다. 29세기를 배경으로 한 「굿모닝 존 웨인」에서도 "지상의 인류는 전멸했다"(A권, 232)고 설명된다.

「깊」은 디퍼들이 바다 속 깊이 내려간다는 이야기인데, 이 작품 역시 묵시록적인 분위기로 가득하다. 인간의 진화와 종말, 새로운 종種의 창조에 대한 이야기가 작품의 핵심이다. 해저에 닿으려면 인간의 신체가 인공적으로 바뀌어야 하는데, 그렇다면 그런 후의 인간은 인간인가, 다른 종인가를 진지하게 묻고 있다. 「깊」이 더욱 인상적인 것은, 이 작품이 환유적 원리에 의해서 사건이나 문장이 연결되는 소설이라기보다는 하나의 이미지를 제시하고 그걸 바탕으로 해서 은유적인 상상력을 자극하는 시詩와 유사하다는 점이다. 특히 유터러스의 바닥에 도착하고서도 다시 미지의 구멍 속으로 향하는 마지막 장면이 그러하다. 이 장면은 여러 가지 해석이 모두 가능하다. 죽음으로 이어질 수도 있지만 억제할 수 없는 인간의 욕망으로도, 새로운 것을 향한 치열한 예술혼으로도, 심지어는 제국주의적인 팽창 욕으로도 새겨볼 수 있다.

4. 현자賢者의 탄생

박민규의 창작집 『더블』에 새롭게 나타난 중요한 특징으로 들 수 있는 것은 죽음을 탐구하는 집요한 태도이다. 끝(죽음)에서 지금의 삶과 세계를 바라보는 것은 이번 작품집에 나타난 새로운 특징이다. 우주적 상상력이 주로 인류라는 종 전체의 종말을 문제 삼았다면, 이번 작품집에서는 인류의 종말과 더불어 개체 차원의 종말, 즉 노화와 죽음에 대해서도 깊이 있게 탐구하고 있다.

노인이 주인공이자 화자로 등장하는 「누런 강 배 한 척」, 「낮잠」이 대표적이다. 「누런 강 배 한 척」은 한 노인이 자살을 결심하고 아내와 함께 여행을 떠나는 내용을 담고 있다. 인주물산이라는 회사에 이십 구년을 다닌 남자는 다방 마담과 두어 번 성관계도 맺으며 외도도 했다. 아들 내외와의 관계는 며느리로부터 "진지 드세요"(58)란 소리 대신 "식사하세요"(58)란 소리를 듣는 서운함만큼의 거리를 지닌 것이다. 이년 전 아내가 치매에 걸린 후 가사는 전적으로 '나'의 책임이 된다. 집만은 아내와 자신의 노년을 위해 쓰겠다고 다짐하지만, 대학 교수가 되기 위해 돈이 필요하다는 딸을 위해 포기한다. 이 작품의 '나'는 이미 인생의 끝에 도달한 자이다. 이것은 단순히 육체적인 차원에서가 아니라 정신적인 차원에서의 끝이기도 하다. 다음의 인용에는 그가 깨달은 삶의 진리가 간명하게 제시되어 있다.

> 살고 싶지 않은 것이다. 견디기 힘든 것은 고통이나 불편함이 아니다. 자식에게서 받는 소외감이나 배신감도 아니다. 이제 인생에 대해 아무것도 궁금하지 않은데, 이런 하루하루를 보내며 삼십년을 살아야 한다는 것이다. 소소하고 뻔한, 괴롭고 슬픈 하루하루를 똑같은 속도로 더디게 견뎌야 하는 것이다. (A권, 65)

「낮잠」의 '나'는 아내를 자궁암으로 잃은 쓸쓸한 노인이다. 그는 일반 양로원을 갈 수 없는 노인들이 그저 간호를 받으며 여생을 보내는 소망요양원에 머물고 있다. '나'는 심근경색, 당뇨를 앓고 있으며, 요실금 때문에 기저귀를 차고 있다. 집을 정리한 돈은 자식들에게 모두 나눠 주고 요양원에 온 것이다. 이곳에는 '나'의 첫사랑인 김이선이 머문다. 그녀는 청아한 피부와 단정한 외모를 지니고 합동 문학제에서는 윤동주의 시를 낭송하던 소녀였다. 너무나 좋아해서 말조차 제대로 걸지 못하던 '나' 앞에 그녀는 중증의 치매 노인이 되어 나타난 것이다. '나'는 그녀를 데리고 산책을 나가는 것이 하나의 일과이다. 그리고서는 자신의 지나온 삶 전부를 그녀가 알아듣는 것과는 무관하게 고백한다. 이제 그녀는 "나의 여신이고 연인이었으며 친구이자 어머니"(B권, 27)인 것이다. 그녀를 위해 '나'는 평생 모은 돈을 바치기도 하고, 허위로 결혼신고를 하기도 한다. 김이선은 '나'를 보고 "아버지"(46)라고 부른다. 죽음과의 대면은 한 인간을 아버지로도 만드는 것이다.

「근처」에서 간암 말기 판정을 받은 '나'는 마흔 두 살이지만 죽음과의 거리는 누구보다도 가깝다. 삶의 대부분이라 믿었던 직장생활은 "개인 파일이 담긴 폴더를 휴지통에 삭제하던 순간"(A권, 28)에 사라져버리는 것에 불과하다. 죽음은 '나'를 삶의 진실과 마주하게 한다. 즉 삶이란 거의가 미래의 것, 혹은 자신이 꿈꾸는 것에 의해 부풀려진다는 것. 실제 그대로의 삶이란 참으로 무상하다는 것을. 죽음은 "삶도 죽음도 간단하고 식상하다. 이 삶이 아무것도 아니란 걸, 스스로가 아무것도 아니란 걸, 이 세계가 누구의 것도 아니란 걸, 나는 그저 떠돌며 시간을 보냈을 뿐이란 사실"(35~36)을 절실히 느끼게 해줄 뿐이다.

이처럼 죽음을 선취한 새로운 인물과 배경들에 의해 박민규는 이전 소설들에서는 발견할 수 없는 새로운 시각을 획득한다. 그것은 현자의 시각이라 이름 지을 수 있는 것이다. '세상만사가 무상하다', '모든 인간은 결국 평등하다' 등이 바로 그러한 깨달음에 해당하는 항목들이다.

궁극적으로 죽음과의 대면은 존재 일반에 대한 연민의 마음을 갖도록 이끈다.

「별」의 '나'는 대리운전기사로서 신용불량자에 카드가 없다. '나'는 신용불량자이며 가족과도 연락이 끊긴 현우형의 "어떻게 살았는지도 모르겠고, 왜 살았는지도 모르겠고"(227)라는 말을 듣고, "이하동문이다"(227)라고 생각한다. 그러던 '내'가 어느 날 대리운전 고객으로 자기 인생의 유일한 연인이자 원수인 한 그녀를 만난다. '나'는 그녀를 위해 세 개의 적금을 깨고, 열심히 카드를 돌려막고, 회사 돈을 끌어 쓰기까지 했지만, 삼년 후에 그녀는 "오빠 나 결혼해"(228)라는 말을 남기고 떠나갔다. 결국 '나'는 그녀 때문에 회사 돈을 빼돌린 것이 들통나 감옥에까지 다녀와야 했던 것이다.

'나'는 처음 술에 만취하여 뒷좌석에 앉아 있는 그녀에게 복수하려고 계획한다. 그러나 다른 남자들의 흔적으로 가득한 그녀를 보며, "너도 나도 동등했다, 했을… 것이다"(238)라는 깨달음을 얻는다. 마지막으로 그녀에게 걸려온 핸드폰을 통해, 그녀가 남편과 거의 원수관계이고, 이혼하여 애도 뺏길 것이라는 사연까지 알게 된 것이다. 결국 나는 그녀를 죽이거나 함께 죽겠다는 생각을 하다가, "넌… 넌 왜 이러고 사냐?"(241)며 눈물을 흘린다. 그 눈물은 "어차피 인간은 인간일 뿐이니까"(241)라는 생각과 연결된 것이다. 결국 '나'는 연주의 집 근처까지 가서 "해가 뜰 때까지는 곁에 있어주자는 생각"(243)으로 그녀 곁에 머문다. 그러고 보면 '나'는 아직 젊은 나이로 죽음과는 거리가 멀어 보이지만, 별다른 근거 없이 자신이 폐암에 걸려 죽음을 앞두고 있다는 강박에 시달리고는 하였던 것이다. '나' 역시 누구보다 죽음과 가까운 존재라고 할 수 있다. 혁명가와 개구쟁이로서의 예술가상을 보여주었던 박민규는 『더블』에서 무상함에 대한 절실한 깨달음을 통해 존재 일반에 대한 자비의 마음으로 가득한 '현자'의 모습까지 새롭게 선보이고 있는 것이다.(2011)

상처받은 자들이여,
모두 내게로 오라!

김서령의 「어디로 갈까요」(현대문학사, 2012)論

1. 애도의 백과사전

김서령의 두 번째 소설집 『어디로 갈까요』에는 모두 아홉 편의 단편이 실려 있다. 이 소설집은 조금 과장하자면 연작소설이라고 할 만큼 유사한 특징을 지니고 있다. 김서령적 자아라고 할 수 있는 주인공들은 대부분 삼십대 중후반의 여성들이다. 또한 그녀들은 비정규직이 보편화된 지금의 시대를 대표하는 인생들이라는 공통점을 지닌다. 무엇보다 그들은 하나같이 심각한 상실의 상황에 봉착해 있다. 「이별의 과정」에서는 청춘을 함께한 남자친구가, 「어디로 갈까요」에서는 빚만 남기고 자살한 남편이, 「내가 사랑한 그녀들」에서는 무능하기 이를 데 없으면서도 바람까지 피운 남편이, 「애플민트 셔벗케이크」에서는 이혼한 전남편이, 「돌아본다면,」에서는 몇 달간 사귀다가 사고로 죽은 대학교 시절 남자친구가, 「오프더레코드」에서는 실종된 신문사 남자동기가, 「산책」에서는 췌장암으로 죽은 남편이, 「거짓말」에서는 꽃다운 나이에 익사한 오빠가, 「캣츠아이 소셜클럽」에서는 자기 편한 대로 이용만 한 박 언니가 이별의 대상이다. 이번 소설집은 흡사 우리 시대의 이별과 그에 대처하는 자세, 즉 애도의 다양한 사례들을 모아놓은 백과사전이라 해도 과언이 아니다.

소설집의 첫머리에 실린 「이별의 과정」은 김서령 소설 전체의 표지판과도 같은 작품이다. 「이별의 과정」에는 특별한 대사건이 아니더라도 우리가 인간이기에 겪는 거의 모든 이별이 총망라되어 있다. 여기에는 시인 지망생이던 아빠가 M 시의 운송회사에 다닐 때 잠시 만났던 '그녀'와의 이별도 포함된다. 그녀는 나중에 '나'에게 피아노를 가르쳐주는데 음대도 졸업하지 못한 그녀가 운영하던 '체르니 피아노 교실'은 시대의 변화를 감당할 수 없어 곧 문을 닫는다. 무엇보다 이 작품에서 핵심적인 이별은 고등학교 2학년 시절부터 연애를 했던 K와의 사이에서 일어난다. '나'는 이십대의 대부분을 K와 보냈기에 "공유하지 못하는 기억 따위 없"음에도 이별을 선언한다. "헤어지고 싶은 이유를 이야기하라면 딱히 할 말이 없었지만, 헤어질 수 없는 이유를 말하라면 수십 가지는 댈 수 있"는 그런 사이인데도 말이다. 이 작품에서 이별과는 거리가 멀어 보이는 관계도 존재한다. 그것은 고등학교 2학년 시절부터 연애를 시작하여 함께 늙어가고 있는 아빠와 엄마의 관계다. 그러나 아빠의 위암은 둘의 관계 역시도 언젠가는 끝날 수밖에 없음을 보여준다. 피아노 선생님이 유방암으로 죽은 것처럼, 이러한 자연적인 이별로부터 예외인 존재는 없다. 이 작품은 다음과 같은 잠언으로 끝나는데, 그것이 이 작품집 전체의 기본 전제이기도 하다.

> 그러니까 이 이야기는, 내가 K라는 한 남자와 이별을 했던 과정이다. 나의 아빠도 피아노 선생님과 젊은 날 이별을 했고, 또 나이가 들어 영영 그녀를 더 먼 곳으로 보냈다. 나의 엄마는 내가 알 도리 없지만 어떤 식인가의 이별을 겪었을 것이다. 사람은 누구나 속으로 묵혀야 하는 쓸쓸함이 있고, 밖으로 까발려야 하는 우울이 있는 법이다. 무얼 묵히고 무얼 까발릴 것인지는 아무도 짐작할 수 없다. (34)

위의 인용문에는 우리의 삶 자체가 이별의 연속이고 이별의 과정이며 이별의 작업이라는 인식이 분명하게 드러나 있다.

2. 우울증의 세계

김서령적 자아라 부를 수 있는 인물들은 프로이트적인 의미의 우울증자가 될 소질을 다분히 지니고 있다. 프로이트는 애도와 우울을 구분하여 전자는 정상적인 것으로 후자는 병리적인 것으로 규정한다. 애도는 대상을 상실했다는 엄연한 사실을 인정하고 그동안 대상에게 집중했던 리비도를 철회하여 새로운 대상에게 집중하는 데 반해, 우울증에서는 이러한 과정이 제대로 일어나지 않는다. 「산책」의 주인공 '내'가 대표적이다. 그녀는 4년이나 만난 남자친구와 냉정하게 이별하고 선으로 만난 J와 결혼한다. 증권회사 오 년차인 J는 꼼꼼하게 죽음 이후의 인생까지 스케줄링을 하는 사람이다. 그러나 겨우 신혼 한 달이 지날 무렵 J는 췌장암 진단을 받고, 혼인신고를 하기도 전에 죽는다. 남편의 죽음으로 '나'는 '결혼 문제로 인한 깊은 우울증'이라는 진단을 받게 된다.

「어디로 갈까요」의 박민영 역시 남편의 죽음이라는 대사건에 직면해 있다. 대기업에 사표를 내고 뒤늦게 의대에 입학하여 피부클리닉을 차렸던 남편이 죽을 때까지 하루도 쉬지 않고 일을 해도 갚을 수 없을 정도의 빚만 남기고 자살한 것이다. 그녀는 남편 B의 죽음을 계기로 직장도 그만두기로 한다. 가혹한 업무환경으로 유명한 L 코스메틱에서 무려 십일 년을 뼈 빠지게 일만 한 것이다. L 코스메틱 한국 지사장의 뉴욕 출신 비서 노릇은 늘 모욕과 괴로움의 연속일 뿐이어서, 박민영은 "지난 십 년간 나는 한 번도 나만을 위해 살아본 적 없었다"고 단언한다.

그러나 남편의 죽음 이전에도 이미 '나'는 남편과 심리적으로는 이별을 한 상태이다. 남편은 모든 일을 접어두고 아내의 목을 조르기 위해 집으로 바삐 뛰어 들어오기도 하여, 아이를 가져볼까라는 그녀의 말에 "다 같이 죽자는 말이구나"라며 싸늘하게 빈정거릴 수 있는 사람이기 때문이다. 또한 민영은 시어머니가 "네년이 돈을 다 빼돌린 게야"라고 말할 것이라 지레짐작하는 것에서 알 수 있듯이, 시집 식구들과도 사이가 좋지 않다. "생각해보면 나는 늘, 그들 곁에서 사라지고 싶었다"는

'나'의 고백은 그녀가 심리적으로는 이미 현실의 여러 대상들과 결별한 상태임을 보여준다. 그럼에도 '나'는 지중해의 작은 섬에서까지 "B가 내 등을 툭 칠 것만 같은 불안감"에 어쩔 줄 몰라 한다. 이러한 상황에서 '나'는 리비도를 투사할 어떠한 대상도 찾아내지 못한다. '나'는 "돌아가고 싶은 시절이 없다. 콤플렉스 투성이었던 대학 시절도, 아르바이트에 지쳤던 유학 시절도 나는 하나도 그립지 않"은 것이다. 더욱 안타까운 것은 자신이 "울어버린다 해도 어깨를 두드려줄 사람은 아주 오래전부터 없"는 상황이다.

하나의 가능성이 주어지기는 한다. 그것은 로마에서 만난 한국인 민박집 주인을 통해서다. 한국에서 식당을 하다가 신용불량자가 되어 도망치듯 로마로 온 그는 '나'에게 겉절이 김치, 번듯한 고깃집 상차림이 부럽지 않은 삼겹살 구이, 삭은 홍어 등을 차려주며 따뜻한 위로를 해주는 것이다. 그러나 결국 그녀는 민박집을 떠나 마지막까지 "어디로 가야 할지 결정하지 못"한다.

마지막 작품인 「캣츠아이 소셜클럽」 역시 비슷한 양상을 보여준다. '나'는 서른일곱 살로 마이너 방송국의 라디오 PD로 활동하고 있다. PD로서 어려움에 봉착하자, 대학 시절을 함께했으며 프리랜서 작가로 활동 중인 '박 언니'에게 손길을 내민다. 프리랜서 작가인 박 언니는 곧 「캣츠아이 소셜클럽」이라는 라디오 프로를 만들어내고, 그 프로는 대성공을 거둔다. 그러나 박 언니의 필요가 점점 줄어들자 '나'는 "그녀와 헤어지고 싶"어한다. 결국 나중에는 거의 쫓아내다시피 박 언니와 결별한다. '나'는 이제 서른일곱 살이 되었으며, "잊을 건 골라 잊고, 기억할

건 골라 기억"한다고 생각하기 때문이다. 그러나 '나'는 어느새 택시에 올라타서는 기사에게 "그녀가 살고 있지 않을 것이 뻔한 논현동으로 가자"고 말한다. 여전히 박 언니에게서 벗어나지 못하고 있는 것이다.

「산책」의 '나', 「어디로 갈까요」의 박민영, 「캣츠아이 소셜클럽」의 '나'는 모두 프로이트적인 의미의 우울증자라고 말할 수 있다. 이들은 상실된 대상 대신에 리비도를 투여할 또 다른 대상을 찾아내는 데 실패한다. 그 결과 그들은 자신을 대상으로 삼아서 때로는 심각하게 때로는 가볍게 병리적 드라마를 연출하고 있는 것이다.

3. 너는 내가 아는 너다

우울증의 병리적 드라마를 연출하지는 않지만, 윤리적인 차원의 애도에는 이르지 못한 작품들이 존재한다. 이러한 실패는 잃어버린 대상을 자기 마음대로 규정지을 때 발생한다. 「애플민트 셔벗케이크」의 '나'는 영어학원의 매우 실력 있는 강사와 연애를 한다. 그녀를 압축하는 수식어는 '토익 만점 강사'이다. 그녀는 그저 그런 대학의 영어교육과를 졸업하고 임용고시에 두 번 낙방한 후 보습학원의 중등부 영어강사 자리를 몇 년 전전했다. 오로지 대형학원의 강사가 되기 위해서 토익 공부에만 매달려 단 일 년 만에 만점을 받아낸 강인한 의지의 소유자인 것이다. 이러한 강인함은 사실 이혼이라는 커다란 상실의 체험으로부터 형성된 것으로 볼 수 있다.

겉으로는 이혼 따위 아무것도 아닌 양 태연해하지만 실제의 그녀는 이혼의 아픔에서 전혀 벗어나지 못하고 있다. 그녀의 노트북에는 남편의 불륜을 증명하는 증거 1부터 증거 102까지의 자료들이 보물단지처럼 고이 간직돼 있을 정도이다. 그녀는 "증거들을 하나하나 반복해 곱씹으며 더 단단하고 독해"져온 것이다. 그녀는 지금의 "시간을 견뎌내기 위해 '증거들'을 매일 되뇌고 있"으며, "반창고로 꽁꽁 싸매지 않아도 살이 아문다는 것"을 깨닫지 못하고 있다.

이 작품의 그녀 역시 상실한 대상으로부터 벗어나지 못한 것이다. 이러한 상황에서 그녀는 전남편을 나름대로 상징화하여 기억 속에 편입하는 방식으로 간신히 버티어 나간다. 전남편은 아내를 옆에 두고 바람을 피운 부정한 사내의 모습으로 고정되는 것이다. 그것을 뒷받침하는 것이 바로 그녀의 노트북을 채우고 있는 1번부터 102번까지의 증거들이다. 이를 통해 관계의 파탄에 따르는 그녀의 책임은 면제되고, 모든 잘못은 전남편에게 돌아간다. 그러나 이것은 복잡다단할 수밖에 없었을 전남편의 삶과 결혼생활을 획일화하는 하나의 폭력일 수밖에 없다.

「돌아본다면,」 역시 대상과의 이별을 자기 식으로 정리하여 극복하려 한다는 점에서 「애플민트 셔벗케이크」와 동일하다. 은주는 다른 집들보다 형편이 나은 편이라 일찌감치 미국 유학을 결정하지만 집안 형편이 어려워지자 뜻하지 않게 후기대학으로 남쪽 도시에 있는 대학에 입학한다. 무료함을 견딜 수 없었던 은주는 곧 복학생인 준영과 연애를 시작한다. 안타깝게도 학생회 간부 엠티를 갔을 때 민박집에 불이 나고 준영은 사망한다. 이후 은주는 미국의 신학교로 유학을 떠나고, 귀국해서는 드라마작가인 육촌언니 밑에서 서브작가 생활을 시작한다.

은주는 드라마작가로 성공하기 위해 준영의 이야기를 활용한다. 이 과정에서 준영이는 실제의 모습과 달리 왜곡되기 시작한다. 목격한 사람은 아무도 없었지만 준영이는 민박집에서 불이 났을 때 친구들을 하나씩 구해내다가 미처 빠져나오지 못한 것으로, 엠티에서는 "너 정말 은주랑 안 잤어?"라는 신변담 대신 등록금 투쟁에 대한 소회를 나누었던 것으로 미화되는 것이다. 이 드라마로 인해 남쪽 도시에서는 난리가 나고, 은주는 준영의 아버지가 내놓은 돈으로 만들어진 박준영 문학상의 진행위원을 겸한 심사위원이 된다.

이후 은주는 출판사의 제안으로 드라마의 내용에 살을 보태어 에세이집까지 출판한다. 고작 일고여덟 달 만난 스무 살 적 남자친구의 이야기를 원고지 700매로 늘여 쓰는 것이다. 애초부터 불가능한 이 일을 완수하기 위해 은주는 모든 것을 새로 만들어낸다. 은주는 기억나는 것보다 기억나지 않는 것들이 더 많았고, 알고 있는 것보다 모르는 것들이 더 많았음에도 불구하고, 다급한 마음으로 준영이에 대한 이야기를 새롭게 쓴 것이다. 은주는 있지도 않았던 준영이와의 첫 경험 이야기를 무려 세 쪽에 걸쳐 서술하는 식으로 원고지를 메워 나간다. 글이 진행될수록 준영은 점점 더 아름다워지고, 은주는 거짓말처럼 준영이가 그리워지기도 한다. 우연히 만난 대학 친구 K는 "나는 네 책으로 준영이 형을 기억해. 아니었으면 오래전에 다 까먹었을 거야"라고 말한다. 은주는 또 하나의 준영이를 완벽하게 창조해낸 것이다.

「거짓말」은 제목처럼 거짓말을 통하여 과거의 상처를 극복하는 이야기이다. '나'에게는 공군 제대를 하고 복학을 앞둔 스물네 살의 오빠가 있지만, 그 오빠는 겨울 바다로 낚시를 갔다가 방파제 돌무더기 사이에 빠진 뒤 돌아오지 못한다. 들리는 말에 의하면 오빠는 누군가가 바다속에 빠뜨린 고추장 통을 건지겠다고 나섰다가 봉변을 당했다는 것이다. 그 일은 어머니에게 엄청난 상처가 되어서, 그 후 어머니는 고추장이 들어간 음식은 만들지 못한다. 은행에서 일하던 '나'는 우연히 옛날의 그 여학생을 만나게 되고, "오빠를 증언해주고 싶"은 마음에 "우리 오빠한테 고추장 통을 꺼내 달라 그랬던 거예요?"라고 묻는다. 그러자 그녀는 그런 말을 한 적은 없고, 좀 아깝다는 생각으로 윤형이를 바라본 적은 있노라고 이야기한다. '나'는 과거의 여학생으로부터 들은 오빠의 마지막을 어머니에게 왜곡하여 전달한다. "오빠한테 그걸 꺼내달라고 부탁했대. 그 추운 날, 물에 들어가게 해서 오빠한테 정말 미안하대. (…중략…) 나한테 그렇게 이야기 했어"라고 거짓말을 한 것이다. 이러한 거짓말을 통해 오빠는 고작 고추장 통이 아까워서 목숨을 버린 바보가 아니라 "미친년" 때문에 억울하게 죽은 청년이 되어 버리는 것이다.

「애플민트 셔벗케이크」의 그녀나 「돌아본다면,」의 은주, 「거짓말」의 '나'가 온전한 애도에 도달할 수는 없다. 이것은 그녀들의 태도가 잃어버린 대상에 대한 충실한 기억과는 거리가 멀기 때문이다. 이들의 애도 속에서 타자는 한 가지 모습만으로 고정되거나 혹은 완전히 새로운 존재로 왜곡된다. 이것은 프로이트적인 의미에서의 애도로서는 성공일지 모르지만 타자가 지닌 심연으로서의 타자성을 제거한다는 점에서 심각한 폭력이라고밖에 부를 수 없다. 「돌아본다면,」의 마지막 문장이

"제대로 알았던 적 없었으므로 제대로 잊을 수도 없는 사람들을, 함께 거기에 두었다"는 은주의 고백으로 끝나는 것, 「돌아본다면,」의 은주가 속도광인 S에게 집착하는 것,[11] 「거짓말」에서 '내'가 마지막에 먹은 음식을 모두 토해내는 것 등이 윤리적인 차원에서의 애도 불가능성을 가슴 아프게 증명한다.

4. 가까이하기엔 너무 먼 당신

　「오프더레코드」에서 유신원은 결혼까지 한 어엿한 기자인데 어느 날 실종된다. 유신원과 신문사 입사 동기이고 그를 짝사랑했던 배 기자는 신원의 실종 소식을 들은 이후 자주 유신원이 살던 집을 찾아간다. 그곳에는 유신원의 아내였던 지영이 살고 있다.

　유신원이 사라지고 다섯 달이 지났을 때 신문에는 지영의 표절 소식이 보도된다. 사람들은 지영의 표절과 유신원의 실종을 연관 지어 생각하고, 배 기자 역시 의혹을 느낀다. 지영의 행동에 실망한 유신원이 스스로 집을 떠났거나 모든 것을 알게 된 유신원을 지영이가 내다버렸거나, 둘 가운데 하나라고 생각하는 것이다. 지영은 유신원의 실종에 대해서는 아는 바가 없다며, 유신원에 대한 어떠한 설명이나 의미도 덧붙이

11　은주가 드래그 레이서인 S에게 반한 것은 "분명 '속도' 때문"이다. 과거에 집착하느라고 지친 은주는 앞을 향해 전속력으로 달리는 그 속도에 매혹된 것이다. 과거에 매달린 채 주눅 든 인생을 보냈던 은주에게 S의 속도감이란 경이로움 그 자체다.

지 않는다. 지영은 마주 앉은 배 기자에게 반복해서 "유신원은 어떤 사람이었어요?"라는 질문을 던지거나 지영은 "어차피 나는 다 모르는 일들 투성이니까"라고 말할 뿐이다. 물음표만을 던지는 지영 앞에서 배 기자 역시 점점 유신원에 대한 의혹에 빠진다. 그리하여 배 기자 또한 "신원아, 너는 누구니"라는 의문을 던지게 된다. 그 결과 유신원은 다음의 인용문에서처럼 오프더레코드off the record로 남게 되는 것이다.

세상에는 사라지는 사람들의 이야기가 숱했다. 어이없는 일이지만 신원이는 수많은 그들 중의 하나일 테다. 우리는 신원이의 이후를 증언해줄 그 어떤 단서도 가지고 있지 못했다. 여전히 지영은 신원이가 무엇을 원했는지 궁금했고, 나는 신원이가 어디로 가버렸는지 궁금했다.

그러므로 신원이를 뺀 우리의 이야기는 기사화되지 않을 것이다. 우리의 목소리만으로는 어떠한 기사도 쓸 수 없었다. 냄새도 없이, 소리도 없이 아무렇게나 사라져버린 신원이가 남겨둔 나머지 세상에서 지영과 나는 여전히 살아가게 될 것이다. 영영 오프더레코드로 남을 이야기들. 신원이의 모든 이후가 오프더레코드가 되었듯 말이다. (197)

유신원을 '영영 오프더레코드로 남을 이야기'로 남겨놓는 것은 「애플민트 셔벗 케이크」, 「돌아본다면,」, 「거짓말」과는 달리 '타자의 타자성'을 최대한 살리는 경우라고 할 수 있다. 유신원을 상징화한 후 그를 기억의 공간에 편입하여 애도하는 것, 그 결과 유신원을 자신들과 분리시키는 것과는 분명히 구별된다. 유신원을 자신들의 관점에 따라 훼손하는 것이 아니라 있는 그대로의 모습으로 내버려두는 것이다. 그러나 이러한 행위 속에 배 기자나 지영의 자리는 존재하지 않는다. 지영과 배 기자의 내부에 유신원이 그 자체로서 충실하게 보존될수록 유신원은 지영이나 배 기자와는 무관한 존재가 되는 것이다. 지영과 배 기자가 보여준 이러한 태도는 유신원과 자신들을 냉정하게 분리한다는 점에서 또 하나의 폭력이 될 수도 있다. 이것은 지영과 배 기자 모두에게 말할 수 없는 외로움을 불러오는 길이기도 하다. 마지막에 지영이가 두 번이나 "자고 갈래요?"라는 말을 하는 것은 실패한 애도가 불러온 외로움 때문이라고 이해할 수 있다.

이 작품에서 배 기자는 우울증과 관련해 색다른 모습을 보여주기도 한다. 이것은 지젝이 말한 우울증 논의를 떠올리게 한다. 지젝은 우울증에서 하나의 기만적인 책략을 발견하는데, 그것의 핵심은 결여를 상실로 오인하는 것에 있다. 어떠한 대상을 상실했다고 고집함으로써 본래부터 결여되어 있던 대상에 대한 소유권을 주장할 수 있게 되는 것이다.[12] 유신원이 사라진 후 배 기자는 그의 아내였던 지영이를 숱하게 찾아가 유신원의 행방을 닦달한다. 배 기자가 유신원을 짝사랑하기는 했지만, 유신원과 배 기자는 신문사 입사 동기라는 기본적인 관계를 벗어난 적이 없다. 따라서 유신원에게 그토록 집착하는 행동에는 "기사를 낼 생각도 아니면서 지영을 자주 찾아간 것은, 신원이가 그리웠기 때문"이라는 말에서 알 수 있듯이, 무언가 병리적인 구석이 있다. 배 기자는

---

12 슬라보예 지젝, 한보희 역, 『전체주의가 어쨌다구?』, 새물결, 2008, 224~225쪽.

"신원이에게 연루되고 싶었"던 것이다. 배 기자는 지영이를 찾아가 유신원의 행방을 모질게 추궁하는 과정을 통해 한 번도 소유한 적 없는(결여되어 있던) 유신원을 소유하게 되는 것이다. 지영이에게 유신원의 행방을 물으며 괴로워하는 그 순간만은 "내가 한 번도 본 적 없는 신원이의 모습들"을 보고, "한 번도 더듬어보지 못했던 그 애의 맨살을 만지는 듯한 느낌"에 빠져들 수 있는 것이다.

5. 조졸한 위안과 연대, 그리고 말하기

「내가 사랑한 그녀들」은 김서령의 소설 중에서는 희귀하게도 심리적이면서도 윤리적인 양 측면에서 애도에 성공한 사례가 등장한다. 대상을 자기 멋대로 왜곡하지도 않으면서, 그렇다고 대상을 자신과는 무관한 자리에 방치하지도 않으며, 그 지긋지긋한 상실의 고통에서 벗어나는 것이다. 소설은 "사실 S 시에 다시 오게 될 거라는 생각은 하지 못했다"는 문장으로 시작된다. 이 문장은 주인공이 이미 S 시로 표상되는 자신의 상처로부터 벗어났음을 드러내기에 충분하다.

'나'는 전문대학에 임용된 친구 P를 축하하기 위해 오랫동안 잊고 있었던 S 시를 방문한다. '나'는 처음 남편이 그곳에 작업실을 차리는 바람에 S 시와 인연을 맺게 되었다. 남편인 L은 미대를 나와 칠 년 동안 입시 미술학원 강사 생활을 한다. 그러나 곧 강사 생활을 그만두고 시가와 친정의 눈총을 받아가며 S 시에 작업실을 차린 것이다. '나'는 논문 준비로

바쁜 와중에도 주말이면 습관처럼 남편을 찾아간다. 그러나 언젠가부터 "돈도 벌어다주지 않는 백수 남편"은 L에게 헤어지자는 말을 한다. 사회적으로 무능하여 자신에게 감지덕지할 것이라 생각했던 남편은 사실 '나'에게 감사는커녕 아무런 애정도 느끼지 못하고 있었던 것이다. 남편은 아내를 만날 때마다 헤드폰을 쓰고 있었는데, 그때마다 아내의 목소리를 차단하기 위해 귓병이 날 정도로 큰 소리의 음악을 듣고 있었다.

중고 프라이드를 몰고 지방대학으로 강의를 하러 뛰어다니다 청춘을 다 보낸다 해도 그다지 비참할 것 같지 않다고 생각해왔던 '나'는 남편이 뚜껑도 닫지 않은 오이지 냉국을 대접째 냉장고에 쑤셔 박고, 라면 냄비에 푸른곰팡이가 피도록 방구석에 놓아두는 노란 머리 여자애와 바람이 난 것에 절망한다. 결국 '나'는 남편이 떠나가는 상황을 견디지 못하고 자해를 하여 병원까지 실려 온 것이다. 이러한 참담한 상황에서 애도의 문제는 '나'에게 무엇보다 절실할 수밖에 없다. '나'는 처음 무작정 모든 것을 잊어야 한다고 생각한다. "L 따위는 전혀 모르는 사람이 되어 S 시를 떠나야 한다고 생각"하는 것이다. 그러나 "내 의식은 몹시도 질겨서 진정제를 맞은 후에야 잠들 수 있"을 정도로 쉽게 남편과 S 시로부터 벗어나지 못한다. '나'는 꿈속에서도 L을 붙잡고 눈물을 흘릴 정도로 L에게 집착하는 것이다.

그러나 곧 그녀는 온갖 소음과 악다구니로 넘쳐나는 "그야말로 난장판 병원"에서 애도에 성공한다. 그것은 상처받은 자들의 조촐한 위안과 연대 그리고 말하기라는 두 가지 방법을 통해서 가능하다. 난장판 병원에서 '나'는 코르셋 언니, 뚱보 언니, 깁스 언니 같은 이른바 나이롱 환자들을 만난다. 그들은 밤마다 술판을 벌이거나 노래방에 가는데, '나'도 그녀들과 어울린다. 뚱보 언니는 어른이 아이를 씻기듯이 화장실의 세면대에서 그녀를 목욕시켜주기도 한다. 이것은 그녀가 과거의 상처로부터 벗어나 새롭게 태어나는 성대한 세례식에 맞먹는 행위다. 또한 '나'는 그녀들 앞에서 "결혼한 지 이제 고작 이 년인데요, 노란 머리 여자애랑 같이 살겠대요. 헤어지자고, 나랑 말 섞기 싫으니까 음악만 정신없이 틀어놓고, 헤드폰을 노상 꽂아서 말이죠, 귓병이 났더라구요……세상에, 마늘잎이랑 파도 구분하지 못하면서 둘이 살겠대……"와 같은 하소연을 한다. 이러한 그녀의 넋두리 속에는 자기 편한 대로의 왜곡이나 싸늘한 무관심을 발견하기 힘들다. 이 과정을 통해 그녀는 애도에 성공할 수 있었던 것이다.

상처받은 자들의 연대와 말하기는 김서령 문학에서 매우 중요한 자리를 차지한다. 이번 소설집을 포함해서 김서령의 대다수 작품들은 우리 사회의 변두리표 인생들을 다루고 있다. 김서령이 원고지 위에 세운 무대 위에는 간신히 하루하루를 버텨내는 힘겨운 인생들이 주인공으로 가득했던 것이다. 김서령은 상처의 치유는 바로 그 못난이들의 조촐한 연대를 통해서 가능하다고 말한다. 이것이야말로 그의 문학이 보여주는 위안이 결코 값싼 대중성으로 떨어지지 않으며 사회적 파장을 형성시키는 근본적인 원인이다. 또한 난장판 병원에서 상처받은 자들을 향해 넋두리를 늘어놓는 「내가 사랑하는 그녀들」의 '나'는 작가의 분신이라고 보아도 큰 무리는 없을 것이다. 그녀의 넋두리가 미적으로 정련되어 커다란 감동의 진폭을 형성하는 것, 그것이 바로 김서령의 글쓰기인지도 모른다. 상실과 이별이란 인생의 가장 근본적인 진실임에 분명하다. 하물며 자본의 거대한 흐름에 따라 모든 것이 유동적인 지금의 이 세상은 「캣츠아이 소셜클럽」의 '나'와 박 언니가 그러했듯이 필요 이상의 이별과 상실을 만들어내고 있다. 김서령은 주밀하고 감각적인 문체로 이 시대의 현실적인 문제를 인간 삶의 근본적인 문제로까지 확장시켜 형상화할 줄 아는 한국문학의 귀중한 자산이다.(2012)

푸른 유리 심장을 지닌 소설의 힘

양진채, 『푸른 유리 심장』(문학과지성사, 2012)論

1. 상상력의 힘

양진채는 2008년에 조선일보 신춘문예로 등단한 늦깎이 소설가이
다. 문학의 죽음이 널리 회자되는 이 혹독한 시절에, 과연 무엇이 한 영
혼을 뒤흔들어 천형天刑이라고까지 일컬어지는 작가의 길에 들어서게
한 것일까? 「봄날의 소풍」은 이러한 물음에 나름의 답을 보여주는 작
품이다. 평범한 가정주부인 주인공은 생선을 팔던 엄마의 비린내 속에
서 가난하게 자란다. 지금도 그녀는 빚쟁이들에게 쫓기고, 무능력한 남
편의 목을 조르는 상상에 빠질 정도로 어렵게 산다. 남편은 다단계회사
에 취직하여 빚만 잔뜩 지고, 극약인 시안화칼륨 덩어리를 가져와 함께

죽자고 위협하기도 한다.

복지관에서 운영하는 한지그림 프로그램에서 만난 채연주의 남편을 연모하게 되면서부터, 팍팍한 그녀의 삶에 윤기가 돌기 시작한다. 어려서부터 유난히 공상하기를 좋아했던 '나'는 '당신'에 대한 이러저러한 공상을 통해 삶의 기쁨을 얻고 조금씩 변해 가는 것이다. 당신을 좋아하던 그때부터 그녀의 등은 펴지고 허리는 꼿꼿해진다. 어느 사이 남몰래 챙겨놓았던 시안화칼륨도 버리게 된다. "아이스크림처럼 달콤하고 부드럽던 만남은 실재했나요, 상상인가요? 모르겠습니다"(159)라는 고백처럼, '나'에게 당신과의 실제적 만남은 그다지 중요치 않다. '나'에게 "구차한 현실을 잊을 수 있는 건 공상 뿐이 없었으니까요"(146)라는 말처럼, 공상은 어쩌면 실제보다도 '나'의 삶에 더 큰 힘을 발휘한다. "당신과 함께 있거나 당신이 떠오른 그 시간은 공상의 그것처럼 도피이자 기쁨"(155)이었던 것이다. 「봄날의 소풍」의 그녀가 공상을 통해 비루한 현실을 살만한 곳으로 만들어 나가듯이, 양진채 역시 상상력이라는 전능한 힘을 통하여 고통스러운 세상을 견딜만한 곳으로 만들어나가고 있는 것인지도 모른다.

「푸른 유리 심장」에 등장하는 가루다의 '푸른 유리 심장'은 양진채가 꿈꾸는 소설에 대한 상징적 형상이 되기에 충분하다. 용 중에서도 독이 있는 용을 잡아먹고 사는 가루다는 몸속에 독이 쌓이면 마지막에는 그 독기로 자신의 몸을 불태워버린다. 가루다가 불타고 남은 자리에는 유리처럼 맑은 심장만이 남는다. 이때의 푸른 유리 심장은 지난한 노력의 과정 끝에 남는 성취의 표상이라고 할 수 있다. 동시에 '푸른 유리 심장'

은 우리가 느낄 수 있는 지복至福의 한 상징이기도 하다. 어미코끼리가 새끼코끼리에게 물을 뿌려 줄 때 새끼코끼리의 등에서는 "푸른 유리 심장"(53)과 같은 물방울이 빛나고, 한 가족이 숟가락을 부딪치며 행복하게 식사를 할 때 아이가 먹는 것은 다름 아닌 "푸른 유리 맑은 심장"(56)인 것이다. 인간은 바로 "그걸(필자—푸른 유리 심장) 위해 살아가고 있는 것"(53)인지도 모른다. 양진채에게 '푸른 유리 심장'은 다름 아닌 소설이다. 그것은 현실의 맹독을 거침없이 자신의 몸에 쌓은 후에, 그것도 모자라 분신焚身과도 같은 고통을 더 겪은 후에야 비로소 얻게 되는 결정물이다. 동시에 그 고통은 무엇과도 비교 불가능한 지극한 행복을 선사하기도 한다. 양진채는 깨끗하게 씻은 손으로 간절한 기도를 올린 후에야 원고지를 마주하는 작가라고 할 수 있다.

2. 외로움이 그려낸 나스카 라인

양진채 문학의 본령은 아름다운 이미지와 기호로 가득 찬 낭만주의적 작품들에 있다. 「나스카 라인」, 「파르초」, 「푸른 유리 심장」이 여기에 해당하며, 이 중에서 「나스카 라인」과 「파르초」는 등장인물과 주요 사건이 이어지는 연작소설이다. 나스카 라인은 페루 마야 유적지에 그려진 신비스러운 그림을 가리킨다. 천오백년 전 마야인들은 사막 평원에 벌새, 콘도르, 거미와 같은 동물을 거대한 규모로 형상화했던 것이다. 대체 이 그림은 어떠한 용도로 그려진 것일까? 이 질문이야말로 이 작품을 이끌어 나가는 기본적인 힘이된다.

'나'는 우체국에서 근무한다. 말할 것도 없이 우체국은 소통과 교감의 매개 지점이다. 공단지역에서 멀지 않은 곳에 위치한 이 우체국에는 자국으로 택배를 보내는 외국인 노동자들이 드나들고, 정기적으로 들러 연애편지를 보내는 할아버지도 드나든다. 집배원 아저씨는 한 어머니가 군대에 간 아들에게 보낸 편지가 우표 값이 모자라 반송되자, 자신의 돈 이십 원을 보태어 다시 보내달라고 부탁하기도 한다.

'나'는 근원적인 외로움에 시달리는 존재로 형상화된다. 이러한 외로움은 다음의 인용문처럼 그녀가 언어장애를 앓고 있는 사실과 밀접하게 관련되어 있다.

나는 사람들 말을 이해하기 어려웠고, 자주 그 갈피에 숨은 의미를 해독하지 못했다. 다른 사람들도 마찬가지였다. 내 말을 이해했다고 말하지만 실상 이해 못하고 있는 경우가 더 많았다. 그럴 때마다 입을 다물었다. 나는 가끔 옹알이할 때가 제일 행복했을지도 모른다는 생각을 했다. 둥근 몽돌 같은 그 옹알거림을 그 곁에 있는 사람들은 모두 알아들었을 테니까. 말 대신, 옹알거림으로, 눈빛으로 얘기할 순 없는 건가? 세상은 너무 시끄러워. 나는 말이 어긋날 때마다 속으로 중얼거렸다. (64)

'나'는 가는 귀가 먹은 할머니와 어린 시절을 보냈다. 할머니와는 말하지 않아도 서로의 마음을 알 수 있었다. 그러던 할머니가 돌아가시자, 그나마 이야기할 사람이 없어졌고 '나'는 할머니 무덤에 말도 함께 묻었던 것이다. 할머니가 돌아가시고 난 뒤 유일하게 자신을 이해한다고 믿었던 그 역시 "도대체 너를 모르겠어"(71)라는 말을 남기고 떠난다. 그 순간에도 '나'는 아무 말도 할 수가 없었고, "무슨 말을 해야 내 마음이 고스란히 전달될 수 있는지 알지 못"(71)한다. '나'는 "누군가와 이야기하고 싶"(72)은 간절한 욕망에 시달려온 것이다.

세계의 미스터리를 소개하는 책에서 나스카 문양을 처음 보았을 때, '나'는 깜짝 놀란다.[13] 그 그림들은 그녀가 혼자일 때마다 그려왔던 그림과 많이 닮아 있었기 때문이다. '나'는 "그 그림 속에서 누군가 나를 부르는 것 같았다"(74)고 느낀다. 할머니가 돌아가신 이후 '나'는 땅바닥에 그림을 그리며 놀았는데, 그림을 그리는 순간만은 "고아원 원장의 냉대도, 툭하면 건물 뒤로 끌고 가 무릎 꿇려놓고 패는 언니나 오빠들도, 차가운 방바닥"(69)도 모두 잊을 수 있었던 것이다. '나'에게 나스카 라인은 천오백년 전 마야인들이 자신들의 외로움과 고통을 잊기 위해 우주를 향해 그려 보인 거대한 교신 신호인 것이다.

「파르초」는 「나스카 라인」에 그대로 이어지는 작품이다. 그녀는 우체국을 그만두고 다시 나스카 라인을 보기 위해 페루로 달려간다. "매일 똑같은 길을 다니고 우표를 붙이고 스탬프를 찍고 요금을 계산하고, 다시 집으로 돌아오는 무미건조한 생활이 고맙다가도 문득 한숨이 나왔"(89)던 것이다. 무엇보다도 갑자기 땅이 꺼져 눈앞에 있던 사람이 사

---

13 참고로 지금까지 나스카 라인에 대해서는 야외에 만든 천문학 달력이었다는 해석, 외계인이 착륙했던 흔적이라는 해석, 고대의 목초지 경계선이었다는 해석, 직물 패턴을 크게 그린 것이라는 해석, 무속적인 환상을 볼 수 있게 촉진시키는 역할이었다는 해석 등이 존재하였다.

라지는 극적인 일을 겪은 이후로 그녀는 우체국을 그만두고, 여행사를 찾게 된다. 우체국에 근무하던 당시에도 '나'의 책상 위에 놓인 달력에는 잉카제국의 통신을 담당한 인디오 아이가 그려져 있었다. 페루에서 그녀는 6개월의 시한부 선고를 받고 병원에 입원한 재형으로부터 삼 년 만에 문자를 받는다.

「나스카 라인」에 타인을 향한 열망의 기호로 나스카 라인이 존재한다면, 「파르초」에는 파르초가 존재한다. 파르초는 깃발의 티벳어로서, 신의 가피를 받기 위해 걸어 놓는 깃발을 의미한다. '나'의 생활은 여전히 외로워서 "내가 보낸 메일이나 문자를 보고 또 보고는"(96) 할 정도이다. 이런 그녀가 누군가를 향한 깃발에 마음이 빼앗기는 것은 너무도 당연하다. 시한부 인생을 선고받은 재형 역시 간절한 마음으로 파르초 하나를 꽂아놓고 싶어 한다. 타인을 갈구하는 '나'와 재형의 간절한 마음은 작품의 마지막을 너무도 아름다운 파르초의 이미지로 가득 채우고 있다.

> 나는 가지마다 깃발을 매다는 심정이 된다. 바람에 흔들리는 붉고 노랗고 푸른 깃발, 파르초. 신의 가호를 바라는 간절한 기도. 깃발 끝에 푯대가 세워져 있다. 내가 가야 할 길, 그가 인도할 길을 향해 있다. 나는 흔들리는 잎을 바라보고, 파르초를 보고, 그 푯대 끝이 가리키는 길을 본다. 그 푯대가 가리키는 어둠 속 요원한 길을 본다. (108)

「나스카 라인」과 「파르초」의 주인공이 페루로 떠나고자 했다면,

「푸른 유리 심장」의 '나'와 그는 치앙마이 북쪽 107번 도로 따라 50킬로미터 지점에 있는 매땡 트래킹 지역으로 떠나간다. 이와 같은 이국 동경의 반복은 때로 미성숙한 자들이 갖기 마련인 낭만주의에의 경도 현상으로 치부될 수도 있다. 그러나 「푸른 유리 심장」은 양진초 소설에 등장하는 낭만적 충동이 거느린 만만치 않은 현실의 무게를 증언하기에 모자람이 없다.

'나'는 백화점 안내방송원이고 그는 백화점 감시원이다. '나'는 자신의 목소리를 잃어버린 채 공식화된 목소리를 하루 종일 내지른다. 그 역시 음향 전공자이지만 먹고 살기 위해 백화점에서 일하며, 하루 종일 억지 미소를 짓는다. 그 뿐만 아니라 다른 직원들도 자기처럼 친절한 미소로 손님을 맞고 있는지 끊임없이 살펴야 한다. 코끼리가 거창으로 머리를 수없이 찔려 "코끼리 아니게"(50) 된 것처럼, '나'나 그 역시 백화점이라는 조직에서 살아가기 위해 자신의 본래 모습을 잃어버리게 된 것이다. 그들은 근대 사회의 본질적인 문제인 인간 소외에 시달리는 인물들이다. 사정이 이러하니 서로가 서로를 알아보고, 사랑에 빠지는 것은 시간문제일 수밖에 없다.

이 작품에서는 끊임없이 '나'나 그가 코끼리와 동일시된다. '나'는 그가 선물한 코끼리 상을 보며 그와 닮았다고 생각하며, 외국에서 만난 사진사는 '나'를 계속해서 코끼리라 부른다. 그는 회식이 있던 날 노래방에 가서 "꾸우우우, 꾸우우우. 코끼리, 날개 달린 코끼리, 꾸우우우, 꾸우우우"(41)라는 코끼리 울음소리까지 내며 머리를 쥐어뜯는다. 머리를 벽에까지 짓찧는 그는 "나중에는 완전히 바보가 되는 거야. 길들여진다는 게 얼마나 끔찍한 줄 알아? 씨발 자기를 찌른 그 인간들 앞에서 더러운 침을 질질 흘리고, 구걸하고 재롱을 피워"(42)라고 말한다. 이때의 코끼리가 바로 자기 자신에 대한 이야기임은 물을 필요도 없다. 코끼리가 인간들 앞에서 돈벌이 쇼를 벌이기 위해 조그마한 우리에 갇혀 창으로 사정없이 찔리며 길들여지듯이, 나와 그 역시 백화점이라는 조직에서 길들여졌던 것이다.

'나(그)=코끼리'라는 비유는 인물들이 처한 상황의 본질을 날카롭게 드러내는 장점이 있지만 상황을 지나치게 단순화하는 위험도 존재한다. 그러한 위험성은 「매달려」라는 작품을 통해 잘 나타난다. 이 작품은 '오죽하면'이라는 말로밖에 설명할 수 없는 처지에 놓인 사람들의 삶이 등장한다. '나'는 아이들에게 글쓰기를 가르치며 간신히 살아가고 있다. 어머니는 오빠 집에서 조카를 봐주며 살아가는데, 조카가 남긴 밥을 꾸역꾸역 먹는다. 그 밥을 버리라는 '나'의 말에 어머니는 "오죽하면 이런 걸 못 버리고 먹겠냐!"(178)라고 말한다. '나'는 어린 시절에 어머니의 친구 아들과 함께 산 적이 있다. 어머니의 친구는 자신의 이혼으로 갈 곳이 없어진 아들을 "오죽하면"(173) 친구에게 맡긴 것이다. 이미 여러 사람들이 돈을 떼먹은 어머니 친구의 아들은 '나'에게 이백만원만 빌려달라고 전화를 건다. 이러한 모든 가난의 풍경은 전신주와 전신주 사이의 전선 가닥에 매달려 있는 한 사나이의 모습에 비유된다. 여러 가지 '오죽하면'의 풍경이 그와 유사한 하나의 이미지로 수렴되는 것이다.

「고래를 위하여」에서는 고래라는 상징성이 작품을 가로지른다. 이

때의 고래는 넓디넓은 심해를 가르는 웅혼한 영혼과는 무관하다. 이 고래는 인천 앞바다, 그 중에서도 똥바다라고 불리는 외지고 더러운 바다에서 잡혀온 고래이다. 골씨를 따라 들어 온 작은 목선에 실려 온 이 고래는 보신탕 수육 대용으로 고작 십 오만원에 팔려 나간다. 그러나 이 고래도 한때는 저 푸른 해양을 주름잡았음에 분명하다. 오래된 포구의 횟집 이 층에 앉아 있는 남녀의 운명 역시 정확히 이 고래를 닮아 있다. 대학을 접고 위장취업을 했던 그들은 뜨거웠던 혁명의 시대 한복판을 함께 헤쳐 나온 동지이다. 그 당시 남자는 여자의 지도선이었다. 그들은 지금 "우리 가슴에 남아 있던 그때의 어떤 얘기도 모두다 후일담이라는 구정물에 처박혔다. 말을 꺼내기가 무섭게, 기다렸다는 듯이. 그때 우리의 순정들은 모두 강간당한 기분이었다"(237)는 말에서 알 수 있듯이, 심각한 상실감에 시달린다. 더군다나 남자는 얼마 전에 중국에 가서 간 이식까지 받고 온 중증의 환자이다.

이러한 상실감은 세상과의 단절감에서 비롯된다. 그것은 해변으로 떠 내려와 죽은 고래에 대한 해외토픽 기사에 잘 나타나 있다. 고래는 본래 저주파를 보내 서로 교신하는데 대형 선박의 엔진 소리는 주파수의 통신을 방해한다. 그 결과 고래는 다른 고래에게 아무리 주파를 보내도 서로 소통할 수 없게 되고, 결국 외로움을 견디지 못한 고래는 뭍으로 와서는 죽어버린다는 것이다. 서로 소통하지 못 하는 고래의 모습은 변화된 시대와 교감하지 못하는 남녀의 모습과도 닮아 있다.

양진채의 작품집 『푸른 유리 심장』은 기본적으로 자아와 세계 사이의 근원적인 일체감의 상실과 그에 대한 대응으로 정리할 수 있는 낭만주의의 토포스topos에 충실하다. 현실에의 절망과 그에 대한 대응으로서의 초월이라는 정념이 양진채의 소설을 가로지르는 것이다. 낭만주의는 현실로부터의 이탈을 기본적 특징으로 하지만, 때로는 이 현실로부터의 초월이라는 특징이 맥락과 상황에 따라서는 강력한 정치적 효과를 발휘할 수도 있다. 그러나 양진채의 이번 작품집은 사회적인 의미망을 탐구하기보다는 인간 실존의 근원적 문제를 조명하는데 주력하는 모습이다.

3. 생사를 넘나드는 독수리

절망적인 현실을 떠나고 싶은 충동은 그녀의 소설에서 공상, 글쓰기, 여행, 초월적 이미지에의 탐닉 등과 더불어 죽음에 대한 지속적인 관심을 낳는다. '지금-이곳'으로부터 벗어나는데 있어 죽음처럼 완벽한 방법은 달리 없기 때문이다. 양진채의 소설에서는 죽음의 기호가 수시로 불쑥 불쑥 솟아오른다. 죽음을 정면에서 다루든 하나의 배경으로 다루든 그녀의 소설에서 죽음의 그림자는 떠나지 않는다. 「누군가 있다」의 '나'는 "아내의 노래를 듣고 있으면 붉은 비단 천으로 된 명정銘旌이 관 위에 덮이기 전, 은물로 새겨진 망자의 이름이 노래 소리를 따라 돋을새김 될 것만 같았다"(116)고 말한다. 「봄날의 소풍」에서도 주인공은 아이를 데리러 가는 길에 "차 앞에 검게 십자 표시를 하고 유리창을 제외한 나머지를 모두 흰 조화로 두른 영구차"(140)를 발견한다. 「도둑」에서도 가슴에 통증을 느끼던 '나'는 아버지의 핏발 선 눈과 함께 "눈앞에 붉은 비단 천으로 된 명정銘旌이 바람에 흔들리고 은물로 새겨진 망자의 이름이 돋을새김"(198) 되는 것을 떠올린다.

「플러그 꽂는 시간」은 정면에서 죽음의 문제를 다루고 있는 작품이다. 이 작품은 최근 한국에서 커다란 문제로 부각되고 있는 고독사를 다루고 있다. 이 작품을 읽다보면, 시취屍臭를 비롯한 각종 냄새에 대한 묘사가 어찌나 다양하고 정밀한지 머리가 지끈거릴 정도이다. 양진채가 다루는 죽음이란 이 작품에서처럼 철저히 물질적이며 근원적이다. 주인공 P는 고독사한 사람들의 유품을 정리해주는 일을 한다. 심한 축농증과 비염을 앓았으며, 택시와 부딪히는 사고를 당한 이후 장미향 같은 것에는 구역질을 느끼고 사람들이 싫어하는 냄새는 역겨워하지 않게 된 P에게는 가장 적합한 일이 아닐 수 없다. 흥미로운 점은 P 역시 고독사의 가능성이 농후하다는 점이다. 죽은 자에게도 딸 하나가 유일한 혈육이듯이, P도 남긴 혈육이라고는 딸 하나뿐이다. 그 딸마저도 P와는 떨어져 이혼한 전처와 살고 있는 것이다.

P는 무척이나 죽음과 가까이 있다. 텔레비전, 컴퓨터, 청소기, 냉장고, 의자, 식탁, 밥솥까지 P의 집 안에 있는 물건들은 대부분 일을 하러 나간 집에서 가져온 것들이다. P가 죽은 남자의 집에서 최신형 LED 벽걸이 텔레비전을 가져와 플러그를 꽂는 순간은 텔레비전에 묻은 시취가 온 집안에 퍼지는 순간인 동시에 죽은 자와 산 자가 만나는 순간이기도 하다. P는 텔레비전을 보다가 문득 티벳의 어느 사원에서 행해진다는 조장鳥葬을 떠올린다. 텔레비전에서 시취를 맡자 P는 문득 자신이 독

수리와 닮은 것이 아닌가 하는 생각을 한다.

양진채 소설의 한 켠에는 현대인의 불안 심리를 실험적으로 드러낸 것들이 놓여 있다. 「도둑」은 환상소설the fantastic적 구조를 통하여 우리 삶이 지니고 있는 근원적인 균열의 지점을 환기시키는 작품이다. 평화로운 집에 어느 날 도둑이 들어온다. 다른 물건은 그대로이고 지갑이 보이지 않는다. '나'뿐만 아니라 마을 사람들 대부분이 도둑을 맞고, 유력한 용의자로 이층집 남자가 지목된다. 도둑이 들었다면 주인공이 기르는 개 비프가 짖었을 텐데, 어제는 짖지 않았다. 낯가림이 심한 개 비프는 이층 남자의 품에서만은 평소에 얌전했던 것이다. 그런데 얼마 지나지 않아 도둑이 청계천에서 훔친 물건을 팔려다 잡혔다는 이야기를 듣는다. 도둑이 잡혔음에도 '나'는 계속해서 불안을 느낀다. 이층 남자는 계속해서 '나'의 주위를 서성이고, "늘 제자리에 있었던 물건들이 약속이나 한 듯 조금씩 어긋나 있"(215)기 때문이다. 이 작품은 독자에게 사실 판단에 대한 망설임hesitation을 유발하는 환상적 구조를 통하여 우리의 평화로운 일상이 얼마나 허약한 지반 위에 서 있는 것인가를 집요하게 심문하고 있다.

「누군가 있다」의 '나'는 애벌레를 끊임없이 떠올린다. 이 애벌레는 주인공의 죄의식과 불안심리가 투영된 대상이다. 애벌레의 환영에 시달린 것은 '나'와 아내가 오토바이를 탄 91년 생 어린 여자를 뺑소니 사고로 죽게 한 후부터이다. 애벌레의 환영(죄의식)으로부터 벗어나는 길은 존재하지 않는다. 모든 것을 잊게 해주는 효능이 있는 약을 팔다던 카우보이가 결국에는 강도에 지나지 않았던 것처럼 말이다. 서사가 진행될수록 애벌레는 점점 더 많아지고, 나중에는 아내를 보며 "벌레가 당신 몸을 기어오르고 있다구!"(134)라며 소리친다. 작품은 애벌레들이 '나'의 입속으로 기어들어가고 눈알을 파먹는 것으로 끝난다. 이러한 묵시록은 비단 '나'라는 개인의 일로만 한정되지 않는다. 어느 농가 마을에도 이상기온 탓으로 징그러운 나방애벌레가 들끓어 사람들은 외출할 엄두도 못 낸다. 다음의 인용문처럼 세상 곳곳은 파국의 징후들로 넘쳐나며, 개인의 파멸은 어느새 문명 차원이 종말의식으로 확장되고 있는 것이다.

그런 일은 많았다. 한 여름에 우박이 쏟아지고, 바다에선 그물에 물고기 대신 물컹거리는 해파리만 잔뜩 잡혔다. 어느 바다에서 귀신 고래가 나타나기도 하고, 거대 싱크홀이 생기면서 갑자기 멀쩡하던 땅이 꺼져버린다. 순식간에 집이나 자동차를 삼켜버리기도 한다. 그렇기로서니 고층 아파트 방에 애벌레라니. (126)

4. 양진채 소설의 현주소

양진채는 묘사에 능한 작가이다. 요즘 젊은 작가들의 소설에서 결핍된 것으로 지적받는 묘사가 그의 소설에서는 여전히 정밀하게 명맥을 이어가고 있다. 그만큼 양진채의 소설은 고전적이며 시류와는 무관한 미의 본령에 가까이 다가선 것들이다. 다음의 인용문에서는 고독사한

한 남성의 주방 풍경 묘사를 통해 그가 견뎌냈을 외로운 삶의 풍경이 자연스럽게 독자의 심중에 펼쳐진다.

주방 옆에 딸린 작은 베란다에는 과일주 담글 때 넣는 페트로 된 소주병이 여섯 개나 우그러진 채 비닐봉투에 담겨 있었다. 값은 싸고 일반 소주보다 독한 술이었다. 주방은 비교적 깨끗했다. 먹다 남은 크림스프가 덕지덕지 붙어 곰팡이를 피우고 있는 냄비정도가 전부였다. 냉장고에 있는 말라비틀어진 포장 김치 몇 조각은 냉장고 안을 밝히는 노란 불빛을 무색하게 했다. 수저 두 벌, 라면 한 봉지, 인스턴트 크림 스프 가루 두 개가 전부였다. 당뇨와 혈압 약을 복용했다는 남자의 식단은 최악이었다. (17)

양진채는 소설의 고전적 규율에 충실하다. 이것은 많은 한국 작가들에 의해 정착된 한국단편소설의 미학을 충실히 이어받았다는 의미이기도 하다. 양진채는 인간을 규정하는 여러 가지 사회 역사적 조건들보다는 인간을 규정하는 가장 본질적인 요소에 대한 탐구를 문학의 가장 중요한 사명으로 파악하고 있다. 양진채가 생각하는 가장 핵심적인 인간의 조건은 낭만적 충동이다. 더 나은 세계를 향한 동경과 초월의 욕망이야말로 인간을 인간으로 존재하게 하는 성뽈스러운 조건임에 분명하다. 양진채의 첫 번째 작품집 「푸른 유리 심장」은 낭만적인 토포스를 중심으로 여러 가지 테마가 무척이나 다양하게 배치되어 있다. 무엇보다 양진채의 작가적 장기는 훌륭한 문체와 치밀한 묘사에서 찾아야 할 것이다. 그녀의 작품들은 내용화 된 형식이 무엇인지를 보여주는 '잘 빚어진 항아리'의 전범들이다. 별 것 아닌 실험으로 야단법석을 떠는 경박이나 세상의 짐을 전부 짊어진 듯 행세하는 허세와는 거리가 먼 양진채는 한국문학의 소설 미학을 갱신해나가고 있는 순수한 빛깔 중 하나이다.(2012)

한국소설에 나타난 복고의
가능성과 문제점

천명관의 『나의 삼촌 부르스 리』(예담, 2012)를 중심으로

1. 지금은 복고시대

최근 1970~80년대를 배경으로 한 복고적인 경향의 소설이 활발하게 창작되고 있다. 김연수의 「원더보이」(문학동네, 2012)는 1984년 교통사고로 아버지를 잃고 초능력이 생긴 열다섯 살 소년의 눈을 통하여 뜨거웠던 1980년대를 되돌아보았다. 권여선은 얼마 전에 끝낸 장편연재소설 『레가토』에서 광주의 5월과 사복경찰로 가득했던 대학교의 풍경을 깨알같이 그려낸 바 있다. 이미 『삼미 슈퍼스타즈의 마지막 팬클럽』(한겨레출판, 2003), 『죽은 왕녀를 위한 파반느』(예담, 2009)를 통해 1980년대를 작품화한 박민규는 고등학생 서정민의 눈으로 1980년대를 그려낸

「매스게임 제너레이션」을 연재중이다. 유현산은 『1994년 어느 늦은 밤』(네오픽션, 2012)에서 1994년 9월, 나라를 떠들썩하게 했던 지존파 사건을 모티브로 삼아 90년대를 돌아보았다. 배지영은 『링컨타운카 베이비』(뿔, 2012)에서 모래네 시장에 사는 소년과 매춘부들의 삶을 통해 80년대와 90년대를 돌아보고 있다.

하나의 붐boom이라고 할 만큼 우리가 막 지나온 30여년의 시간은 2012년의 한국 소설에 빈번하게 등장하고 있는 것이다. 이러한 복고적 현상은 여러 가지 의미를 지닌 것으로 판단된다. 첫 번째는 작가들이 자신들의 뿌리에 해당하는 지난 시절을 돌아보고자 하는 인식론적 욕망과 맞닿아 있는 것으로 이해할 수 있다. 두 번째는 미래의 새로운 가능성을 보유한 원천으로서 과거를 새롭게 조명하려는 시각과 관련된다. 마지막으로 프레드릭 제임슨Fredric Jameson이 포스트모던적인 삶의 조건이자 미학적 조건이라고 말한 향수와 연관된 것으로 이해할 수 있다. 제임슨은 향수가 "내적 모순들을 통하여 우리 자신의 현재경험을 재현하는 것이 점점 불가능하게 되어가는 어떤 상황의 거대함을 드러내는 것"[14]이라고 주장한다.

천명관의 『나의 삼촌 부르스 리』(예담, 2012)는 오늘날의 복고적인 작품들이 지닌 문학적 의미와 한계를 가장 뚜렷하게 담아낸 작품이다. 이 작품은 이소룡을 너무나 동경한 나머지 이소룡이 되고자 했던 삼촌

---

14 프레드릭 제임슨, 「포스트모더니즘―후기 자본주의 문화논리」, 『포스트모더니즘론』, 문화과학사, 1996, 163쪽. 제임슨은 향수(nostalgia) 풍조에 따른 예술 언어를 그 지시 내용으로서의 사회, 역사, 실존적 현재 및 과거와 대면시켜보면 그것이 진정한 역사성과 조응하지 못한다고 파악한다. 향수는 시간과 역사를 제대로 다루지 못하게 된 사회의 상황과 관련된다는 것이다.

의 이야기이다. 삼촌의 인생은 "자신이 끝내 이소룡이 될 수 없다는 것을 확인한 기나긴 과정진술"(1권, 10)이라고 볼 수 있다. 이 작품은 "표절과 모방, 추종과 이미테이션, 나중에 태어난 자 에피고넨에 대한 이야기이며 끝내 저 높은 곳에 이르지 못했던 한 짝퉁 인생에 대한 이야기"(1권,11)이다. 주≠스토리 시간은 이소룡이 죽은 1973년 여름부터 2000년대가 시작될 무렵까지이다. 삼촌은 여덟 살에 자신의 친부라며 '권순조'라는 할아버지의 이름 하나를 들고 학촌에 들어온다. 과부인 엄마가 재가를 하면서 외할머니와 살았는데, 외할머니가 죽으면서 친부를 찾아온 것이다. 이후 삼촌은 풍운의 삶을 살아간다. 그 삶은 크게 최원정이라는 삼류 배우와의 연애, 그리고 이소룡이 되고자 좌충우돌하는 과정으로 이루어져 있다.

2. 약소자의 눈을 통해 바라본 1970~80년대

삼촌은 그야말로 사회로부터 소외되어 힘들게 살아가는 약소자라고 할 수 있다.[15] 서자라는 신분으로 어린 시절부터 자신의 처지를 잘 이해

---

15 삼촌과 같은 약소자로는 삼촌의 쌍절곤을 이어받은 종태를 들 수 있다. 종태는 삼촌의 무술만 이어받은 것이 아니라 그 불우한 인생까지 이어받은 후계자이다. '나'의 친구인 종태는 권씨가 모여 사는 집성촌에서 보기 드물게 배씨 성을 가지고 있다. 종태의 아버지는 육이오 때 다리를 다친 데다 농사지을 땅이 없어 권씨 문중의 도지를 얻어 간신히 살아간다. '나'는 질투와 오해로 종태네의 거의 유일한 재산인 소와 송아지를 죽게 만들고, 이 일로 종태의 아버지는 자살한다. "종태가 건달이 된 것은 어쩌면 지극히 자연스러운 일이었는지도 모르겠다. 그의 말대로 애비가 농약을 먹고 죽었는데 그 자식이 뭐가 될 수 있었겠는가!"(1권, 397)라는 '나'의 탄식처럼, 배운 것 없이 주먹만 쓸

하는 듯 "그저 주면 주는 대로 받아먹고 입히면 입히는 대로 받아 입"(1권,52)으며 자랐다. 제대로 된 교육도 받은바 없으며, 평생 중국집 배달부, 삼류 영화의 으악새 배우와 대역배우로 간신히 생존을 이어간다. 그가 꿈꾸는 이소룡도 "내가 대, 대학생이 될 수는 없고, 하, 하여간 주, 중국집 배, 배달부보다는 이, 이소룡이 낫잖아"(1권, 244)라는 말에서 알 수 있듯이, 현실의 비루함을 감추어주는 환상의 커튼에 가깝다.

이러한 삼촌의 핵심적인 특징은 이미 죽고 없는 이소룡에 집착하는 것에서 알 수 있듯이, 변하는 현실에 적응하지 못한다는 것이다. 삼촌은 이소룡에 열광하던 1970년대에 고착되어 있다. "변한 것은 종태 뿐만이 아니었다. 세상도 변하고 나도 변해 기실은 모든 게 변해 있었다. 변하지 않은 게 있다면 오로지 삼촌뿐인 것 같았다"(2권, 122)는 말처럼, 삼촌은 중년이 되어서도 "70년대 변두리 극장에서 이소룡 영화를 보고 열광하던 청년 시절에 머물러 있"(2권,122)다. 이때의 이소룡은 "악한 자들을 응징하고 마지막에 늘 정의를 실현하는"(2권, 145) 존재를 상징한다. 삼촌은 정의나 권선징악과는 무관하게 흘러가는 현실에 적응하지 못하며, 바로 그 적응하지 못 하는 모습을 통해 변화되어 가는 현실이 얼마나 정의롭지 못한가를 심문하는 존재이다.

삼촌은 서자의 역할이든 중국집 배달부의 역할이든, 아니면 깡패 역할이든 단독 쇼트 하나 못 받는 단역 배우의 역할이든 자신에게 주어진 배역에 최선을 다하지만 세상은 "무협의 세계(2권, 112)"와는 다르다.

줄 아는 종태는 개발 바람을 타고 일어난 조폭간의 싸움에 휘말려 끝내는 어이없는 죽음을 당한다.

삼촌은 자신이 온 몸을 통해 겪어낸 세상에서 "어떠한 정의도 어떠한 진실도 없"음을, "좌절과 모멸감밖에 남지 않은 환멸"을 아프게 깨닫는다. 그가 꿈꾸었던 이소룡의 세계는 현실에 부딪쳐 철저하게 짓밟히고 파괴"(2권,270)된 것이다.

이소룡의 가치를 무너뜨린 것은 군사정권의 폭력과 그러한 폭력을 배경으로 이루어진 근대화이다. 세상에는 "도치나 토끼 같은 불량배보다 훨씬 더 무섭고 거대한 힘이 존재"(1권, 290)하는 것이다. 군사정권의 폭력은 삼청교육대를 통해서 압축적으로 형상화된다.[16] 삼촌은 아무런 죄 없이 삼청교육대에 끌려가고, 그곳에서는 교육이라는 명목으로 살인과 폭행이 난무한다. 그곳에서 고향 마을의 건달들인 도치와 토끼를 만나는데, 그들은 삼류인생 속에 감춰진 성인聖人으로서의 모습을 보여준다. 삼촌은 반정부인사인 정기자記者를 살리기 위해 그가 입은 빨갛게 곱표가 된 옷을 대신 입는다. 도치는 배고픔에 개밥을 훔쳐 먹다가 개처럼 기고 짖는 형벌을 받는다. 이 와중에 도치는 "나는 인간이 아니다, 나는 개새끼다"라는 말 대신 "나는 개새끼가 아니다! 나는 인간이다"(1권, 347)라는 말을 외치며, 나중에는 삼청교육대의 인간백정인 염중위에게 "너는 개새끼"(1권, 349)라는 말을 하고 당당하게 죽는다. 이때의 도치는 오직 선과 진리에 무조건적으로 복무하는 진정 윤리적인 인간의 숭고한 모습마저 연출한다. 토끼 역시도 목숨을 걸고 염중위에게 달려들

---

16 또한 80년대에 대학을 다닌 '나'와 경희의 러브 스토리를 통해 당시의 억압적이던 상황이, 원정과 유사장을 통해서는 박정희 시대에서 전두환 시대로 이어지는 돈과 권력, 미녀들의 검은 커넥션이 드러나기도 한다.

어 다리에 총을 맞아가면서 까지 염중위의 귀를 물어뜯는다. 이들은 감히 이 시대의 성자聖者라고 보아도 틀리지 않을 것이다. 문제는 깡패에서 성자로의 성격 변화가 별다른 매개 없이 극단적으로 이루어진다는 점이다.

이 작품에서 근대화는 근본적인 차원에서 부정적으로 인식된다. "그저 입에 풀칠하는 게 삶의 유일한 목표였던 시절엔 어디든 부쳐 먹을 땅만 있으면 장땡이었지만 근대화의 바람이 불면서 농촌 사회는 급격히 붕괴"(1권, 217)하였다는 말처럼, 근대화는 전통적인 공동체를 붕괴시킨 것이다. 그러한 해체는 사람들을 더욱 더 고통스러운 삶의 진창으로 몰아넣을 뿐이다. 서울로 이사를 가는 한 가족에 대한 다음과 같은 반응이 대표적이다.

그들은 아마도 서울 변두리 어디쯤에 단칸셋방을 얻어 막막한 서울살이를 시작할 터이지만 그것이 이른 새벽, 무논에 들어갈 때보다 더 서늘하고 흙먼지 날리는 묵정밭을 맬 때보다 더 팍팍하다는 것을 곧 깨닫게 될 것이다. 속이 메슥거리는 매연 냄새는 좀처럼 익숙해지지 않고 자기 집에 들어가도 남의 집에 온 듯 낯설어 몇 해도 가기 전에 오매불망, 꿈에 본 내 고향을 그리워하겠지만 한 번 등진 고향땅을 다시 밟기는 어려운 법, 아직 동도 트기 전 까마귀 시체가 널린 듯 연탄재로 온통 시커메진 골목길을 밟으며 고단한 일터로 나갈 때마다 자꾸만 발이 허방을 짚는 듯 불안하고 허전해 어쩌다 운 좋게 술이라도 한잔 얻어 걸치면 사는 게 도대체 이게 뭔가, 싶은 기분에 자꾸만 눈물이 날 것 같지만 그래도 믿을 거

라곤 그저 늙어가는 몸뚱이 하나뿐, 낡은 자전거 페달을 돌리듯 체인이
끊어질 때까지 찌든 육신을 돌리고 또 돌려야 할 터였다. (1권, 243)

천명관의 『나의 삼촌 브루스 리』에서 부정적으로 그려지는 근대화
는 7,80년대 군사정부와 연결되고, 가족 중에서는 명문대를 졸업하고
변호사가 된 '나'의 형과 연결된다. 형은 고향 사람들을 "산골짝에 처박
혀서 세상이 어떻게 돌아가는 줄도 모르"는 "촌놈들"(1권, 284)이라고
무시하며, "가난하고 무식하고 힘도 없는 것들이 어깨에 힘만 주고"(1
권, 284) 다닌다는 막말을 한다. 형은 "사람이 근대화가 되어야지, 근대
화가. 안 그러면 짐승하고 다를 게 뭐가 있어?"(1권,284)라고 한탄한다.
"형이 말하는 인간다운 삶이 박정희가 말하던 근대화와 관련이 있는 게
아닐까 하는 생각"(1권, 285)을 통해 알 수 있듯이, 이러한 형의 생각은
당대의 체제이데올로기에 연결되어 있다.

이러한 형은 여러 측면에서 비판받는다. 한없이 선량한 삼촌조차도
형을 욕할 정도이다. 가장 중요한 것은 그토록 개인의 성공을 향해 달려
간 형조차 결코 행복하지 않다는 점이다. "집안 대소사에도 빠지기 일
쑤"(2권, 219)인 형은 변호사가 되어서도 "늘 불안하고 피곤해 보"(2권,
219)인다. 형은 변호사가 되어서도 깡촌 출신이라는 콤플렉스에 시달
리며, "세상사에 대해서 그 어떤 신념도, 그 어떤 입장도 없는"(2권. 306)
소시민으로 연명할 뿐이다. 고향을 경멸하며 앞만 보고 달려간 형의 뒷
모습은 다음의 인용문처럼 이 시대 모든 이들의 모습으로 확장된다.

걸어가는 뒷모습이 유난히 쓸쓸해 보였다. 그 쓸쓸함은 어쩌면 고향을 등진 모든 이들의 운명이었는지도 모른다. 아니, 어떤 의미에서 우리의 시대는 모두 고향을 떠나 다시는 돌아가지 못하는 실향의 운명을 짊어진 시대인지도 모른다. 그래서 늘 허기진 마음으로 무리를 찾아 헤매지만 끝내 아무 데도 정착을 못하고 타자로서 영원히 변두리를 떠돌 수밖에 없는 그 실향의 운명은 변호사 나리라고 해서 별반 다른 게 아닌 모양이었다. (2권, 308)

사정이 이렇다면, 즉 모든 이들이 근대라는 거대한 괴물의 아가리속에서 벗어날 수 없는 것이라면, 이쯤에서 지금까지의 논의를 뒤집어 생각해볼 필요가 있다. 삼촌은 이소룡이라는 한물 간 배우에 집착해서현실에 적응하지 못한 것이 아니라, 현실에 도저히 적응할 수 없었기 때문에 이소룡이라는 과거에 집착한 것인지도 모른다. 아무것도 가진 것이 없는 삼촌은 그나마 자신을 지탱할 수 있는 유일한 환상의 프레임으로 이소룡을 선택한 것이라고 보아야 한다. 라깡 식으로 말하자면 이소룡에 집착하는 삼촌은 처음부터 존재하지 않았던 이소룡(대상)을 존재했던(하는) 것처럼 오인하고 그것을 욕망하는 사람이다. 이와 관련해『나의 삼촌 브루스 리』가 이소룡의 죽음에서부터 시작한다는 것은 여러모로 의미심장하다. 삼촌이 평생에 걸쳐 자신의 목숨보다도 더욱 사랑하는 최원정과의 관계도 노스탤지어라는 맥락에서 생각할 수 있다.

3. 최원정이라는 이름의 어머니

천명관의 『나의 삼촌 부르스 리』에서는 운명의 여인 최원정이 이소룡과 같은 절대적인 향수의 대상으로 등장한다. 삼촌은 학촌에 머물 때 우연히 영화배우인 최원정을 만나고, 그때부터 운명적인 사랑에 빠진다. 상경해서도 원정과의 인연은 이어진다. 이소룡 영화를 보기 위해 들어간 동시상영관에서 원정이 출연하는 모습을 보기도 하고, 배달 중에 우연히 원정을 만나기도 한다. 80년대가 되자 원정의 삶 역시 시들기 시작한다.[17] 원정은 삼류배우인 삼촌과 같은 영화에 함께 출연할 정도로 몰락한 것이다. 이후 삼촌은 원정이 유사장 측근들에게 폭행당할 때는 앞장서서 그녀를 지켜주기도 하고, 촬영장에서 원정을 위해 혼신의 연기를 하다가 부상을 입기도 한다. 이런 저런 인연으로 둘은 급속도로 가까워진다. 이후에도 여러 가지 우여곡절을 겪지만 원정을 향한 마음에는 변함이 없다. 삶의 모든 과정에서 실패만을 맛본 삼촌이지만 원정과의 사랑에서만은 성공한다. 원정의 복수를 하기 위해 나선 길에서 억울하게 뒤집어쓴 누명을 벗고 교도소에서 나온 삼촌은 원정과 미래를 약속하는 깊은 포옹을 나누며 작품은 끝난다.

문제는 그토록 갈망하는 최원정이 지닌 의미가 무엇인가이다. 향수가 궁극적으로 오이디푸스 이전 단계에서 어머니와의 행복한 결합 상

---

17 육체만이 무기인 그녀에게 육체의 노쇠는 곧 그녀라는 존재 자체의 하락으로 이어진다. 젊은 여인들에게 빠진 유사장의 눈 밖에 난 그녀는 마포 근처의 낡은 원룸오피스텔에서 간신히 살아가고 있다. 한때 유사장의 보살핌을 받으며 삼류영화에나마 자주 얼굴을 내밀었던 원정은 이제 여러 술자리를 전전하며 길거리 창녀처럼 하룻밤 몸을 맡기는 신세로 전락한 것이다.

태를 향한 것이라고 할 때, 최원정이야말로 삼촌에게는 어머니에 해당한다. 삼촌은 원정을 통해서 현재 자신이 소유하고 있는 남근을 잃어버리게 될지 모른다는 불안감에서 벗어날 수 있다. 본래 여성을 향한 노스탤지어는 존재의의를 상실한 남성 주인공이 지닌 고통과 고뇌에서 비롯된다. 이 때 여성은 남성들이 지닌 상실감과 결핍이 투사되는 장소이다. 그렇기에 원정이 도달할 수 없는 대상으로 이상화될수록 삼촌의 욕망은 뜨거워진다.

그러고 보면, 이 작품에서 삼촌을 매혹시키는 원정의 절대적인 무기는 바로 가슴이다. 원정의 가슴에 대한 집착은 너무나도 맹렬해 작품 속에서 최원정의 가슴은 거의 물신화되는 수준에 이른다. 최원정은 곧 가슴이라고 할 만큼, 사람들은 최원정이 뭘 해도 다들 최원정의 "가슴"(2권, 189)에만 관심을 보이는 것이다. 이때의 가슴을 모성의 상징으로 독해하는 것도 무리는 아닐 것이다.

삼촌은 철저하게 모성에 굶주린 사람이며, 그의 삶은 모성 결핍 그 자체라고 할 수 있다. 이것은 삼촌이 마사장이라는 40대 초반의 화교 여인이 운영하는 북경반점에서 배달일을 할 때의 에피소드를 통해 잘 드러난다. 취한 마사장을 업어서 그녀의 방에 데려다 줄 때, 삼촌은 마사장에게서도 "모성"(1권, 141)을 느끼고, 자꾸만 "엄마 생각"(1권, 141)을 하는 것이다.

엄마가 외할머니에게 삼촌을 맡기고 개가를 하는 바람에, 삼촌은 남의 집 허드렛일로 살아가는 외할머니 밑에서 늘 우울하고 외롭게 자랐다. 엄마는 계절이 바뀔 때마다 한 번씩 찾아왔을 뿐이다. "엄마가 돌아갈 때마다 아이는 울며불며 매달렸지만"(2권, 142), 그것은 소용없는 일이었다. 원정과 처음 성관계를 맺은 후에 삼촌이 털어놓은 이야기는 일찍이 자신을 버리고 떠난 엄마와 외할머니 밑에서 자랐던 이야기, 외할머니마저 죽고 친부를 찾아갔다 그 집에서 서자로 자란 사연이다. 마치 이것은 엄마의 부재로 고통 받았던 아이가 뒤늦게 나타난 엄마에게 자기가 그동안 엄마 때문에 얼마나 고생했는지 하소연 하는 모습과 닮아 보인다. 삼촌에게 최원정은 '오이디푸스 이전 단계의 어머니'에 해당한다고 볼 수 있다.

이러한 모성에 대한 맹목적 집착은 실제의 아버지가 모두 죽는 것과도 관련된다. 인물들을 적절하게 이끌어 줄 부성적 권력의 부재는 인물들을 모성적인 것으로 이끌었다고 말할 수 있다. 토끼는 동천을 휘어잡는 주먹이 되지만, 정치인까지 얽혀든 혼탁한 갈등 속에서 비참하게 죽고 만다. 유사장의 아들은 "아빠가 저지른 죄로 내가 대신 심판을 받는 거라고요"(2권, 291)라며 엽총으로 유사장을 쏘아 죽이며, '나'의 아버지 역시 간암으로 일찍 죽는다.

4. 무언가를 더 기대할 수 있다면……

이소룡과 최원정 이외에 작품 속에서는 권씨가 모여 사는 집성촌인 학촌이 이상화된다. 권씨 집안 제사는 동네잔치를 방불케 할 정도로 유난스러우며, 그곳에는 근대화가 어느 정도 진전된 1970년대임에도 공동체의 권위가 남아 있다. 할머니가 돌아가셨을 때 "집성촌이 좋은 점은 그런 큰 일이 있을 때"(1권, 199)였다는 말처럼, 모든 사람이 도움을 나누는 이상적인 장면을 연출한다. 소렴이니 대렴이니, 성복이니 조상이니 해서 이름도 복잡한 절차가 계속되고, 상식을 올리고 수도 없이 절을 하느라 무릎이 다 까질 판이다. 문중을 중심으로 한 마을 사람들은 할머니의 사십구재까지 최선을 다해 함께 치러 나가는 아름다운 모습을 보여준다. 이와 달리 종합병원 영안실에서 치러진 아버지의 장례식은 "간편하긴 했지만 인스턴트 식품처럼 알맹이는 없이 형식만 대강 갖춘 것 같아 장례기간 내내 뭔가 허전한 기분"(2권, 303)을 남겨준다.

그러나 이것은 실상과는 거리가 먼 노스탤지어의 산물에 불과하다. 삼촌은 평생 꿈속에서 잘려나간 팔 대신 날카로운 쇠갈고리가 달린 의수를 하고 있는 갈고리와 싸운다. 그 악당은 착하고 힘없는 사람들을 죽이고 여자들을 겁탈한다. 삼촌은 그 갈고리가 "수치스런 과거"(1권, 115)를 의미하며, 그것은 "자신의 태생에 얽힌 혼란스런 비밀이었으며 부지불식간에 파고들어 인생을 꼬이게 만드는 심술궂은 운명이었고 그 운명이 이끌어가는 그의 인생 전체"(1권, 115)라고 의미부여를 한다.[18] 즉 삼촌의 불행한 운명의 근원에는 바로 서자라는 출신성분이 있었던

---

18 갈고리는 또 다른 의미를 지니고 있다. 창녀 같은 처지로 전락한 필생의 연인 원정을 보며 삼촌은 "그녀의 뒤엔 거대한 갈고리처럼 뭔가 보이지 않는 힘이 존재한다."(2권, 154)라고 생각한다. 이 때의 갈고리는 원정을 처참하게 만든, 자본주의와 독재정치가 서로 결탁하여 진행된 현대사의 음험한 그림자를 의미한다고 할 수 있다. 나중에 원정이 강간당하고 사라졌을 때, 삼촌은 "갈고리는 단지 꿈속에만 등장하는 가다끼가 아니었다. 그는 현실 속에서 살아 돌아다니는 괴물이었다."(2권, 248)라고 생각한다.

것이다. 이 때 서자와 적자를 가르는 공포의 판단은 과거 공동체의 유교적 가치관에서 비롯된다. 이상화되는 학촌의 유교적 공동체의식이야말로 삼촌의 삶을 뒤 엉클어 놓은 근본 원인이었던 것이다.

천명관은 지난 시기의 약소자라고 할 수 있는 삼촌의 존재를 통하여 최근 현대사를 재현하는데 나름의 성과를 내고 있다. 그것은 특히 지난 시절의 영화계와 삼청교육대를 다루는 부분에서 빛을 발한다. 그러나 이러한 되돌아봄이 새로운 미래를 개척해 나갈 수 있는 가능성으로 기능하지는 못한다. 이때의 과거는 오히려 현재의 불안과 공포를 가리는 허구의 스크린으로 기능하는 측면이 있다. 무엇보다도 『나의 삼촌 부르스 리』의 핵심을 이루는 세 가지 표상, 즉 이소룡, 최원정, 학촌은 모두가 노스텔지어의 산물에 불과하다. 이것은 프레드릭 제임슨이 말한 '우리 자신의 현재경험을 재현하는 것이 점점 불가능하게 되어가는 어떤 상황의 거대함'과 관련된 것으로 보인다. 이러한 생각은 『나의 삼촌 부르스 리』가 현재에 가까운 시기를 다룰수록 서사가 한없이 엉성해진다는 점에서도 그 정당성을 찾을 수 있다. 실질적인 서사는 1980년대로 막을 내리고 90년대 이후는 삼촌의 수감생활로 인하여 실질적으로 서사화 되지 못 하는 것이다.

새로운 질서에 의해 급속하게 변화하는 현실은 주인공들의 의식을 과거로 향하게 한다. 향수를 통해 불러온 이상화된 과거를 통해 현재의 삶에서 벗어나고 있는 것이다. 그러나 이때의 향수는 현실로 돌아와 새로운 미래를 만들어 갈 정치적 기획으로서 기능하지는 못한다. 돌아와야 할 '지금 이 곳'이 이들 작품에는 공란으로 남겨져 있기 때문이다. 이

것은 오늘날의 복고 소설들이 해결해나가야 할 하나의 과제라고 할 수 있다.(2012)

작가의 탄생

김애란의 『비행운』(문학과지성사, 2012)論

1. 시대를 감각하는 소설

노벨문학상을 수상한 오르한 파묵은 "소설의 진정한 가치는 우리에
게 삶이 바로 이런 것이라는 느낌을 얼마나 이끌어 내느냐에 따라 평가
되어야 합니다"[19]라고 말한바 있다. 최근에 창작된 소설 중에서 김애란
의 『비행운』(문학과지성사, 2012) 만큼 오르한 파묵이 말한 '삶이 바로 이
런 것이라는 느낌'을 강렬하게 주는 작품도 드물다. 오르한 파묵은 '삶이
바로 이런 것이라는 느낌'을 주는 구체적인 방법을 다음과 같이 덧붙인다.

---

19 오르한 파묵, 이난아 역, 『소설과 소설가』, 민음사, 2012, 34쪽.

세부 사항들이 정확하고 분명하고 아름답게 묘사될 때면 우리는 "맞아, 정확히 이래, 바로 이거야"라고 감탄합니다. 이러한 묘사를 통해 독자들은 상상 속에서 장면을 떠올리고 작가에게 열광하게 됩니다. 또한 우리가 좋아하는 작가가 모든 것을 마치 실제 경험한 것처럼 우리를 설득할 수 있을 거라고도 느낍니다. 이러한 착각을 불러일으키는 힘을 작가의 역량이라고 합시다.[20]

오르한 파묵이 말한 '작가의 역량'이 빛나는 대목은 이번 소설집의 곳곳에서 발견할 수 있다. 대표적인 사례 두 가지. 「그곳에 밤 여기에 노래」에서 용대가 느끼는 소외감이 그 하나이다. 이 작품에서 "가족의 수치, 가계의 바보, 가문의 왕따"(134)인 택시기사 용대는 현직검사로서 "집안의 긍지, 집안의 자랑, 집안의 수재"(156)인 조카 지훈을 승객으로 만난다. 지훈은 집안 아저씨인 용대와 엮이고 싶지 않아 거짓 주소를 말하고, 엉뚱한 곳에서 내린다. 다음의 인용 대목은, 지훈이 다른 택시를 잡아타고 자신의 집으로 돌아가고 뒤이어 용대가 우연히 지훈을 목격하게 되는 장면이다.

택시는 7단지 입구를 빠져나간다. 지훈은 아파트로 들어가는 척하면서 재빨리 화단의 나무 뒤로 쏙 숨는다. 용대가 사라질 때까지 기다렸다. 도곡동으로 돌아갈 계획이다. 용대는 횡단보도 앞에서 긴 신호를 기

---

20 위의 책, 50~51쪽.

다리고 있다. 지훈은 그렇게 나무 뒤에 붙어, 용대가 사라질 때까지 바싹 웅크리고 있다.

용대는 7단지 근처의 편의점 앞에 차를 세운다. 조카를 내려준 후 담배 생각이 나서였다. (…중략…) 그러다 순간, 멈칫하고 황급히 골목 안으로 들어간다. 그 사내가 마치 자기 조카처럼 보였기 때문이다. 용대는 가로등 하나 없이 캄캄한 골목 안에 몸을 숨긴다. 그러곤 조카가 탄 택시가 보이지 않을 때까지 오래도록 거기 숨어 있는다. (161~162)

이 대목을 굳이 친족 간의 우애로도 뛰어 넘을 수 없는 계급적 적대의 장벽을 드러냈다는 식으로만 해석하고 싶지는 않다. 삶의 어느 골목에서 용대가 느꼈을 쓸쓸함을 한 번도 느낀 적이 없다고 자신할 수 있는 사람이 누가 있겠는가? 위의 대목을 읽으며 가슴 한 편이 서늘해지는 기분을 느끼지 않았다면 그건 아마 거짓말일 것이다.

「서른」에서 주인공이 머물게 된 합숙소의 풍경을 묘사하는 대목에서도, 우리는 마치 다단계 회사의 합숙소에 도착한 듯한 실감을 느끼게 된다.

상급자를 따라 문을 열고 들어가자, 부엌 싱크대서 머리를 감고 있던 남자가 무슨 공포영화에서 그러는 것처럼 물을 뚝뚝 흘리며 비스듬히 저를 쳐다보데요. 그 옆에는 솔이 잔뜩 휜 30여 개의 칫솔이 숟가락 통에 아무렇게나 꽂혀 있었고요. 집 안 가득 퀴퀴하고 기분 나쁜 냄새가 났어요. 저는 어리둥절한 얼굴로 재빨리 주위를 살폈어요. 홍삼액, 항균

타월, 은나노 비누, 양파즙, 양말 따위가 담긴 상자가 여기저기 천장까지 쌓여 있었어요. 그들이 팔 물건이 아니라 산 물건이었죠. 저도 이미 한 세트 구매하고 들어가는 참이라 한눈에 알아볼 수 있었고요. 우리는 그걸 초기 투자비용이라 불렀어요. 화장실을 지나 큰방으로 가다 양변기에 쪼그리고 앉아 오줌을 누고 있는 여자와 눈이 마주쳤어요. 여자는 화장실 문을 5분의 1쯤 열어두고 있었는데 놀랍게도 문가에서 누가 지키고 있더라고요. 설마 남녀가 이런 데서 같이 지내나 싶었는데, 정말 다 큰 처녀 총각들이 한방에서 생활하고 있었어요. 같이 먹고 자고 싸고 하면서요. 처음 뵙겠습니다. 기어들어가는 목소리로 인사를 하자 사람들이 핏기 없는 얼굴로 박수를 쳐줬어요. 그러곤 잘 왔다고, 웃으면서 가짜 환대를 해줬지요. (303~304)

김애란의『비행운』에는 우리 사회의 여러 문제적 지점들이 전혀 낡지 않은 새로운 방식으로 그 모습을 드러내고 있다. 인간을 고려하지 않은 개발의 문제, 생존권마저 박탈당한 청춘의 문제, 벗어날 수 없는 빈곤의 문제, 결혼이민자의 문제 등이 그 주제에 걸맞는 형상을 얻고 있는 것이다. 무엇보다 이번 작품집을 관통하는 하나의 단어를 찾자면, 그것은 '막막함'이라고 정리할 수 있다. 몹시 답답하여 쓸쓸하기까지 한 장면이 곳곳에 펼쳐지고 있는 것이다.

「하루의 축」에서 하루 종일 화장실 청소를 하는 기옥 씨가, 공항 안에 있는 '출발'과 '도착'이라는 말이 쓰여 진 "수천 개의 표지판 아래서 어디로 가야 할지 모르는 고아 같은 얼굴을 하고 있"(198)을 때, 「호텔 니약 따」에서 서윤이 여행 중 헤어진 남자친구에게 전화를 걸어 남자친구로부터 "힘든 건 불행이 아니라…… 행복을 기다리는 게 지겨운 거였어"(277)라는 답변을 들을 때, 답답하여 쓸쓸하기까지 한 파토스에 휘말리지 않기는 거의 불가능하다. 이러한 막막함은 김애란이 우리 시대의 고통을 누구보다 오래 들여다보고 오래 아파한 결과이다. 발랄한 감각과 재기 넘치는 문장으로 기억되었던 작가 김애란은 이번 소설집을 통하여 이 시대가 기록해야 할 창조적인 정신임을 스스로 증명하는데 성공하였다.

2. 개발의 악몽

「벌레들」과 「물 속 골리앗」은 파국의 이미지로 가득하다. 이 작품들은 우리 시대 가장 뜨거운 문제 중의 하나였던 개발에 대한 문제제기를 하고 있다. 「벌레들」은 한도 끝도 없이 기어 나오는 벌레들로 가득하다. '나'는 장미빌라로 이사 온 지 석 달이 지났을 때 처음으로 수납장 위로 손가락만한 애벌레가 지나가는 것을 발견한다. 이후에는 너무나 커다란 바퀴벌레와 돈벌레는 물론이고 눈에 띄지 않는 작은 벌레들을 계속해서 발견한다. "거미나 나방, 무당벌레, 자벌레, 하루살이 등 익숙한 곤충에서부터 이름을 알 수 없는 별의별 것까지"(63) 나타나는 것이다. 이 작품에서 간간이 묘사되는 일상 역시 음산하기 이를데 없다. 한밤중에 한 사내가 누군가를 때리는 소리가 들리고, 지하에서는 비명이 새어 나오기

도 한다.[21]

주인공이 사는 동네에는 재개발 구역인 "유령 도시처럼 고요한 A구역"(61)이 있다. A구역의 재개발 공사가 본격적으로 시작되는데, 이상한 점은 그곳에 살던 이들이 "순식간에, 그리고 한꺼번에 사라"(59)진 것이다. 또한 A구역에선 빈곤의 냄새가 나는데, '나'와 남편은 빈곤의 냄새와 벌레로 가득한 유령 도시에서 영원히 벗어날 수 없다. A구역에 새로운 아파트가 들어서는데 2년이 걸리지만, 2년 후에 계약 기간이 끝나면 다른 곳으로 이사를 가야하며, "거기서 또 저런 공사가 시작"(61)되기 때문이다.

남편이 이삿짐 회사와 택배 회사에서 일하며 번 돈으로 사준 반지가 담긴 케이스가 A구역으로 떨어지자, 반지를 줍기 위해 '나'는 만삭의 몸으로 A구역으로 내려간다. 처음에는 머뭇거리기도 했지만 "이보다 극한 상황에서도 살아남은 이전의 엄마들, 야생적이고 건강했던 옛날 산모들을 생각"(76)하며 A구역으로 내려간 것이다. 곧 '나'는 그곳에 있는 나무뿌리 부분에서 "엄청난 양의 곤충이, 벌레가, 유충이 떼를 지어 이동"(78)하는 것을 발견한다. 벌레들의 행렬은 "재앙처럼, 혹은 난민처럼 도시로-도시로-퍼져 나가고 있었"(78)던 것이다. 그 순간 핸드폰도 두고 나온 그녀의 양수가 터지고, 그녀는 그 자리에 그대로 주저앉는다.

「물속 골리앗」의 시작 부분부터 내리던 비는 마지막 순간까지 그치지 않는다. 그리하여 모든 것들은 물속으로 사라져 버린다. 그런데 물에

---

21 이 작품에서 남편은 중소 제과업체에서 영업일을 하고 있다. 삶에 찌들린 남편이 관심을 갖는 것은 통장 잔고, 일상의 자잘한 욕구, 부풀어 오르는 아내의 배, 스낵의 판매량 그래프 같은 것들 뿐이다.

잠기기 이전부터 마을은 텅 비어 있었다. "동네 전체가 재개발구역으로 지정되면서, 사람들이 하나둘 떠나갔기 때문"(88)이다. 강산아파트에 붉은색 페인트로 여기저기 커다란 X자가 칠해진 뒤, 모두 사라진 것이다. 끝까지 이주를 거부했던 이웃도 전기가 끊기자 결국 짐을 쌌다. 이제 "이곳에 남은 사람은 어머니와 나, 둘뿐"(89)이다. 끝도 없이 내리는 비가 아니더라도 그들은 이미 세상으로부터 고립된 상태이다. 따라서 이 비는 실제가 아니어도 무관하다. 그것은 이미 하나의 심리적 실재로서 충분히 그 역할을 발휘하기 때문이다.

이 작품에서 모든 것은 물에 잠기고 대형 크레인만이 그 모습을 지상에 드러낸다. "전 국토가 공사 중이었"(112)던 것이다. 이때의 대형 크레인은 지금의 세상을 지배하는 개발의 논리를 상징한다고 보아도 무방하다. 이러한 크레인에 둘러붙은 부정적인 의미는 그곳에서 죽은 아버지의 모습을 통해 잘 나타나고 있다. 신도시의 건설 현장에 나가 아파트를 지었던 아버지는 40미터 타워 크레인에 올라 체불임금 지급을 요구하는 시위를 벌이다가 사망한 것이다. 물대포라도 맞은 양 머리부터 발끝까지 온통 젖어 있는 아버지의 시신은 아버지가 실족사 했다는 회사 측의 주장이 허구임을 증명한다. 완벽히 혼자가 되어 망망대해를 떠다니는 주인공의 모습에는 개발지상주의가 가져올 종말의 실감이 선명하게 새겨져 있다.

3. 누가 청춘을 예찬하는가?

이번 소설집에는 「큐티클」, 「너의 여름은 어떠니」, 「호텔 니약 따」, 「서른」처럼 20대 젊은이들의 삶을 다룬 작품들이 여러 편 수록되어 있다. 이들 작품에 등장하는 젊은이들처럼 왜소해진 청춘은 일찍이 우리 소설사에서는 찾아보기 힘든 것이었다. 「호텔 니약 따」에서 서윤은 현대문학 스터디 때 "교수님들 세대는 가난이 미담처럼 다뤄지는데 우리한테는 비밀과 수치가 돼버린 것 같아"(281)라고 웅얼댄다. 「서른」의 '나'가 말하듯이, "과거에는 대학생이 학생 운동을 했"다면, "지금은 다단계 판매를 하게"(305) 된 것이다. '나'는 대학에 입학했을 때만 해도 "뭔가 창의적이고 세상에 보탬이 되는 일을 하며 살게 될 줄 알았"(315)지만, 그리고 나름대로 열심히 살았지만 결국에는 "어쩌다, 나, 이런 사람이 됐는지 모르겠어요"(316)라고 한탄하는 지경에 이른다. 「호텔 니약 따」에서 은지는 무척이나 큰 캐리어를 들고 여행을 떠나고, 「큐티클」에서도 주인공은 무거운 캐리어로 힘겨워한다. 이들 소설에 등장하는 커다란 가방은 오늘날의 청춘이 짊어져야 할 무거운 짐을 의미하는 것으로 보인다. 그러나 작품에 드러난 젊은이들이 짊어진 삶의 무게는 그 가방 따위와는 비교도 안 될 만큼 무겁다.

「호텔 니약 따」의 은지와 서윤은 대학 동기이다. 대학을 졸업하고도 변변한 직장을 얻지 못한 그들은 "어느 날 자리에서 눈을 떠보니 시시한 인간"(251) 되어 "아무것도 되지 않은 채. 어쩌면 앞으로도 영원히 이 이상이 될 수 없을 거란 불안을 안고"(251) 살아간다. 서윤에게는 5

년 전 교통사고로 돌아가신 할머니가 남겨준 보상금이 있다. 그 보상금에서 이것저것을 제하고 남은 5백만 원이 서윤의 전 재산이다.

서윤과 윤지는 태국, 캄보디아, 베트남, 라오스를 둘러보는 대략 20일의 여행을 떠난다. 풍족하지 못한 여행이 늘 그러하듯이, 둘은 여행이 진행될수록 조금씩 서로를 불편해하기 시작한다. 말하자니 쩨쩨하고, 숨기자니 옹졸해지는 무엇"(271)을 느끼기 시작한 것이다. 은지와 서윤은 사소한 말다툼으로 완전히 서로 입을 닫는다. 이것은 서로가 필요 이상의 과잉된 정치 의식으로 현지인들을 대하는 식민주의적 (무)의식을 지적하다가 벌어진 일이다. 둘은 마지막 구원처럼 하노이 공항에서 또 한 명의 친구인 다빈이만을 기다리지만 다빈이는 끝내 나타나지 않는다. 이 작품은 "이들의 발길이 어디로 향할지 또 어디에 머물지는 아직 예측할 수 없었다"(286)는 문장으로 끝난다.

「서른」은 10여 년 전 독서실에서 함께 지낸 적이 있는 성화 언니로부터 엽서를 받은 '내'가, 지난 10년간 자신이 지내온 삶을 고백하는 편지 형식으로 되어 있다. 그 독서실에는 "보통의 기준에 다다르기 위해 안간힘을 쓰는 여자들이 많"(290)았다. 성화 언니는 전북에서 사범대학을 졸업한 사회초년생이었고, '나'는 부모님께 효도해야 된다는 각오로 충남에서 올라온 재수생이었다. "우리 둘 다 꿈 말고도 이고 있는 것이 많았"(290)던 사람들이다. 불문과에 입학했지만 휴학과 복학을 번갈아 한 결과 졸업도 거의 7년 만에 한 '나'는 "아무것도 아닌 것이 되어가고 있는 건 아닐까 불안해"(294) 한다. "이전에도 채무자. 지금도 채무자"(298)이지만, '나'는 점점 악성 채무자가 되어 간다. 천만 원가량의 학자금 대출이 있는데다가 아버지가 교통사고에 연루되면서 그야말로 집안이 폭삭 주저앉고 만 결과이다.

이 때 헤어진 지 3년이 지난 예전 남자친구가 연락을 해온다. 열심히 논문을 쓰다 보니, 헤어질 즈음에 이미 삼십대 초반의 신용불량자가 되어 있던 예전 남자친구는 "나 이제 돈 잘 벌어"(299)라고 말한다. 예전 남자친구의 권유로 '나'는 "한 달에 3백만 원, 많게는 천만 원도 벌 수 있다는, 그렇지만 그전에 제가 먼저 물건을 8백만 원어치 사야 된다는 이상한 회사에 들어"(301)간다. 오늘날 사회적 문제가 되고 있는 다단계 회사에 취직하게 된 것이다. '나'는 "사람 죽이는 일만 아니면 돈이 되는 일은 뭐든 하고 봐야 될 정도로 상황이 절박"(303)했던 것이다. 이처럼, 김애란의 『비행운』에 등장하는 젊은이들은 꿈이나 가치와 같은 젊은이다운 고민은 해볼 여력도 없이 오직 하루하루의 생존에만 전력투구하는 막장의 삶을 견뎌내는 중이다.

4. 큐티클에 새겨진 계급

오르한 파묵은 발자크가 "소유물, 그림 사물, 잡동사니의 풍부함이 불러일으킨 사회적 개인적 욕구를 소설 속 풍경으로 끌어들인 최초의 작가"[22]라고 말한다. 이어서 발자크에게 실내 장식 등의 사물을 묘사하

---

22 위의 책, 105쪽.

는 일은, 형사가 단서를 추적해 범인을 알아내는 것처럼 독자들이 소설 주인공들의 사회적 위치와 정신 상태를 짐작하게 해 주는 방법이라는 설명을 덧붙인다. 오르한 파묵의 관점을 따르자면 김애란은 한국의 발자크라고 부를 수도 있을 것이다. 김애란은 쉽게 지나칠 수도 있는 사소한 과자 세트나 손톱 손질 등을 통하여 주인공이 처한 사회적 지위나 감정 구조를 명확하게 전달해 주고는 한다.

「하루의 축」에서 50대 중반인 기옥씨는 대낮에도 볕이 들지 않는 집에 살며 정수리가 휑한 스트레스성 탈모 증상을 겪고 있다. 기옥씨는 탑승동에만 약 5백 명, 공항 전체로 따지면 7백여 명에 달하는 인천공항 청소 노동자들 중의 한 명으로 화장실 청소를 담당한다. "승객들은 이따금 기옥 씨가 거기 있는 줄 모르거나, 있어도 없는 사람처럼 여겼"(200)다. 투명인간이 되어 화장실을 쉼 없이 청소하는 기옥씨와 비교되는 국제공항 이용 승객들의 생활 태도는 고가의 마카롱 세트 과자를 태연하게 화장실에 버리고 가는 간단한 행위 하나를 통해 선명하게 드러난다.

「큐티클」,[23]의 한복판에는 "여자는 손톱과 가방으로 남자는 안경테와 시계로 소비 수준과 구매력을 판단한다"(234)는 문장이 놓여 있다. 대학 졸업과 함께 외국계 제약회사에 3년째 다니고 있는 스물여덟의 '나'는 명동에서 1시에 열리는 친구의 결혼식에 간다. 학창 시절 내내 경쟁심을 느껴왔던 친구의 결혼식이고 대학 동기들도 많이 올 것이기

---

23 큐티클은 손톱이나 발톱 뿌리 부분을 덮고 있는 단단한 피부 층을 의미한다. 손톱이나 발톱 손질을 받을 때 가장 먼저 제거하는 부분이다.

때문에 '나'는 "궁극의 사치"(217)처럼 느껴지는 네일아트를 받는다. 네일아트를 받는 이유는, 이전에 광고회사 쪽에서 입지를 다진 선배를 만났을 때 그 선배의 손이 무척이나 '깨끗해' 보였기 때문이다. '나'는 결혼식장에서 깨끗하게 손질한 예쁜 손톱을 보여주고 싶어 하지만, 정작 하객들에게는 겨드랑이에 생긴 커다랗고 우스운 얼룩만 보여주고 만다. 우울한 기분에 빠진 나는 전문대학을 졸업하고 남산 꼭대기에 있는 카페에서 아르바이트를 하는 친구를 찾아간다. 그곳에서 끝내 손톱은 찢어지고, '나'의 가방 속에서는 아까워서 버리지도 못하는 부케가 망가져갈 뿐이다. '깨끗한 손'과 '찢어진 손톱' 사이의 거리는 성공한 선배와 '나'의 사회적 거리를 표현하기에 모자람이 없다.

5. 가난의 영원회귀

「그곳에 밤 여기에 노래」에서 용대는 하루에 열 네 시간씩 택시를 운전한다. 이 작품의 시작과 마지막에는 빈 택시 안에 울려 퍼지는 "워 더 쭈어웨이 짜이날?"이라는 중국어 문장이 놓여있다. 이 중국어는 용대의 아내인 임명화가 남편의 중국어 교육을 위해 녹음시킨 테이프에서 흘러나오는 것이다. 우리말로는 '제 자리는 어디입니까?'(133)라는 뜻이다. 이 작품에서 한 인간이나 한 사회를 이해한다는 것은 그 인간이나 그 사회의 언어를 이해한다는 것을 의미한다. 임명화는 한국에 왔을 때, 자신이 발음하는 말이 "조상들의 말이 아닌, 단순히 타지 사람이 쓰는 '노동자의 언어'일 뿐이라는 걸"(137) 깨닫는다. 조선족인 임명화는 한국사회에서의 자기 위치를 자신의 언어를 통해 감지하고 있는 것이다. 시간이 지남에 따라, 명화는 "소리와 억양이 환기시키는, 어떤 냄새에 대해서도, 죽어도 완벽해질 수 없는 딴 나라말의 질감에 대해서도"(137) 알아간다.

용대나 조선족 임명화는 모두 가난한 인간일 뿐이다. 용대는 어려서부터 "가족의 수치, 가계의 바보, 가문의 왕따"(134)로 홀대 받으며 성장한다. 7년 전 부동산 계약을 잘못하여 어머니의 집을 날려버린 후 도망치듯 상경하였다. 명화는 동생 려화와 밀항선에 실려 어딘가로 배달되듯이 한국에 도착하였다. 동생인 려화는 골프장의 전용 식당에서 일하다 한쪽 눈을 잃지만 아무런 보상도 받지 못한 채 중국으로 돌아간다. 명화는 동생을 고국으로 돌려보내는 데 든 빚까지 고스란히 안은 채 온갖 품팔이를 하며 지낸다. 그러면서도 버는 돈의 3분의 2를 고향으로 보내며 근면하고 검소한 생활을 꾸려 나간다. 용대와 명화는 결혼하고 "자기 인생에서 가장 행복했던 시절"(148)을 보내지만, 명화는 곧 위암에 걸린다. 용대는 가족과 친척들에게 명화의 병원비를 구해보지만, 당연히 원하는 성과를 얻지 못한다. 그러다가 명화는 "천천히 죽지 못하고 좀 이르게"(151) 죽는다.

이 작품에는 어떠한 식민주의적 (무)의식도 나타나 있지 않다. "조선족이라 해서 다 가난한 건 아니었다"(138)는 말에 압축되어 있듯이, '한국인 / 조선족'의 이분법은 존재하지 않는다. 이 없는 자들의 자리에는 용대와 명화 부부가 마지막에 다다른 관처럼 작은 방에 사는, 한밤중 명화가 비명을 지를 때면 욕을 해대던 베트남, 방글라데시, 러시아에서 온 이주노동자들도 해당된다.

용대가 중국어를 배우는 일은 아내인 명화를 이해하는 일에 해당한다. 용대는 명화가 죽고 없지만 여전히 명화를 떠올리며 "그렇게 잠깐 살고 만 북쪽 여자도 용대에겐 끝까지 제목을 알 수 없는 노래가 아니었을까"(147)라고 생각한다. 용대는 "그녀가 자길 정말 사랑했는지 여전히 궁금"(164)해한다. 이러한 궁금증이 여전히 택시 안에서 중국어 테이프를 틀어놓는 이유일 것이다. 용대는 "그렇게 그 여자 나라말을 외면서, 한 번도 가본 적 없고 어쩌면 앞으로도 영영 못 가볼 나라의 말을 하면서, 자신이 차츰 나아지고 있다는 것을"(166) 깨닫는다. 중국말을 배우는 과정은 명화(타인)를 알아가는 과정인 것이다. 그렇기에 죽었다고 해서 그것이 끝나야 할 이유는 없다. 작품의 마지막에는 "워 더 쭈어웨이 짜이 날?"이라는 중국어 문장이 나오고, 이어서 "리 쩌리 위안 마(여기서 멉니까—필자)"(168)라는 문장이 이어진다. 용대와 명화 같은 우리 시대의 비루한 존재들이 머물 자리는 지금 이곳과는 너무나 먼 곳에 존재하는 것이다.

이 소설집을 읽으며 가장 끔찍한 느낌이 드는 순간은 이들이 겪는 가난이 영원히 지속되는 것으로 그려질 때이다. 니체의 영원회귀라는 단어가 떠오를 정도로 그들의 고통은 끝나지 않고 계속해서 영원히 지속된다.

「호텔 니약 따」에서 캄보디아에 머무는 마지막 날 은지의 제안으로 은지와 서윤은 숙소를 "'니약 따NEAK TA'란 이름의 3층짜리 낡은 호텔"(272)로 옮긴다. 은지는 이곳에서 묵으며 "주위에 죽은 사람 중 자기가 가장 보고 싶어 하는 사람을 본"(274)다는 사연을 듣고, 이곳에 머물기를 원한 것이다. 그 날 밤 죽은 사람을 만난 것은 은지가 아니라 서윤이다. 서윤은 니약따에서 5년 전 돌아가신 할머니를 만난다. 할머니는 "살아 계실 적 모습 그대로"(280) 손녀가 자기를 바라보고 있다는 사실도 모른 채 거리에서 폐지를 줍고 있다. 할머니가 죽어서도 박스를 줍고 계시다는 사실에 서윤은 뜨거운 눈물을 흘린다. 평생 폐지를 줍다가 교통사고로 객사한 할머니는 죽음 이후에도 똑같은 모습으로 폐지를 줍고 있는 것이다.

「서른」의 주인공 '나'는 학원에서 강의를 하며 하얗게 된 얼굴로 새벽부터 밤까지 학원가를 오가는 아이들을 보며 "너는 자라 내가 되겠지…… 겨우 내가 되겠지"(297)라는 생각을 한다. 이 생각이 진정으로 끔찍한 것은 '내'가 자신의 생각을 현실에서 실행한다는 점이다. 다단계 회사에서 자신의 상품가치를 모두 소진한 '나'는 자기 자리에 다른 사람을 채워 놓고 그 회사를 나오려고 한다. 이 때 내가 찾아낸 사람은 다름 아닌 자신의 학원 제자로서 자신을 가장 잘 믿고 따랐던 혜미이다. 결국 혜미는 엄청난 빚과 파탄 난 인간관계에 괴로워하다가 자살을 시도하여, 지금 식물인간이 되어 있다. 혜미가 보낸 문자메시지의 내용은 "샘 여기 분위기 쩔어요. 원래 이런 건가염. 샘 배고파요. 밥 사주세염. 샘 왜 제 문자 씹어요. 샘 전화 좀. 샘 어디세요. 샘 전화 한 번만. 샘 저 좀 꺼내주세요……"(317)이다. 예전 남자친구로부터 '나'에게 전달된 고통이 다시 혜미에게로 전달되고 있는 것이다. 이 고통의 카르마Karma는 결코 끝날 줄을 모른다.

6. 희망(?)

그렇다면, 이 고통의 수레바퀴에서 벗어날 길은 전혀 없는 것일까? 「너의 여름은 어떠니」에는 눈부시지는 않지만 결코 어둡다고는 할 수 없는 작은 희망의 빛이 반짝거린다.

「너의 여름은 어떠니」의 '나'는 대학 신입생 시절부터 한 선배를 좋아했다. 연모의 마음은 지금도 이어져서, "나는 지금껏 선배처럼 이상적인 남자를 본 적이 없"(278)다. 혼자서만 선배를 좋아하던 '나'는 대학을 졸업하고 별다른 직장 없이 체중을 늘렸다 줄였다 하면서 지낸다. 이 때 졸업 이후 2년 만에 케이블 방송의 AD로 있는 그 선배에게서 연락이 온다. 선배는 세계 핫도그 먹기 대회 일등 수상자이며, 미모의 재미교포 여성인 수잔 리 옆에서, 뚱뚱한 '내'가 레슬링복을 입고 허겁지겁 핫도그 먹기를 바랐던 것이다. '나'는 "부모에게 상처를 주기 위해 일부러 자해를 하는 청소년"(292)처럼, 선배의 부탁을 그대로 받아준다. 선배 역시도 힘들게 들어간 직장에서 살아남기 위해서는 어쩔 수 없다는 것을 알고 있다.

집에 돌아온 '나'는 친구 장례식에 가려고 차려 입은 상복 차림 그대로 방에 눕는다. 방은 "습도 탓인지 깊은 물속에 들어와 있는 기분"(295)이다. 이와 같은 자궁으로서의 방은 「도도한 생활」과 같은 김애란의 이전 소설들에도 자주 출몰했다.[24] 이 방은 상처받은 영혼이 자신을 지켜

---

24 이경재, 「갇힘의 사회학과 떠남의 존재로」(리뷰 좌담), 『문학동네』, 2007년 여름호, 526쪽.

내는 지상의 최저낙원이다. 일종의 가사상태에 빠져 있는 것인데, 어린 시절에도 그런 적이 있음을 떠올린다. 물에 빠져 "아무도 내가 죽어가고 있다는 걸 모른다는 고립감"(296)에서 죽어가고 있을 때, 병만이의 팔뚝을 잡고 겨우 살아난 것이다. 그때와 같은 상황에 처해서야, 그녀는 비로소 병만이의 아픔을 생각한다. 그것은 곧 "불현듯, 내가 살아 있어, 혹은 사는 동안, 어디선가 누군가 몹시 아팠을 거란 생각이 들었다. 나도 모르는 곳에서 나도 모르는 누군가 많이 아팠고, 또 견뎠을 거라고"(298)와 같은 커다란 깨달음으로 이어진다. 선배의 행동이 '나'에게 말할 수 없는 고통을 안겨준 것처럼, '나' 역시 산다는 것만으로 누군가에게 그만큼의 고통을 줄 수도 있다는 사실을 깨달은 것이다.

'나'는 커다란 고통 속에서 자신만큼 고통 받을(혹은 받았을) 타인을 발견한다. 이러한 깨달음이야말로 '가난의 영원회귀'라는 전대미문의 굴레에서 벗어나는 길은 아닐까? 그리고 보면 「서른」의 '내'가 말도 안 되는 다단계 판매회사에서 일하게 된 것은 고통 받는 타인에 대하여 눈을 감았기 때문이다. '나'는 다단계 판매를 합리화하며 "제가 그렇게 단순한 논리에 매료된 건, 피라미드 제일 아래에 있는 사람을 애써 보지 않으려 했기 때문인지도 모르겠어요. 그게 내가 되리라곤 생각하지 않았거나. 나만 아니면 된다는 식으로요"(307)라고 고백한다. 모두를 파멸로 이끄는 고통의 수레를 멈추는 일은 바로 옆에 있는 자의 고통을 돌아보는 것이라고, 짙은 막막함 속에서 김애란은 조용히 속삭이고 있는 것이다.(2012)

위선이여 안녕!

이기호의 『김박사는 누구인가』(문학과지성사, 2013)論

1. 전진하는 작가

최근 가장 많이 변모하는 작가는 단연코 이기호이다. 수많은 신인 작가가 나타났다가 별다른 눈인사도 없이 사라지는 이 비정한 문학판에서 이기호는 처음부터 제법 많은 비평가와 독자들의 눈도장을 받았다. 그것은 무엇보다도 이기호가 가지고 있는 입담과 그로부터 비롯되는 유머가 큰 역할을 하였다. 그 입담이나 농담은 정서적 쾌감뿐만 아니라 당대의 문학적 지형 속에서 적지 않은 사유의 공간을 만들어 주기도 했던 것이다. 그러나 지나치게 반복되는 유머는 웃음 대신 피로를 줄 수도 있으며, 필요 이상의 가벼움은 여러 가지 냉혹한 비판을 불러일으키기도 하였다.[25] 최근 이기호는 한동안의 침체를 털고 이전과는 다른 문학세계를 향하여 한껏 도약하고 있다. 이 새로운 분기점을 보여주는 작품집이 바로 『김박사는 누구인가』이다.

2. 고유성(존엄성)이 사라지는 풍경들

이기호의 「행정동」은 공식적인 자료라는 것이 개인의 고유한 진실을 왜곡하는 양상에 대하여 말하는 작품이다. 오재우는 취직을 하지 못한 우리 시대 수없이 많은 불우한 청년 중 한 명이다. 그나마 운이 좋았던 것은 아버지와 어머니가 지도교수와 동문이라는 점이다. 그 알량한 인연으로 학교에서 학적부 정리를 하는 임시직이 된다. 여섯 명의 임시직 중 한 명을 정규직으로 채용할지도 모른다는 풍문은 학적부 정리 일을 장기간에 걸친 면접으로 만들어 버린다. 출퇴근 사항은 출입증 카드를 통해 모두 기록으로 남는 상황에서 뇌졸중으로 몸도 불편하며 신용불량자가 된 오

---

25 심진경은 "이기호를 포함한 젊은 작가들은 그렇게 자의건 타의건, 근대 이전의 먼 옛날로 가고 있다"(「뒤로 가는 소설들」, 『창작과비평』, 2007년 봄호, 386쪽)며 "어찌됐건 분명한 것은 지금의 많은 젊은 소설들이 비록 형식적으로는 새로워 보이기는 하지만, 의외로 현재 우리의 삶에 실존적·존재론적 물음을 던지거나 인간과 세계에 관한 새로운 인식적 통찰에 이르기보다는 일면 현실에 대한 통념을 반복하면서 독아론(獨我論)적 물음이나 유희에 몰두하고 있다는 사실이다. (⋯중략⋯) 세계가 진부하고 닫힌 체계에 불과하다는, 그러니 성찰이 불가능한 시대에 문학은 그저 한갓 농담이나 유희, 잡담이나 사적 기록에 불과하다는, 그런 상황에서 작가의 권위를 주장하는 것은 말도 안 된다는 등의 인식은 세계의 뜻에 반(反)하는 것이 아니라 오히려 거꾸로 지금 문학의 위기를 주장하는 대다수 사람들의 뜻에 순(順)하는 것처럼 보인다"(위의 글, 386∼387쪽)는 비판을 가하고 있다.

재우의 아버지는 아들에게 아예 퇴근을 하지 말라는 권유(명령)를 한다.

학적부 정리는 다름 아니라 예전 학적부에 기록되어 있던 혈액형이나 신장, 몸무게, 보증인, 가족 관계, 질병 사항, 병역, 수상 경력, 휴학 기간 따위들을 모두 지우고 학점과 학위 구분, 입학 연도와 졸업 연도, 주소 이외의 모든 내용을 생략하는 일이다. 이런 정리를 하는 이유는 "그것들까지 모두 프로그램에 담기에는 시간이나 용량이 부족했기 때문"(21)이다. 물론 예전 학적부 역시 실제 인간의 진실을 왜곡한다는 점에서는 예외가 아니다. 일테면 학적부에 아무것도 기록되어 있지 않은 삼년 동안 김길수가 무엇을 했는지는 보증인, 가족 관계, 질병 사항 정도로는 도저히 채울 수가 없기 때문이다. 따라서 오재우가 바보가 아닌 이상 다음과 같은 깨달음을 얻는 것은 너무도 당연하다.

그는 그제야 원래 학적부 속 숫자들 또한 사실이 아닐지도 모른다는 생각을 하게 되었다. 서류란 원래 그런 것이니까. 서류란 원래 사실이 필요해서, 사실을 만들어내기 위해, 작성된 것이니까. 우리의 가련한 주인공 오재우는 멀리 돌아와서, 비로소 그것을 깨닫게 되었다. 그래서 그는 더 이상 서류를 들여다보면서 상상하지 않게 되었다. 서류 자체가 상상이었으니까. (40)

그런데 이처럼 개인의 고유성을 지워버리고 최소한의 정보만 데이터베이스로 만드는 일은, 우리 시대가 인간을 다루는 방식에 해당하는 것이기도 하다. 서류를 보면서 프로그램의 빈칸을 그대로 채워나가는 일은, 질문도, 창작도, 응용도, 어쩌면 사람까지도 필요 없는 일이다. 그것은 "그저 서류와 서류 사이의 일일 뿐, 다른 것은 아무것도 필요하지 않"(18)기 때문이다.

「내겐 너무 윤리적인 팬티 한 장」은 사람들의 통념이 한 인간의 고유성을 어떻게 왜곡하는지 보여주는 작품이다. '나'는 군대를 갓 제대하고, 9급 경찰 공무원이 되라는 아버지의 명령에 따라 서울로 상경한다. 형의 원룸에서 살던 '나'는 담배를 사러 집밖으로 나왔다가, 곧 열쇠를 두고 나왔다는 사실을 깨닫는다. 이후 '나'는 여러 사람들을 만나며 온갖 오해에 부딪친다. 다시 들어가기 위해 현관문의 비밀번호를 누르는 중에 만난 옆집의 젊은 여자는 '나'를 범죄자 바라보듯이 대한다. 담배를 사기 위해 동네 슈퍼에 들렀을 때 슈퍼 아줌마는 '내'가 입은 "형의 다소 현란하고 화려한 색상의 반바지"(348)를 보고, "트렁크 빤스"(351)를 입었다고 면박을 준다. 원룸으로 돌아와 혹시 열쇠로 쓰일지도 모를 철사를 쓰레기봉투에서 찾고 있을 때는 슈퍼의 주인집 아저씨가 나타나 '나'를 동네에서 발생한 성폭행 사건의 용의자로 의심한다. 결국 아저씨와 '나'는 파출소에까지 가게 되고 그곳에서 '나'는 잠시 탈영병으로 오해받기도 한다.

이러한 여러 가지 일을 겪으며 '나'는 차차 "이상해"(359)지고, 나중에는 젊은 여자의 원룸 방향에 있는 도시가스관을 타기 시작한다. '나'는 실제로 여자가 오해한 빈집털이범, 슈퍼 아줌마가 오해한 변태, 슈퍼 아저씨가 오해한 성폭행범의 모든 것을 실연實演하게 되는 것이다. 이 같은 과정은 다음의 인용문 속에 압축되어 있다.

내가 원하든 그렇지 않든, 나는 이미 그렇게 규정되어버렸다는 자의
식이 머릿속에서 쉬이 떠나지 않았다. 분명, 나는 반바지라고 생각해서
입었는데, 정말 당당했는데, 어찌 된 일인지 파출소 문을 밀고 나오는
그 순간부터 모든 것이 다 희미해져버리고 말았다. 내가 모르는 또 다른
내가 있어, 팬티만 입은 채 골목길을 활보하고, 혼자 사는 여자들의 뒤
를 쫓고, 강제로 침입하고…… 그러곤 다시 아무 일 없다는 듯 팬티를 입
고 나오고…… 나는 아무것도 확신할 수가 없었다. 누군가 계속 나를 지
켜보는 것만 같았고, 그 눈길을 참고 견디는 것이 고통스러워, 차라리
그 기다림을 확 끝장내버리는 것은 어떨까, 하는 생각도 계속 이어졌
다…… (360~361)

오해로부터 자신의 고유성을 지키는 일의 어려움이 결국에는 '나'로
하여금 오해를 받아들이게 만든 것이다. 이해를 거부한 오해의 폭력은
한 개인의 차원을 벗어나 훨씬 큰 사회적 차원으로 확대되기도 한다.
'나'에게 억세게 재수 없는 일들이 벌어진 날은 바로 1994년 7월 11일
이다. 그 날은 김일성이 사망한 지 3일 후로서, 남과 북에서는 모두 오
해에 바탕한 혼란이 벌어진다. 남한에서는 북한을 오해하며 전군에 비
상령을 내리고 사람들은 전쟁이 날 것처럼 생필품 사재기를 한다. 북한
도 마찬가지여서 "북조선 군인들도 비상"(357)이었던 것이다. 사람들
이 '나'를 오해했듯이, 남과 북도 "둘 다 오해한 것"(357)이다. 이처럼
사람들은 통념이나 선입관에 바탕해 개인(혹은 사회)의 고유성(존엄성)
을 제대로 인식하지 못하거나 왜곡하는 것이다.

3. 위선이여 안녕!

　이기호는 진실의 발화가능성(파악가능성)을 의심하는 포스트모던한
인식을 기본으로 하여 작가 생활을 시작하였다. 이번 작품집에서도 그
러한 인식은 「탄원의 문장」과 「이정而丁」을 통해 매우 진지한 태도로 드
러나고 있다. 『김박사는 누구인가』의 새로움은 포스트모던한 인식을 드
러내는 것에서 나아가 진실을 담보한 양 행세하는 자들을 응시하는 묵
직한 성찰이 나타난다는 점이다.

　진실이 이토록 알기 어렵다면, 언어라는 것이 이토록 무력하다면, 마
치 진실의 체현자인 양 행세하는 이들에게 우리는 무엇을 할 수 있을까?
이기호는 그들을 향해 '개새끼'[26]라고 욕을 하거나 침을 뱉는다.

　「김 박사는 누구인가?」는 임용고시 재수생인 최소연과 김 박사의 다
섯 번에 걸친 문답과 최소연의 여섯 번에 걸친 질문으로 이루어져 있다.
최소연은 4개월 전부터 남들에게는 들리지 않는 목소리가 들리는 체험
을 한다. "네 차례가 되면 너는 '이 개새끼야, 그걸 왜 나한테 묻는데'하
고 대답할 것이다"(105)와 같은 "난생처음 듣는 욕설들"(106)이 들려오
는 것이다. 무엇보다 괴로운 순간은 "언젠가 한 번쯤 제가 그 목소리를
그대로 따라, 누군가에게 큰 소리로 욕을 하게 될 거란 상상"(107)을 할
때이다. 이 목소리의 정체가 최소연의 첫 번째 질문에 해당된다.

　김박사는 권위 있는 태도로 그것이 일종의 강박 증세라고 단호하게

26　이번 작품집에서 '이야기'라는 단어 다음으로 많이 등장하는 단어이다.

대답한다. 그리고 강박 증세를 없애기 위해서는 그 기원을 먼저 알아내야 한다고 조언한다. 두 번째 질문에서 최소연은 그 기원을 찾았다고 자신 있게 말한다. 초등학교 시절 선생님이기도 했던 엄마는 학교 운동장의 벤치에 앉아 검은 수첩을 들여다보며 욕을 했는데, 십 수 년이 지난 지금 엄마가 하던 욕설들이 자신에게 되돌아온 것이라고 판단한 것이다.

김박사는 최소연에게 들려오는 목소리의 기원이 엄마에게 있다면, 엄마에게 도움을 청하라고 말한다. 엄마에게 모든 일을 말하자 엄마는 "그래서? 그래서, 그게 다 나 때문이라는 거야?"(117)라며, "개 같은 년"(118)이라는 말을 남기고 사라진다. 최소연은 엄마를 보는 것도 무섭지만 엄마를 보면 자기도 대뜸 욕을 하게 되는 것도 두렵다고 말한다. 이에 김박사는 "아무리 이해할 수 없다고 해도, 우리는 이해하려는 노력을 그만두어선 안 됩니다"(120)라거나 "어머니에게 어떤 상처가 있었는지 알아보고, 함께 풀어나가는 노력을 기울여보시기 바랍니다. 누군가의 마음을 헤아려보는 일, 그것만큼 자기 자신을 치유하는 데 좋은 일은 없을 것입니다"(121) 등등의 주옥같은 말을 쏟아놓는다.

네 번째 질문의 과정에서 최소연은 자기가 엄마에 대해 아는 것이 없었다는 것을 깨닫는다. 최소연에게 엄마는 "단어 뜻 그대로, 엄마이기만 했던"(122) 것이다. 엄마가 왜 욕을 해댔는지 알기 위해 아버지를 만나지만, 아빠는 그 시절에 대해 아무런 기억이 없다고 말한다. 아빠는 이후 침묵만 지키고, 나중에는 가출해 버린다. 아버지가 가출해 버린 집에서 엄마는 딸이 온 것도 모르고 "나쁜 년, 육시혈 년, 찢어죽일 년, 니가 뭔데, 니가 뭔데 염병을 떨고"(126)라는 욕설만 한다. 이런 일을 겪으며 최소연은 임용고시 준비도 포기하게 된다.

그러나 네 번째 답변에서도 김박사는 "이해의 과정은 그만큼 험난하지만, 우리가 최선을 다해서 넘어가야 할 어떤 부분이기도 합니다. 최소연 씨가 하던 일 또한 쉽게 포기하지 마시고, 시간을 갖고 하나하나 문제를 풀어나가시길 바랍니다"(128)라는 지당한 말만 되풀이한다.

다섯 번째 질문에서 최소연은 자신이 듣고 싶은 것은 "김 박사님께 있었던 일들, 김 박사님과 어머니 사이에 있었던 일들"(128)이라고 말한다. 이어지는 다섯 번째 답변은 작품 속에서 공란으로 남겨져 있다. 그러나 이 공란에 적힐 말들은 너무나 선명하다. 마지막 질문에서 최소연은 "이 개새끼야, 정말 네 이야기를 하라고! 남의 이야기를 하지 말고, 네 이야기, 어디에 배치해도 변하지 않는 네 이야기 말이야! 나에겐 지금 그게 필요하단 말이야, 김 박사, 이 개새끼야"(130)라고 절규하기 때문이다. 그 공란에는 누구나 동의할 수 있는 지당한 말, 그러나 어떠한 생명력도 없는 껍데기 같은 공허한 말이 채워져 있는 것이 분명하다. 공란은 그동안 김박사가 남긴 말들이 한없이 공허한 것이었음을 드러내는 무엇보다 확실한 기호인 것이다.

누구도 초월적인 위치에서 진리나 윤리에 대해 설파할 수 없다는 것. 각자의 자리에서 자신의 이야기를 말 할 수 있을 뿐이라는 것. 그것이 이기호가 말하고자 하는 핵심적인 메시지라고 볼 수 있다. 「저기 사람이 나무처럼 걸어간다」는 이러한 주제의식이 탁월한 소설적 장치를 통하여 형상화 된 수작이다.

「저기 사람이 나무처럼 걸어간다」의 주인공은 시각 장애를 가진 전도사로서, 자신을 성경 속의 인물과 동일시하며 살아왔다. 그는 전기 합선 사고로 27년 전에 시력을 잃었고, 곧 고아가 된다. 이후 큰아버지의 도움으로 신학대를 졸업하고 전도사의 길을 걷는다. 3년 전까지 그는 각막 이식을 한 번도 해 볼 마음을 먹은 적이 없다. 그때까지 그는 "자신이 시력을 잃은 것은 모두 '하나님의 하시는 일을 나타내고자 하심'이라고 생각"(142)해 왔기 때문이다. 자신을 예수 그리스도가 "소경 바디매오에게 네 믿음이 너를 보게 하리라, 라고 말한"(142) 성경 속의 바디매오라고 간주하였던 것이다.

그러나 그는 아내가 "예찬이 머리에서 모락모락 김이 나네"(143)라는 말에, 세상을 보고 싶다는 강렬한 욕망을 느낀다. 그 욕망 때문에 그는 다음날 최간호사를 찾아가 "각막 이식수술 대기자 명단에 자신의 이름을"(144) 올린다. 그러나 최간호사의 "지금 같은 속도라면 12년 정도 기다려야 할지도 몰라요"(144)라는 말을 들은 그는 예전처럼 "하나님이 하시는 일을 나타내고자 하는 존재로서의 삶", 즉 "그저 소경 바디오매"(145)로 다시 돌아갈 것을 다짐한다.

그러나 최간호사가 그의 각막 이식 수술 순서를 앞당겨주자 눈을 뜨고 싶다는 그의 욕망은 강렬하게 살아난다. 그리하여 그는 자신의 수술이 빨리 이루어지기를 바라며, 병원 원목실에서 안절부절하지 못하는 지경에 이른다. 이것은 소경 바디오매의 삶을 두 가지 측면에서 위반하는 것이다. 정상적인 절차를 밟았다면 12년이 걸리는 일을 3년만에 맞이하게 된 것은 최간호사가 편법을 저질렀기 때문에 가능한 것이고, 동시에 이것은 누군가가 눈 뜰 기회를 빼앗았다는 의미이기도 하다. 다음으로 그가 기증자가 죽지도 않은 상황에서 병원에 나와 초조하게 기다리는 것은 "기증자가 아직 살아 계시다는데, 당신 여기 이렇게 있는 게 좀 그래 보였어요"(147)라는 아내의 지적처럼 기증자의 죽음을 바란다는 의미가 될 수도 있다.

최간호사는 그를 찾아와 기증자 주변의 어른들은 동의했는데 기증자의 아이가 받아들이기 힘들어 한다며, 밖에 나오지 말고 원목실에서 조금만 기다려 달라고 말한다. 조금 후에 한 소녀가 원목실에 들어오고, 그 아이는 신성한 원목실에서 담배를 피운다. 그는 직감적으로 "원목실 안으로 들어온 이 여자아이가, 어쩌면 최간호사가 말한 바로 그 아이일지도 모른다는 생각"(155)을 하며, 아이에게 자신은 "엄마의 죽음을 손꼽아 기다리는 사람"이나 "부도덕하고 몰인정하고 염치없는 사람"(156)으로 받아들여질 거라고 고민한다. 나중에 이 직감은 그대로 들어맞는다.

그는 예수님을 모셔둔 원목실에서 담배를 피는 소녀를 향해 일장 설교를 한다. 그 설교의 대부분은 지금까지 살면서 느껴왔던 "절망과 서러움에 대한 이야기들"(163)이다. 덧붙여 "보이지 않게 되어서 더 많은 것을 볼 수 있게 된 이야기와, 눈이 멀게 되어서 더 많은 것을 상상하게 된 이야기, 더 많은 은혜를 받게 된 이야기들에 대해서, 애쓰지 않아도 이젠 많은 것들이 저절로 보이게 된 이야기들에 대해서"(163)도 열정적으로 들려준다.

실제로 그는 집으로 돌아가기로 결심한다. 그러나 모든 절차가 끝났다는 최간호사의 전화를 받고, 최간호사가 직접 버스정류장으로 달려와 그를 붙잡자 발걸음을 돌려 병원으로 돌아온다. 최간호사의 전화 이전에도 그는 "보이지 않게 되어서 더 많은 것을 볼 수 있게 되었다는 것은, 사실은 거짓말이 아닌가, 그건 그저 나 자신을 위로하기 위한 말들이 아닌가,"(165)라는 회의를 하며, 찔끔 눈물을 흘리기도 했던 것이다. 최간호사의 손에 이끌려 병원으로 돌아간 그의 곁에 누군가가 다가온다. 최간호사는 "이분이 안구 이식을 받으실 분이에요"(167)라며 누군가에게 그를 소개하고, 다가온 누군가는 그의 눈에 침을 뱉는다.

그는 바디오매로 충실하게 살아왔다. 그러나 그의 깊은 곳에는 바디오매가 아닌 갓난아이의 몸뚱어리를 보고 싶은 한 평범한 인간이 살고 있었던 것이다. 그 순간 그는 바디오매가 아닌 현실 속의 '그'가 되었지만, 욕망의 윤리에도 충실하지 못한다. 원목실에서 담배를 핀 소녀를 본 순간, 그는 다시 바디오매가 되어 평범한 인간의 위에 서고자 하였기 때문이다. 그러나 그는 끝내 성경 속의 바디오매도, 오욕칠정의 끄달림에 시달리는 현실 속의 범부일 수도 없었던 것이다. 이 준엄한 사실은 바로 원목실에서 담배를 피는 예의 없는 소녀가 뱉은 침이 증명하는 바이다.

그러고 보면 이 작품에는 두 명의 성경 속 인물이 등장한다. 한 명은 말할 것도 없이 바디오매이다. 다른 한 명은 다름 아닌 예수님이다. 각막을 이식받기 위해 병원에 왔을 때, 담임목사는 그를 보자마자 『마가복음』 8장에 나오는 "예수 그리스도가 소경의 눈에 침을 뱉어 이적을 행하는 부분"(140)을 인용하며, 기도를 한다. 「저기 사람이 나무처럼 걸어간다」에서는 바로 원목실에서 담배를 피는 소녀가 예수님의 역할을 하고 있다. 그녀는 소경인 그의 눈에 침을 뱉어, 그를 진정으로 각성시키는 이적異蹟을 행하고 있기 때문이다.

4. 오타라는 숨구멍

　이번 작품집에는 「회라지송침」이라는 조금은 이질적인 작품이 수록되어 있다. 이기호가 인식론적인 관점에서 인간과 사회가 가지고 있는 맹점을 집중적으로 문제시하는 작가였다면, 이 작품은 인간 정념의 문제를 세밀한 필치로 파고든다. 상식적인 판단에 의한다면, 인간은 자신에게 은혜를 베풀어 준 사람에게는 좋은 감정을 느끼고, 자신에게 피해를 끼친 사람에게는 나쁜 감정을 가져야만 한다. 그럴 때 인간은 가장 합리적이며 정신적으로 행복할 수 있을 것이다. 그러나 인간에게는 '저주받은 몫'이 있으며, 이것은 불필요한 심리적 에너지의 낭비 내지는 탕진을 불러온다. 일테면 악수 한번으로 화해할 수 있는 사이인데도, 혹은 전화 한 통화로 예전처럼 지낼 수 있는 사이인데도 인간은 악수 한번, 전화 한 통을 하지 않아 평생을 지옥 같은 사이로 지내기도 하는 것이다. 이것은 경제학적 논리로 보면 분명 이해할 수 없는 낭비이지만, 인간학적 관점에서 보면 지극히 합리적인 행위일 수도 있다.

　그렇기에 인간은 은혜를 원수로, 피해를 호의로 갚기도 하는 것이다. 이 작품 속의 주인공에게는 역시 어린 시절 말할 수 없는 호의를 베풀어 준 친척이 있다. 상식적인 판단으로는 나중 밥술이나 먹게 되었을 때, 이제는 몰락한 그 친척에게 호의를 베푸는 것이 너무도 당연하다. 만약 그렇지 못한다면, 최소한 원수로 여기는 일만은 해서는 안 될 것이다. 그러나 이 소설 속 주인공은 바로 그 반대의 일을 행한다. 어쩌면 시혜와 수혜의 관계 속에서 벌어지는 인간 정념의 드라마는 생각보다 복잡한 것인지도 모른다.

최근 들어 이기호는 사회 현실에 대한 관심을 본격적으로 펼쳐 보이고 있다. 소설집 『김박사는 누구인가』에 수록되지 않은 최신작 「나정만 씨의 살짝 아래로 굽은 봄」(『한국문학』, 2013년 봄호)과 「탑과 탑의 시대들-Remix 밀다원」(『대산문화』, 2013년 여름호)에서 이러한 특징을 분명하게 확인할 수 있다. 「나정만 씨의 살짝 아래로 굽은 봄」은 언론 보도 등을 통해 이미 널리 알려진 용산참사와 관련된 사실에 바탕해 있다. 주지하다시피 2009년 1월 20일 새벽 6시에 남일당 건물에 경찰특공대가 전격 투입되었다. 실제 현장에서는 100톤짜리 크레인 한 대와 특수 제작된 컨테이너 한 대가 동원되었는데, 경찰의 본래 계획은 100톤짜리 크레인 두 대와 컨테이너 두 대를 이용하여 한쪽은 망루 지붕을 걷어내고 다른 한쪽은 출입문 쪽으로 진입하는 것이었다. 검사측 증인으로 나온 경찰특공대 1제 대장의 증언에 의하면 그날 두 대의 크레인이 투입되었다면 참사를 면하거나 피해자를 크게 줄일 수 있었다. 하지만 당일 새벽, 약속한 한 명의 크레인 기사가 잠적하는 바람에 작전은 수정될 수밖에 없었다. 「나정만 씨의 살짝 아래로 굽은 봄」은 바로 그 새벽 잠적(?)해 버린 크레인 기사 나정만씨가 자신을 찾아온 소설가의 질문에 답변하는 형식으로 되어 있다. 기본적으로 이 작품은 나정만의 행위에 대한 가치판단을 요구한다. 크레인 기사 나정만은 돈 많은 건설업자도 아니고, 권력을 쥔 고위 공무원도 아니며, 완력이 강한 조직폭력배도 아니다. 그렇다고 해서 거의 재산을 강탈당하다시피 한 채 쫓겨난 재개발 지역의 세입자도 아니다. 그는 다만 2009년 1월 20일 새벽 6시에 용산을 지켜보던 대한민국의 필부필녀 중의 하나일 뿐이다. 이 작품은 나정만이라는 평범한 인물에게 용산참사와 관련한 책임을 물을 수 있는지, 나아가 수화자narratee인 소설가와 일반인들은 2009년 용산으로부터 자유로울 수 있는지를 묻고 있다.

이기호의 최신작인 「탑과 탑의 시대들-Remix 밀다원」(『대산문화』, 2013년 여름호) 역시 강력한 사회학적 상상력을 보여주고 있다. 제2의 한국전쟁이라는 가상의 사건을 배경으로 하여, 지금 우리가 살고 있는 시대 역시 전시에 버금가는 이념적 억압의 시대는 아닐까 하는 의문을 던지고 있는 것이다. 이기호는 진정한 공동체의 자유와 사상적 자유는 무엇이어야 하는지에 대하여 진지하게 묻는다. 이 작품은 소설가인 중구가 호숫가에 자신의 노트북을 던지는 것으로 끝난다. 이어서 "그는 어쩐지 밤이, 자신의 이전 인생이, 산산이 부서져 내리는 듯한 기분이 들었다. 그리고 다시, 무언가 조용히 시작되고 있었다"는 문장으로 끝난다. 이 대목에서 이기호의 전매특허와도 같았던 유머 따위는 흔적조차 없다. 노트북을 던지는 것으로 분명해 표현된 이전 세계와의 결별은 새로운 세계의 탄생을 기대하게 한다.

그러고 보면 이기호는 이미 『김박사는 누구인가』에 수록된 「행정동」에서 하위주체들의 연대라는 문제를 인상적으로 형상화하기도 하였다. 이 작품의 주인공 오재우는 어느 눈 내리던 날, 이른 새벽 자신과 같은 조에서 일하는 여자가 행정동 건물에 도착한 것을 발견한다. 오재우의 작업은 두 명이 한 조를 이루어 진행되는데, 한 명이 입력을 하면 한 명은 오타나 오기를 검토한다. 둘은 동료이기도 하지만 정규직이 되는 과정의 경쟁자이기도 하다. 오재우는 여자와 조를 이루어 일하는데, 오재우가 오타를 내지 않는 한 둘은 아예 대화를 할 이유가 없다. 당연히 오재우는 그녀의 이름, 나이, 사는 곳을 알지 못한다. 그러나 눈 내리던 날 급하게 나오는 바람에 그녀는 출입증 카드를 건물 안에 놓고 나온다. 경비원들은 그 여자를 무시하며 출입을 허용하지 않고, 나중에는 성추행까지 한다. 역시나 퇴근하지 않고 있던 오재우는 이 모든 일을 멀리서 지켜보며, "여자와 자신이 친해졌다는 느낌"(34)을 받는다. 동시에 자신 역시 그녀처럼 "경멸"과 "모멸"을 느낀다. 결국 쓸쓸하게 돌아가는 그녀를 따라온 오재우는 그녀에게 경찰서에 신고하라고 말하지만, 여자는 "너, 내가 그렇게 일을 그만두었으면 좋겠어? 그래서 계속 이러는 거야? 응?"(37)이라며, 나중에는 "싫다잖아! 내가 싫다고! 내가 아니라잖아, 이 개새끼야!"(37)라고 소리까지 지른다. 오재우의 순심純心을 받아들이기에 그들이 처한 상황은 지나치게 경쟁적인 것이다.

그러나 오재우의 순심이 아무런 소득도 없이 끝나는 것은 아니다. 여자는 파출소를 향하는 오재우를 따라와 "그게 아니고…… 저기, 나…… 차비 좀 꿔줘요"(39)라는 말을 던지기 때문이다. 그 순간 오재우는 자신이 지금 무언가 오타誤打를 내고 있다는 것을 깨닫는다. 그것은 비로소 소통을 가능케 하는 "명백한 오타"(39)였던 것이다. 이 오타는 정규직이 되기 위한 서바이벌 게임에서 살아남기 위해 서로를 적으로만 여기던 자들 사이에서 비로소 싹튼 작은 소통과 연대의 숨구멍이라고 할 수 있다. 이기호는 앞으로도 우리에게 무언가를 보여줄 수 있으리라는 기대를 불러일으키는 흔치 않은 우리 시대의 작가이다. (2013)

뿌리 혹은 기원을 향한 갈망의 시학

이하언의 『검은 호수』(나무와 숲, 2014)論

1. 고유한 자기 세계의 탐구

이하언의 『검은 호수』(나무와숲, 2014)에는 그녀가 생각하는 고유한 소설관이 직접적으로 피력된 작품이 하나 있다. 환상적인 수법이 동원된 「댓잎 소리」가 바로 그것으로서, 이 작품을 통해 독자들은 이번 소설집으로 들어갈 수 있는 하나의 통로를 발견하게 된다.

소설가인 '나'는 글을 쓰기 위해 산속의 집을 얻는다. 그곳에서 수천 년에 걸친 세상의 별의별 이야기들을 다 알고 있는 대나무를 만난다. 그 대나무로부터 여러 이야기를 들은 '나'는 그것을 바탕으로 소설을 쏟아낸다. 그 결과 '나'는 소설가로서 기대했던 모든 영광을 다 얻는다.

그러나 잎 무성한 대나무는 '나'의 글을 완전히 장악하고 있으며, 대나무가 원하는 대로 이야기를 써주어야 한다. '나'는 많이 쓰고 있기는 했지만, '내'가 쓰는 글들은 "창조가 아니라 받아 적기를 하고 있는 것"에 불과했던 것이다. 마지막에 '나'는 진정으로 고유한 이야기를 쓰기 위해 대나무를 불태워버리려고 한다. '나'는 "불타는 이야기들에 대한 이야기"를 쓰고 싶은 것이다. 그러나 대나무들은 갑자기 수많은 이야기를 쏟아놓기 시작하고, 그 중에는 "불타는 이야기들에 대한 이야기"도 포함되어 있다. 자신의 상상보다도 매혹적인 이야기를 들으며 '나'는 결국 그 대나무들을 불태우지 못한 채 "멍하니 서서 그들의 이야기를 듣고 있"는 것으로 작품은 끝난다.

'태양 아래 새로운 것은 없다'라는 명제는 현대 사회를 살아가는 우리에게 이미 하나의 상식이다. 따라서 「댓잎 소리」에서 진정으로 새롭다고 생각한 이야기마저 사실은 이전에 존재했던 이야기에 불과하다는 점을 발견한다는 결말 자체에 주목하는 것은 이 작품을 지나치게 평이하게 읽는 방법일 것이다. 오히려 이 작품에 드러난 작가의 단단한 의지, 고유한 이야기를 창조하고야 말겠다는 그 강렬한 의지에 초점을 맞추어 보는 것이 보다 생산적일 것이다.

이하언은 아무리 현실적 영예를 가져다주는 일일지라도 그것이 작가만의 고유한 상상력과 사유에 바탕한 서사가 아니라면 별다른 의미가 없다고 생각하는 작가다. 이러한 작가의 태도는 유행이나 시류와는 무관하게 진정한 예술정신을 추구하려는 자세에 맞닿아 있다. 「조각 잇기」에서 퀼트 전문가인 윤희는 남편의 부도로 인해 자신의 제자였던 수연 어머니의 밑에서 일을 하며 힘들게 살아간다. 그러나 "내게는 나만의 것이 있었어. 남의 것을 참고로 하기는 했지만 그대로 베낀 적은 없었어"라는 자부심을 굳게 간직하고 있다. 윤희의 자부심은 자기만의 고유한 예술성에 대한 이하언의 고집을 보여주기에 모자람이 없다. 실제로 이하언은 오늘날의 문학현장에서 찾아보기 어려운 고유한 세계관과 형상을 계속해서 보여주고 있다. 이 글은 바로 그 이하언만의 고유한 문학적 인장印章을 찾아보는 작업이 될 것이다.

2. 상처받은 자들의 이야기

이하언의 소설은 치유의 서사라고 말할 수도 있다. 여기 수록된 9편의 소설들은 모두가 심각하게 상처받은 자들에 대한 것들이다. 2007년 평화신문 신춘문예 당선작인 「달집 태우기」에서부터 상처에 대한 치유는 하나의 상수로서 중요한 몫을 한다.

「달집 태우기」는 2003년에 있었던 대구지하철화재사건을 배경으로 삼고 있다. 대구지하철화재사건으로 사망한 영우로 인해 주위 사람들은 심각한 죄책감에 빠진다. "시시때때로 끼어드는 죄의식"으로 인해 "살아 있다는 것이, 그리고 살아가기 위해 하는 모든 행동들이 경멸스러운 때"를 보내는 것이다. 영우의 어머니는 말할 것도 없고, 영우의 동생인 은주와 영우의 연인이었던 천미화도 심각한 죄책감을 느낀다. 천미화는 사고현장에서 시력이 극도로 나쁜 영우만 남겨두고 혼자 돌아온 사실 때문에, 초점화자이기도 한 은주는 오빠가 죽어가던 그 시간에 고등학교 동창인 재경과 나이트클럽에서 놀고 있었다는 사실 때문에 힘들어 하는 것이다. 특히 미화는 사건의 현장에서 받은 충격으로 인하여 모든 불을 무서워한다. 결국 그러한 고통은 달집태우기 행사를 통해 극복의 가능성이 열린다. 불에 대한 두려움과 고통이 달집태우기를 통해 극복된다는 것은, 상처에 정면으로 대응할 때 우리는 그것을 극복할 힘을 얻게 된다는 작가의 인식이 드러난 결과라고 할 수 있다. 달집이 타오르는 순간은 "모든 생명이 새로 시작하는 시간"인 것이다.

「문을 열다」에도 상처로 인하여 실어증에 빠진 한 남성이 등장한다. 그러한 실어증은 세상과 완벽하게 단절된 주인공의 현재 상태를 잘 보여준다. '나'는 특히 사람들이 "책임 없이 지껄이는 말들"로 인하여 상처를 받는다. '나'는 할머니와 아버지가 자살한 어머니를 "천박하고 야비한 여자"로, 할머니가 어머니를 "죽어 마땅한 년"으로 만든 무수한 말들을 알고 있다. '내'가 일하는 호프집 사장인 그녀 역시 사람들의 말에 상처를 입은 존재이다. 그녀의 전남편인 장씨는 "허황된 꿈"을 쫓기는 했지만, "우리 둘뿐이었으면 나는 어떻게든 견뎌냈을지도 몰라. 하지만 사람들의 입이 그냥 두질 않더라"라는 말에서 잘 나타나듯이, 사람들의 "책임지지 않아도 되는 말들"이 그녀의 가정을 파괴하고 극한 상황에까지 이르게 한 것이다. "나는 문 밖으로 천천히 발을 내딛는다"는 마지막 문장에서 알 수 있듯이, '나'는 남편으로 인해 유산까지 경험한 그녀와의 만남을 통해 세상과 소통할 수 있는 하나의 작은 계기를 마련하게 된다.

3. 상처의 기원, 치유의 기원

「달집 태우기」와 「문을 열다」에서는 사고와 무책임한 말이 상처의 기원으로 등장하지만, 그것들은 직접적으로 가족 구성원의 죽음과 관련되어 있다. 사고로 인한 오빠의 죽음과 어머니의 자살 등이 바로 인물들을 극심한 고통으로 몰아넣은 것이다. 이러한 가족의 파괴, 혹은 가족으로부터의 상처는 이하언 소설에서는 변치 않는 하나의 상수라고 할 수 있다.

「검색」에서 프랑스로 입양된 장블랑은 자신의 뿌리를 찾기 위해 김두문과 김두문의 노모가 사는 집에 찾아온다. 젊은 시절 9급 공무원 시험을 준비하던 김두문은 우연히 K대 정치외교학과에 다니는 김민섭의 학생증을 손에 넣는다. 이후 여대생인 여자친구 앞에서 김민섭 행세를 하고, 나중에는 반국가 활동을 하던 대학생 김민섭이 되어 어딘가로 끌려가 고초를 겪는다. 감옥에서 풀려난 후에도 오랫동안 김두문은 김민섭으로 살아야 했고, 결국에는 "자신이 누구인지 알지 못하게 되어 버"린다. 지금 김두문을 김민섭이 아닌 김두문으로 온전하게 기억하는 사람은 자신의 노모뿐이다. 김두문이 감옥에 있는 동안 여자친구의 뱃속에 있던 아이는 프랑스로 입양되는데, 그 아이가 바로 장블랑이다.

버림받았다는 과거의 분노에 얽매여 살았던 장블랑의 프랑스 생활은 결코 행복하지 않다. 그리고 보면 아버지(김두문)와 아들(장블랑)은 모두 제대로 된 이름을 갖지 못한 존재들이다. 존재란 "불러 줄 이름이 있을 때만이 비로소 서로에게 의미가 되어 다가올" 수 있는 것이라면 그들은 아직 무의미한 존재들이라고 할 수 있다. 마지막에 김두문은 장블랑을 위해 장블랑의 어머니인 그녀의 이름을 검색한다. 이것은 "청년을 위해 마련하는 선물"인 동시에, 김민섭이 사는 세상으로부터 도망쳐 자신 속으로 숨어든 김두문이 세상을 향해 나아가는 시도라고 이해할 수 있다.

「검은 호수」 역시 뿌리를 잃어버린 결과 늘 정체성의 부재에 시달리는 사람들의 이야기이다. 이 작품은 "영미가 네스 호에서 익사체로 발견되었다"는 문장으로 시작된다. '나'의 아내인 영미는 어머니의 얼굴도 모르며 아버지는 스코틀랜드 사람이라는 것만을 막연하게 아는 상태로 성장하였다. 영미의 아들인 지호 역시 유전자 검사 결과 '나'의 아이가 아니라는 사실이 밝혀진다. "자신이 누군지, 어디에 속한 건지 모르고 살아"가는 사람이 바로 영미와 지호인 것이다. '나'는 그동안 영미와 지호가 가진 상처를 돌보지도 않았으며 전혀 끌어안지도 못한다. 그렇기에 네시를 찾아간 영미와 지호의 여행은 사실상 자신들의 아버지, 더 근본적으로는 뿌리를 찾아 나선 여행이라고 말할 수 있다. 네시에 대한 탐사가 네시가 존재할지도 모른다는 미약한 흔적이라도 찾아내고 싶은 인간들의 바램이 만들어낸 것이라면, 네시의 실존에 대한 믿음은 자신들을 지탱해줄 뿌리에 대한 욕망이 만들어 낸 것이다. 영미는 다름 아닌 자기의 "근원"을 찾고 싶었던 것이다. 영미의 자살은 스코틀랜드에서도 찾을 수 없었던 자신의 근원을 확인한 절망에서 비롯되었음에 틀림없다. 작품의 마지막에 '나'는 영미의 "가슴이 느끼는 것, 그것이 바로 진실이라는 거야"라는 말을 생각하며 지호와 같은 방향을 향해 손을 잡고 걸어간다.

「빨간 신호등이 있는 마을」에는 이하언이 가진 과거의 것, 혹은 삶의 기원에 대한 강렬한 욕망이 잘 나타나 있다. 부모도 버린 '나'를 돌봐준 '빨간 신호등 슈퍼'의 그녀가 남긴 것은 독일제 라이카 카메라다. '내'가 찍는 것들이 "벽의 낙서와 부서진 문짝이 보여주는 쓸쓸함…… 과거로 떠밀려 가는 마을들……"인 것에서 알 수 있듯이, 카메라는 사라져 가는 것들을 기록하기 위해 존재한다. 그녀 역시 '빨간 신호등'은 "이곳에서 발을 멈추라"는 의미라고 설명한다. 미래가 아닌 과거, 열매가 아닌 뿌리에 대한 관심은, 어린 시절 선생님이 '나'에게 한 "뿌리가 없는 나무는 제자리를 지킬 수 없단다. 가지가 없는 나무에게는 미래를 기대할 수 없고"라는 말에서도 확인할 수 있다. '내'가 진정으로 원하는 것은 언젠가 자신에게도 생길 "뿌리"인 것이다.

4. 뿌리의 그늘

기원 혹은 뿌리에 대한 열망이야말로 이하언 소설의 중핵이라고 할 수 있다. 그러한 갈망은 근원적 고향상실의 존재조건에 놓여진 현대인의 절실한 바람일 수밖에 없다. 그것을 누구보다 날카롭게 의식화하는 것이야말로 이하언이 가진 고유한 작가정신이다. 「차가운 손」과 「평토제」는 과거 혹은 전통의 세계가 지닌 어둠까지도 의식한다는 점에서 한 단계 심화된 특징을 보여주는 작품들이다.

「차가운 손」의 경애는 젊은 시절 용규와 사귄 적이 있다. 그 시절 텔레비전의 특집 프로에 나올 정도로 가문과 조상을 숭상하던 용규의 집안에서는 사생아인 경애와 종손인 용규의 결혼을 반대한다. 용규의 어머니는 혈통에 대한 그들의 긍지가 연출이 아니라 현실이라는 것을 경애에게 깨우쳐 준다. "꼭 지켜야 하는 것들도 있는 법"이라고 생각하는 용규의 어머니는 "적어도 부모가 누구인지 알 수 있는 며느리를 보고 싶"어 하는 것이다. 지금 사별하고 나영이를 혼자 키우는 용규는 산부인과 의사가 된 경애와의 결혼을 원하고, 용규의 어머니도 과거와는 달리 결혼을 허락한다. 경애는 지금 뱃속에 용규의 아이까지 임신한 상태이다. 경애는 이러한 상황에서 가정 있는 남자의 아이를 임신했던 어머니와는 달리 과감하게 아이를 지우기로 결심한다. 어머니가 "본능"으로 경애를 지켜내었다면, 경애는 아이를 지우는 삶을 "선택"하려는 것이다.

가문에 대한 집착은 경애의 삶에 또 다른 문제를 낳는다. 경애의 어머니는 자신을 버린 남자의 호적에 경애를 입적시키고자 노력하여 끝내 그 뜻을 이루는데, 고아로 자란 경애의 어머니는 경애에게는 꼭 "뿌리만은 찾아 주고 싶었"기 때문이다. 지금 경애의 배다른 동생인 명석은 뇌졸중으로 쓰러진 아버지의 병간호를 경애에게 맡기고자 한다. 그러나 경애는 자신과 어머니의 고단했던 삶을 떠올리며 아버지를 집으로 모시지 않겠다고 말한다.

지금 경애에게 아이를 지우는 일과 아버지를 모시는 일은 자신의 지난 삶을 옥죄었던 과거의 삶에 대한 복수에 해당한다. 아버지의 얼굴을 보며, "수없이 적출해 내었던 태아의 살덩이 같다"고 느끼는 것에서 나타나듯이, 아버지와 뱃속의 생명으로 표상되는 봉건성은 동일시되는 것이다. 경애의 마음속에서는 "피붙이, 자식, 가슴으로 스며들지 못하는 생경한 단어가 기름종이에 흘린 물방울처럼 굴러 떨어"진다.

그러나 이 작품은 이러한 표피적인 해석을 넘어서는 또 다른 한 겹의 문제제기를 하고 있다. 「차가운 손」에서는 처음부터 낙태가 얼마나 비인간적인지가 상세하게 그려지고 있기 때문이다. 경애는 산부인과 의사로 수많은 낙태 수술을 집도한다. 유부남의 아이를 임신해서, 실직한 남편과 중학교 입학을 앞두어서, 불량배에게 봉변을 당해서 등의 여러 이유로 사람들은 너무도 쉽게 낙태를 한다. 경애가 낙태 수술을 받기 이전에도, 경애가 직접 경험한 끔찍한 낙태의 장면들을 보여줌으로써 경애의 선택에 대한 비판적 시선을 드러내고 있다. 그러고 보면 경애는 자신이 사생아로 태어나 받은 고통에 맞먹는 아픔을 아버지에게 돌려준 바 있다. 아버지를 협박하다시피 하며 돈을 얻어 학업을 마쳤고, 아버지의 가정을 깨뜨리다시피 한 것도 경애였던 것이다. 따라서 이 작품에서는 '뿌리'에 대한 중요성, 그리고 그것을 훨씬 포괄하는 생명에 대한 존엄성에 대한 사유를 다시 한 번 하게 만든다.

「평토제」 역시 뿌리를 강조하고, 뿌리로서의 공동체가 가진 문제점을 동시적으로 인식하고 있는 작품이다. 형근이라는 노인이 죽자 친척들과 동네 사람들이 모여든다. 이곳은 거의 동족부락에 가까워 동네 사람들이 곧 먼 친척들이기도 하다. 이 동네의 공동체적 성격은 형근의 동생 태근이 외무고시에 합격했을 때 보여주는 사람들의 모습을 통해 잘 나타난다. 박창복은 살찐 도야지 한 마리를, 천안댁은 제사 때 쓰려던 동동주를, 택보는 닭 두 마리를 내놓는다. 사는 게 워낙 어렵던 정호는 몸으로라도 때우겠다며 농사일 작파하고 온종일 매달려 미꾸라지를 한 양동이나 가져올 정도이다.

그러나 형근의 자랑이자 온 동네의 자랑이었던 태근은 지금 상가에 없다. 검찰에 불려가 조사를 받고 있는 것이다. 사람들은 그런 태근을 보며 고소해하기도 하는데, 장서방의 "우리 같은 무지렁이들이 눈에 보이기나 한답디까"라는 말 속에 고소함의 이유가 압축되어 있다. 정호, 박창복, 천안댁 등은 자식의 승진이나 회갑연에의 왕림 혹은 면허정지 처분을 풀어주는 일 등을 태근에게 부탁하지만 태근은 그 어느 것 하나 들어주지 않았던 것이다. 물론 태근이의 무심함과 냉정함을 얼마든지 욕할 수도 있다. 그러나 지인들의 이러한 부탁을 모두 들어주는 것이 공인의 올바른 자세인지는 생각해 볼 문제이다. 어찌 보면 이 장례식장은 형근이 생전에 헤아리지 못한 "공동체라는 이름 속에 숨은 이기심"이 속속 드러나고 있는 현장인지도 모른다. 그럼에도 작품의 마지막에 마을 입구로 들어서는 차 한 대의 모습 속에는 고향을 향한, 뿌리를 향한 그 본능과도 같은 맑은 순심이 아로새겨져 있다.

5. 참된 인간성 구현의 정도

이하언의 소설 속 인물들은 모두 커다란 상처를 가진 사람들이다. 그것은 주로 가정의 파괴에서 비롯된 것이기에 그 어떤 상처보다도 깊고 치명적이다. 그렇지만 인물들은 결코 그것에 굴복하거나 절망하지 않는다. 그러한 굴강의 정신이 가장 선명하게 드러나고 있는 작품이 바로 「조각 잇기」이다.

이 작품의 초점화자인 윤희는 과거에 퀼트 가게를 운영했으며, 그 실력도 인정받았다. 그러나 지금은 자신의 제자였던 수연 어머니 밑에서 일거리를 얻어 근근이 살아가고 있다. 이유는 벤처 신화를 꿈꾸며 사업에만 몰두하던 남편이 부도를 냈기 때문이다. 혜경은 빚쟁이에게 쫓기고 남편은 연락도 하지 않으며 딸은 캐나다에 있는 새 시어머니 밑에서 힘들게 살아간다. 그럼에도 윤희는 삶의 희망을 놓지 않는데, 그것은 윤희가 딸 혜경에게 생일선물로 보낼 조각이불을 정성껏 만드는 모습을 통해 상징적으로 드러난다. 윤희는 자신이 만든 이불이 "혜경과 그 아이. 그리고 그 다음 아이에게로 대를 이어 전해지는 모습"을 상상한다. 이러한 상상이야말로 이하언의 소설을 형성하는 가장 심층의 작가적 욕망에 해당할 것이다. 그러나 마지막에 빚쟁이들이 들이닥치고 그들은 혜경에게 선물할 이불마저 훼손한다. 그러나 윤희는 "조각 잇기의 전문가였다. 아무리 조각이 나도 처음부터 한 덩어리였던 것처럼 꿰맬 수 있었다"고 의지를 다진다.

그 어떤 숙명적 고통에도 좌절하지 않고 생명 본연의 가치와 공동체의 회복을 갈망하는 그 의지적 자세는 모든 작품에 공통적으로 나타난다. 특히 작품의 결말은 하나같이 그러한 의지적 전망으로 밝게 끝난다는 공통점을 지니고 있다. 「달집 태우기」에서도 미화와 은주는 오빠의 죽음이 안겨준 상처로부터 벗어나는 모습을 보여주며, 「검색」에서도 김두문은 자신의 아들을 위해 그녀의 이름을 검색하고, 「검은호수」에서도 '나'는 자신의 피가 섞이지 않은 아들과 손을 잡고 같은 방향을 향해 걸어간다. 「평토제」에서도 태근의 차인지 노인 아들의 차인지 명확하지는 않지만 차 한 대가 마을 입구로 들어서며, 「문을 열다」에서도 실어증에 걸린 '나'는 드디어 문 밖으로 발을 내딛는 것이다. 특히나 「달집 태우기」에서 그 상처 극복의 방법이 달집 태우기와 영혼결혼식, 그리고 달의 상징에 대한 전통적 믿음 등이라는 것은 이하언의 상상력이 얼마나 전통적인 세계와 깊이 맞닿아 있는지를 잘 보여준다. 현대인의 고향상실이라는 근본적 존재조건을 날카롭게 성찰하며, 참된 인간성 구현의 정도를 구도자적 자세로 성찰해나가는 모습 속에 이하언이 그토록 간구하는 자신만의 고유한 문학성이 오롯이 자리 잡고 있다.(2014)

처녀의 '빨갛고 마알간 혀'와 키스하는 호랑이

윤후명의 『강릉』(은행나무, 2016)論

 윤후명의 『강릉』(은행나무, 2016)은 윤후명 소설전집 12권 중 첫 번째 권으로 출판되었다. 소설집에 수록된 열편의 소설은 모두가 강릉을 주요한 모티프로 삼고 있다. 강릉은 작가의 고향으로서 작가의 "'강릉'은 나의 처음이자 마지막에 놓이는 어떤 곳이다"(343)라는 말이 조금도 지나치지 않은 윤후명 문학의 모태母胎이다. 이 작품집의 형식과 내용을 관통하는 하나의 키워드를 꼽자면 그것은 자유라고 말할 수 있다. 이때의 자유는 엄격한 절제와 치밀한 계산을 거느린 것이기에 결코 읽는 이를 불편하게 하지 않는다. 여기 실린 대부분의 작품들은 느슨한 구성을 취하고 있다. 또한 중간 중간 자유롭게 작가의 창작시, 과거의 다양한 설화들, 현재의 여러 사건들이 빈번하게 등장하며 작품의 서사를 다양하게 직조한다. 이것은 만년晩年에 이른 작가의 자유로운 예술혼이 도달한 창작방법이라고 볼 수 있다. 작가의 현재 모습에 가장 가까운 '나'를 그려 보이고 있는 「호랑이는 살아 있다」의 '나'는 자신의 작품을 다음과 같이 설명한다.

지금 내가 발을 딛고 보고 있는 그곳이 이 우주에서 유일한 나의 자리였다. 그 자리의 좌표를 나는 기록해두지 않으면 안 된다. 그것만이 내 삶의 모습이며 흔적이 된다. 시라도 좋고 소설이라도 좋았다. 이제는 시와 소설의 구별 없이 함께 쓰는 어떤 글이 내 장르라고 말하는 나는, 섬에 가 있는 나를 내 방법으로 증명해야 한다. 그것이 문학이었다. (285~286)

문학을 통해 확인한 '나'의 좌표는 "전쟁, 혁명 같은 큰 이름의 격동을 겪으며 배고픈 문학이라는 걸 붙들고 보릿고개를 넘고 넘어 여기에 이르렀다"(287)는 것으로 정리할 수 있다. 그러나 '내'가 도착한 여기는 쉬고 머물기 위해 존재하는 것이 아니라, 더 큰 떠남을 위한 중간 기착지 같은 곳이다. 여전히 작품 속의 모든 이들은 "길 위에 서 있"(128)으며 "가보지 못한 길에 대한 그리움"(128)으로 가슴이 뜨겁다. 그들은 여전히 먼 곳의 어딘가를 동경하는 것이다.

이상적인 세계에 대한 동경은 「샛별의 선물」에서 "산지기 집"(211)을 찾아 떠도는 '나'와 아저씨의 모습을 통해 잘 드러난다. 그 여로를 가능케 하는 것은 황금시대를 향한 인류의 떨쳐버릴 수 없는 동경일 것이다. 그것은 '내'가 노트에 옮겨 놓은 구절, "별이 빛나는 밤하늘을 보고, 갈 수도 있고 또 가야만 하는 길의 지도를 읽을 수 있던 시대는 얼마나 행복했던가? 그리고 별빛이 그 길을 훤히 밝혀주던 시대는 얼마나 행복했던가?"(217)에서 분명하게 확인할 수 있다. 결국에는 '상엿집'을 '산지기 외딴집'으로 오해하는 것으로 끝을 맺더라도 "그 여행의 모든 것, 그 흙집, 그 별빛, 모두"(219)는 작가의 심장에 살아 숨쉬는 "샛별의 시詩"(219)로 오롯이 남는다. 그 '샛별의 시'야말로 윤후명 문학의 본질이라고 할 수 있다.

이 작품집은 시원始原으로의 회귀를 일관된 주제로 삼고 있다고 해도 과언이 아니다. 이러한 시원에의 회귀는 고향 강릉의 과거가 파괴되어 존재의 중심을 잡아줄 닻이 사라져 버린 것과 무관하지 않다. "어머니와 내가 둘이 남았던 공간인 그 비밀의 집은 오래전에 이미 헐려서 넓은 길에 포함"(「방파제를 향하여」, 87쪽)되어 버렸으며, 「바위 위의 발자국」에서 이십 오년 만에 찾아온 도시는 "내가 알고 있는 도시가 아니"(143)며, 그렇기에 "나는 고향을 찾음으로써 고향을 잃게 된 것"(144)이라고까지 생각한다.

이때의 시원은 작가 개인의 차원에서 이루어지는 회귀뿐만 아니라 종족 차원에서 이루어지는 회귀까지 포함하는 좀더 심원한 것이다. 종족 차원에서의 회귀는 「알타이족장께 드리는 편지」에서는 알타이어족이라는 것을 매개로 하여 북방 초승달 지대를 한민족의 연장으로 묶어내는 대범한 상상력을 보여주기도 한다. 북방 초승달 지대에는 흉노, 선비, 여진, 거란, 오손, 말갈, 예맥 등등이 속하며, 이들은 "모두 우리 족

속의 동아리"(57)인 것이다. '나'는 알타이에서 온 음유시인도 "우리 핏
줄 동아리의 일원으로 받아들이는 의식"(45)을 갖게 만들고 싶어 한다.
백남준에게서 "알타이"(64)를 발견한 '나'는 이 광범위한 지역의 과거
문화를 탐구하고 보존하는 것이 "우리의 사명이며 새로운 시대의 소
명"(63)이라고 굳게 믿는다. 잃어버린 광활한 북방이야말로 주몽의 고
향인 동시에 우리 민족의 시원인 것이다. 이러한 대범한 상상력이 현실
을 무시한 맹목적 민족주의로 향할 가능성도 농후하지만, 윤후명 문학
의 상수인 유미주의는 이러한 가능성을 훌륭하게 제어한다. '내'가 알
타이족의 음유시인에게 마지막으로 해주고 싶은 일은 "'아름답다'는 말
을 새겨주"(78)는 일이며, 알타이어족의 족장께 드리는 편지 역시도
"오직 한국어 '아름답다'를 말하려는 것일 뿐"(78)이기 때문이다.

이 작품집에는 강릉 단오제의 핵심 모티프라고 할 수 있는 여자를
물어가서 장가를 든 호랑이, 몸뚱이는 호랑이에게 잡아먹히고 머리만
남은 처녀, 그리고 그 처녀의 머리가 놓여 있는 돌(바위)이라는 세 가지
가 핵심적인 자리를 차지하고 있다.

돌은 이번 작품집의 단단한 지반을 형성해주는 서사의 근원이다.
「대관령의 시」에서 '나'는 "돌을 구하러 가는 심정"(181)으로 강릉에 간
다. '내'가 보고 싶어 하는 돌은 "처녀가 호랑이에게 물려 가서 머리만
바위 위에 남아 있더라는 그 '바위'"(193)이다. 돌은 본래 견고성과 내
구성을 소유하고 있으며, 그러하기에 흔히 변화하고 부패하는 생물들
과는 대립되는 세계를 암시한다. 나아가 돌은 그 자체로 독립적이며 고
유한 전체라는 상징적 의미를 지니고 있기도 하다. 이 돌은 작가가 추구

하는 이상적인 세계의 표상이라고 할 수 있으며, 그것은 심중에 깊이 자리 잡고 있어서 "여간해서는 꿈적도 하지 않"(193)는다.

이러한 돌의 상상적 의미는 바위(「바위 위의 발자국」)로, 방파제(「방파제를 향하여」, 「대관령의 시」)로, 도치뼈(「대관령의 시」)로, 보석(「대관령의 시」)으로, 그네(「대관령의 시」)로, 별로 연결되기도 한다. 「바위 위의 발자국」에서 새로운 시작을 위해 '내'가 그토록 애타게 찾고 있는 장수바위는 아무 데도 없다. 단단한 바위 대신 놓여져 있는 것은 플라스틱 바가지가 되어 버린 두 개골 뿐이다. 그 바가지 속에 담겨 있던 "삶의 가치를 찾으려는 얄팍한 철학이나, 여자를 아내로 삼으려는 들뜬 욕망과 번식의 이론, 맨션아파트에 살려는 헛된 경제의 이론, 한 줄의 시를 쓰려는 보잘것없는 문화의 이론"(175)은 사라진 지 오래이다. 그렇다면 바위는 날아가 버린 "공수한 이론"(175)과는 대비되는 불멸의 완전체임이 분명하다.

다음으로 주목해보아야 할 것은 호랑이이다. 이 작품집의 '작가의 말'은 "만약 이 소설집에 다른 하나의 제목을 단다면 '강릉 호랑이에 관한 소설'이라고 할 수 있음을 덧붙인다"(343)는 의미심장한 문장으로 끝난다. 이때의 호랑이는 작가의 문학적 분신으로 이해할 수 있을 것이다.

「호랑이는 살아 있다」에서 백남준은 "서구 한복판에 떨어진 호랑이"(296)로 규정된다. 이때의 호랑이는 시베리아를 중심으로 한 북방 아시아 일대를 호령하던 가장 힘센 신화적 동물이며, "북방 민족의 생명력"(296)을 상징한다고 볼 수 있다. 백남준의 호랑이는 "대관령 산신

당에 그려져 있는 호랑이와 강문마을에 세워져 있는 돌 호랑이"(298)가 되어, "내" 옆을 따른다. 그러다 "어릴 적 나와 이제 나이 먹은 나는 하나가 되고 호랑이도 하나가 되어 있었다"(298)는 문장에서 알 수 있듯이, 결국 호랑이와 '나'는 일체가 된다. 본래 호랑이는 어둠 속에 빛나는 달이라는 상징적 의미를 지니고 있고, 이것은 어둠이 암시하는 본능과 그 세계에서의 빛을 의미한다. 어둠과 빛, 혹은 본능과 정신의 신비한 조화를 의미하는 호랑이는 윤후명이 추구한 문학적 영혼의 생명화 된 표상이 되기에 모자람이 없는 것이다. 더군다나 이 작품에서는 시원에의 회귀라는 주제의식에 걸맞게 호랑이가 '북방 민족의 생명력'이라는 의미까지 획득하고 있다.

이 작품집에서 호랑이는 강릉단오제의 설화에 나오는 대로 처녀의 머리만을 품에 안고 마을로 내려오는 이미지로 반복해서 등장한다. 「눈 속의 시인학교」에서 문인인 '나'는 여자의 머리통을 안고 하염없이 내리는 눈 속을 하염없이 걷는다. 머리만이 남겨진 처녀의 모습은 작가가 만년의 힘을 모아 살려내야만 하는 잃어버린 생명의 근원적인 에너지이자 찾아야만 하는 생명의 비의를 의미한다고 볼 수 있다. 그 여인의 몸통 없는 머리는 "빨갛고 마알간 혀"(108)가 감춰져 있기에 메마르거나 삭막한 것과는 거리가 멀다. 그 처녀의 입속에 담겨진 혀를 살려내는 일은 잃어버린 세계의 은폐된 목소리를 '지금-여기'에 되살려내는 일, 즉 작가의 소명에 해당한다고 할 수 있다. 그렇기에 그 처녀의 모습은 숙명과도 같은 "갈망"(91)의 대상이 될 수밖에 없는 것이다. 「아침 해를 봐요」에서는 호랑이에게 물려 가 바위 위에 놓인 처녀의 머리와 '내' 앞의 여자의 머리가 겹쳐지기도 한다. '내'가 여자와 키스를 나눌 때, 고향 전설에 등장하는 처녀의 혀는 "내 입속에 살아"(138)난다. 그렇다면 이 작품집 전체는 호랑이에게 몸뚱어리를 모두 잡아먹혀 머리만 남겨진 처녀와의 깊은 키스라고 부를 수도 있을 것이다. 이 처녀는 "이상과 현실 사이를 연결시켜줄 수 있는 영매"(185)이자 "하늘에 있는 내 영원성의 상징"(185)이며, 때로는 "현실의 내 가까운 여자들로 육화"(185)되기도 한다. 자유를 얻기 위해 국경을 넘는 핀란드 역의 소녀(「핀란드 역의 소녀」)까지도 포함하는 이 많고도 많은 처녀들의 '빨갛고 마알간 혀'에서 아름다운 음악을 나도록 하는 일이야말로 반세기가 되어 가는 지금까지도 윤후명이 원고지앞을 떠나지 못하는 이유일 것이다.

「호랑이는 살아 있다」에서는 몸뚱어리가 모두 잡아먹힌 처녀들에게 생명을 불어넣는 일에 성공하고 있다. 이 작품에서 호랑이와 하나가 된 '나'는 품속에 처녀의 머리를 안고 삶 속으로 걸어온다. 그 순간 처녀는 살아나 입을 열고, 동시에 어머니, 사라진 친구들, 친구 아버지, 연변 아줌마, 탈북자 소녀 등이 모두 살아난다. 이 순간의 환희와 기쁨, 그리고 충일한 생명이라야말로 문학이라는 고행의 길에 온전히 자신의 생을 바쳐온 자만이 구현할 수 있는 응당한 삶의 대가라고 할 수 있다.

보세요. 호랑이도 살아 있으니, 우리도 살아 있어요.
품속의 처녀가 말했다.

우리도 살아 있다고? 죽은 사람도…… 살아 있다고?

그럼요.

처녀가 환한 얼굴로 대답했다.

아, 보고 싶은 모습들 모두가 살아 있다니……

내 얼굴도 밝아져 있으리라. 나는 벅찬 가슴으로 둑길을 디뎠다. 그리고 몰려오는 사람들과 함께 둑길을 걸어가고 있었다. 곧 축제가 열릴 것이었다. 모두들 살아 있음을 서로에게 알리는 축제였다. 가슴 가득 어떤 물결이 밀려오고 있었다. 살아 있음을 알고 알리는 주체할수 없는 벅참이었다. 숙소를 찾아가야 하는 일도 잊은 채, 나는 남대천의 물길을 바라보며 '보세요' 소리와 함께 삶의 축제를 향해 둑길을 걸어가고 있었다 우리 모두가 지금 살아 있는 것이다. (300)

윤후명의 문학은 기본적으로 길 위의 문학이며, 밤하늘의 외딴집을 찾아가는 문학이라고 할 수 있다. 반세기의 문학적 여정을 결산하는 전집을 읽는 이 순간도 왠지 그의 여정이 끝나기는커녕 등에 진 짐은 더욱 무거워지고 정신의 촉수는 더욱 예리해졌다는 느낌을 지우기 힘들다. 그를 강릉까지 끌고 온 호랑이는 여전히 뭉툭한 두 앞발을 물에 적신 채 작가를 바라보고 있는 것이다. 그렇기에 윤후명은 "나는 아직도 살아 있으며, '별빛이 아는' '평생의 그 길'을 가고 있다"(232)고, 하나의 세계에 온전히 하나의 생명을 바친 자만이 낼 수 있는 고요하지만 단호한 문장을 만들어 낼 수 있는 것이다. 누군가 '어디에, 너는'이라고 묻는다면, 윤후명은 분명 나는 지금 대관령 옛길이라고 말할 것임에 틀림없다.[27] 윤후명 그는 아직도 살아 있으며, '별빛이 아는' '평생의 그 길'을 가고 있다.(2016)

---

27 대관령 옛길에 해당하는 작품 속의 자작시를 소개하면 다음과 같다.
　　대관령 옛길을 오른다
　　내가 어디에 있는지 물으며
　　호랑이 오르내린 옛길을 별빛에 비춰보면
　　평생을 비스듬히 살아왔음을
　　스스로 고백 받을 것이다
　　멀리 아래쪽 동해의 바닷물이
　　비스듬히 파랗게 호랑이를 적시고 있기에
　　모든 게 비스듬해도 대관령 옛길은 나를 이끈다
　　별빛이 아는 길이기에 나 역시 아는 길이라고
　　언젠가 왔던 그 길이라고
　　내가 어디에 있는지 아는
　　평생의 그 길이라고 (231)

제3부
같다는 것, 다르다는 것

벽

1. 서로 다른 말을 하는 사람들

하성란의 「카레 온 더 보드」(『실천문학』, 2013년 여름호)에는 세 가지 서로 다른 계층의 사람들이 등장한다. 이 작품에서 이들을 나누는 기준은 돈과 같은 물질적 자산이라기보다는 "한 개인의 사회적 자아는 그 개인의 언어에 깊은 자국을 낸다"(207)는 말처럼, 사람들이 사용하는 어휘나 분위기와 같은 무형의 것들이다.

맛집으로 소문난 한 식당에 그녀와 김이 들어온다. 김은 그녀와 함께 연구소에 근무하는데, 곧 보다 나은 연구소로 전출을 가게 된 상황이다. "그는 모든 단어들을 순화시키느라 남은 생을 바칠 것이다. 그녀가 가끔 혼자 중얼거리고 숨통이 트이는 그 단어들을 다 바꾸려 들 것이다"(207)라는 문장에서 알 수 있듯이, 김이 하는 일은 끊임없이 비어나 속어 등을 곱고 바른 말로 순화하는 일이다. 그녀는 끊임없이 김을 의식하며, 김의 기준에 자신을 맞추려 한다. 그녀는 자신의 말, 심지어 마음속에 떠오른 말조차 김의 기준에서 검열한다. '자신이 오지 않은 사이' 가게가 크게 바뀐 것은 없었다고 생각한 것을, 곧 '자신이 오지 못한 사이'로 수정하는 식이다. 이처럼 고유한 단어를 표준어로 순화하는 일은 다양한 사회적 계층의 고유한 목소리를 지우고 지배적인 계층의 목소리만 남기는 일에 대응한다. 동시에 김의 일은 "겹치기가 아닌 가게 모찌가 되어야 그 현장이 눈앞에 생생하게 펼쳐진다는 걸 김은 모른다"(190)라는 말이 드러내듯이, 각각의 사회 집단이 지닌 특성으로부터 유래된 어휘의 고유성을 모두 사라지게 하는 것이기도 하다.

그녀와 김은 식당의 건너편 테이블에서 남자 한 명과 여자 두 명이 식사를 하는 장면을 보게 된다. 이 때 김은 주로 그들이 나누는 어휘, 즉 '가게모찌'나 '구다리' 혹은 '니쥬'와 같은 속어에 관심을 집중하며 이맛살을 찌푸린다. 그러나 여자는 그들 사이에서 작동하는 권력관계와 그 속에서 막내인 여자가 감수하고 있는 고통에 주목한다. 그 고통에 주목하는 이유는, 막내인 여자가 받는 고통이 그녀가 에어로빅 학원, 영화판 등에서 겪어온 고통과 흡사하기 때문이다. 그녀는 조명팀에서 일하며 몇 개월째 임금도 받지 못한 경험이 있으며, 막내라는 이유로 회식 자리에서 팝콘 그릇이 빌 때마다 일어나 주문을 하고, 담배 심부름을 하기도 했던 것이다. 그녀가 그들을 보며 '쌈마이'와 '리마이'라는 단어를 자연스럽게 떠올리듯이, 건너편 테이블에 있는 사람들의 세계와 그들이 사용하는 말은 그녀와 그리 멀지 않은 곳에 존재한다.

하성란의 「카레 온 더 보드」에는 그녀보다 한 단계 아래의 계층도 등장한다. 그것은 에어로빅 학원에서 만난 친구 영은을 통해 나타난다. 그녀는 고등학교를 졸업하기도 전에 대학 신입생이 될 동기들과 달리 자신은 돈을 벌 것이라는 야무진 마음으로 에어로빅 학원에 다닌 적이 있다. 서른 명이 넘는 에어로빅 학원 동기들 중에서도 몇 명과는 친하게 지냈는데, 이유는 "그녀들이 대학 진학을 포기하고 그 길에 뛰어들었다는 이유"(197) 하나 때문이다. 영은이는 그녀가 친하게 지낸 에어로빅 학원 동기들 중 한 명이다.

영은이의 호출로 대기업 사원들과의 술자리가 있었던 다음날 새벽 그녀는 영은의 집에 가게 된다. 그녀 역시 축축할 정도로 습기가 많으며 지상과 맞닿아 있어 창을 열 수도 없는 불광동 지하방에서 산 적이 있지만, 영은의 집은 상황이 좀더 열악하다. 영은의 집은 전철역에서도 꽤 먼 비탈길에 있는 빌라였다. 모든 것이 낡고 어긋나고 오래된 그 빌라에는 자그만치 다섯 명 이상의 노인들이 살고 있으며, 영은은 도착하자마자 밤새 노인들이 배설해 놓은 요강 속 대소변을 깨끗하게 비어낸다. 그날 그녀는 항상 대일밴드에 가려져서 보이지 않던 一心이라 새겨진 영은이의 팔뚝 문신도 보게 된다.

영은은 "그 노인들이 몇 명이고 누구인지", "왜 일심이라는 문신을 새기게 된 건지도"(205) 끝내 말해주지 않는다. 중요한 것은 "다 알지 않느냐는 영은이의 눈빛과는 달리 그녀는 아무것도 몰랐다"(205)는 사실이다. 이것은 마치 김이 그녀나 '영화하는 치들'이 사용하는 말과 그 속에 담긴 삶의 실감을 "죽었다 깨어나도"(190) 모르는 것과 흡사하다. 그러나 문제는 그렇게 단순하지 않다. 김은 그녀의 삶을 모른다하더라도, 그녀가 초점화자인 이 작품의 서술 시점으로 인해 그녀의 삶은 어느 정도 독자에게 전달된다. 그러나 영은은 끝내 그녀의 시각에 의해서만 조망될 뿐이기에, 그 괴기스럽기까지 한 노인들의 정체와 언제나 대일 밴드에 가려져 있던 일심이라는 문신의 의미는 완전히 베일 속에 가려진다. 따라서 영은의 삶은 동정이나 연민의 대상도 아닌, 그야말로 미지의 영역으로 남겨질 뿐이다.

하성란의 「카레 온 더 보드」에서 가게모찌와 같은 천박한 속어, 팔뚝에 새겨진 一心이라는 문신, 혹은 한 순간의 빈틈도 허락지 않는 곱고 바른 말 등에 대해 우열을 매길 수는 없다. 오히려 곱고 바른 말의 사용은 내면의 부도덕함을 감추는 화장술, 즉 영은이의 문신을 가려주는 대일 밴드 같은 것에 불과할 수도 있기 때문이다. 김은 자신이 더 나은 연구소로 전출 가게끔 내정되어 있다는 것을 알면서도, 그녀에게 "언질은커녕 오히려 너도 신청을 해보라고 그녀를 부추기기까지"(192) 한다. 심지어 몇 시간 후면 결과가 나올 상황에서도 김은 그녀에게 자신의 전출 소식을 숨기고 있다. 김은 그녀가 손바닥이 날카로운 물질에 찔려도 손을 잡아주기는커녕 조심성이 없냐는 듯한 눈빛을 보낸다. 그때서야 그녀는 "침을 뱉듯이 그녀가 아는 가장 모욕적인 욕을 날"(208)리고, 십수 년을 질질 끌어오던 김과의 관계를 끝낸다. 그런데 이러한 그녀의 선택이 왠지 쓸쓸하게 느껴지는 것은 왜일까? 이것은 그녀의 선택이 개인의 자유로운 결단보다는 사회적 상황이 만들어낸 필연적인 선택처럼 느껴지기 때문이다. 마치 그녀가 대학교에 입학하자마자 에어로빅 학원의 동기들이었던 "영은이들"(207)과는 자연스럽게 연락이 끊어진 것처럼 말이다. 김과 그녀, 그리고 그녀와 영은이들 사이에 놓인 벽은 오늘도 점점 높아만 지고 있다.

2. '다른' 소년에서 다른 '소년'으로

이신조의 「다른 소년」(『현대문학』, 2013년 6월호)은 열여덟의 소년이 겪는 성장통을 주제로 삼고 있다. 이 소년은 지금 자신의 현재 상황에서 벗어나기를 열망하며, 이러한 욕망은 '다른 소년'이 되고 싶은 소년의 바람으로 나타난다. 이 작품에서 다른 소년은 "엄마를 죽인 아들과 지갑을 잃어버린 대학생"(145) 두 명을 의미한다.

열여덟의 소년은 일 년 전부터 치밀하게 준비하여 가출한다. 가출한 후에도 안경을 새로 장만하고 머리를 염색할 정도로 용의주도한 모습을 보인다. 서초구에 있는 집을 가출한 소년은 처음 청주에 가고, 이후에는 전라북도 군산과 의정부를 거쳐 사흘 만에 서울로 돌아온다. 소년의 진짜 목적지는 인천임에도 불구하고 그런 복잡한 여정을 밟은 것은 "잃어버린 애완견을 애타게 찾듯이, 지명수배 절도범을 집요하게 쫓듯이"(143) 자신을 찾을 엄마로부터 벗어나기 위해서이다. 소년은 인천역 앞의 차이나타운과 자유공원을 구경하고, 전철 1호선 동인천역과 도원

역 사이에 있는 베스트 고시텔에 숙소를 정한다.

서초구가 집인 열여덟의 소년이 군이 인천까지 온 이유는 다른 사람이 되려는 소년의 계획과 관련된다. 소년은 열일곱 살에 귀가하는 버스에서 지갑을 줍는다. 주민등록증과 인천에 있는 한 사립대학교의 학생증이 들어 있는 지갑을 주웠을 때, "소년은 다른 사람이 된다는 것에 대해 생각"(134)하기 시작한다. 소년이 처음 되고자 하는 '다른 소년'은 다름 아닌 지갑의 주인으로 소년보다 세 살 위인 기계공학도인 것이다. 지금 소년은 지갑 주인 행세를 하며 인천에 있는 고시텔을 예약한 것이다.

동시에 소년이 되고 싶어 하는 또 한 명의 '다른 소년'은 어머니를 살해하고, 어머니의 시신을 오랜 동안 안방에 방치해 둠으로써 사회를 경악케 한 자기 또래의 소년이다. 「다른 소년」에서는 어머니를 살해한 '다른 소년'에 대한 꽤나 상세한 설명이 덧붙여져 있다. 이 '다른 소년'과 어머니의 관계는 각각 다섯 번과 네 번 반복되는 "아들에게 죽은 엄마는 아들을 사랑했다"(135)와 "엄마를 죽인 아들은 엄마를 사랑했다"(135)라는 말 속에 압축되어 있다. 그토록 끔찍한 범죄는 아버지가 부재한 둘만의 공간에서 출구를 찾지 못한 어머니의 아들에 대한 과도한 집착에서 비롯된 것이다. 소년은 자신이 "변호사라도 되는 양"(137) 엄마를 찔러 죽인 열아홉 소년을 옹호하는 댓글을 열심히 단다. 소년은 파렴치한, 존속살인범, 패륜아 등의 단어에 맞서 부지런히 댓글을 다는 것이다. 과연 무엇 때문에 열여덟이 된 평범한 소년은 '엄마를 죽인 아들'을 이토록 열심히 옹호하는 것일까?

이러한 행동은 과도한 입시 경쟁과 (강남)엄마의 과욕으로 인해 받는 스트레스와 깊이 관련되어 있다. 소년이 받는 스트레스는 다음의 인용문에 등장하는 아이들의 대화가 보여주듯이 대부분의 아이들이 겪는 일반적인 일로 이야기된다.

씨발년들, 그렇게 서울대가 좋으면 지들이 공부해서 가면 될 거 아냐, 왜 자식들 보고 대신 가래, 같은 학교의 어떤 아이가 말했다. 다른 아이가 이웃에 사는 특목고생 아이와 그 엄마의 재수 없는 행태로 온갖 욕설을 동원해 묘사했다. 또 다른 아이는 제가 알고 있는 강남엄마 괴담 시리즈를 이것저것 늘어놓았다. 어떤 애가 본드를 벽 한쪽에 완전 떡칠을 해놓고 밖에서 지 엄마를 불렀대, 본드? 엄마가 방문을 열고 나오는 순간 다짜고짜 벽으로 확 밀쳐, 헐, 쥐새끼처럼 벽에 패대기를 팍, 시발 구라치고 있네, 진짜야 새까, 벽에 찰싹 붙여버렸대, 대박, 본드로 지 엄마를, 쩐다, 졸라 웃기지 않냐, 아이들은 허리를 굽히고 킥킥대며 웃었다. (136)

특목고 입학시험에 떨어져 일반 고등학교 신입생이 된 소년은 위의 인용문에 나오는 것과 같은 이야기를 자주 듣고는 했던 것이다. 이외에도 소년은 엄마와 아빠의 불화에 시달린다. 아버지는 2년 전부터 가출한 상태이고, 어찌 보면 당연히 어머니 역시 소년에게 충분한 관심과 사랑을 주고 있지 못하다. 엄마와 아빠는 각자의 반려자에게서 얻을 수 없는 것들을 무리하게 소년에게 요구하는 상황이었던 것이다.

그녀가 소년에게 말했다. 내겐 너밖에 없어. 소년은 말하지 못했다. 빌어먹을, 내겐 아무도 없어. 그가 소년에게 말했다. 숨 막힌다, 네 엄마. 소년은 말하지 못했다. 씨발, 난 안 막히겠냐. 잠깐만 그래보는 것이 가능하다면, 소년은 열여덟, 그녀와 그를 죽여보고 싶었다. (143~144)

그러나 '다른 소년'이 되는 것은 당연히 쉬운 일이 아니다. 애당초 그렇게 간단히 넘어설 수 있는 벽이라면, 그 벽은 존재하지 않는 것이나 마찬가지인지도 모른다. 소년은 스물 하나의 '다른 소년'이 되고자 애를 써보지만, "좁고 어두운 고시원 방 안에서 그만 열 살 아이처럼 의기소침해"(141)질 뿐이다.

소년은 가출한 지 일주일 정도가 지났을 때, 월미도를 방문한다. 그리고 오래전에 부모님과 함께 그 곳에 온 적이 있었음을 기억해낸다. 이 기억은 소년이 '다른 소년'이 아닌 자기 자신을 긍정하게 되는 가장 중요한 내적 동기로 작용한다. 결국 작품의 마지막에 누군가가 다급하게 고시텔의 문을 두드리며 소년의 이름을 부를 때, 소년은 "난, 아니야, 난 다른 사람이야"라며, "문밖으로 나온 사람은 다른 사람이어야 한다. 반드시 그래야 한다고 생각한다"(149)고 다짐한다. 이 대목의 '다른 소년'은 지금까지의 '다른 소년'과는 그 의미가 다르다. 이전까지의 '다른 소년'이 "엄마를 죽인 아들과 지갑을 잃어버린 대학생"(145)을 의미했다면, 이때의 '다른 소년'은 바로 열여덟 소년 자신을 의미하기 때문이다. '다른 사람'은 열여덟 소년이긴 하지만, 가출 이전과는 달라진 월미도의 추억까지 자신의 괴로움 속에 녹여낸 한층 성숙한 소년임에 분명하다.

3. G시와 O시 사이, 혹은 공동체와 공동체 사이

현대 사회는 수 백 만년에 걸친 인류사에서 유래를 찾아볼 수 없는 찬란한 기술문명을 뽐내고 있다. 공상과학 만화에나 등장하던 것들이 부지불식간에 현실이 되어 버리는 그러한 시대에 살고 있는 것이다. 이러한 찬란한 기술문명은 때로 가공할 재앙으로 우리를 덮치고는 한다. 2011년 3월 11일에 일본 동북부 해안에서 발생한 사건은 그토록 찬란한 기술문명이 때로는 인간으로서는 감당할 수 없는 재앙의 근원이 되기도 한다는 것을 분명하게 보여주었다.

구병모의 「식우」(『문학사상』, 2013년 6월호) 역시 위기사회라고 할 수 있는 현대사회의 본질적인 성격을 조금은 환상적인 방법으로 드러내고 있는 작품이다. 배경인 G시는 최첨단의 도시이기에, 그곳에 사는 사람들은 21일째 반복되는 이슬비 정도는 이 도시에 아무런 위해도 가하지 못할 것이라고 생각한다.

최적의 실내 습도를 유지하도록 가가호호 조절 장치는 돌아가고 있을 테고, 입주민들은 드럼 세탁기 안에서 완전 건조된 셔츠를 끄집어내선 언제쯤 출근길에 우산을 지참하지 않을 수 있을까 정도나 가끔 궁금해하며 일기예보를 검색하고 있었을 것이다. 시간당 강수량은 1~5밀리를 유지하며, 논밭이 많은 지역에서 이 정도 규모의 비가 21일간 지속되었다면 작물 피해와 소규모 산사태 및 침수를 우려하는 보도가 진작 나왔겠으나, G시를 이룬 부속들은 꼭 이 아파트 단지에 국한하지 않더라도 그 정도 비를 감당하기에 무리 없었으므로 눅눅함과 불쾌함 외엔 아무런 문제도 아니며, 아름다운 캐스터가 자기 잘못도 아니건만 사뭇 안타깝고 미안하단 어조로 내놓는 마무리 멘트는 출퇴근길 불편과 세탁물 건조의 용이치 않음을 오늘도 감수 하셔야 겠다는 차원에 머물렀을 것이다. (160)

그러나 G시에 내리는 비는 규모로는 이슬비에 불과하지만 염산으로 치자면 평균 농도 15퍼센트를 상회하는 강력한 부식성腐蝕性을 지니고 있다. 하룻밤 사이에 열 채 이상의 단층 건물들을 무너뜨릴 정도의 위력을 가지고 있는 것이다. 그 결과 최첨단 도시는 물론이고 그 곳의 사람들은 그동안 쌓아 올린 문명의 우산으로부터 아무런 보호도 받지 못한 채, 거의 벌거벗은 상태로 내동댕이쳐진다. 이 소설의 핵심은 치밀한 묘사를 통하여, 조금씩 부식되어 가는 도시와 인간들을 그려나가는 데 있다. 이를 위해 구병모는 위의 인용문에서도 확연하게 드러나는 것처럼, 전례를 찾아보기 힘든 만연체를 구사하고 있다.

침입자가 "테러범이나 멧돼지가 아닌 물방울"(163)인 상황에서 대규모로 파견된 군경 역시 무용지물이다. 세상에서 제일 단단한, 외국 건축회사의 권위 있는 전문가들이 설계했으며 건축과 조립에 필요한 모든 것을 외국산 정품으로만 쓴 고품격 주거공간인 아파트 단지마저 구멍투성이가 된다. 이 물방울 앞에서 힘을 발휘하지 못하기는 목사님의 설교 역시 예외가 아니어서, "'심판의 칼날을 거두자 이 비가 그치기를 기도합시다'라고 목사가 말하는 순간"(165) 그 교회는 무너져 150명의 신도가 매몰되는 사건도 발생한다.

G시의 사람들은 마지막 방법으로 G시를 탈출하는 엑소더스 물결에 몸을 맡긴다. 그러나 탈출을 위한 차량이 몰린 거리는 곧 아비규환의 장이 된다. 차들에는 부식과 구멍이 생기고, 거리 곳곳은 버려지는 차들로 가득하다. 또한 휴게소도 갈 수 없는 상황에서 사람들은 아무 곳에서나 대소변을 보고, 휴게실에 운 좋게(?) 도달한 차들은 다시 도로로 진입하지 못 한다. 심지어 사람들의 몸과 얼굴이 녹아내리는 지경에까지 이른다. 그러나 구병모의 「식우」에서 진정으로 G시를 붕괴시킨 것은 산성비만은 아니다.

니은의 부부는 열일곱 살이 된 니은이 G시에서 최소한의 사람으로 대접받을 요건을 충족시키기 위해 최선을 다했지만, 왕따를 당하고 있던 니은의 마음은 이미 산성비 이전에도 녹아내리고 있었던 것이다. 왕따는 상대방 아이가 자기 아이라는 본체의 장신구 내지는 부품이 되기를 바라는 어머니들의 마음과 무관하지 않다.

간신히 목숨을 부지한 이들은 비가 내리지 않는 O시의 입구에 도착한다. 그러나 O시의 경계에는 3000여명의 O시 시민들이 결집하여 화물차로 거대한 장벽을 쌓고 있다. 이들은 G시 사람들이 이곳에 진입해도 전염병이나 방사능이 퍼지지 않는다는 과학적 증거를 정부가 내놓아야 한다고 주장한다. 그러나 O시 사람들이 G시 사람들을 막는 진짜 이유는 3년 전에 O시의 농가에서 오리들 전염병이 돌았을 적에 G시 사람들이 군대까지 동원하여 O시 사람들을 사실상 격리시켰기 때문이다. 그러나 곧 군경은 O시 사람들의 반대를 무릅쓰고 G시 사람들을 진입시키기 위해 노력한다. "G는 국가의 중심이었고 G가 곧 국가"(172)이기 때문이다. 따라서 O시와 G시 사람들 중에서 "어느 한쪽이 녹아 없어져야만 한다면 그건 O의 사람들이었"(172)던 것이다.

「식우」는 마지막 대목이 무엇보다 인상적이다. 출동한 군경의 힘으로 O시 사람들을 강제로 진압하고 G시 사람들은 O시로 진입한다. 추위와 고통에 몸부림치던 G시 사람들은 언제 그런 일이 있었냐는 듯 표정을 바꾸더니 우아하고 당당하며 기품 있는 자세로 O시에 무혈 입성하는 것이다. G시의 사람들은 이기적이어서 협동이나 단결 따위와는 거리가 멀다는 통념과는 다르게, 질서 정연하며 협동심 넘치는 태도로 저마다 쓰러진 사람은 일으키고 부축하며 O시로 들어온다. G시 사람들은 "자기들의 위험과 이익에 어느 누구보다도 예민한 촉을 지녔고 그것에 반응하기 위해서라면 상대 불문 얼마든지 손잡을 줄 아는, 학습인지 본능인지 모를"(175) 모습을 보여주었던 것이다. O시 사람들의 모습역시도 드라마틱하게 변한다. G시 사람들의 옷과 짐이 구멍투성이며 얼굴과 팔다리도 피투성이인 것을 보고, 그전까지 누워서 우리를 밟고 가라던 O시의 사람들은 G시의 사람들을 위하여 각자 겪어야 할 불편을 스스로 준비하기 시작하는 것이다. 절망의 극한에 이르러 G시 사람들과 O시 사람들은 '학습인지 본능인지 모를' 연대의 몸짓을 보여주는 것이다. 구병모의 「식우」는 공동체의 벽을 넘는 방법은 오히려 위기의식일 수도 있다는 비범한 인식을 보여주는 작품이다.

4. 벽을 쌓아가는 사회

한 철학자는 천지창조란 혼란chaos이 질서cosmos의 상태로 옮겨간 것을 말한다고 하였다. 이때의 질서란 적절한 구분을 통하여 모든 존재자가 적당한 위치를 부여받은 상태를 의미할 것이다. 그러나 그러한 구획 짓기가 고착화되면, 질서는 오히려 인간에게 억압과 고통으로 작용할 수도 있다. 문명이 성숙기에 접어들수록, 혹은 체제가 고착화될수록 인간과 사회를 질서 지우는 벽은 높고 두터워질 수밖에 없다. 오늘날 우리 사회는 갑을관계와 같은 말의 유행에서도 드러나듯이, 그 벽이 어느 때보다 높아져가는 특징을 보여주고 있다.

하성란의 「카레 온 더 보드」, 이신조의 「다른 소년」, 구병모의 「식우」 등은 모두 우리 사회에서 점차 높아져만 가는 벽에 대하여 말하는 작품들이다. 「카레 온 더 보드」가 해소해 볼 수도 없는 지경을 넘어 이해해 볼 수조차 없이 심화되는 계층 간의 벽을 보여주었다면, 「다른 소년」은 끝을 모르는 욕망과 소외로 인해 심지어는 가족 사이에서도 두터워지는 개인 간의 벽을 조용히 이야기하였으며, 구병모의 「식우」는 공동체의 자기보존욕구라는 집단 이기의 벽을 판타지적인 수법으로 형상화하고 있다. 세 작품은 모두 우리 사회에 존재하는 벽들이 이미 그 긍정적인 의미를 상실한 채, 인간 삶을 억압하는 고통스런 굴레에 불과한 것이 되었다는 공통된 인식을 보여주고 있다. 그럼에도 그 벽 너머를 상상하는 방식은 조금씩 다르다. 일상에 스며든 절망 그 자체를 차분하게 바라보기(「카레 온 더 보드」), 내면의 힘을 통해 돌파하기(「다른 소년」), 위기의 극한에서 비로소 발현되는 인간성에 기대기(「식우」) 등이 세 명의 작가를 통해 사유할 수 있는 벽 넘기의 방식일 것이다. 벽에 대한 인식, 그것도 문학적 밀도를 동반한 벽에 대한 인식은 이 계절의 한국문학이 거둔 소중한 성취라고 볼 수 있다.(2013)

텍스트와 텍스트

1. 상호텍스트성

크리스테바는 상호텍스트성Intertextuality을 설명하며 모든 텍스트는
인용구들의 모자이크로 구축되며, 모든 텍스트는 다른 텍스트를 받아
들이고 변형시키는 것이라고 언급한 바 있다. 상호텍스트성을 제한된
의미에서 사용할 때, 그것은 하나의 텍스트 안에 다른 텍스트가 인용문
등의 형태로 명시적으로 드러나는 경우를 의미한다. 동시에 넓은 의미
에서 상호텍스트성은 텍스트와 텍스트, 혹은 주체와 주체 사이에서 일
어나는 모든 지적 작용의 총체를 의미하기도 한다. 크리스테바나 롤랑
바르트는 상호텍스트성을 모든 텍스트가 지닌 기본적인 성격으로 언급

하였다. 하지만 상호텍스트성의 농도는 텍스트마다 편차를 보이기 마련이다.

이 계절에는 상호텍스트성을 선명하게 보여주는 작품들이 하나의 주조主潮를 형성하였으며, 그 양상도 다양하였다. 성경과 같은 절대적 고전을 염두에 두고 쓰여 진 작품(배상민의 「아담의 배꼽」)이 있는가 하면, 한국문학사의 기념비적인 명작과 대화를 나눈 작품(이기호의 「탐과 탐들의 시대-Remix 밀다원」)도 존재하고, 그리 오래 되지 않은 과거에 자신이 쓴 작품을 새롭게 변형시킨 작품(천정완의 「육식주의자」)도 발표되었다. 이전 텍스트와 현재 텍스트 사이에 놓인 차이점과 공통점은 작가의 현재 상태를 가감 없이 보여주는 매우 유용한 지표가 될 수 있다.

2. 성경과 「아담의 배꼽」

배상민은 어두운 동시대 현실을 특유의 넉살과 유머로 담아내는 흔치 않은 작가이다. 그의 소설은 대개 정치적 시선의 맹목을 아우르는 인류학적 시선과 인류학적 시선의 공허를 파고드는 정치적 시선이 몸을 섞어 탄생하고는 한다. 이번 계절에 창작된 「아담의 배꼽」(『자음과모음』, 2013년 여름호)은 이러한 배상민 소설의 특징이 고스란히 드러난 작품이다.

「아담의 배꼽」은 성경에 바탕해서 쓰여진 작품이다. 이 작품의 '나'는 카인이고, 동생은 아벨, 아버지는 아담이다. 이 작품에서 아담과 하와는 죄를 짓고 에덴에서 쫓겨나 지구의 위성인 콜로니에 살고 있다. 콜로니에는 사형수들의 후손들이 정착해서 살고 있으며, 그들은 스스로를 "네피림"(76)이라고 칭한다. 카인의 가족은 이곳에서 "신이 양과 돼지와 늑대를 합쳐서 창조한 짐승"(79)인 루빌을 독점적으로 기르며 지배자로 군림한다. 네피림들은 농사지은 곡식으로 루빌의 털과 가죽을 비싼 값에 사고는 했던 것이다.

「아담의 배꼽」에서 아버지인 아담이 자식들 앞에서 하는 일은 "태어나서 여태까지 얼마나 들어왔는지도 모르고 앞으로도 얼마나 더 들어야 하는지도 모르는 지긋지긋한 이야기"(75)를 반복하는 것이다. 아버지의 이야기는 반복에 반복을 거듭하면서 점점 정교해진다. 정교해질수록 또한 신의 말씀을 전하는 아버지의 권위도 절대적인 것이 되어 간다. "태초에 말씀이 있었다"(75)는 문장으로 시작하는 그 이야기는 과거의 사실을 이야기하는 것 같지만, 실제로는 직접적인 정치적 효과로 가득 차 있다. 아버지의 이야기가 진정으로 겨냥하는 것은 "우리는 신께서 창조한 진정한 인간"(78)이라는 것이다. 반면에 "네피림은 우리와 모습이 똑같을 분신께서 창조한 존재가 아니기 때문에 인간이 아니라고"(82) 주장한다. 그렇기 때문에 네피림 따위와 피를 섞어서는 안 되고, 기득권은 언제나 인간의 몫으로만 남아야 하는 것이다.

그러나 문제는 카인이 아벨을 질투하고, 네피림의 한 명인 나아마라는 여인을 사랑하게 된 것이다. 그 결과 카인은 아벨을 살해하고, 아버지가 신이 창조한 존재임에도 배꼽이 있다는 것에 대하여 강력한 의문을 갖는다. 결국 카인은 아버지의 이야기가 완전한 허구임을 파악하게 된다.

아버지의 이야기가 허구임을 확인한 카인은 아버지와 협상을 시도한다. 그는 아버지에게 자신이 아벨을 죽인 것은 결국 아버지의 이야기를 지켜주기 싫었기 때문이라고 말한다. "녀석마저 아버지의 이야기를 부정했더라면 아버지의 세상은 사라"(101)질 것이기 때문이다. 그리고는 아버지가 자신에게 루빌을 주면 자기는 아버지가 모르는 어딘가로 가서 네피림 처녀와 가정을 이루겠다고 말한다. 물론 모든 현실적 권력의 근원인 "루빌은 아버지처럼 저의 가족에게만 물려주겠습니다"(101)라는 약속도 빼놓지 않는다. 작품은 카인이 다음처럼 자신의 미래를 그려보는 것으로 끝난다.

> 나아마와 가정을 이루게 되면 아버지가 했던 것처럼 나는 나의 이야기를 시작할 생각이다. 세상을 창조한 신에 대해 이야기하고 신께 질문을 한 죄로 에덴에서 쫓겨난 부모님, 아담과 하와에 대해서도 이야기해줄 것이다. 그리하여 그 핏줄을 이어받은 나는 선과 악을 주관하는 내 세상의 주인이 될 것이다. 하지만 배꼽을 가진 최초의 인간, 아담과 하와는, 나의 자식들에게 절대로 보여주지 않을 작정이다. (102)

배상민은 이전 작품들을 통해 2000년대 젊은이들이 처한 사회적 난경難境에 대한 집요한 관심을 드러내었다. 젊은이들의 불우는 배상민 소설에서 '임신과 유산의 서사'라는 고유한 내적 형식을 낳는다. 그것은 아비 되기의 욕망에 다름 아니며, 이것은 달리 말하자면 현실 속의 당당한 성인주체로 자리매김 받고자 하는 욕망이기도 하다. 그러나 그 열망은 현실 속에서 대부분 아니 언제나 실패했는데, 판타지의 성격을 지닌 「아담의 배꼽」에서는 최초로 성공한다.

배상민의 「아담의 배꼽」에서 카인은 아버지의 허구성과 이중성을 온몸으로 절실하게 체험한다. 그럼에도 카인이 끝내 지향하는 것은 아버지에 대한 부정이나 무시가 아니라, 스스로 아버지가 되는 것이다. 그리고 그가 가장 먼저 하는 일은 다름 아닌 아버지처럼 '이야기'를 시작하는 것이다. 이때의 이야기가 현실의 속악함과 비루함을 감추어주며, 기존 권력을 공고하게 해주는 환상의 커튼임은 말할 것도 없다.

3. 「육식동물」과 「육식주의자」

천정완의 「육식주의자」(『창작과비평』, 2013년 여름호)는 「육식동물」(『문학나무』, 2012년 가을호)에 이어지는 작품이다. 「육식동물」은 '육식동물 / 초식동물'이라는 선명한 이분법으로 이루어져 있다. 초식동물이 누군가를 해치지 않고 홀로 자신의 생명을 이어가는 다수의 평범한 사람들을 의미한다면, 육식동물은 누군가를 해침으로써만 자신의 부와 명성을 이어갈 수 있는 이 사회의 강자들을 의미한다.[28]

천정완의 「육식주의자」는 독특한 서술시점을 지니고 있다. 작가인 '내'가 자신이 형상화하는 '나'에 대하여 말하는 낯선 방식인 것이다.

---

28 천정완의 「육식동물」에 대한 자세한 논의는 「이분법의 예각」, (졸고, 『현장에서 바라본 문학의 의미』, 소명출판, 2013), 207~208쪽을 참고할 것.

"내가 너를 처음 창조할 때 작게는 30대 중반의 회사원을, 크게는 그 또 래 전체를 대변할 수 있는 인물을 만들고 싶었다"(153)는 식의 진술이 이 작품의 서술시점을 잘 보여준다. 처음 "너는 상사의 탄압에도, 동기들 의 괄시에도 소극적인 태도"(153)를 지니고 있었다. "양배추 샐러드"(154) 와 "양송이 수프"(155)에 집착하는 너는 "평평한 인물"(154)일 뿐이다. 이 것은 모두 너에게 "결여"(154)된 요소와 관련되어 있다.

그러나 생고기만을 먹는 진정한 육식주의자인 팀장은 넘칠 정도로 너의 '결여'를 채워준다. 팀장은 임원이 될 수 있었지만, 스스로가 현장 이 좋다는 이유로 몇 번이나 사양할 정도로 능력자이다. 팀장은 너(철기) 를 데리고 강원도 산속에 있는 큰 천막으로 데리고 간다. 그 곳의 주차장 에는 강남에서도 보기 힘든 고급차들이 빼곡하다. 도축클럽인 그 곳에 서 사람들은 야구방망이를 들고, 온 힘을 다해 소대가리를 후려친다. 이 도축에 너도 참가하게 되고, 이를 통해 조금씩 변해 간다. 너는 "다음 차 례를 기다리는 소의 눈에서 두려움을 보고 묘한 쾌감을 느"(163)끼게 된 것이다. 도축클럽의 끔찍한 일은 단순히 야구방망이로 직접 소를 죽이 는 것으로 끝나지 않는다. 자신이 직접 죽인 소를 날로 먹는 일이 남아 있는 것이다. 도축클럽을 겪으며 채식주의자였던 그리하여 항상 '결여' 를 지니고 살았던 너는 완전하게 변모한다.

어느 순간 너는 양손을 이용해 고기를 먹는다. 고기를 채 썹어 넘기 기도 전에 다른 고기를 집고 있다. 고기를 가득 물고도 너는 접시에서 눈을 떼지 않는다. 너는 팀장이 너의 고기를 빼앗을까봐 두렵다. 팀장이

너를 말렸을 때, 네 얼굴은 피범벅이었고 입속에는 씹지도 못할 만큼 커다란 고깃덩어리가 있었다. (166)

너의 '결여'가 비로소 채워진 것이다. 이제 너의 눈빛과 행동 어디에서도 과거의 너를 찾아볼 수 없을 정도이다. 심지어 세 번째로 도축클럽에 다녀온 날은 팀장보다 많은 생고기를 먹는다. 너는 드디어 초식주의자에서 육식주의자가 된 것이다. 이후 너는 평소 자신을 무시하고 약육강식의 원리를 훈계하던 장대리의 서류를 위조해 장대리가 6개월 감봉 처분을 받게 한다. 너는 반복되는 꿈속에서도 육식동물로 살아간다. 꿈속에서 알몸의 상태로 거대한 초원 위에 선 너는 "나의 말은 본래의 말 뜻과 멀어져 나는 결국 사람의 말을 잊겠지"(168)라고 중얼거리는 것이다. 얼마 후 너는 팀장마저 배신하여 팀장을 회사에서 쫓아내고, 스스로 팀장이 되고 만다.

이러한 상황에서 '나'는 "너는 애초에 내가 생각했던 것보다 더 이상하게 변하고 있다"(169)고 탄식한다. 나중에 너는 '나'를 쳐다보기도 하며, '나'에게 "네가 나를 애초에 초식동물이었다고 생각한 게 잘못 아닐까?"(170)라고 말한다. 이 물음에 '나'는 아무런 대답도 하지 못하고, 작품은 "나는 이제 너를 통제할 수 없다"(170)는 문장으로 끝난다.

「육식주의자」도 처음에는 「육식동물」과 마찬가지로 육식동물 / 초식동물이라는 이분법을 그대로 이어간다. 그러나 「육식주의자」는 그 이분법이 결코 선험적이거나 절대적인 것이 아님을 차근차근 보여준다. 나아가 모든 존재 속에 내재되어 있는 육식성(폭력성)에 대한 성찰의 계기를 만들어 주고 있다. 이를 통해 인간들은 육식동물을 증오하는 만큼이나, 조건만 주어진다면 바로 그 증오하는 육식성에 매혹당할 수도 있는 존재임을 보여준다. 그런 면에서 이 작품은 우리 안에 내재된 악의 보편성에 대하여 이야기한다고 말할 수도 있다. 이 작품 이후에 이어질 또 다른 「육식주의자」가 기대되는 이유이다.

4. 「밀다원 시대」와 「탐과 탐들의 시대-Remix 밀다원」

이기호의 「탐과 탐들의 시대-Remix 밀다원」(『대산문화』, 2013년 여름호)은 제목에서부터 표나게 드러나듯이, 김동리의 「밀다원 시대」(『현대문학』, 1955년 4월)[29]와 긴밀한 대응관계를 이루고 있는 작품이다. 이기호의 「탐과 탐들의 시대-Remix 밀다원」 역시 김동리의 「밀다원 시대」와 마찬가지로 전쟁을 맞이한 소설가(중구)가 지방으로 피난을 가서 겪는 이야기를 서사의 기본 줄거리로 삼고 있다. 피난을 가서 평론가(현식)를 만난다는 것도 김동리의 「밀다원 시대」와 동일하다.

김동리 소설의 중구가 부산으로 피난을 갔다면, 이기호 소설의 중구는 광주로 피난을 간다. 「탐과 탐들의 시대-Remix 밀다원」는 북한과 전쟁이 한창인 가상의 시공을 배경으로 삼고 있다.[30] 전쟁이 발발한 지

---

29 김동리의 「밀다원 시대」(『현대문학』, 1955.4)는 소설가 이중식의 부산 피난시절을 다룬 것이다. 김윤식은 「밀다원 시대」의 핵심에 '땅끝 의식'이 있으며, 이 의식은 "문협 정통파의 소멸, 대한민국 정식정부의 위기의식"(김윤식, 『사반과의 대화―김동리와 그의 시대 3』, 민음사, 1997, 290쪽)이라고 설명한다.

세 달이 지나자 중구는 "'같은 운명체'에서 이탈해 홀로 '막다른 끝'으로 내몰리게"(102) 된다. 이른바 '전시특별법'이라는 것이 국회를 통과하고, 사회 전반에 "예비 검속 강화"(103) 등의 조치가 취해지기 시작한 결과이다. 그는 전쟁 발발 이전 동료 작가들과 전쟁의 위기감을 느끼며 "전쟁 반대, 주한미군 증파 반대"(108)를 골자로 한 선언문을 발표한 바 있다. 중구가 전시특별법에 의해 예비 검속 대상자가 된 이유는 "그가 쓴 소설 때문이 아닌, 그가 참여한 선언문 때문"(108)이다.

그러나 전시특별법의 공포에서 벗어나기 위해 찾은 광주에서도 "종북 세력 척결하고 북진통일 이뤄내자!"라는 플래카드나 "애국 세력 흘린 피를 종북주의자들에게 천 배 만 배 되갚아주자!"(103)는 확성기의 소리는 계속 된다. 데모대 앞에 서 있는 한 노인은 중구의 정체를 아는 것처럼 노려보고, 이에 불안을 느낀 중구는 성급히 택시를 타고 평론가 박현식이 국문과 교수로 있는 광주의 C대학교로 떠난다. 본래 중구는 박현식을 찾아 온 길이다.

「탑과 탑들의 시대-Remix 밀다원」는 현식과의 만남에 있어, 「밀다원 시대」와 매우 다른 모습을 보여준다. 「밀다원 시대」에서 문인들은 극한의 상황에서도 서로에게 따뜻한 환대를 베푼다. 정확히 말하자면 「탑과 탑들의 시대」에 등장하는 박현식은 「밀다원 시대」에 등장하는 조현식과 오정수를 합쳐 놓은 인물이다. 박현식은 이름과 평론가라는

---

30 8개월째로 접어든 전황 소식은 KTX의 모니터 속 단신들을 통해 깔끔하게 정리된다. 모니터 속에서는 "중국이 불개입 원칙을 다시 한 번 확인했다는 보도와, 북한 최고 지도부가 자린성 푸쑹 지역으로 이미 도피했다는 소식, 흥남과 단천에 미 핵잠수함과 7함대 소속 항공모함 칼 빈슨 호가 입항했다는 단신들이 줄지어 이어"(101)지고 있는 것이다.

직업의 유사성에 있어서는 조현식과 유사하지만, 본래 집이 광주에 있다는 면에서는 오정수와 유사하기 때문이다. 「밀다원 시대」에서 외부의 현실이 아무리 척박하더라도 문인 공동체는 꿀물처럼 달콤한 정을 나눈다. 본래 부산에 머물러서 한결 여유가 있던 문인인 오정수 역시 중구를 한없이 따뜻하게 대한다. 오히려 꿀물 같은 달콤함은 물질적 안락함보다는 정신적 따뜻함에서 비롯된다. 평론가 조현식은 병원의 이층 입원실 한 칸을 얻어 열 명 가까운 식구들과 힘들게 살아가지만, 기꺼이 중구의 숙박을 허락한다. 그러하기에 중구는 피난 문인들의 공동체인 밀다원을 결코 떠날 수 없다고 몇 번이나 반복해서 말한다. 심지어 여유있는 길여사가 함께 제주도로 피난가자는 제안을 했을 때에도, "밀다원에서 떠나는 것이 무섭습니다"[31]라며 단호하게 거절하는 것이다.

그러나 「탑과 탑들의 시대」에서 현식은 「밀다원 시대」의 조현식이나 오정수와는 달리 자신의 집에서 잘 수는 없다며, 아파트 현관에라도 머물고 싶어 하는 중구의 마음과는 달리 "중구 씨 같은 분들이 여기 있는게 알려지면 저도, 학교 당국도……허허, 이게 참…… 많이 난처해지는 게 사실이거든요"(107)라는 말과 함께 자신의 연구실에 머물 것을 제안한다. 자신을 차갑게 대하는 현식을 보며, 중구는 현식이 선언문에 참여하지 않았던 사실도 새롭게 떠올린다. 결국 중구는 의혹으로 가득 찬 불면의 밤을 현식의 연구실에서 보낸 후에, 곧장 그곳을 나와 무작정 남쪽을 향해 걷기 시작한다. 이 대목은 김동리 시대의 밀다원과 같은 가

---

31 『김동리 전집 2』, 민음사, 1995, 423쪽.

족적인 분위기의 문단이 사실상 와해된 지금의 문단 상황을 떠올리게 한다.

　무작정 걷는 길에 들른 탐앤탐스 매장 안의 사람들은 자유롭고, 즐겁고 편안해보이며, 24시간 내내 커피를 마시며, 누구의 방해도 없이 이야기를 나누며, 편안하게 음악을 듣는다. 중구는 탐앤탐스 매장 안에서 자신도 다른 사람들처럼 "그럴 수 있을 거라고 생각"(113)한다. 그러나 곧 더 이상 자신의 소설을 읽어 나갈 수도 없고, 탐앤탐스 매장에 앉아 있을 수도 없는 자신을 발견한다. 중구는 "어떤 부끄러움"(113)을 느꼈던 것이다. 그 길로 중구는 다시 택시를 타고 현식의 아파트로 향한다.

　그리고는 잠옷 차림으로 현관에 나온 현식에게 전쟁이 발발하기 이전에도 과연 "그 어떤 문장이라도 다 쓸 수 있는 자유가 우리한테 있었냐……"(114)라고 묻는다. 사실상 이 물음은 현식으로부터 어떠한 대답을 듣기 위한 것이 아니다. 중구의 "우리가 왜 그걸 몰랐을까요?"(114)라는 자문에서 드러나듯이, 중구는 확고하게 전쟁 이전에 자신들에게는 그러한 자유가 없었다고 확신하기 때문이다.

　그렇다면 전쟁 전에 작가들에게 '그 어떤 문장이라도 다 쓸 수 있는 자유'를 빼앗아 간 것은 무엇이었을까? 이 질문에 대한 답변이야말로 이 소설의 핵심이다. 그것은 바로 문인들 자신이 느끼는 자기검열이다. "전쟁 반대, 주한미군 증파 반대"(108)를 골자로 한 선언문을 작성할 수는 있지만 "너무 직접적인 것이란 생각이 들"(108)어 그것을 소설로 쓸 수는 없다는 생각, 대신 장편소설로는 선언문의 내용과는 다른 이야기를 썼던 경험, 그리고는 "자신이 쓰고 있는 소설 역시 넓게 보면 정치적인 이야기"(108)라고 스스로를 위안했던 일 등이 자기검열의 구체적인 내용에 해당된다. 중구의 소설은 나중에 자신의 소설이 전시특별법에서 자신을 구원해 줄 "알리바이"(112)가 되지 않을까 라고 중구 스스로가 생각할 정도로 직접적인 정치성과는 거리를 두고 있다. 중구의 고민이 더욱 비참한 것은, 자신이 겪는 모든 불행의 근원인 선언문에 참석한 일이 "자신의 의지인지, 신념인지, 그도 아니면 그저 한낱 포즈일 뿐이었는지"(110)조차 혼란스럽다는 점이다.[32] 결국 작품은 "중구는 그날 밤, 호숫가에 자신의 노트북을 던져 버렸다. 그는 어쩐지 밤이, 자신의 이전 인생이, 산산이 부서져 내리는 듯한 기분이 들었다. 그리고 다시, 무언가 조용히 시작되고 있었다"(114)는 격렬한 신생新生의 의지를 보이며 끝난다.

이기호의 「탐과 탐들의 시대-Remix 밀다원」에서 전쟁은, 전쟁 그 자체보다 전쟁 이전의 상황을 돌아보는 계기로 작용한다. 그 성찰의 결과, 중구는 자신이 전쟁 이전에도 전쟁기와 마찬가지로 수많은 검열에 시달렸음을 깨닫는다. 그 검열의 주체는 사회단체나 경직된 이데올로기일 수도 있지만, 이 작품에서는 문인들 자신의 문학적 자의식이 제시되고 있다. 이제 문학에서 정치성은 선언문 같은 것을 통해서만 드러낼 수 있다는 것. 그것을 직접 작품화하는 것은 너무나 직접적이기에 피해야 한다는 것 등이 그 자의식의 구체적 항목일 것이다. 마지막에 호숫가에 노트북을 던져 버린 행위는 새로운 문학적 자의식에 바탕한 출발을

---

32 중구가 고백하는 전쟁 이전의 문학적 자의식은 현단계 한국문학의 일부 진보적인 문인들이 토로해 온 고민과 일정 부분 맥락을 함께 하고 있다.

알리는 제의인 것이다. 그 제의 끝에서 새로운 무언가는 "조용히 시작" 되는 중이다.

이기호는 포스트모던한 인식에 바탕한 재기 넘치는 문장과 구성의 작품을 한동안 보여주었다. 이후 진지한 어조로 진실의 파악가능성이라는 문제를 탐구해왔다. 최근에는 사회적인 문제의식을 강하게 드러내기 시작했으며, 「탐과 탐들의 시대-Remix 밀다원」에서는 정치성의 직접적인 형상화와 관련한 문제까지 성찰하는 단계에 이르렀음을 확인할 수 있다.(2013)

애도의 계절

1. 소설과 애도

소설은 기본적으로 이미 일어났던 어떤 일을 독자에게 이야기하는 장르이다. 극작가가 사건을 현재 일어나고 있는 것으로 서술한다면, 소설가는 단지 일어났던 것으로만 서술할 수 있다. 그리하여 소설 언어의 문법적 형태는 과거 시제를 기본으로 한다. 소설이 다루는 과거로서의 사건은 대부분 정상 상태로부터의 이탈인 경우가 많다. 그것은 상징질서의 균열에 해당하며, 대부분의 소설은 바로 그 균열에 대한 반응으로 이루어진다고 해도 과언이 아니다. 이런 이유로 소설가의 작업이란 기본적으로 애도와 무관할 수 없다.

전성태의 「성묘」(『현대문학』, 2013년 8월호)에는 적군묘지를 돌보며 가끔 제사까지 지내는 노인이 등장한다. 이 노인의 애도 행위는 작가의 소설 쓰기에 대한 일종의 비유로서 읽혀진다. 박노인은 적군묘지 옆에서 조그마한 점방인 승리상회를 운영하는 퇴역군인이다. 이 사람이 애도의 대상으로 삼고 있는 것은 다름 아닌 '적군들'이다. 박노인은 "가게를 드나드는 군인들이 막냇동생 같았다가 아들 같았다가 이제는 손자처럼 여겨지는 세월"(113) 동안 이 곳에서 장사를 해오고 있다. 그는 전쟁 때 죽은 북한군과 중국군 유해는 물론이고 남파 공작원들 유해도 묻혀 있는 적군 묘지 옆댕이에 붙은 고추밭 주인이기도 하다. 전사자 유해 발굴사업이 진척되면서 수십 기씩 묘역이 느는 바람에, 노인은 올여름에 밭을 모두 내놓아야 할 형편이다.

무덤들이 주는 심리적 압박감은 대단한 것이어서, 노인은 새로 무덤이 들어서면 이튿날이라도 소주 한 잔씩 올리고는 했다. 곁에서 밭 부쳐 먹고 사는 농부의 심정으로 "자기 마음 편하자"고 "죽은 자에게 사연도 묻지 말고 죄도 묻지 않기로 한 일"(116)이다. 명절 때면 제수음식을 차려 성묘도 했던 노인은 내일 모레 부대가 벌초 작업을 마치면 마지막이 될지도 모르는 제상을 차릴 생각이다.

박노인의 이러한 행위가 이념과는 무관한 것임은, 그가 죽을 때 "30년을 걸친 군복을 입고 묻히고 싶"(118)어 하는 것에서도 잘 드러난다. 박노인은 중국인 성묘객들에게도 언제나 중국 대신 "중공"(120)이라는 할 정도로 '적군'의 이념과는 무관한 사람이다. 언젠가부터 적군묘지에 신기한 일이 발생한다. 북한군 묘역에 있는 김광식 대위의 무덤에 재작년과 작년에 걸쳐 꽃이 놓이기 시작한 것이다. 김광식 대위는 1992년 서해 반잠수정 침투사건 때 사살된 여섯 명의 무장 침투 조 중 하나였다. 이 꽃으로 인하여 박노인은 적군의 묘지에 제물을 올리는 일을 "아주 생경하고 특이한 경험들"(129)로 다시 생각하게 된다. 이러한 성찰은 점차 심화되어 다음의 인용문과 같은 근본적인 질문에까지 도달한다.

군인으로서, 시민으로서 왠지 감당이 안 되지만, 그러나 은밀하게 자연스럽게 행해지는 이 일들에 대해 생각했다. 이게 인간적인가? 그래서 나는 사람인가? 그는 이런 수수께끼 같은 질문에 거듭 시달렸다. (129)

지금 박노인은 "이게 인간적인가? 그래서 나는 사람인가?"(129)라며 자신의 행위를 심각하게 되돌아보고 있는데, 이러한 고민은 자연스럽게 작가의 글쓰기에 대한 자기성찰과 연결시켜 이해해 볼 수 있다. 작가 전성태 역시도 그동안 전쟁과 분단으로부터 비롯된 여러 가지 사건들에 나름의 의미부여를 해온 대표적인 작가였기 때문이다. 그러한 노력을 통해 전성태는 이름도 없이 사라져 버린 자들에게 적당한 이름을 붙여 주고는 했던 것이다. 그렇다면 작가의 작업도 박노인이 오래 전부터 계속해 온 성묘 행위에 해당한다고 말할 수도 있다. 이러한 박노인의 반성과 성찰은 평생을 함께 해 온 아내 심씨를 통해 더욱 심화된다.

아내 심씨는 고추밭에서 허리가 삐끗하여 며칠째 아랫목에서 자리보전을 하고 있다. 심씨는 두통을 못 이겨 박노인이 작년 겨울에 효도공연단의 공연을 보러 갔다가 사온 속옷을 머리에 둘러쓰고 있다가 박노인에게 들킨다. 아무런 효과도 없는 남성용 속옷을 둘러쓰고 있는 그녀의 모습은 "염을 끝낸 시신"(121)과도 같다. 자기와 연고도 없는 시신들에게는 순수한 애도를 표하는 박노인이지만, 과연 평생을 자기와 함께 산 부인 앞에서도 그처럼 당당하고 떳떳할 수 있을까? 박노인이 아내 심씨에게 마지막으로 시향時享을 지내려 한다고 말하자, 아내 심씨는 드디어 폭발하고 만다.

30년을 자기 맘대로 이 골짜기 저 골짜기로 끌고 다닌 양반이오. 당신이. 전국에 있는 삼거리라는 동네를 일곱 군데나 살아본 년 있으면 나와보라고 해. 다방레지들도 그렇게 안 살아봤을걸. 이제 자식들 가까운 데로 나가 살면 좀 좋소. (124)

심씨의 절규 속에서 생활과 불화할 수밖에 없는 작가의 숙명을 떠올린다면 지나친 상상력일까? 그러나 결국 박노인은 올해도 김 대위 무덤 앞에 국화가 놓인다면, "자신이 그 꽃을 남모르게 치울 것 같았다"(130)고 이야기한다. 꽃을 치워야만 더 이상 그 사건은 문제되지 않은 채 "누군가의 성묫길은 계속 될 수 있을 것"(130)이기 때문이다. 작가 역시 묵묵히 원고지를 채워 나갈 것이다.

2. 금보다 빛나는 석탄, 금보다 변치 않는 석탄

전성태의 「성묘」가 적군묘지를 통해 분단된 조국의 특수한 상처들이 만들어낸 애도의 문제를 다루었다면, 이순원의 「212」(『한국문학』, 2013년 가을호)는 하강의 상상력을 통해 생산 현장의 기층에서 산업화를 견인해 내었던 광부의 삶을 서정적으로 애도하고 있다.

서른일곱 살의 영화감독인 현무는 첫 번째 영화를 촬영하고 있다. 영화의 내용은 고등학교 때 작은 항구마을에서 서울로 올라와 그때부터 거친 세상을 살아내는 한 남자의 이야기이다. 영화의 이야기는 많은 부분 현무의 지난날을 담고 있다. 그가 어린 시절 태어난 사북에서 낯선 바닷가 마을로, 다시 서울로 옮겨 다녀야 했던 경험은 "어른이 된 다음에도 그것이 늘 마음에 상처"(44)처럼 남아 있었던 것이다. 영화의 막바지 촬영 작업을 할 때 현무는 "거역할 수 없는 기운으로 그를 불러내는 소리"(43)를 듣는다. 부르는 소리는 "그곳이 어디라고 하지 않고 그냥 여기 한번 왔다 가라고 귓전에 대고 은밀히 말하는 듯"(43)하다. 나중에는 기어이 "누군가 현무야 여기, 하고 그의 이름"(43)을 부르는 소리까지 듣는다.

현무는 자신을 불러내는 소리에 따라 사북과 동해안 바닷가로 여행을 떠난다. 첫 행선지는 그가 태어난 사북이다. 그의 이름 현무의 현(玄)은 "석탄처럼 검은 땅에서 씩씩하게 태어나 굳세게 자라라는 뜻"(44)으로 아버지가 지어준 것이다. 아버지는 그가 여섯 살이었을 때, 시냇물까지도 검은 땅의 지하 860미터 아래에서 낙반사고로 서른세 살의 생을 마감했다. 삼십 여 년이 지나 다시 온 사북에서 그는 "어디에서도 자기 생의 흔적을 찾을 수 없"(46)다. 카지노는 죽은 아버지의 삶을 조롱하듯 사북 읍내의 가장 높은 자리에 우뚝 솟아 옛날 탄광지를 굽어보고 있을 뿐이다. 아버지는 그렇게 사람들의 기억 속에서 제대로 애도되지 못한 채 사라져 버린 것일까? 그러나 현무의 거듭되는 사북행 자체가 결코 사라질 수 없는 아버지에 대한 애도 작업이라 할 수 있다. 현무는 "올 때마다 어머니처럼 다시 오지 말아야지 하면서도 그는 또 오곤 했"(46)던 것이다.

다음으로 찾은 등대가 있는 바닷가 마을에서도 아버지는 엄연한 존재로 숨 쉬고 있다. 주문진은 현무가 일곱 살에 이사 가서 열일곱 살까지 살았던 곳이다. 이곳에서 어머니는 그에게 아버지가 석탄에 대해 했던 이야기를 해준다. 아버지는 사람들이 석탄을 검다고만 말할 때, "석탄이 금보다 더 빛난다"(51)고 말했던 것이다. 아버지가 그의 이름을 현무라고 지은 것도 "석탄이 검어서만이 아니라 빛나기 때문"(52)이다. 지하 860미터에서 아버지가 "캐내던 석탄은 금보다 빛났을 것"(53)이다.

수산고등학교에서 처음 해도를 보았을 때, 현무는 제일 아늑한 바다로 주문진 동쪽 바로 앞에 수심 212미터의 해역을 찾아낸다. 현무의 아버지가 목숨을 잃은 곳이 해발 650미터인 탄광의 지하 860미터 갱도 아래였다는 것을 생각한다면, 현무의 아버지는 바다 표면보다 210미터 아래 지점에서 사고를 당한 것이다. 수심 212미터의 해역을 찾아낸 순간 현무는 "왠지 아버지의 영혼이 깊은 바다로 가 있다면 이곳 주문진에서 멀지 않은 그곳일 것 같은 느낌"(56)을 받는다. 그리고는 "어린 시절에 살았던, 집도 길도 냇물도 온통 시커먼 기억밖에 없는 사북과 눈을 뜨면 푸른 바다가 세상의 모든 것인 주문진이 수심 212미터의 숫자 하나로 깊은 연관을 맺고 있는 듯했다"(56)고 생각한다. 그렇게 잊혀 진 듯했던 아버지는 고지대인 사북과는 반대편에 있는 동해 바다의 심층에서 다시 불현듯 되살아나고 있는 것이다.

수산고등학교 해양선생님의 수업 역시 사라지지 않는 존재의 본질을 일깨워준다. 해양선생님은 지구상에 가장 먼저 세워졌지만 두 차례 지진으로 현재는 사라진 알렉산드리아 항구의 파로스 등대에 대해 설명한다. 학생들은 "에이, 그럼 처음부터 없는 거나 마찬가지죠. 지금 없으면……"(60)이라고 반문하지만, 선생님은 다음과 같이 '사라진 것'들의 '사라지지 않는 가치'에 대하여 말한다.

그런데, 그렇지가 않다. 당장 눈에 보이지 않으니 아쉽고 허무한 느낌이 들 수는 있어도 등대가 없어졌다 해서 거기에 얽힌 세계의 역사와 해양의 역사가 없어지는 건 아니다. 그 등대는 우리 인간이 그 시기에 그런 건축물을 지었다는 게 믿어지지 않는 세계 7대 불가사의 중의 하나이고, 세계 항해사의 첫머리와도 같은 것인데. 그리고 이 세상 모든 등대의 어머니와 같은 것인데. 그것이 처음 지어져서 허물어지기 전까지 얼마나 긴 세월 동안 바다의 길잡이가 되었을까를 생각해보아라. 그리고 1,600년이란 세월 동안 대를 이어 불을 밝혀주던 등대지기들의 노고와 희생을 생각해보아라. (60)

세상만사는 결코 사라지지 않는다는 것. 그것이 비록 수 천 년 전에 사라졌더라도 그것이 남겼던 빛과 그림자는 그 결대로 어딘가에 남겨진다는 것이 파로스 등대를 통해 해양선생님이 학생들에게 말하고자 했던 핵심일 것이다. 이러한 깨달음을 거쳐 현무는 비로소 "지난 가을과 겨울 동안 힘들게 찍어서 올린 영화가 금방 내려질지도"(62) 모른다는 불안감에서 벗어날 수 있게 된다. 나중에는 "그간 잘 지내셨는지요? 제가 오래도록 그곳에 계신 걸 잊고 있었어요. 주문진을 떠난 다음에요."(63)라고 "누구에겐가 인사"(63)를 하게 되는데, 이 '누군가'는 바로 아버지이다. 아버지가 일하던 곳에 전당포가 들어서고 카지노가 들어서더라도 '금보다 빛나는 석탄'을 캐내던 아버지의 땀과 눈물은 어딘가에는 꼭꼭 남겨진 채 결코 사라지지 않을 것이라는 점은 너무도 분명하다. 현무는 수산고등학교 시절 해도를 보며, 어른이 된 지금은 영화를 촬영하며 그러한 진리를 배우는 중이다.

3. 아버지가 하늘을 나는 이유

이순원의 「212」가 하강의 상상력을 통해 기억과 애도의 문제를 다루었다면, 구효서의 「Fly to the sky」(『자음과모음』, 2013년 가을호)는 상승의 상상력을 통해 인간 본질의 문제를 탐색하고 있다. 이 작품은 이미 죽은 '내'가 아버지였던 '당신'에 대하여 말하는 독특한 서술상황을 보여준다.

당신은 32년 동안 트로트를 흥얼거리거나 산악등반, 행글라이더, 패러글라이더 등의 격렬한 운동을 했다. 이것은 모두 복학생이었던 아들이 갑자기 "리기다소나무밭에 숨진 채 반듯하게 누워 있"(74)는 시체로 발견된 것과 관련된다. 시절이 시절이었던 만큼 아들의 죽음은 처음 정치적인 것으로 해석된다. 아들이 죽은 날도 교문 밖으로 나가려던 학생 시위대와 진출을 막는 전투경찰은 격렬하게 충돌했고, 시위본부는 아들의 죽음을 과잉진압 탓으로 돌렸다. 그러나 이러한 해석은 술집 주인의 말에 의해 별다른 지지를 받지 못 한다. 술집 여주인에게 술자리에 있었던 아들을 포함한 여덟 명의 복학생은 시국 얘기 같은 건 꺼내지도 않고, "줄창 술병허고 냄비에 바글바글 달라붙는 벌레"(76)에 불과했던 것이다. 쫓기던 백골단이 술집에 들어와 난장이 벌어지는 그 곳에서 아들과 친구들은 "벌레"이자 "지저분한 양떼"이자 "냄새나는 돼지들"(79)이었던 것이다. 술집 여주인은 비유가 심하지 않냐는 당신의 항의에 단지 "진짜"(80)라고 힘주어 말한다.

아들이 "어째서 죽었는지"(68)는 경찰도 부검의도 친구도 점쟁이도 신도 꿈도 알지 못 한다. "묻고 기록하고 확인하고 허망해지기를 십여 년"(69)이나 겪었지만, 아버지는 아들의 죽음과 관련한 어떠한 원인도 찾아내지 못 한다. "한 청년이 있었다. 어느 날 죽었다"(69)라는 사실만이 덩그러니 놓여 있을 뿐이다.

당신에게는 트로트를 부르는 일이나 격렬한 운동이 모두 미궁에 빠져버린 아들의 사인死因을 추적하는 일에 해당한다. 아들은 죽기 직전 한 술집에서 복학생 친구들과 수십 곡의 트로트를 돌아가며 불렀다. 제대 후 마지못해 복학한 학교에서는 연일 시위가 발생했기 때문에 복학한 아들이 할 수 있는 일은 "술과 트로트"(67)밖에 없었던 것이다. 대학생들이 대통령을 학살자라 저주하는 대학에서, "모두 그 대통령으로부터 국난극복기장을 받은, 한 때의 계엄군이었"(68)던 예비역 학생들에겐 "술이거나 트로트가 필요"(68)했던 것이다. 아들이 죽은 이유를 모르는 당신은 삼십이 년을 쉬지 않고 아들이 불렀던 트로트를 흥얼거릴 뿐이다.

"아들의 직간접적인 사망 원인을 알려 하면 할수록 당신은 번번이 무언가에 미끄러져 엉뚱한 곳에 널브러져 있곤 했"(84)고, 그 무렵부터 당신은 술집과 친구와 학교와 병원과 경찰을 찾는 대신 격렬한 운동을 시작한다. 학교도 경찰도 아들 친구도 더 이상 답을 줄 수 없는 상황에서 "남은 것은 스스로 묻고 스스로 답을 얻는 일뿐"(81)이었던 것이다.

죽은 이유나 원인에 가닿을 때까지 "당신은 뛰고 달리고 날고자 했"(69)다. "종류가 중요한 게 아니었으므로, 삼십이 년 동안 하늘을 오른 것이 아니었어도 삼십이 년 동안 하늘을 오른 거나 마찬가지였다"(66)는 문장이 잘 나타내듯이, 삼십이 년 동안 당신이 몰두한 여러 가지 격렬한 운동은 모두 '하늘을 오르는 일'로 표현된다. 10여 년 전부터 하고 있는 패러글라이딩을 보통의 동호인들이 "하늘을 난다"(65)고 표현하는 것과 달리 당신은 "하늘을 오른다"(65)고 표현한다. 왜 당신은 그토록 하늘을 올라야만 했던 것일까?

당신에게 아들은 "하늘에서 뚝 떨어진 아들"(72)이었기 때문이다. 사랑했던 여자와 나누었던 단 한 번의 정사로 태어난 것이 바로 아들이고, 그 여자는 생후 일주일 된 아이를 남겨둔 채 당신을 떠났던 것이다. 그 후부터 아들은 사실상 당신의 인생 전부가 된다. 당신은 인생의 마지막 순간까지 아들의 사망 이유를 알기 위해 최선을 다한다. 결국 패러글라이딩을 통해 가장 높이 오른 날 당신은 아들에게 "넌 어째서 죽은 것이냐"(89)고 묻고는 스스로 추락해 죽는다.

인간으로서 자신이 할 수 있는 모든 것을 했지만, 끝내 알 수 없던 아들의 사인. 이제는 망자인 아들이 나서야 할 차례이다. 마지막 장은 '나', 즉 죽은 아들의 진술로 이루어져 있다. 마지막 순간 아들은 아버지가 분명 들었을 거라며 다음과 같은 진실을 털어놓는다.

나는 대답하지 않았으나, 최고도에서 추락하는 순간 당신은 스스로 묻고 들었을지도. 삼십이 년 동안 당신을 헤매게 했던 것은, 알고자 했으나 알 수 없었던 내 죽음의 이유가 아니라, 내 죽음에 반드시 이유가 있을 거라는 당신의 믿음이었다는 것을, 당신의 죽음이 답하는 바가 그것이었는지도 모른다. (90)

인간이란 근본적인 무의미를 견딜 수 없는 존재라는 것. 그러하기에 의미와 자신의 목숨을 바꿀 수도 있는 존재가 바로 인간이라는 것. 당신의 목숨을 건 비행이 알려주고자 한 진실은 바로 그것이었던 것이다. '나'는 여기서 한 단계 더 나아간다. "아들의 일이었기에 일생을 바칠 만했겠으나, 내 어머니에게 들은 바로는 당신은 내 아버지가 아니었다"(90)는 사실까지 털어놓는 것이다. 결국 당신은 "아버지가 아니라 아버지라는 이름"(90)에 자신의 삶은 물론이고 목숨까지 걸어야 했던 것이다. 당신의 허망함, 어쩌면 인생의 허망함은 이토록 뼈저리게 슬프다. 구효서의 「Fly to the sky」는 삶의 근본적인 무의미와 이를 극복하려는 인간의 부질없는 노력에 대한 한 편의 우화라고 말할 수 있다.

4. 애도의 (불)가능성

이 글의 서두에서 소설이 다루는 과거로서의 사건은 대부분 정상 상태로부터의 이탈인 경우가 많다고 이야기했다. 그것은 상징질서의 균열에 해당하며, 대부분의 소설은 바로 그 균열에 대한 반응으로 이루어지기에, 소설이란 결국 애도 작업일 수도 있다. 이러한 애도는 상실과 대면하는 일로서 그것은 반드시 윤리적 성찰로 우리를 이끌게 된다. 비탄과 공허감을 뒤로 하고 우리의 삶과 현실에 대한 반성의 특권적 계기를 제공하는 것이다.

전성태의 「성묘」는 적군묘지에 성묘하는 한 노인의 이야기를 깔끔하게 다루고 있다. 이 노인의 행위는 작가가 그동안 보여준 작가로서의 자의식이 투영된 행동으로 읽혀진다. 순수한 인간 본연의 양심에 바탕해 현대사가 만들어 낸 각종의 비극에 대한 애도 행위야말로 전성태의 중요한 작가적 실천이었기 때문이다. 이 작품이 진정 빛나는 것은 그러한 행위를 바라보는 성찰적 시선이 존재한다는 점 때문이다. 그러한 성찰적 시선은 평생 자신과 함께 한 아내로 인하여 좀 더 심각한 것이 된다. 아내의 삶에 대한 그 한없이 절절한 시선 역시 작가가 가진 인간애의 발로라고 할 수 있다. 생활과 문학의 갈등 사이에서 펼쳐 나갈 작가의 애도 행위가 무척이나 믿음직하게 여겨진다.

이순원의 「212」와 구효서의 「Fly to the sky」는 수직의 축을 중심으로 하강과 상승의 상상력을 사이좋게 나눠 가진 작품들이다. 이순원의 「212」는 화려한 경제성장의 밑거름이 되었던 지난 시절의 탄광 노동자를 상실된 대상의 자리에 위치시키고 있다. 그것은 흔적도 없이 사라져 버린 과거의 것으로 인지되기 쉽다. 그러나 결코 지하 860미터의 갱도에 갇혀 있더라도, '금보다 빛나던 석탄'을 깨던 아버지의 모습은 사라지지 않는다. 그러한 믿음은 동해 바다의 그 깊고 푸른 이미지를 통해 아름답게 형상화되어 있다. 구효서의 「Fly to the sky」는 삶과 세계의 근원적 허망함을 의문사한 아들의 죽음 추적기를 통해 인상적으로 보여준다. 삶과 세계는 어떤 식으로든 오해의 프리즘을 통해서만 비로소 가시화된다는 것, 그러하기에 어떠한 의미부여도 결국에는 불완전할 수밖에 없다는 것을 리기다 숲에서 죽은 아들은 우리에게 알려주는 것이다. 그럼에도 인간은 의미(믿음)를 부여잡지 않고는 한 순간도 버틸 수 없다는 진실을 '아버지'는 온 생을 통해 가슴 아프게 증언하고 있다. 그러고 보면 이순원의 「212」가 애도의 상징화 가능성을 한껏 열어 놓고 있다면, 구효서의 「Fly to the sky」는 상징화 가능성을 인정하지 않고 있다. 이러한 애도의 가능성과 불가능성 혹은 불가능성과 가능성에 대한 고찰은 이 계절의 한국 소설이 다다른 사유의 고도 중 하나이다. (2013)

현실의 세 가지 층위

1. 처음 들려주는 이야기

황정은의 「양의 미래」(『21세기 문학』, 2013년 가을호)는 여상女商(여자
상업고등학교) 출신으로 비정규직을 전전하는 젊은 여성을 그리고 있다.
담담하다고 할까? 무심하다고 할까? 황정은 식이라고 밖에는 표현할
수 없는 정념의 최소 배출을 통해 우리 시대 빈곤과 그로부터 비롯되는
책임의 문제를 섬세하게 그려낸 작품이다.

'나'는 "중학교에 다니던 때나 고등학교에 다니던 때를 생각하면 어
딘가에서 일하고 있는 순간들이 먼저 떠오"(127)를 정도로, "어렸을 때
부터 일을 했"(127)다. 그 당시 같은 학교에 다니는 동급생을 만나 "부끄

러움"(127)을 느낀 적도 있고, 까칠한 고객으로부터 "아가씨"(128)라는 말을 들었을 때는 "일을 그만두고 싶을 정도의 수치심을 느낀 순간"(127)도 있었다. 상업계 고등학교를 졸업한 후에는 창고형 할인마트의 계산대에서 일을 시작한다. 밤엔 손발이 다 녹아내리는 것처럼 피곤했던 계산대의 일은 폐결핵 진단을 받고 나서야 그만둘 수 있었다.

'나'는 어려운 집안 사정으로 인해 이토록 힘겨운 노동에서 벗어날 수 없다. 어머니는 십 년째 간암 투병 중이었고, 아버지는 어머니의 간병과 집안일을 맡아보아야만 했던 것이다. 이 작품의 아버지는 특이한 캐릭터다. 이러한 소설들이 보통 그러하듯이 폭력적으로 일그러진 어떠한 남성성도 보여주지 않기 때문이다. 아버지는 "어머니를 돌보듯 극진하게 나를 돌보아"(129) 준다. 한때 남자친구였던 호재와 '내'가 나누는 다음의 대화에는 이제 저항의 대상조차 될 수 없을 정도로 쪼그라든 아버지의 모습이 잘 나타나 있다.

호재의 곁에서 나는 몇 번인가 내 아버지 이야기를 했다. 묵묵히 어머니를 돌보는 아버지. 남성성이 완전히 사라진 듯한 모습으로, 아버지라기보다는 할머니 같은 모습으로 집안 살림을 하는 왜소한 체구의 아버지.

어머니가 이제 죽었으면 좋겠어.

아버지도.

이런 이야기를 내가 했을까. 내가 정말로 했을까. 둘 가운데 어느 이야기를 했고 어느 것을 하지 않았는지는 확실하지 않다. 둘 다를 하지는 않았어도 둘 가운데 하나는 했을 것이다. 평생 아이를 만들지 않을 거라고 내가 말했을 때 호재는 왜냐고 묻지 않았으니까. (132)

「양의 미래」에는 '나' 이외에도 여러 명의 불우한 청춘들이 등장한다. '내'가 낡은 아파트 단지의 서점에서 일하면서 만난 호재는 대학에 복학하여 정말 열심히 공부한다. 그러나 취직의 기회는 쉽게 주어지지 않고, 어렵게 들어간 회사의 근무환경은 두 달을 채우지 못할 정도로 열악하다. 그런 힘겨운 나날을 버티다 그들은 결국 헤어진다. 서점에서는 명문대를 졸업한 고시생 재오와 함께 일하기도 한다. 마비 상태 같은 "둔감함"(136)이 섬뜩함을 안겨주는 재오는 서점에서 일 년 반을 일하고 그만둘 때, 서점 주인에게 퇴직금을 요구한다. 이 정당한 요구에 서점 주인은 "당했다"(139)는 말과 "배은망덕"(139)이라는 말을 자주 입에 올린다.

이 작품에서 가장 중요한 사건은 진주라는 이름의 여자아이가 주인공이 일하는 서점 부근에서 실종된 것이다. '나'는 그 소녀가 정체불명의 남자들과 함께 있었던 것과 그 소녀가 서점에 담배를 사러 왔던 것을 목격한다. '나'는 "그건 정말 이상한 광경"(140)이었다고 생각하지만, "성가시고 애매한 것투성이"(140)였기에 실제적인 행동을 취하지는 않는다. 이후 그 소녀는 실종되고, '나'에게는 수많은 질문이 쏟아진다. 진주가 마지막으로 발견된 곳이 서점 앞이었다는 이유로, 사람들은 서점을 찾아와 "비정한 목격자. 보호가 필요한 소녀를 보호해주지 않은 어른"(143)으로 '나'를 몰아붙인 채 무수히 많은 질문들을 퍼붓는 것이다.

특히 진주의 어머니는 거의 매일 찾아와 이것저것을 물은 후에 마지막에는 언제나 "그때 무얼 하고 있었느냐"(143)며 '나'를 책망한다. 계절이 몇 번 바뀔 동안에도 진주 어머니의 방문은 계속 되고, 서점 주인은 '나'에게 진주 어머니를 설득해보라는 말을 한다. 이에 '나'는 끝내 발화하지는 못 하지만 마음속으로는 다음과 같이 항변한다.

아줌마 어쩌라고요.
내가 얼마나 바쁜지 알아요? 내가 여기서 얼마나 많은 일을 하는지 알아? 날씨가 이렇게 좋은데 나는 나와 보지도 못해요. 종일 햇빛도 받지 못하고 지하에서, 네? 그런데 아줌마는 왜 여기서 이래요. 재수 없게 왜 하필 여기에서요. 내게 뭘 했느냐고 묻지 마세요. 아무도 나를 신경 쓰지 않는데 내가 왜 누군가를 신경 써야 해? 진주요, 아줌마 딸, 그 애가 누군데요? 아무도 아니고요, 나한텐 아무도 아니라고요. (145)

어린 시절부터 일만 해온 '나'의 항변은, 햇빛 한 번 볼 수 없는 지하에서 하루 종일 삶을 견뎌내야 하는 한 인간에게, 그 누구의 관심이나 사랑도 받지 못하는 한 인간에게, 삶이 아닌 생존만이 유일한 과제인 한 인간에게, 타인에 대한 윤리나 책임 등을 요구하는 것이 과연 올바른 일인지를 묻고 있는 것이다. 결국 그 날 이후 '나'는 서점을 그만두고 만다.
작품의 마지막 장은 도서관을 그만둔 후의 후일담이다. 어머니는 사년 전에 죽었고, 아버지는 "병에 걸리면 스스로 목숨을 끊을 거"(146)라고 말한다. '나'는 조지 오웰이 쓴 가난에 대한 에세이 옆에 "아무도 없고 가난하다면 아이 같은 건 만들지 않는 게 좋아. 아무도 없고 가난한 채로 죽어"(146)라고 써놓는다. 그리고는 그 문장들이 "십 년이 지난 뒤에도, 어쩌면 백 년이 지난 뒤에도"(147) 그대로 남을 것이라고 생각한다. 그리고 "나는 여전하다"(147)며 누군가에게 자신의 근황을 전달한다. 이토록 비관적인 가난의 세계는 지금 한국소설에서 쉽게 찾아보기 어려운 음역音域이다. 지금 이 시대의 가난은 '아이도 낳지 않는 것이 나을 정도의 가난', '백 년이 지나도 변치 않을 가난'으로 형상화되고 있는 것이다.

이 작품의 마지막 문장은 "나는 이런 이야기를 어디에서고 해본 적이 없다"(147)이다. 이 문장은 적지 않은 사유거리를 던져준다. 이 문장을 단순하게 주인공의 신중함이나 소심함과 같은 개인적 성격을 드러내는 것으로 파악하는 것은 지나치게 단순하다. 이 문장은 보다 큰 사회적 의미를 획득하고 있는데, 그것은 스피박Gayatri Chakravorty Spivak이 주장한 "서발턴subaltern은 말할 수 있는가?"라는 명제에 연결되기 때문이다. 스피박은 사회에서 가장 고통 받는 자들은 바로 그 고통 받음의 여러 가지 조건들로 인하여 보통 사람들과 소통할 수 있는 여건도, 소통의 방법도 주어지지 않는다고 주장한다. '나' 역시 한 명의 서발턴으로서 그동안 누구에게도 자신의 처지를 이야기하지 못했던 것이다. 누구와도 소통할 수 없는 상황은 '내'가 소외될 수밖에 없는 이유로 다시 되돌아온다는 점에서 심각한 문제라고 볼 수 있다.

2. 뭣도 아닌 고작 틀니 하나

최정화의 「틀니」(『문학동네』, 2013년 가을호)는 우리가 쌓아 나가는 인간관계라는 것이 얼마나 허약한 환상에 바탕한 것인가를 일상의 작은 소재를 통해 치밀하게 보여주는 작품이다. 여기 남편을 지상에 강림한 신이라도 되는 양 진심으로 사랑하고 섬기는 한 여자가 있다. 그녀의 시선을 빌어 설명되는 남편은 다음의 인용문처럼 그야말로 "완전무결한 존재"(238)이다.

경제적인 능력은 물론이고 외모 또한 출중했다. 게다가 적극적인 성격마저 갖추고 있었다. 화목한 가정의 맏이로 태어나 전교 석차 일 등을 놓친 적이 없었고 방학이면 외국으로 봉사활동을 나갔다. 회사에서는 유능한 사원이었고 동료들은 모두 그를 좋아했다. 세 아이들에게도 그는 훌륭한 아빠였다. 어렸을 때 아이들은 아빠를 대장이라고 불렀고 이 꼬마 천사들은 고민이 생기면 아빠의 서재를 찾았다. 학기중에 보내오는 편지에는 '엄마아빠께'가 아니라 '아빠엄마께'라고 쓰여 있었다. 첫 줄에서는 아빠, 엄마를 모두 불렀지만 내용은 모두 아빠를 향한 것이었다. (238)

이토록 잘난 남편을 떠받들며 사는 그녀는 가끔 "자신의 존재감에 대해 의문"을 가지기도 하지만, 곧 그것은 "사치스러운 고민"(238)이라며 고개를 내젓는다. 답장을 받아본 적은 없었지만 전혀 개의치 않고 화요일마다 남편에게 편지를 쓰는 그녀는 "남편에게 감사해야 한다고 생각"(238)할 뿐이다.

이토록 지고지순한 아내의 마음에는 여자도 돈도 아닌 단지 틀니 하나 때문에 금이 가기 시작한다. 남편은 오 년 전 음주운전 차량과의 충돌사고로 틀니를 끼기 시작한다. 틀니를 끼고도 그는 아내 앞에서 절대로 틀니를 빼지 않는다. 그토록 남편을 사랑하고 존경하는 그녀이기에 자정이 넘은 시간 어슴푸레한 어둠 속에서 남편이 틀니를 빼는 모습을 볼 때마다 남편의 머리를 쓰다듬어주고 싶은 마음을 느낀다. 나아가 "부부라면 서로의 상처나 단점도 이해하고 포용할 수 있어야 한다고 생각"(238)하는 그녀이기에 "그가 등을 보인 채 틀니를 빼낼 때마다"(238) 서운함을 느낀다. 마침내 그녀는 "집에서는 틀니를 빼고 있는 게 어때?"(239)라는 제안을 한다.

그러나 틀니를 뺀 순간부터, 그녀의 태도는 돌변한다. 틀니를 뺀 그의 모습은 "흉측한"(239)이라는 수식어로 표현되고, 식사를 하기 위해 다시 틀니를 끼우고 나타난 모습을 보고서는 "입술이 말려들어간 늙은 괴물만이 보일 뿐"(239)이라고 생각한다. 틀니를 뺀 모습을 보고서는 "어떻게 하면 그가 다시 틀니를 끼우도록 할 수 있을까"(240)만을 고민한다. 그가 틀니를 안 끼우고 TV를 보겠다고 우겨대는 순간, 그녀는 마음속으로 "얼렁 틀니를 끼우고 와서 딸기나 처먹어, 이 양반아"(241)나 "뭘 안다고 고갤 끄덕여? 자식, 잘난 척은!"(241)과 같은 막말을 한다. 그녀의 남편에 대한 감정은 끝을 모를 정도로 점점 악화된다. 그와 함께 있는 것을 별로 좋아하지 않게 되는 것은 물론이고, 잠자리에서도 그녀는 "자신이 나무토막 같다고 느"(242)끼기까지 하는 것이다. 이러한 아내의 변화에 맞추어 그는 "점점 더 자신감을 잃"(243)어 간다. 나중에는 갖은 변덕을 부리고, 이에 맞춰 그는 빠르게 늙어간다.

그녀는 그에게 다시 활력을 찾아주려는 의도로 남편과 친구들의 교제 기회를 만들어주고자 한다. 그녀가 남편의 친구들을 초대하자고 제안하자, 그 제안만으로도 그는 다시 소년 같은 호기심과 활력을 되찾는다. 이런 모습을 보며 그녀도 남편의 볼에 입을 맞추려고 할 정도로 그에 대한 애정을 회복한다.

그러나 화장대 위 네모난 상자 안에 들어 있는 틀니를 확인한 후에는 다시 그에게 "화"(248)가 나고, "악의"(248)를 새롭게 느낀다. 친구들에게도 틀니는 중요한 문제로 부각된다. 화제의 중심은 그가 틀니를 낀다는 사실로 모아지고, 친구들은 "그가 가장 먼저 늙은이가 되었다고. 만약에 그들 중 그가 가장 먼저 죽는다면 그건 자연스러운 일이라고"(249) 생각한다. 결국 친구들도 급하게 그의 집을 떠난다.

이후 남편은 늘 외우던 열역학 제1법칙이 생각나지 않아 곤혹을 느끼고, 평소에 마시지도 않던 술을 마시고 집에 들어와 "이제 끝났다고. 완전히, 완전히⋯⋯"(252)라고 절규한다. 그는 어느 날 술에 만취해 대리 운전기사의 부축을 받으며 귀가한다. 간신히 침대 위에 눕힌 후에, 그녀는 "만약에 조금 불편하더라도 그가 집에서 틀니를 빼고 있지 않았다면, 그래도 이렇게 되었을까?"(253)라며 "죄책감"(253)을 느낀다. 작품의 마지막은 만취한 다음날 그가 죽은 모습으로 발견되는 것이다. 부도도 실직도 실연도 뭣도 아닌 고작 틀니 하나로도 우리들이 쌓아온 관계는 한 순간에 무너질 수도 있음을 최정화의 「틀니」는 보여주고 있다.

3. 무한복제를 통한 휘발과 압사

최제훈의 「단지 살인마」(문학과사회, 2013년 겨울호)는 이성에 바탕한 치밀한 논리적 플롯이 흥미진진한 좌뇌형 소설이다. 이 작품은 진짜 현실보다도 더한 리얼리티를 가지고 사람들의 삶을 지배하는 가상현실에 대하여 말하고 있다. 이 작품의 주제의식은 다음의 인용 부분에 압축되어 있다고 해도 과언이 아니다.

> 요즘은 모든 화제가 증폭되어 돌아다닌다. 이슈가 되는 검색어 하나를 포털사이트 검색창에 쳐보면 금세 확인할 수 있다. 비슷비슷한 기사들, 똑같은 사진들, 이를 퍼 나른 각종 웹페이지가 끝없이 이어진다. SNS 검색 화면에는 사람들의 한마디가, 그 한마디를 리트윗한 한마디가 미처 읽을 새도 없이 격류처럼 흘러간다. 정보의 망망대해로.
>
> 일말의 회의도 없이 계속되는 자기 복제. 정작 검색창에 쳐 넣은 단어는 한없이 가벼워져 휘발되는 느낌이다. 혹은 한없이 무거워져 제 무게에 압사되는 느낌. 자기가 자기 자신을 지우는 시스템이라…… 생각해보면, 매우 윤리적인 소멸이다. (179)

사이버 세상에서 무한대로 지속되는 자기 복제와 그 결과 휘발되거나 압사되어 버리는 정보들에 대한 문제의식이야말로 「단지 살인마」를 만들어내는 씨앗이라고 말할 수 있다.

연쇄살인사건이 발생한다. 첫 번째 희생자는 스포츠머리를 한 이십대 남자, 두 번째 희생자는 여고생, 세 번째 희생자는 반 지하 셋방에 사는 노인, 네 번째 희생자는 자동차 부품 공장을 운영하는 오십대 사장, 다섯 번째 희생자는 근육질 헬스 트레이너로 밝혀진다. 이 연쇄 살인에는 하나의 규칙이 있는데, 살인의 횟수와 더불어 잘려 나가는 손가락 숫자가 늘어간다는 것이다. 첫 번째는 새끼손가락이, 두 번째는 새끼손가락과 약지 손가락이, 세 번째는 새끼손가락과 약지 손가락과 중지 손가락이 잘려 나가는 식이다. 김재영은 이러한 규칙 위에 또 하나의 규칙을 발견한다. 그것은 희생자들이 살해된 순서에 해당하는 십계명의 계율을 어긴 자들이라는 사실이다.

① 나 이외에 다른 신들을 섬기지 말라 : 보스를 바꾼 조직원
② 우상을 만들지 말라 : 아이돌 그룹 사생팬
③ 하나님의 이름을 망령되이 부르지 말라 : '예수 천국, 불신 지옥'을 외친 노파
④ 안식일을 지키라 : 주말도 없이 일을 시킨 사장
⑤ 부모를 공경하라 : 헬스 트레이너? (181)

사회공포증 진단을 받고, 주식시장의 전업투자가로 살아가는 김재영은 이러한 정보들을 바탕으로 스스로 연쇄살인범이 된다. 그것은 "무차별적인 거악에 나의 정당한 작은 악을 슬쩍 끼워 넣는 계획"(187)을 실행하는 것이기도 하다. 열일곱 살이던 시절 자신을 찹쌀모찌라고 부르며 때리고 돈을 빼앗던 양승범을 살해하고자 계획한 것이다. 찹쌀모

찌란 "여자처럼 살결이 희고 말랑말랑"(186)하다는 이유때문에 붙은 별명으로서, 그 별명처럼 승범이는 점심시간이면 재영이를 자기 자리로 불러 성적 학대까지 저질렀던 것이다. 김재영은 양승범을 살해한 후, 여섯 개의 손가락을 자른다. 이것은 십계명에 따른 순서에도 부합된다. 여섯 번째 계명은 '살인을 하지 말라'인데, 양승범은 바로 열일곱 살 소년의 인격을 살해했기 때문이다.

돌아와 보니 단지 살인마의 희생자 숫자가 일곱으로 늘어나 있다. 사실 김재영은 양승범을 죽인 후에 왼손의 엄지를 잘라야 할지 새끼손가락을 잘라야 할지 고민을 했었다. 그러다가 새끼손가락을 잘랐던 것인데, 일곱 번째 희생자인 만삭의 임산부는 약지가 잘린 채 발견된다. 재영은 자신의 "개인적 보복이 사이코패스의 연쇄살인 속에 너무나 자연스럽게 스며들었다는 점"(190)에 혼란을 느낀다.

어느 날 만삭의 임산부를 살해한 사람이 재영의 앞에 나타난다. 가구단지의 경비원인 그는 재영이 승범을 살해하는 장면을 우연히 지켜본 후에, 바람을 피워서 남의 아이까지 임신한 아내를 재영이가 그랬듯이 단지살인마의 흉내를 내서 살해한 것이다. 이후에는 여덟 개의 손가락이 잘려진 여덟 번째 희생자가 발견된다. 이제 김재영은 범인을 확인할 수 있는 두 건의 살인 외에 나머지 여섯 건의 살인에는 몇 명의 범인이 있을지 궁금해 한다.

그런데 만삭의 아내를 살해한 자가 나타나 자신을 향해 수사망이 좁혀져 온다는 이야기를 한다. 경비원이 검거되어 자신의 죄가 탄로 날 것이 두려웠던 김재영은 경비원을 살해하여 아홉 번째 희생자로 만들 생각을 한다.[33] 그러나 경비원이 한 발 더 빨랐다. 경비원은 김재영을 살해하여 목에 밧줄을 건 채로 폐건물 2층에 매달아 놓은 것이다. 경비원은 아홉 번째 희생자를 만드는 대신 '단지살인마'를 만들어내기로 결정한 것이다. 경비원은 김재영이 목 매달린 곳 옆에 자신이 자른 아내의 손가락 일곱 개가 들어 있는 비닐봉지를 놓아둔다. 망자가 된 김재영은 "범인이 모두 몇 명인지 모르겠지만, 나는 그들을 대표하여 속죄하는 셈이다. 나는 제물이다. 나는 어린양이다"(195)라고 선언한다. 작품의 마지막은 다음과 같은 반복으로 끝나는데, 「단지 살인마」가 얼마나 확고한 주제의식 아래 쓰여 졌는가를 증명하기에 모자람이 없다.

기사만 뜨면 '단지 살인마'는 한동안 검색어 1위를 놓치지 않을 것이다. 각종 의혹 제기와 함께 뒷공론이 벌어질 테고, 내 과거가 샅샅이 파헤쳐질 테고, 팬카페가 몇 개 더 생길지도 모르겠다. 나는 무수히 복제되며 가볍게 휘발될 것이다. 혹은 무겁게 압사되거나. (195)

4. 세 가지 현실

황정은의 「양의 미래」에서 주인공 '나'는 폐결핵으로 일 년 간 집에서 쉴 때, 서른다섯 나이에 강에 투신해 목숨을 끊은 소설가의 단편 두 편을

---

[33] 십계명의 법칙은 계속해서 지켜진다. 아홉 번째 계명은 '거짓 증언을 하지 말라'인데, 김재영은 자신의 죽음을 통해 결국에는 '단지 살인마'와 관련해 거짓 증언을 하게 된 꼴이기 때문이다.

읽는다. 첫 번째 단편은 간결하면서도 힘이 있었으나 두 번째 것은 "병신 같았다"(130)고 말한다. 그 병신 같다고 생각하는 이유는 그 소설이 "별 것을 가지고 강박적으로 사로잡히고 울적해하고 비참해하다가 마침내는 더는 글을 쓸 만한 힘이 없다. 그런 상태로 살아가는 것이 괴롭다는 문장 으로 마무리되고 있었"(130)기 때문이다.

이번 계절에 살펴본 황정은의 「양의 미래」, 최정화의 「틀니」, 최제훈 의 「단지 살인마」는 「양의 미래」에서 '내'가 불만을 토로했던 자살한 소 설가의 두 번째 소설과는 완전히 다른 범주의 작품들이다. 이들 작품들은 공통적으로 개인의 내면보다는 현실의 문제에 초점을 맞추고 있기 때문 이다. 물론 각 작품이 문제 삼고 있는 현실의 내용은 다르다. 「양의 노래」 가 전통적인 의미의 '사회적 현실'을 문제 삼는다면, 「틀니」는 평소에는 의식할 수도 없는 '관계의 현실'을 파헤치고 있으며, 최제훈의 「단지 살 인마」는 실제 현실보다 더욱 강력해진 '가상의 현실'을 적극적으로 활용 하고 있다. 세 작품은 모두 그동안 보아왔던 작가의 고유한 특징을 고스 란히 드러낸다는 점에서도 인상적이다. 현실에 대한 다양한 탐구는 한국 소설이 나아갈 중요한 방향 중의 하나라고 볼 수 있다.(2013)

타인을 이해하는 세 가지 방식

1. 찾을 수 없는 굴 말리크의 유품

　강화길의 「굴 말리크가 잃어버린 것」(『문학동네』, 2013년 겨울호)은 굴 말리크의 이야기, 그리고 그와 그녀의 이야기가 거의 대등한 비중을 가지고 상호 교차되는 대위법적 구성방식을 취하고 있다. 그와 그녀는 한때 연인 사이였으나 지금은 헤어졌다. 그들은 한때 인연을 맺었던 굴 말리크의 유품을 찾기 위해 오랜만에 동행을 하게 된다. 그들이 사귀던 시절 그녀는 외국인에게 한글을 가르치는 봉사 활동을 했으며, 굴 말리크는 그때 만난 그녀의 학생이다. 유품의 주소와 전화번호가 각각 그녀와 그의 것으로 적혀 있는 바람에, 그녀의 집을 찾지 못한 택배 기사가 그에게 전화를 한 것이다.

유품을 찾아가는 길은 굴 말리크(타자)를 이해하는 과정과 맞닿아 있다. 이것은 굴 말리크의 유품을 보낸 사람이 보낸 메일의 마지막 구절이 "굴 말리크가 당신들에게 잘 도착하기를 바랍니다"(171)로 되어 있는 것에서도 잘 드러난다. 이 작품에서는 인간 사이의 이해라는 문제가 '그들과 굴 말리크' 사이에서 뿐만 아니라, '굴 말리크와 타니 칸', '그와 그녀' 사이에서도 발생하는 보편적인 문제로 확장된다. 그러고 보면 타인에 대한 이해란 인종과 국적이 다른 사람들 사이에서만 발생하는 것이 아니라 모든 인간들 사이에서 발생하는 문제인 것이다.

굴 말리크는 고향에서 신분이 다른 타니 칸을 사랑한다. 타니 칸에게는 육십 세의 남편이 있었고, 그녀는 그 남편으로부터 폭행을 당한다. 그녀가 오빠에게 자신이 폭행당하는 사실을 이야기하자, 오빠는 "네가 순응해라. 이치를 거스르지 마라"(174)라는 말을 하며 남편보다도 더한 폭력을 가한다. 결국 굴 말리크는 그녀를 데리고 고향을 탈출한다. 낯선 이방에서 굴 말리크는 "그녀는 그 자신"(175)이라고 확신하며, 타니 칸은 사람들을 "그들"(175)이라고 부른다. 그녀의 '그들'이라는 소리를 들을 때마다 굴 말리크는 "그녀와 자신의 '우리'가 더 확고해지는 느낌"(175)을 받고는 한다. 그러나 타니 칸이 언제부턴가 그들을 친구라고 부르자 굴 말리크는 불안해지기 시작한다. 자신이 낮은 계급의 사람이라는 기억 때문에, 그녀가 자신을 떠날지도 모른다고 생각한 것이다. 결국 둘의 사이는 파국으로 치달아 다음의 인용문처럼, 누군가가 고향에 편지를 보내는 일까지 벌어진다.

누구였을까. 다른 사람이 생긴 건.

아니, 다른 사람이 생겼다고 믿은 사람은.

감당할 수 없는 배신감과 수치심을 느낀 누군가 밀고를 했다. 배신
자들이 있습니다. 고향에 편지를 보냈다. 여기에 함께 살고 있습니다.
같이 걸려들 걸 알았지만 개의치 않았다. 누군가에게 떠나보낼 거라면,
차라리 함께 죽는 것이 나았다. (193)

결국 타니 칸이 죽은 후, 굴 말리크는 세계 각지를 전전하다 서울로
흘러들었고, 불법체류상태로 육 년을 살다 체포되어 파키스탄으로 돌
아갔던 것이다. 그토록 사랑했던 사이이지만 그들은 결국 서로의 사이
에 놓여 있는 견고한 벽을 넘지 못하고 점점 멀어져갔음을 알 수 있다.
그 결과 "사랑했던 사람이 불행해져도 상관없다고 생각하는 순간"(193)
까지 맞이하게 된 것이다.

목숨을 걸고 사랑했던 굴 말리크와 타니 칸 사이에서도 이해와 소통
은 결코 쉽지 않았음을 알 수 있다. 이제 「굴 말리크가 잃어버린 것」의
핵심서사라고 할 수 있는 '그들과 굴 말리크' 사이의 이해와 소통이라
는 문제를 살펴볼 차례이다. 굴 말리크는 불법체류자로서 고단한 한국
에서의 삶을 감내해야만 하는 존재이다. 굴 말리크의 동료는 손가락이
잘려나간 상황에서도 고통 때문이 아니라, 잘려나간 손가락이 없으면
일을 할 수 없기에 울부짖는다. 손가락을 찾지 못한 그는 끝내 해고당하
고, 이에 항의하여 파업을 벌인 동료들도 모두 해고당한다. 과연 우리
안에 들어온 이 타자를 이해한다는 것은 가능한 일일까?

이 작품에서는 그것이 결코 쉽지 않다는 입장인데, 그 과정의 지난함은 굴 말리크 자체이기도 한 유품을 찾아가는 과정의 지난함을 통해 나타나고 있다. 그는 택배기사에게 유품을 근처 보관소에 맡겨달라고 했기에, 둘은 처음에 보관소로 찾아간다. 그러나 그 곳 사람들의 냉담한 반응 속에서 그들은 유품을 찾지 못한다. 보관소의 남자는 약도를 그려주며, 그와 그녀에게 스스로 물건을 찾아가라고 말할 뿐이다. 그러나 그 약도에 적힌 곳은 물론이고, 그 곳 이외의 다른 곳에서도 끝내 유품을 발견하지 못한다.

그는 유품을 찾는 힘든 과정이 "무척 익숙하다"(189)고 느낀다. 이러한 익숙함은, 타인에 대한 이해라는 문제가 인종과 국적이 다른 사람들 사이에서만 존재하는 것이 아니라 가까이에 있었던 그와 그녀 사이에서도 늘 일어나는 문제였기 때문에 발생한 감정이다. 그는 그녀와 사귀었음에도 불구하고 지금까지도 그녀의 눈물을 이해하지 못하며, "그녀, 그녀와의 하루들, 지난 시간들"(170)을 몰랐다고 생각한다. 그들은 유품을 찾아 떠난 길에서 작은 건물에 들어서고 거울 속에 비친 자신들을 쳐다본다. 그리고는 다음과 같은 생각을 하며 소설은 끝난다.

어쩌면 이 순간 우리에게 필요한 것은 간단한 말, 포옹, 혹은 입맞춤처럼 서로의 온기를 느낄 수 있는 작은 설렘일지도 몰랐다. 하지만 그러기에 우리는 너무 지쳤고, 이제는 어떤 마음도 떠오르지 않았다. 그래서 우리는 서로를 보는 것을 그만두었고, 어떤 표정을 보기 전에 가만히 눈을 감았다. (194)

위의 인용문에서는 서로를 이해하기 위해 필요한 가장 기초적인 것들, 즉 "간단한 말, 포옹, 혹은 입맞춤처럼 서로의 온기를 느낄 수 있는 작은 설렘" 등이 언급된다. 그러나 그러한 간단한 행위들마저 말처럼 쉽게 행해지는 것은 아니라는 인식이, "서로를 보는 것을 그만두었고, 어떤 표정을 보기 전에 가만히 눈을 감"는 행동을 통해 인상적으로 그려지고 있다. '그들과 굴 말리크', '굴 말리크와 타니 칸', '그와 그녀' 사이에는 개인의 고유성이라는 벽이 존재하며, 그 벽은 결코 간단히 해소되지 않는 것이다.

2. 지구라는 하나의 큰 꽃

김희선의 「어느 멋진 날」(『21세기 문학』, 2013년 겨울호)은 복잡한 시공간을 가로지르는 구성방식을 취하고 있다. 각 장은 별도의 시공간으로 나뉘어 있는데 이를 정리하면 다음과 같다.

① 2013년 1월 20일 서울―② 2012년 12월 25일 텔아비브. 오전 10시―③ 1982년 6월 17일 레바논 베이루트의 팔레스타인 난민촌―④ 2012년 12월 25일 텔아비브. 오전 11시 30분―⑤ 2013년 1월 20일 가자지구 알―부르즈 난민촌―⑥ 2012년 12월 25일 텔아비브. 오후 2시―⑦ 2012년 12월 15일 알―부르즈 난민촌. 의사 아부엘의 집―⑧ 2012년 12월 25일 텔아비브. 오후 5시―⑨ 2013년 1월 10일 서울―⑩ 2013년

1월 20일 알-부르즈 난민촌. 할레드의 집-⑪ 2013년 1월 20일 서울.

이 소설은 시간을 기준으로 볼 때, 1982년 6월 17일, 2012년 12월 15일, 2012년 12월 25일, 2013년 1월 10일, 2013년 1월 20일에 벌어진 일로 되어 있음을 알 수 있다. 작가는 1982년에 있었던 베이루트의 학살극, 그리고 이를 주도한 이스라엘 전 총리인 샤론의 혼수상태라는 역사적 사실을 적극적으로 활용하고 있다.[34]

시간을 온통 뒤죽박죽으로 만들어 놓은 이 소설의 스토리는 1982년 이스라엘군이 레바논의 베이루트에 있는 팔레스타인 난민촌을 침공하는 것으로 시작된다. 이때 아부엘은 동생 할레드가 살해당하는 것을 목격한다. 이후 아부엘의 가족은 가자지구 서안으로 들어와 정착하고, 아부엘은 몸에 폭탄을 주렁주렁 달고 성전에 참여하는 것이 일상인 분위기에서 성장한다. 아부엘은 할아버지의 후원으로 간신히 그곳을 떠나 의사가 되지만, 아부엘이 떠난 뒤 대규모 공습으로 인해 난민촌의 가족들은 모두 죽고 만다. 이후 아부엘은 의사가 되고, 텔아비브의 유명한 병원에서 일할 수 있는 기회까지 얻는다. 그러던 어느 날 이븐 알 하둔

---

[34] 얼핏 보기에 복잡한 이 소설을 이해하기 위해서는 다음과 같은 배경지식이 필요하다. "뇌졸중으로 쓰러져 8년간 혼수상태에서 투병해온 아리엘 샤론 전 이스라엘 총리가 2014년 1월 11일 타계했다. 군인 출신인 샤론은 2001~2006년 총리로 재임하는 등 이스라엘서 수십 년간 군과 정치 지도자로서 활약했다. 샤론은 군 장성으로 1967년 '6일 전쟁', 1973년 '욤 키푸르' 전쟁 등에서 공로를 세웠으며 팔레스타인해방기구(PLO) 대원을 겨냥한 레바논 침공도 진두지휘했으나 수천 명의 민간인이 사망하면서 아랍권에서 '베이루트의 도살자'라는 오명을 얻었다. 이스라엘 내부의 공식 조사 결과로도 1982년 9월 레바논 베이루트 외곽 사브라와 샤틸라 난민캠프에서 2천여 명의 팔레스타인 민간인이 살해당한 데는 샤론이 간접적 책임이 있는 것으로 밝혀져 국방장관직에서 즉각 사퇴했다."(『연합뉴스』, 2014.1.11)

이 찾아와 "인간의 무의식에 침투하는 방법"(105)을 전수해준다. 이른 알 하둔은 아부엘이 "사람들의 무의식을 변형시키고 꿈을 꾸게 함으로써 세상을 바꾸는 일"(107)을 하기 원했던 것이다. 아부엘이 침투하고 자 하는 무의식의 주인은 다름 아닌 1982년의 학살극을 주도했지만, 지금은 혼수상태에 빠진 샤론이다.

아부엘은 샤론의 무의식에 침투하는데 성공한다. 그리하여 샤론으로 하여금 아부엘이 어린 시절 동생의 죽음을 목격하던 그 끔찍했던 순간을 계속해서 체험하는 꿈을 꾸게 만든다. 샤론은 어린 소년이 동생의 죽음을 확인하고 비명을 지르는 장면에서 매번 눈물을 흘린다. 모사드는 이것이 아부엘에 의해서 이루어진 일이라는 것을 파악한 후, 아부엘이 피신한 서울까지 찾아가 그를 살해한다. 이것은 액자소설 형식인 「어느 멋진 날」의 내화라고 할 수 있다. 그리고 이 내화를 지어낸 사람은 잡지사에 근무하는 '나'이다.

「어느 멋진 날」에는 소설을 쓰는 또 한 명의 사람이 등장하는데, 그는 가자지구에 사는 소년 할레드이다.[35] 아부엘이 가자지구에서 새롭게 알게 된 할레드는 서울을 상상하며 소설을 쓴 바 있다. 이 소설을 보고 왜 가본 적도 없고 갈 일도 없을 서울을 상상하며 소설을 쓰느냐고 아부엘은 물어본다. 다음의 인용문은 할레드의 답변으로서, 이 답변이야말로 소설의 주제에 직접적으로 맞닿아 있다.

---

35 「어느 멋진 날」에는 두 명의 할레드가 존재한다. 어린 시절에 이스라엘의 공격으로 살해당한 아부엘의 동생인 할레드와, 현재 난민촌에 머물며 소설을 쓰는 할레드가 등장하는 것이다.

어차피 모든 이야기는 상상이니까요. 어쩌면 내가 지금 서 있는 이 땅이, 가장 깊숙한 밑바닥에선 바로 그 도시와 연결되어 있는 걸지도 모르고요. 아니, 생각해보니 난 그곳에 기시감을 느꼈던 것 같아요. 그런데 아부엘, 거기서도 누구 한 사람쯤은 이곳에 기시감을 느끼고 있지 않을까요? 그리고 나처럼 이렇게, 한 번도 가보지 않은 장소에 대하여 이야기를 만들어내고 있지 않을까요? (111)

가본 적도 갈 일도 없을 서울을 상상하는 소설이 가능한 것은 "이 땅이, 가장 깊숙한 밑바닥에선 그 도시와 연결"되어 있기 때문이다. 할레드는 '서울에서도 한 사람쯤은 중동의 난민촌에 기시감을 느껴 그곳에 대한 이야기를 만들어내고' 있을지도 모른다고 예상하는데, 그 예상은 정확히 맞아 떨어진다. '나'는 공장 밀집지대 인근에서 살해된 아랍인의 옷에서 한 "소년이 좀 더 어린 남자애와 함께 서 있는 사진"(90)을 형사 김에게서 넘겨받은 후, 그 사진의 배경이 된 동물원이 "언젠가 혹은 어디선가"(90) 본 것 같은 기시감을 느끼는 것이다. 실제로 '나'는 「어느 멋진 날」의 내화라고 할 수 있는 글을 쓴다. 이처럼 이 소설에서 기시감은 '나'와 '너'가 서로를 이해할 수 있는 기본적인 토대가 되고 있다. 기시감은 "우리들 모두가 세상의 기저에선 서로 맞닿아 있다는 걸 보여주는 증거"(110)로서 사용되고 있는 것이다.

'내'가 쓴 소설은 모사드 요원에 의해 아부엘이 끔찍하게 살해되는 것으로 끝나지만, 할레드가 쓴 소설은 다른 결말을 제시한다. 할레드 소년이 쓴 소설의 결말이야말로 작가의 꿈이라고 말할 수 있을 것이다.

결코 아부엘(이라고 이름 붙인 소설의 주인공)이 죽지 않으며, 시체 안치소에서 갑자기 벌떡 일어나 모두를 놀라게 할 거라는 걸 안다. 그리고 길고 긴 코마에서 깨어난 아리엘 샤론이 팔레스타인의 지도자와 서로 손을 잡으며 악수를 하게 되리라는 것도 알고 있다. 왜냐하면 이제 샤론은, 동물원에서 동생이 죽어가는 걸 지켜봐야만 하는 어떤 소년의 슬픔을 정말로 느껴봤으니까. 또한 소설이 완성될 즈음이면 사라진 의사가 마치 아무 일도 없었다는 듯 돌아올 것이며, 그 이후의 모든 나날은 (좀 불안하긴 해도) 천천히 평온하게 흘러갈 것임을 확신한다. (112)

'어느 멋진 날'이라는 제목에서도 드러나듯이, 작가는 비극적인 결말인 '나'의 소설보다는 해피엔딩인 할레드의 소설을 더욱 긍정적으로 생각한다. 그것은 '내'가 자신의 원고를 읽어본 뒤 삭제키를 누르는 것에서 분명하게 드러난다. 그러고 보면 아부엘이 이브 알 하둔으로부터 전수받은 기술, 즉 '사람들의 무의식을 변형시키고 꿈을 꾸게 함으로써 세상을 바꾸는 일'은 할레드의 소설 속에서는 완벽하게 성취된다. 그리고 이브 알 하둔이 중세로부터 내려온 이슬람교의 비의와 현대과학을 융합시켜 탄생시킨 기술은 사실상 소설의 고유한 권능이라고 볼 수 있다. 모든 소설은 아부엘이 할레드에게 말했듯이, "세계에 대한 상상"(96)이며 그러한 상상은 공감을 창출하기 때문이다.

3. '진봉≠사내', '진봉＝사내'의 상상력

김민정의 「죽은 개의 식사 시간」(『문장웹진』, 2013년 12월호)은 무연고 시신을 처리하는 조선족 진봉의 삶을 다룬 소설이다. 이 작품에는 두 가지 죽음이 존재하는데, 진봉이 처리하고 있는 시체의 죽음과 진봉의 죽음이 그것이다. 사내는 죽은 지 이십일 만에 욕조에 몸을 담근 모습으로 집주인에 의해 발견된다. 화장실 바닥에는 그가 죽기 전까지 보았던 딸의 결혼식 사진이 놓여 있다. 그토록 그리워하는 딸이지만, 딸은 미국으로 이민 간 이후 아버지에게 아무런 연락도 하지 않는다. 아무도 찾지 않는 그는 물속에서 곤죽이 되어버렸고, 진봉의 체질에 의해 가까스로 걸러져 쓰레기통에 버려지는 중이다. 이러한 사내의 모습은 현대인이 겪는 소외의 문제를 보여준다.

그러나 「죽은 개의 식사 시간」의 중심은 사내의 죽음보다는 진봉의 죽음 쪽에 초점이 맞추어져 있다. 조선족인 진봉의 삶은 자연스럽게 다문화 사회의 이주노동자가 겪는 여러 곤란한 삶을 떠올리도록 만든다. 진봉은 한국 사회에서 '몫 없는 자'이자 '말할 수 없는 자'이다. 조선족의 말투가 보이면 사람들은 "무례와 멸시"를 보였기에, 진봉은 차라리 중국인처럼 중국어를 사용하는 것이 편하다. 중국에서는 한 번도 포기하지 않았던 조선족이란 정체성을 한국 땅에서는 부인해야 하는 아이러니한 상황에 처한 것이다. 그가 시체처리업을 맘에 들어 하는 이유는 무엇보다 "말하지 않아도 된다는 점"이다. 숯불갈비 집이든 공장이든 한국인이 버리고 간 자리는 모두 그의 자리이기에 진봉이 한국에서 할 일은 차고 넘친다. 그는 불법체류자이기에 제대로 된 치료 한번 받을 수 없으며, 월급을 떼먹혀도 제대로 신고할 수조차 없다. 한국의 사장들은 진봉을 "값싼 모조품" 정도로만 바라볼 뿐이다. 다음의 인용문에는 진봉이 처한 삶이 요령 있게 압축되어 있다.

사장이 월급을 주지 않거나 다른 직원들보다 야근을 많이 시킬 때, 함께 일하는 동료들이 자신의 등에 대고 조선족은 인육을 먹는 식인종이라고 수군거릴 때 그는 열심히 다른 일자리를 알아보았다. 그들의 눈앞에서 조용히 사라져주는 것도 그가 해야 하는 중요한 일 중의 하나였다. 그런 의미에서 그가 특수팀에서 일을 시작하게 된 것은 자연스럽고 당연했다. 더럽고 냄새나는 그 일을 한국 사람들은 꺼려했다. 파키스탄, 필리핀, 부탄, 베트남, 몽골…… 진봉은 한 번도 가보지 못한 나라에서 온 사람들과 함께 일을 했다. 모두 고향을 떠나온 사람들이었다.

이 작품에서 진봉은 시종일관 맹렬한 허기를 느낀다. 시체 앞에서도 진봉은 삼겹살이나 청국장찌개를 먹고 싶어 하며, 심지어는 온 몸이 마비되어 누워 있는 마지막 순간까지 "그는 심한 허기를 느꼈다"고 표현될 정도의 허기를 느낀다. 이 허기는 아무런 대우도 받지 못하는 진봉이 느끼는 정서적 허기인 동시에, 자신을 죽은 존재 취급하는 사회에 맞서 끊임없이 자기 존재를 확인하고자 하는 존재에의 욕망을 의미한다고 볼 수도 있다.

진봉은 유하 출신인데, 그 곳의 사람들이 중국의 큰 도시나 한국으로 떠나 버리는 바람에 유하는 버려진 곳이 된다. 서른두 집이 살던 마을은 스물한 집이 폐가로 변하는 비극을 겪고 마을에는 거동이 불편한 노인과 아이들만 남는다. 그처럼 버려진 유하에서 진봉의 아버지는 홀로 죽는다. 이제 진봉은 나아갈 곳도 돌아갈 곳도 없는 살아 있는 중음신中陰身이 된 것이다. 그가 의지할 이십 평 남짓한 작은 고향 집은 사라졌으며, 그렇다고 한국에 계속 머무를 수도 없기 때문이다. 그렇기에 진봉이 욕실에서 미끄러져 몸이 마비상태에 빠진 것은 그가 처한 현재 조건을 있는 그대로 보여주는 것이기도 하다. 작품의 마지막에 부탄과 몽골인 동료들이 빈 아파트에 홀로 남겨진 진봉을 발견한 것인지 발견하지 못한 것인지가 애매하게 처리되어 있다. 이러한 애매함은 사실 별다른 의미가 없는데, 진봉이 발견되더라도 그는 이미 "죽은 개"일 뿐이기 때문이다.

「죽은 개의 식사 시간」은 이주노동자들이 겪는 현실의 문제를 치밀한 묘사와 에두르지 않는 정공법으로 충실하게 다루고 있다. 동시에 이 작품은 이주노동자가 겪는 고통이 곧 우리의 문제이기도 하다는 점을 충분히 사유하는 모습을 보여준다. 그것은 진봉의 고향 유하가 사라져가듯이, 사내가 죽어 있는 길음 아파트도 하룻밤 사이에 "두세 개의 계절이 빠르게 지나가버린 것"처럼 변해가고 있기 때문이다. 또한 진봉의 아버지가 폐허가 된 동네에서 혼자 죽어갔듯이, 사내 역시 딸을 미국으로 이민 보내고 혼자 폐허가 된 아파트에서 죽어갔던 것이다. 유하와 진봉의 아버지가 그러했듯이, 길음 아파트는 완전히 철거 될 것이며 그 안에서 죽어간 남자 역시도 깨끗이 지워질 운명인 것이다. 민정아는 이주민에 대한 (비)동일시의 윤리적 상상력을 바탕으로 치밀한 묘사와 묵직한 주제의식이 빛나는 작품을 만들어 내었다.

4. 사람들은 관심 없는 이야기, 그러나 써야 할 이야기

김희선의 「어느 멋진 날」(『21세기 문학』, 2013년 겨울호)에서 음모론이나 미스터리를 전문으로 다루는 잡지사에 근무하는 '나'는 공장 밀집지대에서 살해된 47세의 파키스탄인을 보고 영감을 받아 이야기를 만들어 낸다. 그러자 그것을 본 편집장은 "음모론에도 품격이 있다 이거야. 그리고 불법체류 노동자 얘기 같은 건 절대로 쓰지 말라고 내가 말했지? 사람들은 걔네들한테 관심도 없다"(89)고 일갈한다. 뒤이어 편집장은 차라리 "인도네시아에 쓰나미 난 게 알래스카에 있는 비밀기지에서 일으킨 전리층 교란 때문이었다는 소문"(89)같은 것에 대하여 쓰라고 말한다. 어쩌면 편집장의 이야기처럼 불법체류노동자와 같은 타자들에 대한 관심은 너무나 진부한 것이 되어 버린지 모른다. 그러나 불법체류노동자와 같은 타자들에 대한 관심은 그렇게 쉽게 포기할 수 있는 문제가 결코 아니다. 그들은 이미 우리 사회에서 무시할 수 없는 사회·경제적 의미를 지닌 존재가 되었을 뿐만 아니라, 인간은 다른 인간들 모두에게 언제나 타자일 수밖에 없기 때문이다. 따라서 국적이 다르고 피부색이 다른 사람들을 대하는 방식은 바로 우리 이웃과 가족을 대하는 방식이기도 하며, 근본적으로는 자기 자신을 대하는 태도에 연결된다고 할 수 있다.

강화길은 「굴 말리크가 잃어버린 것」에서 타인을 이해한다는 것이 결코 간단한 문제가 아니라는 점을, 미궁 속을 헤매는 남녀의 형상을 통하여 훌륭하게 보여주고 있다. 나아가 이러한 이해 불가능성은 모든 인간관계에 내재한 근원적 속성으로까지 이야기된다. 인간들 사이의 이해와 소통을 막는 것은, 해소되지 않는 개인의 고유성이라는 높은 벽 때문일 것이다. 이러한 인식은 '타자의 타자화'라는 위험성도 지니고 있지만, 개인의 고유성(존엄성)에 대한 민감한 자의식을 수반한다는 점에서 결코 소홀히 할 수 없는 사유의 한 축이라고 할 수 있다. 김희선의 「어느 멋진 날」에서는 지구를 하나의 거대한 꽃으로 이해한다. 그렇기에 우리들 모두는 세상의 기저에서는 서로 맞닿아 있으며, 이는 우리가 때때로 느끼는 기시감을 통해 증명된다. 중동의 난민촌과 동아시아의 서울은 결코 분리될 수 없기에 그 곳에 사는 사람들도 결코 분리될 수 없는 것이다. 인간이라는 보편성에 비할 때, 국적이나 인종 따위는 서로를 단절시키기에 너무나 미약한 조건일 수밖에 없다는 인식이 곳곳에 나타나 있다. 마지막으로 김민정의 「죽은 개의 식사 시간」은 진봉이라는 시체처리사와 진봉에 의해 처리되고 있는 한국인 사내를 통해 인간들 사이의 공통점에 대하여 말한다. 동시에 진봉이 이주노동자로서 겪는 곤란에 대해서도 날카로운 인식을 보여주고 있다. 공통점과 차이점, 보편성과 고유성을 동시에 주목하고자 했다는 점에서 사유의 각은 가장 날카롭다고 할 수 있다. 그 날카로움 속에서 타인을 향해 열려지는 한국문학의 품은 한층 부드럽고 넓어지기를 기대해 본다.(2014)

손과 엉덩이

1. 손의 등장

김훈의 「손」(『문학동네』, 2013년 겨울호)은 그동안 김훈이 보여줬던 작
가적 특징을 고스란히 드러내는 동시에, 이전과는 다른 새로운 모습 역
시 뚜렷하게 보여주는 작품이다. 「손」은 특수강간이라는 끔찍한 죄를
저지른 철호의 어머니를 주인공으로 삼아 전개된다. 철호는 입대 전에
저지른 성폭행 범죄가 발각되어 십 년 형을 선고받고 육군교도소에 수
감되며, 이때 그의 혐의는 특수강간 특수감금에 특정범죄가중처벌법위
반이다.

이 작품에서 김훈적인 특징이 드러난다고 하는 것은 두 가지 점에서

이다. 첫 번째는 말로서만 존재하는 여러 가지 사회운동에 대한 비판적 시선이다. '나'의 전남편은 "송전탑 건설 반대운동, 해안 매립 반대운동, 발전소 반대운동, 무허가주택 철거 반대운동"(137)에 앞장서며, 그러한 활동은 지역신문에 보도되기도 한다. 그러나 전남편은 결혼 전에 사귀던 여자와 결혼 후에도 관계를 이어가 이혼의 원인을 제공했을 뿐만 아니라, 이혼 후에도 자식을 돌보는데 지극히 불성실하다. 이혼한 후 남편이 철호를 기를 때는 양육비를 반씩 부담했으나, '내'가 철호를 기르자 전남편은 아무런 신경도 쓰지 않는다. 그러하기에 '나'는 전남편이 "돈 잘 버는 생선 횟집 여주인과 재혼한 것은 그다운 일"(138)이라고 생각할 정도이다.

또한 '나'는 누구보다 "현실"(138)을 괴로워하며 현실문제에 적극적으로 참여하는 전남편을 향해, "내가 보기에는 그는 점점 현실에서 유리되어 멀어지고 있었다"(138)라고 생각한다. 이러한 '나'의 생각은 '현실'을 규정하는 독특한 작가의 세계인식과 결코 분리해서 생각할 수 없다. 심지어는 철호의 비행도 그 뿌리가 남편에게 있음이 은연중에 드러나고 있다. 철호가 중학생일 때 전남편과 시어머니는 철호를 데려가려고 했는데, 그 때 철호는 "낌새를 알아채고 일주일 동안 가출"(144)을 했던 것이다.

두 번째는 후각을 대표로 한 감각에 대한 예민한 관심을 들 수 있다. 이 작품은 강간범의 생모로 경찰서에 출두한 어머니가 겪는 곤란함을 "화장이 들뜨는 느낌"(129)으로 표현하고 있다. '내'가 철호를 인지하는 것도 다름 아닌 철호와 관련된 감각(후각, 촉각 등)을 통해서이다. 다음의 인용은 감각에 대한 민감함이 드러나는 대목들이다.

여름내 빨지 않고 넣어둔 옷가지에서 철호의 몸냄새가 났다. 냄새는 습기에 절어서 누리고 무거웠다. 그 냄새는 내가 낳은 가엾은 수컷의 존재를, 뜨거운 물을 끼얹듯이 나에게 덮어씌워주었다. (…중략…) 구두에서도 철호의 발 냄새와 철호가 밟고 돌아다닌 땅의 흙냄새가 났다. (132~133)

철호는 젖빠는 힘이 셌다. 젖 빠는 동작이 호흡에 실려서 리듬이 편안했다. 볼이 옴폭 들어가도록 빨아서 꼴깍꼴깍 넘겼다. 잇몸으로 젖꼭지 언저리를 지그시 깨물어서 젖을 짜냈다. 나는 내 몸에서 아이의 몸으로 흘러가는 체액의 흐름을 느꼈다. 나의 온몸이 아이의 몸속으로 빨려들어가는 느낌이었다. (135)

연옥이는 철호 밑에 깔려서 강간당할 때 겁에 질려서 똥을 쌌다고 여자 수사관에게 진술했다. 어둠 속에서 죽음을 받아들이는 자세가 되었는데, 아랫도리가 풀려서 똥이 쏟아져 나왔다고 한다. 빈 아파트 옆방에서 나중에 잡힌 공범 한 명이 소주를 마시고 있었는데, 그 아이도 똥냄새가 났다고 진술했다. 똥냄새에 대한 진술은 범인과 피해자와 공범이 일치했다. (148)

무엇보다도 철호는 늘 말이 없으며, "말로 표현되거나 말로 구성되는 자리가 아닌, 다른 감각의 세계에서 사는 아이"(145)이다. 철호는 "새벽의 냄새와 저녁의 냄새, 흐린 시간의 냄새와 맑은 시간의 냄새"(145)를 다르게 감지하며, 중년의 나이에 출소하더라도 "후각과 청각으로 더듬어서 나를 찾아올 수도 있을 것"(145)이라고 생각한다.

지금까지 김훈의 소설에서 감각은 언어의 반대편에 놓여 있는 것으로서, 매번 긍정적인 가치를 지닌 것으로 인식되어 왔다. 그러나 「손」에서는 감각만으로 이루어진 세계에 대한 비판적 인식이 처음으로 그 싹을 보이고 있다. '감각의 세계에서 사는 아이'는 특수강간을 저지른 범죄인이 되어 버렸고, 철호가 여자아이를 강간한 범행도 다름 아닌 바로 "그 동물적 감각에 이끌린 것"(145)이라고 설명되는 것이다.

이 작품에서 확인되는 김훈의 새로운 면모는 바로 '손'을 통해서 나타난다. 그것은 일차적으로 삶을 향한 맹렬한 의지의 표상으로 해석된다. '나'는 철호의 생모라는 참고인 신분으로 경찰서에 가서 심문을 받는다. '나'의 진술은 철호의 범죄사건 기록에 첨부되는 것이 아니라, 범인의 배경과 범죄의 성격을 파악하기 위한 자료로서 교도정책연구소에 제출될 예정이다. 이 자리에서 철호에게 강간당한, 그 충격으로 강물에 몸을 던진 연옥의 아버지를 만난다. 연옥이는 재수생이었는데, 철호에게 강간당하고 나서 정신과 치료를 받다가 두어 달 후에 서울 제7한강교에서 뛰어내려 자살한 것이다. 개를 데리고 온 연옥의 아버지는 고졸로서 한옥을 주로 짓는 목수이다.

김훈의 「손」에서 연옥의 아버지는 연옥이 결코 자살한 것이 아니라고, 네 번이나 반복해서 절규하다시피 말한다. 그 근거는 바로 연옥의

'손'이다. 연옥이 구조 당했을 때 "손으로 구조대원을 잡았다는 거 아니오, 손으로"(150)라고 애타게 이야기하는데, 무언가를 애타게 잡으려한 그 손이야말로 바로 연옥의 생을 향한 강렬한 의지의 증거인 것이다. 무언가를 애타게 잡으려 한 '손'과 그 '손'의 의미를 그토록 애타게 이야기하는 목수는 모두 삶을 향한 긍정의 의지를 드러낸다고 할 수 있다. 근원적인 삶 그 자체에 대한 의지 나아가 경외는 이전 김훈 소설에서도 나타난 특징이다.

　그런데 이 작품에서 '손'은 또 다른 의미를 담고 있다. 그것은 다음의 인용문에서 확인할 수 있듯이 타인을 향한 연대의 몸짓이라는 의미이다.

　　제7한강교를 건널 때마다 강물로 몸을 던지던 연옥이처럼, 아직 죽지 않아서 구조대원의 겨드랑 밑을 손으로 움켜쥐던 연옥이처럼, 그리고 이 세상을 벗어나는 맨 끝 쪽으로 오토바이를 질주하던 철호의 그 공범들처럼, 죽은 연옥이의 아버지인 그 목수에게 말을 걸고 싶었다. 말이 되어줄 수 없는 말이라 하더라도. 무슨 말이든지 우선 던지고 싶었다. (150)

　혼자 사는데 익숙한 '나'는 자신보다 더한, 어쩌면 자신과는 비교도할 수 없는 고통에 빠져 있는 연옥의 아버지를 향해 말을 걸고자 한다. 이때 말을 거는 태도는 구조대원의 겨드랑 밑을 움켜쥐던 연옥의 '손'처럼절실한 진정성을 동반한 것이다. 이 생명의 근원적 의지를 담지한 '손',

더군다나 자신보다 더욱 고통스런 타인을 향해 내밀어진 '손'은 김훈의 소설이 이 계절 한국문단에 선보인 새로운 모습임에 분명하다.

2. 엉덩이로만 존재하는 남자들

신혜진의 「엉덩이」(『내일을 여는 작가』, 2013년 겨울호)는 무엇보다도 자신의 본능과 욕망에 한 점 부끄럼도 없이 충실한 '나'라는 여성인물이 눈길을 잡아끄는 작품이다. 이 작품의 '나'는 유부녀이다. '나'는 지금 문학박사, 기관사, 남편이라는 세 명의 남자 사이에서 자신의 쾌락을 맘껏 충족시키고 있다.

외도를 하는 유부녀의 삶은 그동안 수많은 서사물에서 다루어진 이야기이다. 이때의 초점은 주로 유부녀가 외도를 할 수밖에 없는 이유를 고발하는데 맞추어져 있었다. 그러나 이 작품에서 '나'의 외도는 그러한 사회적 이유 따위와는 무관하다. 남편의 애정은 "한정 없다 여겨"(132)질 정도이며, '나'에게는 오직 본능과 욕망의 충족만이 문제가 될 뿐이다.

'나'는 서른 살이 넘었음에도 여드름이 가시지 않은 문학박사와 뱃살에 부쩍 신경 쓰기 시작한 지하철 기관사 그리고 남편 사이에서 쾌락을 즐기기에 여념이 없다. '나'는 가끔씩 매우 음란한 문자를 세 명의 남자에게 동시에 보내고는 한다. "당신의 엉덩이를 떠올리며 음탕한 상상을 하고 있어-자기는 뭐해?"(133)나 "당신의 엉덩이를 상상하는 내가 여기 있는데 너는 무얼 하고 있느냐"(145)라는 내용의 문자를 보내는 것이다.

문학박사는 영어회화를 배우며 만난 사람이다. '나'는 자신이 시인으로 등단했다는 이유로, 둘은 서로를 "선생님"(134)이라 부르는 사이가 된다. '나'는 기관사나 남편과는 오래전부터 육체적 관계를 맺어오고 있으며, 문학박사와는 새롭게 성적인 관계를 맺기 시작한다. '나'와 문학박사가 성적 파트너로 맺어지는 과정 역시 이성이나 감정은 생략된 채 본능과 욕정에 충실한 모습으로만 그려진다. '나'는 처음 데이트를 한 날 "우리 연애 한번 하죠?"(135)라고 불량스럽게 말하고, 문학박사는 이에 화답하여 바로 성관계를 맺는다. 그 성관계에 대한 묘사 역시 최대한 동물적이고 외설적으로 되어 있는데, 이것은 '내'가 추구하는 인간관계의 본질을 강조하고자 하는 의도의 결과로 보인다.

기관사는 중년으로서 '나'에게 아버지를 연상시킨다. 아버지를 연상시킨다는 사실이 '나'의 욕망에는 아무런 제동을 걸지 못한다. '나'는 열차의 기관실에서 성관계를 갖는 민망한 상상을 하기도 한다. 남편은 '나'의 바람을 막기 위해 '나'와 함께 모텔에 있는 기관사에게 열 통이 넘는 전화를 걸기도 한다. 그러나 남편은 "그래, 나 내 애인이랑 모텔에 있어. 전화 좀 그만해. 당신 싸이코야? 간다고, 가"(141)라는 '나'의 말에 금방 순종하는 모습을 보여준다. 남편과의 사이에서도 중요한 것은 오직 성관계일 뿐이다. '나'는 "다른 남자와 낮에 섹스를 한 날이면 남편과 몸을 섞어야 마무리가 된 것 같"(144)은 기분을 느낀다. 신혜진의 「엉덩이」에서 '나'의 남자들은 머리도, 손도 아닌 오직 엉덩이로만 존재한다. 남자들은 엉덩이를 통해 집중적으로 묘사될 뿐이다.

엉덩이가 아주 예쁘네. 먹음직스럽기도 하고 보기에도 아름답고 지혜롭게 할 만큼 탐스럽기도 한 나무의 열매 같아. 창세기에서 끌어온 과장된 수사로 그의 엉덩이를 칭찬했다.(137)

다부져 보이는 기관사의 등판이 보였다. 등골에 땀방울이 맺혀 있었다. 나잇살이 붙어 굵어진 허리 아래, 탄력 있는 엉덩이를 나는 물끄러미 바라보았다. 적당히 근육이 섞여 젊은 남자의 것처럼 보이는 엉덩이와 허리의 군살 덩어리가 퍽 대조적이었다. 조각처럼 매끄럽다고 할 수는 없지만 기관사의 엉덩이 또한 먹음직스럽기도 하고 보기에도 아름답고 지혜롭게 할 만큼 탐스럽기도 한 나무의 열매 같았다. 나는 그의 엉덩이를 철썩 때리며 말했다. 다음엔 꼭 내 침대에서 하는 거야. (142)

베개를 껴안고 누운 남편의 엉덩이는 살도 근육도 없이 너무나 빈약해서 안쓰러웠다. 어찌 보면 발육이 덜 된 소녀의 엉덩이 같았다. 엉덩이와 허리가 맺어지는 곳 양편에 보조개처럼 우묵하게 파인 부분이 보였다. 남자의 엉덩이 치고 결코 육감적이라고 할 수는 없지만 소녀의 그것이라 생각하니까 무척 아름답게 여겨졌다. 역시나 먹음직스럽기도 하고 보기에도 아름답고 지혜롭게 할 만큼 탐스럽기도 한 나무의 열매 같아서 남편의 엉덩이 한쪽을 살짝 깨물었다. 당신 엉덩이가 이렇게 예쁜 걸 왜 진작 몰랐을까. (144)

「엉덩이」에서는 여성이 욕망의 주체이고, 남성이 욕망의 대상이다.

이러한 구도는 사회에서나 소설에서나 낯익은 구도라고 볼 수는 없다. 남녀평등을 이야기하지만, 의외로 내밀한 욕망의 영역에서 여성은 여전히 도구화되거나 대상화되는 것이 일반적이었기 때문이다. 그녀가 주문처럼 외우는 "맨.드.라.미"[36]라는 말은, 조금 과장해서 말하자면 '나'의 당당한 인간 선언이라고 볼 수도 있다.

세 명의 남자는 "당신의 엉덩이를 상상하는 내가 여기 있는데 너는 무얼 하고 있느냐"(145)는 문자를 보낸다. 이에 대한 세 명의 답변은 다음과 같다.

> 문학박사 그냥(이게 뭐야. 문학박사라면서 이건 문장도 아니잖⋯⋯ 영어회화 수업 중이라서 그런가?
> 기관사 침 흘리고 있다. (역시 우리 자기는 단순하고 무식하고 천진난만한 게 매력이야. 짐승, 번데기 나라의 대물!)
> 남편 어젯밤 나도 좋았어. 이젠 정말 바람 같은 거 안 피울 거지? (알았어, 당신 마음 다 알아. '바람 같은 거' 절대 안 피워. '바람만' 피울게. 여보야, 사랑해) (145)

문학박사, 기관사, 남편이 보낸 답 문자는 그들의 성격을 있는 그대로 보여준다. 지극히 이중적인 문학박사, 짐승적인 본능에 충실한 기관사, 알량한 가부장의 자리를 확인하고 싶어 안달하는 남편의 초상이 손

---

36 '나'는 자신의 성기를 맨드라미라고 부르며, 남자가 맨드라미라는 단어를 소리내면 큰 성적 흥분을 느낀다.

에 잡히는 듯하다.

　그러나 '나'의 욕망은 절대 충족될 수 없는 성격의 것이다. '나'는 처음 "내 마음이 세 조각으로 나뉘지 않는 한 나는 아마 절대 만족하지 못할 것이다"(145)라고 하여, 그 세 명과 동시에 완벽한 연애를 하면 '나'의 욕망이 충족될 것 같은 암시를 준다. 그러나 마지막에 세 남자의 문장에 대하여 "그래요-당신이 뭘 어쩔 수 있겠어요. 그저 미안할 뿐입니다"(145)라는 문자를 보내는 것에서 알 수 있듯이, '나'의 욕망은 결코 해소되지 않은 채, 언제까지 지속되는 것으로 결론이 나고 있다. 그러고 보면 신혜진의 「엉덩이」 시작 부분에 등장하는 꿈 역시 이러한 주제의식과 긴밀하게 연결된다. 그 꿈은 도달할 수도 벗어날 수도 없는 욕망을 "턱 바로 아래까지 차오르는 물과, 잡아 빼려고 아무리 애를 써도 빠지지 않는 징그러운 벌레"(132)를 통해 형상화하고 있는 것이다. '나'는 꿈속의 남자에 대한 생각만으로 "아랫도리가 더워"(145)지지만, 그 남자는 결코 만난 적도 없으며, 앞으로 만날 수도 없다.

3. 손과 엉덩이

　김훈의 「손」은 작가론적인 맥락에서 정독을 요하는 소설이다. 작품이란 작가의 가장 내밀한 사유와 감성의 영역에 맞닿은 것이라고 할 수 있다. 그렇기에 물건을 만들듯이, 어제와는 완전히 다른 신제품을 내놓을 수는 없다. 한 명의 작가가 쓸 수 있는 작품의 세계에는 일정한 한계가 존재할 수밖에 없기에, 한 작가가 보여주는 새로움이란 언제나 부분적일 수밖에 없는 것이다. 김훈의 「손」은 삶이 뒷받침 되지 못한 사회운동에 대한 비판, 감각에 대한 관심, 생에 대한 의지의 긍정에 있어서는 이전 소설에 이어진다고 볼 수 있다. 그러나 감각에만 치중하는 것의 한계에 대한 인식이나 타인을 향한 절박한 연대의 몸짓 등은 김훈 소설의 새로운 면모라고 보아 무리가 없을 것이다. 신혜진의 「엉덩이」는 발랄한 감각으로 욕망과 본능에 충실한 한 여인의 모습을 그려나간다. 지금까지 본격적인 한국소설에서는 금기시되는 단어나 행위 등을 거리낌 없이 구사하는 신진 작가의 발랄함이 무엇보다 눈에 띄는 작품이다. 이 작품은 당대의 한 세태를 포착한 것으로 볼 수도 있지만, 여러 가지 과장된 부분 등을 고려할 때 작품의 핵심은 인간의 충족 불가능한 욕망의 심연을 그린 것으로 이해해야 할 것이다. 이 계절에 김훈과 신혜진은 손과 엉덩이라는 인간의 신체를 가져와 자신만의 고유한 사유의 깊이를 감각화하는데 성공하고 있다.(2014)

아이러니의 세 가지 표정

1. 아름다운 것들의 특별한 날

김이설의 「아름다운 것들」(『한국문학』, 2014년 봄호)은 21세기판 「운수 좋은 날」(『개벽』, 1924년 6월)이라고 부를만한 작품이다. 김첨지에게 '운수 좋은 날'이 실제로는 아내가 사망한 가장 불행한 날이었듯이, 「아름다운 것들」에서 딸과 엄마의 대화 속에 등장하는 "특별한 날"(110) 역시 반어적 의미를 지니고 있다. 딸의 재롱잔치가 있었던 날, 딸은 버스가 아니라 택시를 탔고, 중국음식을 실컷 먹었으며, 재롱잔치에 엄마와 오빠가 와주었기에 '특별한 날'이라고 생각한다. 엄마인 '나' 역시도 "특별한 날"(110)이라고 딸에게 말하는데, 이 날은 딸이 생각하는 의미의 특별한 날일 수는 없다. 이 날 '나'는 두 명의 자식을 죽이고 자신도 자살하기 때문이다. 그리고 보면 제목인 '아름다운 것들' 역시 일종의 아이러니라고 할 수 있다.

작품은 엄마가 8세와 5세인 남매를 살해하고 있는 현재의 모습과 이 끔찍한 상황에 이르기까지의 과정으로 이루어져 있다. 「아름다운 것들」은 작가가 전하고자 하는 메시지가 분명하고 전달의 의지 또한 매우 강렬하다. 이 작품에서 문학적 여운과 긴장을 압축해서 보여주는 것은 중간 중간에 삽입되는 다음과 같은 살인의 장면들이다.

단번에 눌러야 했다. 아이의 몸통 위로 올라갔다. 금방 끝나게 해줄게. 오래 괴롭지 않게 해줄게. 이를 악물고 양 어깨에 힘을 주었다. 힘껏 두 팔을 뻗어 베개를 눌렀다. 미미레도미솔라라솔…… 계이름을 끝까지 외울 때까지 아이의 몸에서 내려오지 않았다. (101~102)

김이설은 사회구조적 문제를 더욱 부각시키기 위해 우연적 요소를 활용하고는 한다. 「환영」(자음과모음, 2011)에서도 계속된 사고와 병마가 윤영을 둘러싼 고통을 더욱 심화시켰다면, 「아름다운 것들」에서도 둘째 아이의 병, 남편의 병, 시어머니의 병이 추가된다. 그러나 「아름다운 것들」에서는 그것을 우연으로만 치부할 수 없게 만드는 사회적인 이유가 뚜렷하게 제시되고 있다.

이 가정에 가장 큰 타격을 가하는 것 중의 하나는 둘째 아이의 장애이다. 둘째 아이는 미숙아로 태어나 시력과 신장에 문제가 있을 가능성이 높은 몸으로 평생 정기검진을 받아야 할 처지이다. 둘째 아이의 병은 단순한 우연으로만 보기 힘들다. 아이는 남편이 구속된 다음날 예정보다 일찍 태어났고, '나'는 직업병이 의심되는 피부질환 때문에 온 몸에 발진이 생기고 진물이 흐르는 상태였던 것이다. "혹시 회사를 다니면서 생긴 발진 때문에 아이가 이렇게 된 거냐"(98)는 '나'의 물음에 의사가 침묵하는 것에서 알 수 있듯이, '나'의 병은 직업 환경과 무관하지 않다. 실제로 공장의 사람들에게는 피부병이 흔하며 "남자들은 아이를 못 낳고, 여자들은 아픈 아이를 낳는다는 소문"(103)이 널리 퍼져 있는 것이다.[37]

이 작품은 사회의 여러 가지 주요한 문제들을 다루고 있다. 그 중의 하나는 파업이라는 노동쟁의를 대하는 회사와 정부의 비인간적인 모습이다. 80여 일간의 파업 끝에 남편은 구속되고, 곧 회사는 파업으로 인한 피해보상소송을 노조원들에게 제기한다. 살고 있는 아파트 육십 개 정도를 팔아야 마련할 수 있는 그 돈으로 인해 노조원인 남편뿐만 아니라 모든 가족들도 공평하게 벌을 받을 수밖에 없다. 그들의 아내와 아이들과 부모들까지 같은 벌을 받아야 한다는 점에서, '나'는 "사람을 죽이고 받는 벌이어도 이보다는 낫지 않을까"(101)라고 생각한다.

실제로 2000년대 이후 한국 사회에서 노동자들의 파업에 대응하여 거액의 손해배상을 청구하는 일은 일상적인 일이 되어 가고 있다. 2012년 12월 21일에는 한진중공업 노동자 최강서씨가 사측이 노조를 상대

---

37 시어머니의 발병 역시 남편의 해고와 그에 따른 자살과 밀접하게 관련된다. 시어머니는 남편의 장례를 치른 지 한 달이 못 되어서 치매에 걸렸고, 시어머니의 주요한 증상은 아들을 계속해서 찾는 것이다.

로 낸 158억 원의 손해배상 청구소송을 철회하라라며 세상을 떠났다. 그 이전에도 2003년 두산중공업의 배달호, 한진중공업의 김주익 등 여러 노동자들이 사측의 손해배상 소송의 압력을 견디지 못하고 생을 마감하였다. 지금도 여러 곳에서 기업들이 노조를 상대로 거액의 돈을 청구한 상태이다. 회사 쪽이 노조를 상대로 천문학적인 금액의 손해배상청구소송을 내서 노조를 무력한 채무자로 만드는 일은 한국 사회의 상식이 되어 가는 중이다.

마우리치오 라자라토는 『부채 인간』에서 신자유주의의 통치 원리를 부채의 개념에서 끌어내고 있다. 오늘날은 채권자–채무자 관계 자체가 현대 자본주의의 가장 중요하고도 보편적인 권력관계라는 것이다.[38] 부채는 가난한 자가 노동을 통해 발휘하는 육체적 지적 능력뿐만 아니라 실존적 사회적 힘들까지도 착복할 수 있다. 자본은 채무자의 실존을 생산하고 통제하는 기술을 형성 배치함으로써, 새로운 인간형을 창출하는 것이다.[39] 김이설의 소설에서 사람들은 빚을 갚는 것이 불가능하다는 현실을 처절하게 깨달을 수밖에 없다. 부채로 인한 '영원한 현재'와 '오지 않는 미래'라는 처벌이야말로 신자유주의가 강제한 부채 경제의 가장 악마스러운 힘임에 분명하다.[40]

남편이 회사에서 쫓겨나면서 받은 퇴직금의 반 이상은 회사의 가압

---

38 마우리치오 라자라토, 허경 · 양진성 역, 『부채인간』, 메디치, 2012, 57쪽.
39 위의 책, 192쪽.
40 자본주의는 피통치자에게 부채를 상환하겠다는 약속을 받아냄으로써 미래를 미리 담보로 잡는다. 빚은 실제로 미래의 시간이며, 미래에 대한 약속이다.(프랑코 베라르디, 유충현 역, 『봉기—시와 금융에 관하여』, 갈무리, 2012, 92쪽)

류로 묶이고, 나머지 금액은 이전에 퇴직금을 담보로 받은 대출금으로 인해 사라진다. 소송으로 인해 거의 유일한 재산인 아파트마저 가압류된다. 이러한 상황에서 '나'와 남편은 삼교대 이교대로 일을 하지만 빚의 구렁텅이에서 벗어날 길은 도무지 보이지 않는다. 작은 애의 병원비 등으로 인해 부채는 눈덩이처럼 불어날 뿐이다. 결국 남편은 "파업 농성에서 비롯된 여러 정신적인 충격, 감당할 수 없는 빚, 그로 인한 자괴감과 우울증, 만성 무기력증"(106)에 질병까지 더해져 자살한다. '나'는 남편의 죽음을 대하고는 "아프다고, 고쳐보겠다고, 정말 살겠다고"(106) 하지 않은 것에 오히려 고마움을 느낀다.

그러나 시어머니의 치매 상태가 중증에 이르자 아이들을 다른 가정이나 시설에 맡겨야 할 지경에 이른다. 그녀 앞에는 "내 애들은 다른 사람 손에 크게 두고, 나는 다 갚지도 못할 빚을 메우기 위해 돈을 벌며 살아야"(112) 하는 삶이 펼쳐진 것이다. '나'에게 아이들은 특별한 존재였다. 남편의 빈소에 온 조문객들이 "아이들을 생각하라"(107)며 "저것들 때문이라도 더 강해져야 한다"(107)고 말했던 것처럼, 아이들은 그녀에게 고통으로 가득한 '영원한 현재'를 끝장낼 수 있는 유일한 '미래'였는지도 모른다. 그러나 이제 그녀에게는 그 가능성마저 사라진 것이다. 이 순간 '나'는 거의 처음으로 삶의 주인공이 되고자 한다. 아이들을 살해함으로써 스스로 미래를 지워 버리고자 시도하는 것이다. 이 순간 그녀는 온전한 주인공인 동시에 괴물이 된다. 이 작품은 "이제 내 차례였다"(113)는 문장으로 끝난다. 이보다 더 완벽한 '미래의 부재'와 '영원한 현재'는 존재할 수 없다. 「환영」(자음과모음, 2011)이 출구 없이 반복되는 가난의 고통과 비인간성을 보여주었다면, 「아름다운 것들」은 반복조차 불가능한 삶의 막장을 보여주고 있다. 물론 그러한 막장은 한 개인과 가족의 단위를 넘어선 사회적 차원에서는 계속 반복될 수밖에 없다는 점에서 더욱 비극적이다.

2. 속물과 동물도 아닌 그 이름, 자폐가족

정지아의 「자본주의의 적」(『문학사상』, 2014.3.)은 화자의 설명이 전면적으로 등장하는 소설이다. 그런데 이 화자의 진술은 결국 전체적인 작품의 맥락 속에서 존재 근거를 상실하게 되며, 그 결과 이 작품은 아이러니적 구조를 보여주게 된다. 화자 '나'는 자신의 부모가 왕년에 카빈 총을 들고 지리산을 날아다닌 빨치산이며, 자신의 이름이 정지아라고 밝힐 정도로 적극적이다. 작가와 모든 면이 흡사한 '나'는 '자본주의의 적'인 30년 지기 방현남과 그 가족을 열정적으로 소개한다.

작품의 시작 부분에서 "자본주의의 죽은 적"(117)인 부모와 그 부모를 오랫동안 받들어 모신 '나'는 부정적으로 그려진다. '나'는 자신의 부모들이 왕년의 사회주의자이자 "마음으로 영원한 사회주의자"(117)라고 소개하고서는, 곧 "마음 따위 개나 주라지"(117)라며 그들이 자신의 삶에 물려준 것은 "지긋지긋한 가난과 적지 않은 빚과 사회주의라는, 가난 못지않게 지긋지긋한 추상뿐"(117)이라고 말한다. 그러고는 '자본주의의 죽은 적'(나, 나의 부모)이 아닌 '자본주의의 적'(방현남, 그의 가족)

을 소개하겠다며 '나'는 의욕을 보인다.

'나'나 '나의 부모'와는 대조적인 방현남은 5대 독자 집안의 둘째 딸로 태어나 어디에 있든 자신의 존재를 전혀 드러내지 않는 신기神技를 지니고 있다. 현남과 '나'는 문창과 84학번 동기이지만, '나'를 포함한 대다수의 사람들이 현남을 기억하지 못할 정도이다. '나'는 대학시절 현남과 우연히 동거를 하는데, 옆에서 지켜본 현남은 "현남같이 무기력한 인간을 처음 보았다"(122)고 할 정도로 무기력하다. 현남은 "정말이지 아무것도 하지 않"(122)으며 "무엇이 되려 하지 않았"고 "되고 싶어 하지 않았"(123)다. 대학가의 운동권도 안기부도 현남의 무엇 하나 바꾸지 못할 정도로, 현남은 "변하지 않기로 존재의 강약을 따지자면 무림의 고수급"(128)이다.

현남은 자기와 비슷한 남자와 결혼을 해 아들 둘을 낳는다. 이들은 모두 비슷한 성격을 지니고 있고, '나'는 이 가족을 "자폐가족"(125)이라 부른다. "자폐가족에게는 자신을 제외한 모든 존재가 타인"(125)이다. 그러하기에 남의 일에 개입한다는 것은 상상할 수도 없으며, 낯선 사람이나 상황과 마주치는 것은 엄청난 스트레스를 준다. 맏이의 꿈은 현관 투입구로 야쿠르트를 넣으면 되는 야쿠르트 아줌마가 되는 것이다. 자폐가족은 시간이 지나도 나이를 먹는다는 점 이외에는 달라지는 것이 없다. 자폐 가족은 "보고 있든 아니든 하지 말라는 것을 허락 없이는 절대"(131) 하지 않는다.

탄생과 동시에 쓸모없는 존재로 전락한 원초적 체험 때문에 현남은 "새로운 모든 것에 공포"(120)를 가지고 있다. 공포는 "새로운 것에 대한 욕망의 부재"(137)로까지 발전하고 이러한 특성은 자폐 가족 모두가 공유한다. 그리하여 운전과 같은 "쓸모없는 재주"(136) 따위에는 관심도 기울이지 않는다. 새로 나온 좋은 물건도, "좋기는 하지만 그것을 내 것으로 받아들이고, 그 이전의 것에 대한 애착을 포기하는 데 에너지를 쓰고 싶지는 않"(138)기에, 아무런 관심의 대상도 되지 않는다. 자폐가족의 유일한 희망이 있다면, 그것은 "아무도 우리를 건드리지 않"(138)는 것이다. 자폐가족의 삶 전체를 응축해 놓았다고 해도 다름없는 일상의 한 풍경은 다음과 같다.

오늘도 현남은 집에서 커피를 마시며 책을 읽고, 택배 초인종이 울릴 때마다 안절부절 버벅거리며 택배를 받을 것이다. 그 남편은 가족을 위해 종일 노동을 하고 돌아와 소박한 밥상을 받고 자본론을 읽겠지. 아이들은 이제 다 커 야쿠르트 아줌마보다 더 나은 프리랜서 프로그래머가 되기 위해, 컴퓨터를 5분만 더 하게 해 달라고 엄마와 실랑이를 벌일 게다. 아이들의 20년 후도 비슷한 풍경이지 싶다. (139)

이러한 가족에 비추어 볼 때, "되고 싶은 것도 많고 갖고 싶은 것도 많고 하고 싶은 것도 많은 나는 욕망으로 가득 찬, 자본주의적 인간"(137)이다. 이러한 자기성찰은 자본주의가 "인간의 무한한 욕망을 동력으로 삼아 대량생산과 대량소비의 확대재생산 속에 괴물처럼 팽창"(140)하는 체제라는 점을 고려할 때, 단순한 자기학대로만 볼 수는 없다. 자본주의가 인간의 욕망을 끊임없이 부추기는 체제이고, 사회주의가 "욕망을 이성으로 통제하여 평등하게 함께 누리자는"(140) 체제라면, 자폐가족은 "자본주의의 동력 그 자체인 욕망을 부정하는 자들"(140)이다. 그렇기에 자본주의의 전원을 오프시키는 이들 가족은 '자본주의의 적'일 수 있는 것이다. '나'는 "이 욕망 없는 자들에게 번식의 능력을!"(140)이라며 축복의 말까지 덧붙인다.

그러나 자폐가족에 대한 과도한 예찬을 따라가다 보면 그 안에 숨겨진 자폐가족의 일그러진 모습에 관심을 기울이지 않을 수 없다. 자폐가족의 희망이 '아무도 우리를 건드리지 않는 것'이고, '지금의 삶을 20년 후에도 그대로 유지하는 것'이라면, 그것은 의도와는 상관없이 그 자체로 현 상황에 대한 무조건적인 승인의 효과를 가져올 수밖에 없기 때문이다. 이것은 너무도 분명한 일이다. 따라서 자폐가족의 삶에는 하고 싶다는 것 자체가 부재하므로, 발생하는 "단 하나의 싶다"(141)가 있는데 그것은 "이대로 가만있고 싶다는 것"(141)이라는 설명이나 "욕망이 부재하므로 자폐가족은 자본주의의 적이지만 욕망이 부재하므로 자본주의의 실질적 위협이 될 수는 없"(141)는 존재들이라는 설명은 너무도 당연한 것이다.

그러고 보면 작가는 처음부터 방현남이 속한 자폐가족에 대하여 아이러니적 태도를 어느 정도는 보여주고 있었다. 그것은 다음의 인용문에 잘 나타나 있다.

정지아, 하면 빨치산의 딸을 떠올리는 독자들이 대다수인 마당에 취중도 아니고 중언부언, 아는 말 또 하고 있는 이유는 내 본모습을 보임으로써 지금부터 하게 될 이 황당하고 리얼리티 없는 이야기가 내 부모처럼 실재하는, 실상은 리얼리티 충만한 사실이라는 믿음을 주기 위해서다. (…중략…) 이 소설을 쓰기로 작정한 것은, 유일한 적이었던 사회주의도 몰락한 마당에 자본주의의 새롭고도 진정한 적을 세상에 널리 알리자는 고상하고 비장한 포부 때문은 아니다. 그저 빨치산의 딸을 벗고, 리얼리즘도 벗고, 가벼이 한없이 가벼이, 먼지처럼 바람처럼, 온 데 없이 갈 데 없이, 놀아 보고 싶어서다. (117~118)

이처럼 적극적 화자인 '나'는 도입부에서부터 아이러니적인 태도를 유감없이 드러내고 있다. '나'라는 초점화자는 정지라는 본명은 물론이고 빨치산인 부모님까지 있는 그대로 밝힌다. '나'는 이러한 솔직함의 이유로 자폐가족의 이야기가 "리얼리티 충만한 사실이라는 믿음을 주기 위해서"(118)라고 말하지만, 동시에 "그저 빨치산의 딸을 벗고, 리얼리즘도 벗고, 가벼이 한없이 가벼이, 먼지처럼 바람처럼, 온 데 없이 갈 데 없이, 놀아 보고 싶어서다"(118)라는 상반되는 이야기를 전달하기도 하는 것이다. 이러한 진술들에서도 친구 방현남을 중심으로 한 자폐가족을 향한 아이러니적 시각을 확인할 수 있다.

이렇게 읽는다면 '내'가 예찬해 온 자폐가족의 모습은 오히려 자본주의를 승인한 현대인의 남루한 초상으로 읽히기도 한다. 과거에 노동운동을 하다 그냥 노동자가 되어 버린 남편은 연봉으로 3천 5백을 받아서는, 양가 어른들에게 매달 생활비까지 대면서 아들 둘을 키우며 "기적"(138)같이 산다. 자본론을 베고 자기도 하지만 사회에 아무런 불만도 가지지 않으며, 허락받지 않은 일은 꿈꾸지도 않은 채 조용히 사는 것이다. 이러한 모습은 인정투쟁 등에서 벗어난 역사 이후의 인간상이라 말할 수도 있을 것이다. 코제브Alexandre Kojeve는 역사 이후의 인간 형상으로 속물과 동물을 들었다. 정지아는 「자본주의의 적」에서 속물과 동물 이외에 자폐가족이라는 새로운 인간상 하나를 추가하고 있다.

3. 댓가를 바라고 준 김치 쪼가리와 밥 덩어리

김금희의 「옥화」(『창작과비평』, 2014년 봄호)는 중국 조선족 마을이 배경이다. 탈북한 '여자'가 이 작품의 초점화자인 홍에게 "이땜에, 내 한국 가믄 절대 갚을 거니께, 돈 쫌 꿔주시라요?"(218)라는 부탁을 하면서 소설은 시작된다. 이러한 부탁을 들은 이후 홍집사는 교인들로부터 여자에 대한 좋지 않은 이야기를 계속해서 듣게 된다. 여자는 실제로는 아프지도 않으며 일자리를 구해 주어봤자 갖가지 핑계를 대며 일을 하지 않는다는 것이다. 나아가 그 여자는 "성도로서의 믿음은커녕 인간으로서 기본적인 도덕이나 정직한 양심 따위마저 있는지 여부가 의심스러운 사람"(223)으로까지 비난 받는다.

이러한 여자의 모습은 "북에서 온 사람치고 이자매님이 처음도 아니고, 그전에 있던 사람들도 다들 말이 많았잖아요"(221)라는 차집사의 말로 인해 홍이 무의식의 깊은 곳에 처박아둔 옥화라는 여인을 끄집어

낸다. 여자는 뒤태와 분위기까지 한 때 홍의 올케였던 옥화와 비슷하다. 옥화와 여자는 둘 다 탈북자이고 조선족 사람들이 자신들에게 베푸는 호의를 고마워하지 않으며 오히려 고까워한다. 옥화의 경우에는 동생과 가족을 버리고 도망까지 가버려, 홍의 가족을 거의 파탄에 이르게 만들었다. 여자가 돈을 꿔달라는 말을 한 이후 홍은 다음과 같은 꿈을 꾸는데, 이 꿈 속에는 홍이 느끼는 그 곤혹스러움의 심리적 실재가 고스란히 담겨져 있다.

"왜 내가 줘야 하지?" 홍이 묻자 "가졌으니께" 하고 여자가 대답했다. 홍은 자꾸 옥화로 변하려 하는 여자를 붙들고 물었다. "그래서 줬잖아. 근데도 뭐가 불만이야?" 하면 여자는 매번 꿈속에서 볼 때마다 그랬던 것처럼 찢어져 올라간 눈으로 홍을 찌뿌둥하니 내려다보았다. "그 잘난 돈, 개도 안 먹는 돈, 그딴 거 쪼꼼 던재준 거 내 하나도 안 고맙다요."
'그딴 거'라니? 어떻게, 어떻게 그렇게 말할 수가…… 홍은 꿈속에서도 가슴이 답답하여 손으로 박박 내리 쓸어보았다. "내도 한국 가서 돈 많이 벌어 바라, 내는 너들처럼 안 기래 홍의 몰골을 보고 피식 웃던 여자는 급기야 킬킬대며 배를 부여잡고 웃어대다가 옥화로 변하고 말았다. (225)

이 꿈속에서 여자는 옥화와 동일시되고 있으며, 여자는 홍의 도움에 감사하기는커녕 "그 잘난 돈, 개도 안 먹는 돈, 그딴 거 쪼꼼 던재준 거 내 하나도 안 고맙다요"라며 비난한다. 그리고 "한국 가서 돈 많이 벌어 바라, 내는 너들처럼 안 기래"라며 더욱 홍을 불편하게 한다. 김치도 주고 밥도 주었지만, 감사해 하지도 않으며 고까워하며 나아가서는 믿음을 저버리는 탈북자들이 바로 홍이 겪는 고통의 핵심인 것이다. 옥화는 홍의 엄마가 "유약하고 어리숙해 제구실 한번 반듯하게 해내지 못하는 아들"(226)을 위해 데려온 탈북여성이다. 동생보다 열두 살이 어린 옥화에게 엄마와 홍은 최선을 다한다. 정확히 말하자면 다했다고 생각한다. 그러나 옥화에게 그것이 최선으로 느껴졌는지는 의문이다. 옥화는 동생이 배 타러 떠난 뒤에 편지 한 장을 남기고 떠나버리기 때문이다.

김금희의 「옥화」는 시혜자와 수혜자 사이에 형성되는 미묘한 관계의 윤리를 문제 삼고 있다. 얼핏 생각하기에 시혜자와 수혜자는 물질적인 이동만을 생각한다면 피해자와 가해자의 관계로 이해할 수도 있다. 그러나 정신적인 차원에서는 피해자와 가해자의 관계가 바뀔 수도 있는 것이다. 이러한 아이러니한 관계 속에서 진정으로 '타인을 돕는다는 것'이 어떤 것인지에 대해서 깊이 있는 고민을 하게 된다.

그렇다면 왜 옥화와 여자는 감사하기는 커녕 비아냥거리기나 하고, 나중에는 모두 다른 곳으로 떠날 수밖에 없었던 것일까? 진정한 문제는 조선족들이 탈북자들을 단독성을 가진 고유한 한 인간이라고 보지 않았다는 점이다. 조선족들은 그들을 김치쪼가리나 밥덩어리에 감지덕지할 불쌍한 자라는 특수한 위치에 자리매김하고서는 그 틀만으로 그들을 바라보았던 것이다. 여자는 한국으로 떠나기 전에 마지막으로 홍을 불러서 "사람들은 여기서 일도 하고 맘에 맞는 사람 만나 살라디만, 긴데 기실 여기서는 하고 싶은 거 아무거이두 못해요"(233)라고 말한다.

여자는 "한 사람이 어떻다는 거이는 하느님만 아시디, 딴 사람들으는 다 모른다는 거이요"(235)라며 북한을 탈출하여 사람 장사꾼한테 잡혀서 하북성 산골 오지에 팔렸다가, 애까지 낳고 혼자 도망쳐 나온 과거를 고백한다.

그런데도 여자에 대해 아무것도 모르는 교회 사람들은 여자를 중간에 앉혀 놓고 죄인 심판하듯이 "너는 이래서 아이되고, 너는 이래서 어쩌고……"(236) 하는 식으로 질책의 말을 쏟아놓았던 것이다. 이러한 이야기를 들으며, 홍은 "부유하고, 학식 있고, 덕망 있고…… 또 '믿음' 있는 사람들에게 둘러싸여 죄인이 된 그날의 죄인이 된 그날의 여자"(236)를 눈앞에 보이는 듯이 느끼고, 비로소 여자가 받은 것들이 "'그 잘란 것, 그딴 거'따위"(236)가 된 이유를 어렴풋하게 이해하게 된다. 그리고 보면 옥화를 처음 데려왔을 때, 엄마는 "백화점 세일을 만나 명품을 헐값으로 사온 듯한 흥분된 목소리"(225)를 냈던 것이다. 이 목소리 속에서 일정 정도 대상화되고 사물화 된 옥화를 확인하는 것이 어려운 일은 아니다.

홍이 여자를 이해하는 데에는 한국에서 삼사년간 일하고 돌아온 시형媤兄의 존재도 큰 역할을 한다. 시형의 겉모습은 거짓말처럼 땟물을 쑥 벗고 허여멀쑥하니 변해 있었지만, "힘든 노동, 사람들의 배척과 편견, 보장받지 못하는 인권"(231)으로 인하여 "그곳에서의 정착은 아직 미래가 명랑하지 못하"(231)다고 말한다. 시형은 술에 취해서는 "에이, 못사는 게 죄지. 잘사는 나라에 살지 않는다고 대우가 이렇게 다르니"(231)라는 말까지 덧붙인다. 옥화는 시형네도 "여자처럼? 옥화처럼?"(231) 생활한 것인가라는 의문을 갖게 된다. 시형네는 아무도 알지 못하고 아무도 믿을 수 없는 상황에서 누구에게도 진실한 이야기를 할 수 없었다고 말한다. "자기편이 아닌 땅에서 살아가는 이들의 불안함"(232)은 그들을 더욱 폐쇄적이고 불투명한 존재로 만들었던 것이다. 그러고 보면 옥화를 비롯한 북녘 여자들 누구도 "가야 하는 이유를 아무한테도 말"(232)하지 않은 채 떠나갔다.

마지막에 이 작품은 조선족들이 탈북자를 대한 방식이 인간의 근원적 속성일 수도 있다는 가능성을 제기한다. 인간은 부모와 자식 같은 특수한 관계가 아닌 경우에는, 무언가를 주면 그 대가를 반드시 요구하는 존재이다. 조선족은 탈북자들에게 김치쪼가리나 밥 덩어리를 준 대신 탈북자들의 고마워하는 태도를 요구했던 것이다. 과연 탈북자들은 시혜자의 위치에 섰을 때 그러한 대가를 요구하지 않는 순수증여의 단계로 나아갈 수 있을까? 여자가 마지막으로 던진 "내 이땀에 돈 많이 벌믄, 꼭 갚을 거라요. 기리구 나는 잘살믄……"(236)이라는 말에 대해 홍이 가지는 다음과 같은 의문은 여자뿐만 아니라 모든 인간에게 해당하는 질문이다.

"기리구 나는 잘살믄 당신들처럼 안 기래요……" 여자가 뿜어내고 싶었던 마지막 말은 그것이었을까? 그런데 그것은 정말 여자 자신이 말했던 것처럼, 하느님만 아시는 일이 아닐까?"(236)

4. 아이러니의 계절

　위에서 살펴본 세 작품은 모두 아이러니를 보여준다. 그 아이러니 속에서 작품의 의미는 풍부해지고, 세상과 인간의 복합적 국면은 한층 깊이 있게 그 모습을 드러낸다. 김이설의 「아름다운 것들」은 우리 시대에 노동과 궁핍을 둘러싸고 벌어지는 문제적 국면들이 요점노트처럼 빼곡하게 들어차 있다. 때로 그 명료한 주제의식은 인물들을 하나의 기호나 의식으로 축소시키는 느낌까지 줄 정도이다. 그러나 '특별한 날'과 '아름다운 것들' 속에 담겨진 그 반어적 의미는 시대의 본질을 깊이 성찰케 하는 미학적 힘을 지닌 것이라고 할 수 있다. 정지아의 「자본주의의 적」은 서술자의 적극적 개입을 통하여 자본주의의 본질과 그것을 넘어설 수 있는 힘에 대하여 고민하게 한다. 이 고민은 나중에 한없이 나약해진 우리 시대 사람들의 모습을 성찰하게 만든다. 이 작품은 부모님 세대에 대한 탐구를 주조로 한 지금까지의 정지아 문학에 대한 자기 성찰이 담긴 작품으로 읽어볼 수도 있다. 만약 이 자폐가족이 현시대의 한 본질적인 국면을 담고 있는 것이라면, "자폐적인 이들의 삶에는 서사가 없다. 아마도 이 소설은 황당한 일상사의 단조로운 기록으로 막을 내릴 가능성이 높다"(118)라는 진술은, 리얼리스트를 자처하는 작가가 과거로 눈을 돌리는 이유에 대한 한 가지 이유가 될 수 있기 때문이다. 부모님들의 삶이야말로 일상사의 단조로운 기록을 넘어설 수 있는 참된 서사의 무대일 수도 있는 것이다. 「옥화」는 시혜자와 수혜자의 관계가 피해자와 가해자가 아닌 가해자와 피해자일 수도 있음을 집요하게 파고들고 있다. 이것은 인간에게 깊이 내재된 교환논리에 따른 필연적인 결과라고 할 수 있다. 말할 것도 없이 이 작품은 어떠한 대가도 바라지 않는 순수증여의 필요성을 말하는 것이다. 그럼에도 이러한 순수증여가 과연 가능할 수 있는지에 대한 의문은 이 작품을 한층 깊이 있게 만들고 있다.(2014)

그대와 나

1. 상처와 상처

윤고은의 「늙은 차와 히치하이커」(『한국문학』, 2014년 여름호)는 기발한 소재와 상상력을 바탕으로 흥미로운 서사를 만들어내는데 특기를 지닌 작가의 특징이 고스란히 드러난 작품이다. 때로 그 기발함이 작품의 자연스러움을 훼손하는 경우도 있지만, 그것에서 얻게 되는 재미 역시 놓칠 수 없는 소설의 미덕이라고 할 수 있다.

'나'는 호주의 포트오거스타라는 도시의 서바이벌 용품 회사에 다닌다. 이 회사는 극한 상황에서 사람이 최소 3일간 생존하도록 돕는 물품을 담아놓은 생존배낭을 주로 판매한다. '나'는 서바이벌 용품에 관심이 많은 이들에게 인기가 좋은 홀튼사에서 새로 출시할 양말을 독점 공급받는 계약을 체결하기 위해, 홀튼사의 책임자가 휴가를 간 울룰루라는 곳을 가야 한다. 울룰루Uluru는 흔히 "이 섬의 배꼽"(51)이라 불리며 호주의 중심에 있는 지구상에서 가장 큰 바위이다. 호주 원주민들에게는 매우 신성시 되는 곳이며, 이곳의 원주민은 애버리진Aborigine이라고 불린다. 울룰루를 향한 여정은 '나'와 또 한 명의 동행자인 그가 자기의 가장 깊은 상처와 대면하는 여정이기도 하다.

'나'는 후배의 소개로 게빈이라는 사람의 차를 타고 울룰루에 가기로 되어 있다. 그러나 '나'는 엉뚱한 사람의 차에 타게 된다. 게빈이라고 생각한 사람은 게빈이 아니며, '마이마일러'를 재현한 '레트로'라고 생각했던 차는 진짜 '마이마일러'였던 것이다. '게빈이 아닌 남자' 역시 니나로부터 신발을 건네받게 되어 있었는데, 신발 대신 '나'를 태우게 된 것이다. 그리하여 '게빈이 아닌 남자'와 '신발 아닌 여자'의 동행은 시작된다.

처음 '게빈이 아닌 남자'는 여덟 살에 길 가운데 두고 온 차 마일러를 찾기 위해 40년 만에 울룰루로 가는 길이라고 말한다. 그는 40년 전에 지금과는 반대 방향, 즉 내륙에서 바다 쪽을 향해 달린 적이 있었다. 그러나 연료가 떨어져 마이마일러를 내버려둘 수밖에 없었고, 지금 다시 그 차를 버렸던 지점으로 되돌아가는 중이다. 그러나 나중에 그는 그 마일러 자동차가 다름 아닌 형이었음을 고백한다. 1959년에 출시된 마이마일러는 같은 해에 태어난 아이가 다섯 살 어린 동생에게 해주던 이야기에 불과했던 것이다. 동생은 형을 마일러라고 불렀고, 형은 마일러처럼 동생을 태우고 달렸을 뿐이다. 둘의 여정은 다음의 인용문에 드러난 것처럼 문명화 교육이라는 미명하에 자행된 끔찍한 인종주의의 폭력으로부터 도망치는 필사적인 행위이기도 하다.

서류상으로 그는 1967년생이었지만 그는 자신이 1964년 혹은 1965년에 태어났을 거라고 믿었다. 그의 실제 삶과 서류 사이에 2~3년의 오차가 발생한 이유는 호주 정부의 불명예스러운 정책 때문이었다. 1900년부터 1972년까지 추정하기로는 10만 명에 가까운 애버리진, 그러니까 원주민 아이들, 그중에서도 특히 백인과의 사이에서 태어난 아이들이 희생되었던 사건 말이다. 문명화 교육이란 명목하에 한 살 미만의 아이들이 부모로부터 강제로 분리되었고, 교육원이나 백인 가정으로 보내졌다. 얼굴이 하얄수록 더 데려간다는 말이 있어서 일부러 아이의 얼굴에 검은 것을 바르는 엄마들도 있었다. 그중에 한 아이가 그였다. 그의 형도 마찬가지였다. (64)

'게빈이 아닌 남자'와 그의 형이 탈출하는 과정에서 생존배낭 역할을 한 것은 한 자루의 삽이다. 다섯 살 때부터 자기 키만 한 삽을 들고 일해야 했던 그는 특별한 의식 없이 삽을 들고 나온 것이다. 삽을 들고 있었기에 어른들은 그들 형제를 의심하지 않았고, 그 삽으로 죽은 형을 묻을 수 있었고, 나중에는 형의 묘지를 표시하는 비목으로 그 삽을 사용하였다. 생존배낭 안에는 각자가 삶에서 가장 중요하게 생각하는 물건을 담게 마련이라는 점에서, 생존배낭은 결국 그 사람이 중시하는 삶의 가치를 드러내는 기호가 된다. 마치 '나'를 진심으로 사랑한 위키의 생존배낭에는 '나'와 찍은 사진과 추억이 가득 담긴 미용가위가 담겨 있었던 것처럼 말이다. 그 배낭 안에는 사람마다 각기 다른 것을 넣으며, 그 안에 들어갈 수 있는 물건은 무궁무진하다. 그것은 그만큼 삶이 다양하다는 의미일 것이다. 그리고 어느 물건이 더욱 낫다고 말할 수 없다는 것은, "한 사람이 짊어질 수 있는 최소한의 무게, 그 마지막 무게라는 건 어쩌면 저울로 잴 수 있는"(70) 것이 아니라는 사실과 관련된다.

형은 죽어가면서 그에게 "최대한 자유로운 곳"(65)으로 가라고 말한다. 그곳은 울룰루와는 거리가 먼 바닷가의 도시이다. 그가 호주 중심에서 바다까지 이동하는데 걸린 시간은 무려 7년이다. 남들보다 몇 배의 노력을 기울여 나름의 성공을 이룬 그는, 지금 형이 묻힌 곳을 찾아가고 있는 것이다. 그가 "죽은 이에 대한 추모"(65)의 의미를 담고 있는 운동화까지 가지고 울룰루로 향하는 것은 지난 삶에 대한 극복을 상징하는 하나의 의례라고 할 수 있다.

그에게는 인종차별에서 비롯된 형의 죽음이 커다란 상처로 내면에 자리 잡고 있는 것이다. 그 상처야말로 그의 내면에 자리한 진짜 울룰루인지도 모른다. '나'에게도 그와 같은 사회적 이유에서 비롯된 상처가 있다. '나'는 백인인 아버지와 애버리진인 어머니 사이에서 태어난 위키와 몇 년 간 동거를 한 경험이 있다. 위키는 낡은 차에서 내린 낯선 사람들로부터 아무런 이유도 없이 애버리진의 자취가 남아 있다는 이유로 폭행을 당한다. 그 날 위키는 예정되어 있던 직장의 취업인터뷰에 나가지 못한 것은 물론이고, 폭행의 후유증으로 사망한다. 이러한 인종차별은 호주에 살기 시작한 백인들은 이제 겨우 여덟 번째 세대에 불과하고, 애버리진은 18,500번째 세대라는 것을 생각한다면 그야말로 어처구니없는 일이다.

"그를 처음 본 순간, 위키를 떠올렸는지 그때 알았다"는 말처럼, 「늙은 차와 히치하이커」에서 위키와 '게빈이 아닌 남자'는 끊임없이 동일시된다. 위키의 죽음은 '나'에게 "이곳은 과연 내가 모국을 떠나 놀 만큼 기회의 땅이었을까"(67)라는 회의를 들게 한다. 이러한 회의는 사실 '나'의 삶에 계속 누적되어 온 것이기도 하다. 「늙은 차와 히치하이커」에서는 인종차별이 매우 심각하고 일상화된 것으로 그려진다. 시드니 초기 정착 시절 '나'는 아시아권 사람들과 함께 동거했는데, 다툼이 일어나자 그들은 '나'를 "옐로몽키"(49)라고 부른다. 이 말은 동거인들이 "들었던 말들을 따라 하고 있"(49)는 것이다. 이러한 공통의 상처로 인하여 작품의 마지막은 둘의 진한 공감의 공간을 한껏 넓히며 끝난다.

나는 가방 안에서 위키의 사진을 꺼냈다. 이제 내 차례인가. 밤은 길었지만 이야기는 우리가 이 길고 험한 밤을, 멈춘 채 통과하는 한 방법이었다. 위키의 이야기를 하다 보면 까만 밤, 붉은 흙 위로 한 아이가 다른 한 아이를 등에 업고 걸어오는 장면과도 마주칠 수 있을지 모른다. 서로 등과 가슴을 맞대고 걸어가는 아이들 말이다. (69)

"위키의 이야기를 하다 보면 까만 밤, 붉은 흙 위로 한 아이가 다른 한 아이를 등에 업고 걸어오는 장면과도 마주칠 수 있을지 모른다"는

'나'의 기대는 상처의 공유를 통한 소통가능성을 열어놓는 것이라고 할 수 있다. 타인의 상처에 대한 관심과 자신을 열어놓는 개방성 속에서 낯 모르는 두 사람은 호주 대륙을 가로지르는 여행의 동반자가 될 수 있는 것이다.

2. 그냥, 메이

정이현은 감각적인 문체로 젊은 세대의 삶과 사랑을 매력적으로 소설화하는데 장기를 발휘해 온 작가이다. 그런 면에서 볼 때, 한국인과 일본인의 혼혈로 태어난 '나'와 '더 데모크라틱 피플스 리퍼블릭 오브 코리아The Democratic People's Republic of Korea' 국적의 소녀가 나눈 우정을 기록한 「영영, 여름」(『문학동네』, 2014년 여름호)은 매우 이채로운 작품이라고 할 수 있다.

「영영, 여름」에는 남태평양에 위치한 K의 국제학교에 다니는 북한 소녀가 중핵으로 존재하는데, 이 소녀와 '나'의 관계는 기존의 한국소설 맥락에서 볼 때 매우 특이하다. 이 작품이 한국문학계에서 차지하는 위치는 돼지에 대해 갖고 있는 선입견을 부정하는 프롤로그의 문장들과 닮아 있다. 그 문장들은 "알고 보면 돼지만큼 깔끔하고 예민한 짐승도 없다"나 "아무도 먼저 공격하지 않는다"(147)와 같이 돼지에 대해 갖고 있는 기존 선입관념과는 배치되는 내용들이다. 이 작품도 북한사람을 그리는 기존의 소설과는 여러 가지 면에서 다르다. 「영영, 여름」에서 북한소녀 메이는 가난과 권력에 짓눌린 약자가 아니라 북한의 대단한 집안 아이로서 '나'보다 훨씬 풍족한 도시락을 싸서 다닌다. 한국인과 일본인 혼혈 소녀가 한국어를 매개로 북한소녀와 우정을 쌓지만, 그것은 분단이나 통일 같은 거대 담론과는 무관한 일이다.

이 작품에서 굶주리는 것은 북한 출신의 메이가 아니라 한국인 어머니와 일본인 아버지를 둔 '나'이다. '나'는 무역회사의 해외영업자인 아버지로 인해 어린 시절부터 여러 나라의 인터내셔널 스쿨에 다닌다. 부모는 "한국인도 일본인도 아닌, 말하자면 코스모폴리턴 같은 것"(148)이 되기를 갈망했는지 모르지만, 살이 찐 '내'가 국제학교에서 가장 먼저 배우는 단어는 돼지의 현지어이다. 일본에 사는 열세 살의 와타나베 리에는 뚱뚱하고 내성적이며 당분이 부족하고 얼굴에 핏기 없는 소녀이다.

'나'의 가족은 K라는 곳으로 이주하게 되고, K의 인터내셔널 스쿨 7학년으로 전학한다. 그곳에는 모두 '나'까지 포함해 열 명의 학생이 있고, 남자 두 팀, 여자 두 팀이 짝을 이뤄 생활한다. 메이라는 키 작고 여윈 동양계 여자만이 혼자 남아 있는데, 그 아이의 라스트네임은 장이다.

'나'와 메이는 한국말을 통해 친구가 되고 도시락을 바꿔 먹는다. 엄마의 폭식으로 인해 4.5킬로그램으로 태어난 '나'는 어린 시절부터 일일섭취열량을 과도하게 제한당하며 자랐다. 매일 밤 주린 배를 안고 잠들거나, 까치발로 주방으로 가 냉장고 속 음식들을 먹어야만 했던 것이다. '나'의 다이어트를 위해 엄마가 준비한 도시락은 "삶은 계란 반개씩과, 얄따랗게 썬 오이와 토마토만을 넣은 작은 샌드위치 한 조각"(160)

에 불과하다. 반면에 메이의 휘황찬란한 런치박스에는 "소스까지 제대로 뿌린 두툼한 햄버그스테이크와 새우튀김, 닭튀김이 가득했고 두꺼운 햄과 치즈를 넣고 양상추가 밖으로 비어져 나올 만큼 커다랗게 싼 샌드위치도 여러 조각"(161)이 담겨져 있다. 두 도시락의 극명한 대비는 이전 소설에서 발견되던 이분법(풍요로운 남한／굶주리는 북한)의 전도된 모습이라고 할 수 있다. 의사로부터 "건강상태가 몹시 좋지 않다고, 이대로 가다가는 영양실조에 걸릴 수도 있다고 충고"(164)를 듣는 것은 메이가 아닌 '나'이다.

또 하나 이 작품이 이전의 작품들과 구분되는 지점은 철저히 개인적인 차원에서 네이션nation의 문제가 사유되고 있다는 점이다. 프롤로그에서 '내'가 가장 인상적으로 받아들인 것은 "돼지는 다른 돼지와 구별되지 않는 것을 가장 싫어한다는 구절"(147)이다. '나'에게는 이 문장이 "몹시 슬프고 아름다운 문장으로 각인"(147)된다. 이것은 집단적 표상으로 인해 개인의 고유성을 잃어버리게 되는 것에 대한 강한 거부를 드러낸 것이라고 할 수 있다. 부모는 다시 일본을 떠나 해외근무를 하게 되는데 엄마가 원하는 도시는 "한국인도 일본인도 많지 않은 곳"(149), "왜 한국 여자가 일본 남자와 살고 있느냐는 시선을 신경 쓸 필요 없는 곳"(149), 그리고 "한국어도 일본어도 아닌 영어나 불어를 상용어로 쓰는 곳"(149)이다. 엄마의 이러한 바람 속에서 민족적 가치가 숨쉴 공간은 남아 있지 않다. 엄마는 K의 장점 중 하나로 "거긴 한국인도 일본인도 없다"(151)는 점을 들기도 한다.

「영영, 여름」에서 한국인 어머니와 일본인 아버지 사이에서 태어난 소녀가 메이라는 북한 소녀와 친구가 된 가장 큰 계기는 한국어이다. 우연히 메이가 "미치겠네"(159)라고 조용히 뇌까린 말을 듣고 '나'는 한국말을 하며 메이에게 접근한 것이다. 그러나 이 작품에서 언어는 네이션을 대표하는 핵심적인 구성물은 아니다. 어릴 때부터 엄마가 '나'에게 한국어를 가르쳐온 이유는 "모국과 모국어에 대한 깊은 애정의 발로 따위와는 전혀 관련이 없"(150)다. 엄마는 단지 "자기가 하고 싶은 말을 완전히 이해하는 타인, 모국어의 청취자를 간절히 원했을 뿐"(150)이다. 엄마에게 중요한 것은 모국이나 모국어가 아니라, 모국어로만 발화될 수 있는 자신의 고유한 경험이자 기억이었던 것이다.

따라서 두 소녀의 우정 혹은 소통은 단순히 언어가 같다는 이유만으로 성립할 수 없다. '나'는 언어가 통하는 일본의 국제학교에서도 여전히 부타메(돼지)였기 때문이다. 둘의 우정을 가능케 한 것은 다름 아닌 '진심'이다. 메이의 정체, 즉 북한의 대단한 집 자식인 "매희梅嬉"(164)의 실체가 밝혀지자 메이는 일주일이 넘도록 결석한다. 담임인 미란다는 메이와 관련해 '나'에게 아무런 말도 해주지 않고, 평소 네이션의 굴레에 갇히기를 거부했던 엄마 역시도 메이와 어울리지 말 것을 당부한다. 다음의 인용문에는 엄마도 끝내 떨쳐버리지 못한 네이션의 굴레에서 벗어나고 있는 비만기 있는 십대 소녀 '나'의 당당한 모습이 나타나 있다.

나는 엄마가 나에게 들려주었던 그 수많은 한국어들에 대해 생각했다. 그것들이 나를 만들었음을 인정해야 했다. 그렇지만 말해야 했다. 싫어요. 엄마의 눈이 커다래졌다. 나는 다른 반에 가지 않을 거고 다른

학교에도 가지 않을 거예요. 메이랑, 같이 있을 거예요. (164)

결국 다시 "나, 와타나베 리에가 혼자 남"(165)게 된 것이다. '나'는 엄마가 가장 소중하게 여기는 다이아몬드 목걸이를 담아서 메이가 살던 아파트로 간다. "아무래도 변하지 않는 것, 사라지지 않는 것을 단 하나쯤 가지고 싶었"(165)기 때문인데, 이때의 '변하지 않는 것, 사라지지 않는 것'은 메이와의 우정임이 분명하다. '나'는 아파트만 알고 동호수는 모르기에, 오피스로 찾아가 근무자에게 친구가 전학을 갔는데 선물을 주지 못했다며 다이아몬드 목걸이가 담겨진 박스를 전달하려고 한다. 오피스의 남자는 박스를 전달해주겠다고 말하고, '나'는 "내가 그의 마음을 움직였다면 진심이었기 때문일 것"(166)이라고 생각한다. '진심'에 대한 강조는 국제학교의 영어선생인 존이 이전에도 한 바 있다. 메이는 영어를 못하지만 토론시간에 발표를 하고 칭찬을 받는다. 그 칭찬의 논지는 "메이의 주장은 단순해 보이지만 그 단순성 안에 진심이 담겨 있어서 오히려 타인을 효과적으로 설득할 수도 있다"(159)는 것이다. 바로 한 인간이 가진 '진심'이야말로 모든 소통과 설득의 가장 핵심적인 조건이었던 것이다.

한 계절이 지난 뒤 메이에게서 "사정이 생겨서 잠깐 떠나왔어. K가 그리워. 곧 돌아갈 거야. 여기서 진짜 공깃돌을 선물로 가져갈게"(166)라고 한국어로 쓰여 있는 답장이 온다. 한글로 쓰여 있는 그 편지는 "'매희'가 아니라 '메이'라고 단정한 한글"(166)로 적혀 있다. '내'가 그랬듯이 메이 역시 네이션의 호명된 주체(매희)가 아닌 온전한 한 명의 개인

(메이)으로서 우정을 택하는 용기를 보여주고 있는 것이다. 「영영, 여름」은 네이션의 상상력과 사유를 한껏 자극하는 소재를 가져와 트랜스내셔널한 문제의식을 한껏 뽐낸 작품이라고 할 수 있다. 정이현의 소설에서 남한사람과 북한사람, 나아가 남·북한사람과 일본사람이 만날 수도 있겠지만, 그것은 '장매희'도 '와타나베 리에'도 아닌 '그냥 메이'로서일 것이다.

3. 신이 되어 버린 루카

윤이형의 「루카」(『자음과모음』, 2014년 여름호)는 '내(딸기)'가 한때 연인이었던 '너(루카)'에 대해 말하는 서술형식을 취하고 있다. '나'와 '너'는 동성애자들로 퀴어 커뮤니티의 영화 소모임에서 처음 만나 삼 년을 함께 살았다. 이 작품에서 '너'는 한 번도 직접적으로 등장하지 않으며, '나'와 목사인 '너'의 아버지를 통해서만 재현된다. '나'와 '너'의 아버지는 '너'에 대하여 반대되는 입장을 가지고 있다. 두 가지 상반되는 시각은 제목이기도 한 '루카'라는 '너'의 이름 속에 이미 내재되어 있다. 루카는 복음서를 지은 루가를 의미할 수도 있고, 수잔 베가의 노래 〈LUKA〉에서 학대당하는 아이로 등장하는 루카를 의미할 수도 있다. '루카'의 의미를 찾는 일은 '너'의 의미를 찾는 일이기도 하다.

처음 '나'는 루카라는 이름을 들었을 때 수잔 베가의 노래에 등장하는 루카를 떠올리지만, 시간이 지난 후에는 혹시 복음서를 지은 사람 이

름일지도 모른다며 헷갈려한다. 반대로 목사인 아버지는 당연히 그것
이 복음서의 지은이일 것이라고 생각하다가 나중에 수잔 베가의 노래
를 알게 된 후에는 그 이름에 대한 자신의 확신에 의심을 품게 된다. 이
처럼 루카에 대해 반대되는 입장을 보이던 '나'와 루카의 아버지는 작
품의 후반부에 이르러서는 오히려 그 위치를 바꾸게 된다. '나'의 시선
과 아버지의 시선이 얽혀 들며 이 작품은 소수자에 대한 옹호라는 사회
적 메시지를 전달하는 소설을 넘어서서 타자와 존재의 심연에 대한 질
문을 던지는 소설로 깊어진다.

처음 '너'를 억압하는 것은 목사인 아버지이다. '너'에게 커밍아웃은
너무도 치명적이어서, "가족과 신앙, 가장 민감한 사춘기의 시간들을
같이 보내준 교회 공동체 사람들도 포기"(84)해야 했던 것이다. 아버지
가 목사로 있는 교회에서는 '나'나 '너' 같은 사람들을 강력하게 비난하
고, 처음 '나'는 너의 아버지를 "우리 같은 사람들을 힘으로 들어 올려,
보세요, 똥구멍에서부터 악마 들린 자들"(85)이라고 말하는 사람이라
고 생각한다. 실제로 아버지는 아들이 교통사고로 죽었다는 주변 사람
들의 말을 별다른 고통이나 슬픔 없이, 어쩌면 흔쾌히 받아들인다. "사
랑하는 아들이 게이라는 사실과 자신이 한평생 속해 살아온 교회라는
두 세계"(101)를 동시에 감당할 수 없었기에, (무)의식의 차원에서는 아
들을 살해했던 것이다.

처음 '나'와 '너'는 같은 모임의 사람들로부터 "하늘이 맺어준 커플"(90)
이라는 말을 들을 정도로 사이좋게 지낸다. 아버지와 사회를 떠난 '너'와
'나'는 '너'가 쓰고 있던 시나리오에서 서로를 너무나 사랑해 모든 인류

와 단절되는 고통을 감수하고 둘 만의 소통을 선택한 두 명의 고등학생과 같은 모습을 보여주는 것이다. 그러나 곧 '나'와 '너' 사이에는 균열이 발생한다. 그것은 근본적으로 '내'가 '너'를 자기의 일부나 기껏해야 타인 정도로만 바라보았기 때문에 일어난 일이다. '나'는 "네가 될 수 없다는 사실"(90)이 미안했다고 말하는데, 이 생각 속에는 '너'의 고유성에 대한 충분한 사유가 들어있지 않다. '너'가 조카의 돌잔치에 다녀왔을 때 둘 사이의 균열은 큰 파열음을 낸다. '너'는 가족 중에서 유일하게 자신을 괴물 취급하지 않은 사람이 동생이었으며, "말하기조차 싫을 만큼 가고 싶지 않"(91)은 곳이었다고 말하지만, '나'는 조카의 돌잔치에 다녀온 '너'에게 화를 내며 "아주 멀고 낯설게 느껴졌다"(91)고 말한다. '나'는 "너를 아우팅해버린 사람들하고 같이 있느라고 열두 시간도 넘게 내 전화를 받지 않은 거야?"(91)라는 말까지 던지고, '너'는 '나'의 뺨을 때린다.

'나'와 '너'의 이별은 '나'와 '너'라는 개별자가 지닌 공유 불가능한 고유성의 심연에서 비롯된 것이다. '나'는 "너에게는 나 말고도 신이, 부서진 부분이 많을지언정 가족이, 어떤 공동체가, 다른 삶"(98)이 필요할 것이라고 우려하는 것과 달리 '내'가 연락하고 지내는 사람들은 모두 퀴어였고 나와 닮은 사람들뿐이다. 심지어 '나'는 "네가 될 수 없다는 사실이 나는 미안했다"(90)고 생각하는데, 이러한 욕망은 "너는 나를 유일한 시민으로 갖는 사회가 되어야 했다"(98)는 생각을 뒤집어놓은 것에 불과하다. '나'와 '너'의 관계 속에서 "너는 내 세계에서 소수자였고 나는 문을 열어 밖을 내다보고 싶어 하는 너를 받아들일 수 없었"(99)던 것이다. 「루카」를 통해서 우리는 근본적으로 모든 개별자는 또 다른 개별자들과의 관계 속에서 소수자일 수밖에 없다는 점을 배울 수 있다.

'너'가 쓴 시나리오가 '나'와 '너'의 만남을 이야기한다면, '내'가 쓴 시나리오는 '나'와 '너'의 이별을 이야기한다. 자신과 비슷하게 생긴 사람을 아내로 맞고 싶은 아담은 에덴동산에서 풀려나고, 아담은 다른 동산에서 다른 신이 만든 최초의 남자 루카를 만난다. 나중에는 다른 여자와 연못에서 즐겁게 목욕을 하는 이브를 만나고, 시나리오는 넷이 연못에서 즐기는 것으로 끝난다. 그러나 지금 '나'는 그 시나리오가 단편이 아니라 중편이 되어야 하고, "그 영화는 상대방이 자신과 비슷하다는 이유로 사랑에 빠졌던 아담과 루카가 실은 서로가 얼마나 다른지 깨닫는 장면으로 끝나야 할"(88) 것이라고 생각을 바꾼다.

이처럼 '너'를 완벽하게 이해하고 받아들일 수 있을 것이라 생각했던 '내'가 그러한 생각이 불가능한 망상일 뿐임을 깨닫게 되었다면, '너'의 아버지는 처음에 '너'를 이해하려는 어떠한 노력도 기울이지 않다가 나중에는 마음속으로 '너'를 이해하고 끌어안고자 몸부림친다. 그처럼 완고하게 자기만을 고집했던 아버지, 아들이 예성(예수와 성령의 앞 글자를 따서 지은 이름)이라고 확신한 아버지는 조금씩 아들을 이해하려는 노력을 기울이는 것이다. 아버지는 안식년을 맞아 남미로 가고, 그곳에서 루한에 있는 한 동물원을 찾아간다. 본래 "인간이라는 존재가 동물과 별다를 것이 없다는 사실을 자꾸 떠올리게"(89) 해서 동물원을 좋아하지 않던 그가 사자와 호랑이를 손으로 만져볼 수 있는 루한의 동물원에 가고자 낯선 길을 걷는 것은 의미심장하다. "우리 안에 들어가 살아 있는 사자와 호랑이를 손으로 만지면, 그 정도로 무서운 경험을 하면 다른 무서움이 사라질 거"(101)라는 생각에서 드러나듯이, 그 여정은 바로 아들을 이해하고자 하는 마음에서 비롯된 것이기 때문이다. 낯선 길 위에서 땀범벅이 된 채 아버지는 "죽은 자신의 아들, 너"(96)를 떠올린다. 자신의 아들이 "아는 사람들을 지구 반대편처럼 아득한 곳에 두고, 어디에도 닿을 수 없는 상태로"(96) 아무도 없는 길을 이렇게 걷고 있었겠다고 생각하는 것이다.

한국으로 돌아온 이후 달라진 아버지는 '나'를 만나 자신이 더 이상 신을 믿지 않으며, "나와 같은 사람들에게 미안하다는 말을 하고 싶었다"(102)는 뜻을 전한다. 그리고는 '너'에 대한 이야기를 해달라고 '나'에게 간청한다. 아버지는 "여전히 살아 있는 네가 어떤 사람인지 알아내지 않으면 도무지 어떻게 살아가야 할지 알 수 없을 것 같다"(102)고 말하는데, 여기에는 타자에 눈을 뜬 그리하여 비로소 인간으로 태어난 한 존재의 형상이 담겨져 있다. 그러나 '나'는 이 순간 "이해해버리면 끝장"(103)이라며, 성적 소수자의 대변자가 되어 그들의 분노와 상처를 한꺼번에 쏟아 놓는다. 그러나 자신의 근원적 한계, 즉 "그가 너를 받아들일 수 없어 죽게 했다면 나 역시 내가 사랑하지 않는 너의 어떤 부분을 사랑한다고 말하면서 그저 시들게 놓아두기만 한 사람이라는 것"(103)에 대해서는 침묵한다.

「루카」에서 동성애는 사랑 일반의 이야기로 보편화되는 성향이 있다. 그것은 인간의 본래적 모습인 동시에 모든 인간의 관계 속에 내재된 하나의 숙명적 형상으로 그려지고 있는 것이다. 이 작품은 "오직 하나뿐인 진짜 이름 같은 건 세상에 없다"(77)로 시작된다. 실제로 루카는 그 어떤 의미를 가졌다고 단정 지을 수 없다. 나아가 '너'는 아버지가 '나'에게 "만날 방법은 없을까요? 영원히, 다시는……?"(81)이라고 말할 정도로, 완전히 사라져 버린다. '나' 역시 너의 행방을 전혀 알지 못한다. 지금까지 우리는 '너'가 가지고 있는 본래 이름 하나를 잊고 있었다. 그것은 '예수'와 '성령'의 앞 글자를 따서 지은 '예성'이라는 이름이다. 그러고 보면 너, 루카는 레비나스가 말한 타자, 도저히 범접할 수 없는 타자로서의 예수이자 성령인지도 모른다.

4. 애버리진, 소녀, 퀴어

이번 계절에는 인간 사이의 소통과 이해라는 오래 되었지만 여전히 뜨거운 문제를 다룬 소설들이 발표되었다. 윤고은의 「늙은 차와 히치하이커」는 호주에서의 인종주의를 배경으로 하여 개인들의 공감은 어떻게 가능한지를 시험해보고 있다. 인종주의란 타인에 대한 아무런 배려도 없이 자신이 가진 공허한 환상에 타인을 끼워 맞춰 궁극에 이르러서는 그 존재를 지워버리는 것이라고 할 수 있다. 그런 측면에서 인종주의는 위키와 형의 죽음이 선명하게 증언하듯이, 타자를 배제하는 가장 폭력적인 이데올로기라고 할 수 있다. 이 작품에서 이러한 폭력에 맞서 인간 사이의 길을 여는 방법은 타자의 고통에 귀 기울이고, 자신을 개방하는 일이다. 이를 통해 수천 킬로에 이르는 여행길도 우리는 누군가의 동행이 되어 함께 갈 수 있는 것이다. 정이현의 「영영, 여름」에서는 개인적인 차원에서 네이션의 문제가 사유되고 있다. 두 소녀의 만남과 우정은 네이션의 틀을 벗어나 오직 환원불가능한 단독자로서 가능하다. 네이션의 상상력과 사유를 한껏 자극하는 소재를 가져와 트랜스내셔널한 문제의식을 제기하는 작품이라고 할 수 있다. 그러나 소녀가 '영영 소녀'일 수만은 없다. 그들은 언젠가 돈벌이도 해야 하고, 아마도 누군가의 부모가 될지도 모른다. 그 때도 그들은 단독자로서 온전히 살아갈 수 있는지는 하나의 의문으로 남는다. 윤이형의 「루카」는 앞의 두 작품들과는 달리 인간 사이의 소통과 오해라는 것이 근본적으로 함축하고 있는 검은 구멍을 형상화한 명작이다. 이 작품이 문제 삼고 있는 것은 나와는 다르긴 하지만 나와 같은 시스템에 귀속되어 있는 타인이 아니라, 절대적으로 자립해 있는 존재자로서의 타자이다. 그 타자로서의 존재는 이 사회의 소수자들 사이에서도 해결될 수 없는 문제로 남을 수밖에 없다. 그렇기에 늘 '내'가 아닌 '너'는 끝내 미지의 존재가 되어 그렇게 살아갈 수밖에 없을 것이다. 설령 '너'가 '나'의 침대 바로 곁에 누워 있다고 해도 말이다. 잘 쓰여진 「늙은 차와 히치하이커」, 「영영, 여름」, 「루카」를 통하여 우리 소설이 가닿은 인간 이해의 깊이는 한 뼘 이상 깊어지고 넓어졌다.(2014)

사건의 습격

1. 진짜 기억과 덮개 기억

　권여선의 「이모」(『창작과비평』, 2014년 가을호)는 '내'가 췌장암에 걸려 죽음을 앞둔 시이모의 말동무가 되어 들은 이야기를 담고 있는 소설이다. 이모는 평생 가족을 위해 헌신하며 정확히 말하자면 가족에게 착취당하며 살았다. 대학 1학년 여름에 아버지가 객사한 이후로 가장의 역할을 떠맡은 이모는 평생 미혼으로 어머니를 모셨고, 남동생의 도박 빚까지 감당해야 했다. 이모의 어머니인 시외할머니는 "희생정신으로 똘똘 뭉친 옛날 여인"(225)이지만 그녀의 희생과 이타성은 오직 딸이 아닌 아들을 향해서만 발휘된다. 그리고 그 희생과 이타성의 직접적인 피해자가 바로 이모이다. 이모는 남동생의 도박 빚을 갚느라 대기업을 그만두고, 서른아홉에 신용불량자가 되고, 비정규직으로 그 빚을 모두 갚았을 때 그녀는 쉰 살에 가까운 나이가 된다. 이모는 이십대에 공부하는 남성과 사오년쯤 사귀다가 헤어진 적이 있는데, 헤어진 이유 역시도 이모가 모아놓은 돈을 남동생의 "사업 빚인지 도박 빚"(231)으로 날려버렸기 때문이다. 이모는 쉰다섯 살이던 재작년 가을에 "자기를 절대 찾지 마라, 당분간 모든 관계를 끊고 살겠다, 죽기 전에 한번만이라도 그렇게 살아보고 싶다"(218)라는 글을 남기고 가족과 관계를 끊는다.

'나'는 시어머니를 따라 이모의 병문안을 간 이후, 일주일에 한 번씩 정기적으로 이모를 방문하게 된다. 이모의 집은 구형 냉장고와 세탁기가 유일한 가전제품일 정도로 단출하다. '나'는 두 번이나 "수녀"(221~222)라는 말을 사용하여 이모의 삶이 얼마나 검소한 것인지를 강조한다. 월세 30만원을 제외하고 한 달 생활비로 35만원만 쓰는 이모는 시계처럼 정확한 삶을 최대한 간소하게 살아간다. "누구의 삶을 요약하는 게 가능하다면, 이모의 삶이야말로 가장 간단히 요약될 수 있는 삶"(224)인 것이다.

글을 쓰고 싶어 했던 이모는 글을 쓰는 '나'에게 호의를 느낀다. 그러나 가족과도 의절한 이모가 '나'의 방문을 허락한 진짜 이유는 "나는 네가 글을 쓴다는 것도 좋지만 내 피붙이가 아니라는 게 더 좋다. 피붙이라면 완전히 공평하고 정직해지기는 어렵지"(224)라는 말에서도 알 수 있듯이, 피붙이에 대한 환멸과 자신이 하려는 '공평하고 정직'한 고백의 대상으로 '내'가 적당해 보였기 때문이다. 3개월의 투병생활 동안 이모가

'나'에게 들려준 이야기는 평생 가족을 위해 희생하며 살았던 것이 진짜 기억을 잊기 위한 하나의 덮개기억Deckerinnerung일 수도 있음을 보여준다. 가족을 떠난 이후에 수녀처럼 담백한 삶을 산 것도 하나의 덮개 기억일 수도 있다.

이모가 가족과 연락을 끊고 모아놓은 돈으로 자기만을 위한 시간을 보내기로 했을 때, 바꿔 말해 자기 앞에 몇 년의 시간이 평원처럼 드넓게 펼쳐진 순간부터 그녀는 "오로지 과거에 사로잡히고"(227) 만다. 그 과거는 그녀의 삶과 의식을 구성하는 하나의 중핵일 수밖에 없다. 오래 전 일들은 그녀가 떠올리는 것이 아니라, "아무 때나 불쑥불쑥 떠오르곤 했"(227)으며, 과거에 몰입했다가 현실로 돌아올 때면, "몹시 화가 났고 풀 길 없는 원한"(227)에 사로잡히고는 했던 것이다. 이것은 그녀가 떠올리는 과거가 명확히 의식할 수는 없지만 그녀의 정체성을 구성하는 무의식적 중핵임을 드러낸다. 이것은 이모로서는 어쩔 수 없는, 인식할 수도 없는 '사건'이 존재한다는 의미이기도 하다. 그 사건과의 대면은 "그날 밤"(227)에 가능해진다.

그날은 계량기가 동파되어 온수가 나오지 않는 일로부터 시작된다. 그녀는 드라이어와 3미터 멀티탭을 사기 위해 시장에 가다가 문화센터 앞 벤치에 앉은 늙은 노숙자를 만난다. '여보셔흐'를 외치는 노숙인을 만난 이후 그녀는 평소와는 다른 사건들과 사람들을 연달아 만난다. 계량기가 동파되어 쩔쩔 매는 이웃을 만나고, 인터폰을 통해 위층 벨소리가 울리고, 관리실의 늙은 당직자와 무능력한 기사들과 혀 짧은 사서를 만나는 일 등이 이어지는 것이다. 그러나 이모 스스로 "적당한 거리를 두고 바라본 그들은 나름대로 사랑스러운 데가 있는 이웃"(237)이라고 할 수 있는 것처럼, 그들과의 만남이 특별한 일일 수는 없다.

오히려 그 '이웃'을 특별한 만남으로 받아들이게 된 것은 다름 아닌 노숙자를 만났기 때문이다. 노숙자가 그녀에게 특별한 존재라는 사실은 그녀의 이어지는 행동에서 잘 나타난다. 그녀는 늘 가던 도서관에 가다가 별다른 이유도 없이 "늙은 노숙자가 앉아 있던 자리에 앉"(235)아 본다. 또한 늘 가던 도서관에서 "과거에서 불려나온 투명한 유충떼의 습격을 받고 있는 느낌"(235)을 받으며, 특히 철학책의 "특히 파렴치한 주체에게서 잘 드러난다"(235)라는 문장을 읽었을 때, 자리에서 벌떡 일어나 소리를 지를 뻔 할 정도로 충격을 받는다. 이 순간 뭔가 행위를 해야 한다는 생각을 하던 중에 그녀는 간신히 입술을 달싹거리는데, 그녀는 노숙자가 했던 말인 "여보셔흐……여보셔흐……"(235)라는 말을 "주문"(235)처럼 중얼거리는 것이다. 그것은 실제로 "효과"를 발휘하여 그녀는 다시 안정을 찾는다.

그리하여 문제의 '그날밤' 돌게장에 소주를 먹으며 이모는 비로소 "모든 기억이 반지 모양의 작고 까만 원형 속으로 빨려들었다"(237)고 표현되는 '진짜 기억'과 조우한다. 그녀는 곧바로 대학시절 겨울날 같은 과 동기와 지하 주점에서 있었던 일을 떠올린다. 그녀에게 호감을 느끼던 남자 동기는 간절하고 조금은 처량한 눈길로 그녀를 향해 손바닥을 위로 한 채 두 손을 내민다. 그 순간 그녀는 "알 수 없는 충동"(238)에 사로잡혀 피우던 담배를 그의 왼손 손바닥 한가운데에 눌러 껐던 것이다. 놀란 그녀가 그의 손바닥에 소주를 부었지만 이미 거기에는 "반지 모양의 검게 탄 자국"(238)이 남는다. 손바닥을 위로 한 채 두 손을 내민 대학동기를 담뱃불로 지지는 장면은 그날 노숙자에게 지폐를 건네던 그녀의 모습과 너무나 흡사하다. 그녀가 "여보셔흐, 여보셔흐"(228)를 외치는 노숙자에게 지폐를 건네는 장면은 다음과 같이 묘사된다.

> 그녀가 장갑 낀 손으로 지폐를 내밀자 그는 천천히 주머니에서 손을 꺼내 손바닥을 위로 향한 채 엄지와 검지를 집게처럼 내밀어 지폐 끝을 잡았다. 군데군데 살갗이 터진 그의 오므린 손바닥에 잘못 태운 숯가루처럼 얼룩덜룩한 무채색의 어둠이 고여 있었다. 지폐를 놓는 순간 그와 눈이 마주쳤는데, 추위로 눈물이 고인 그의 탁한 눈빛을 보자마자 그녀는 기이한 섬뜩함을 느끼고 허둥지둥 그 자리를 떴다. (228)

대학동기가 노숙자로, 담뱃불이 지폐로 바뀐 것만 제외한다면 두 장면은 거의 유사하다. 대학동기의 손바닥에 '반지 모양의 검게 탄 자국'이 있었다면, 노숙자의 손바닥에는 '잘못 태운 숯가루처럼 얼룩덜룩한 무채색의 어둠'이 고여 있었던 것이다. 그렇다면 "전생처럼 오래전"(238)에 이모가 했던 일은 '그날' 노숙자에게 했던 일과 상징적인 차원에서는 같은 일로 자리매김 되고 있는 것이다.

이모는 '나'에게 동기의 손바닥을 지진 이유가 "단순했어. 성가시고 귀찮았던 거지. 단지 그뿐이었어"(239)라고 말한다. 이모는 죽기 직전에도 '나'에게 "그래도 내가, 성가시고 귀찮다고, 누굴 죽이지 않은 게, 어디냐? 그냥 좀, 지진 거야. 손바닥이라, 금세 아물겠지. 그게 나를, 살게 한 거고"(240)라고 말한다. '나를 살게 한 것'이야말로 이 소설의 핵심일터인데, 그것은 다름 아닌 '그냥 좀, 지진 거야.'라는 자기합리화와 자기기만이었던 것이다. 상징적인 차원에서는 담뱃불을 지진 것과 등가인 노숙자에게 지폐를 건넨 행동도 이모의 자기기만을 나타내는 것으로 읽을 수 있다. 그러나 모든 '사건'이 그러하듯이, 그날 밤의 일이 그렇게 단순하게 규정될 수는 없다 그것은 이모가 그 겨울밤에 대해 몇 번이나 되풀이해 얘기를 할 때마다 "뭔가 조금 달라진 것 같지 않느냐고 물었고, 나도 그런 것 같다고 대답"(240)하는 것에서 알 수 있다. 이모는 죽기 직전의 마지막 만남에서도 "그런데 그게 뭘까……나를 살게 한……그 고약한 게……"(240)라며 자신의 확신에 의문을 표시하는 것이다.

이모는 (무)의식적인 차원에서 자기를 피해자로 규정하고, 그 결정적인 장면과의 조우를 연기한 채 자신의 삶에 나름의 의미를 부여해왔던 것이라고 말할 수도 있다. 그것은 마치 싸이월드나 페이스북(이하 페북)에서 또 하나의 삶을 만들어 나가는 모습과 비슷한 것인지도 모른다. 조금은 뜬금없이 작품 속에는 이모가 하이텔이나 천리안 같은 통신부터 시작해 블로그나 트위터, 페북 등의 달인이었던 것으로 소개된다. 이모는 스스로 "나는 가족과 관계를 끊는 것보다 온라인 관계를 끊는 게 더 힘들 정도였다. 그건 주어진 게 아니라 내가 선택한 거였고, 오로지 내가 쓴 글, 내가 보여준 이미지만으로 구성된 우주였으니까"(233)라고 말한다. 가상의 공간에서 자신만의 우주를 구성하는 데 달인이었던 이모는 실제 인생에서도 희생하는 모습의 자기라는 가상을 만들어나갔던 것이다. 그리고 수 십 년 전 '그날 밤'의 기억은 노숙자와의 만남을 계기로 췌장암에 걸린 그녀 인생의 끝자락에 정산을 요구하며 귀환하고 있다.

2. '먹고사느라고' 살인자가 된 아버지

손홍규의 「배회」(『문학사상』, 2014년 9월호)는 진실에 다가갈 수 없는 인간의 숙명적 고통에 대한 작품이다. 최근 손홍규의 작품이 그러하듯이, 무척이나 진지한 포즈를 취하고 있다. 이러한 태도는 고모할머니의 소설을 대필하는 아들이 "고모할머니를 대신해 소설을 쓴다기보다 유서를 대필한다는 기분"(81)이라거나 "문학이란 유서의 수많은 변형태 가운데 하나에 불과"(81)할지도 모른다고 말하는 것처럼, 소설을 '목숨 걸고 쓰는 글'로 인식하는 비장한 인식에서 비롯된 것으로 보인다.

이 작품에서는 고등학생 아들의 자살과 그것의 의미를 찾기 위한 아버지의 노력이 서사의 뼈대를 이루고 있다. 아들의 죽음은 사고사의 외양을 지니고 있지만, 그것은 여러 가지 정황상 자살임이 분명하다. 이 소설에는 아들이 쓴 두 개의 소설이 존재한다. 고모의 구술을 아들이 받아 적은 것과 아들이 고모의 인생사에 바탕해 창작한 것이 그것이다.

전자의 소설에는 고모가 스물여덟 살 때 백일해를 앓던 갓난아기를 포대기 채 묶어 강에 던져 버리는 장면이 나온다. 고단한 생활로 고통받던 고모는 "깊은 심연에 가난하고 못생긴 자들이 억압받지 않고 살 수 있는 새로운 세계"(83)가 있으리라 생각하고 아이를 던져버린 것이다. 그 순간 고모는 아이 울음을 환청처럼 듣는다. 고모가 석 달밖에 안 된 아기를 강물에 던져 버릴 때 아기가 정말 숨이 붙어 있었는지 아니면 고모가 스스로를 학대하여 역설적으로 죄책감을 희석시키기 위해 고안한 거짓말이었는지 가늠할 방법은 없다.

그러나 그는 자살한 아들이 "구술된 이야기의 일화들 사이에 도저히 납득할 수 없는 모순이 있었거나 다 말하지 않은 채 감춰 둔 것들을 모른체하기 힘들었"(87)기에 새롭게 소설을 쓴 것이라고 생각한다. 아들이 창작한 소설은 주로 아들이 죽은 후에 예약 발송된 이메일의 일기와 관련된 내용을 담고 있다. 그 일기에서 아들은 고모할머니를 "당신의 것이 아닌 시대를 사는 사람이며 한 번도 자신의 시대를 살아 본 적이 없는 사람"(78)이라고 이야기한다. 이 규정 속에는 고모할머니가 과거에 결박되어 있는 존재이며, 과거의 '사건'으로부터 벗어나지 못한 존재라는 사실이 나타나 있다. 고모할머니가 결박된 과거의 삶은 이데올로기적 상처와 밀접하게 관련된다.

아들이 쓴 소설에는 고모가 수양어머니의 제사에 왔다가 돌아가는 길에 친오빠의 귀신을 만나는 장면이 포함되어 있다. 고모에게는 빨치산이었던 오빠가 있었고, 그 오빠가 당시 여덟 살이었던 고모의 눈앞에서 죽었던 것이다. 그 오빠는 세월이 흘러 고모 앞에 귀신이 되어 나타난다. 이 귀신은 실제적 죽음과 상징적 죽음의 간극 사이에서 나타나는, 즉 충분히 애도되지 못하는 죽음에 뒤따르는 잔여적 형상이라고 할 수 있다. 귀신을 본다는 것은 "망각해야 할 것을 기억하는 가장 참혹한 방식"(94)이라는 말처럼, 오빠의 죽음으로 상징되는 이데올로기적 상처는 결코 고모에게서 떨어져 나가지 않았던 것이다. 그 이후 고모가 겪어야 했던 인생의 우여곡절, 즉 첫 번째 시집에서 쫓겨난 것도, 두 번째 결혼이 파탄 난 것도 모두 '오빠'와 관련된 것으로 설명된다.

고모는 눈앞에 닥친 '사건'의 원인도 이유도 알 수 없었기에 생각하기를 멈추었다. 그러나 죽은 오빠의 귀신을 마주 대하는 순간 "아무것도 중지된 적이 없으며 모든 게 세월과 더불어 흘러갔음"(93)을 깨닫는다. 아들은 일기에도 썼듯이, 소설에서도 "윤희에게는 자신의 시대라는 게 없었다. 시간은 한 번도 윤희의 것이 아니었으며 오직 망각했다고 믿었던 슬픔만이 윤희의 것"(93)이었다고 서술한다. 다음의 인용문처럼 고모는 과거의 '사건'에 결박된 괴물, 즉 스스로가 '귀신을 보는 귀신'이 되어 갔던 것이다.

인간의 역사는 인간과 동떨어진 채 흘러갔다. 역사는 발전하지 않았고 어떤 법칙에도 구애받지 않았다. 역사는 괴물 그 자체였다. 그리고 어느 날 윤희는 필연적으로 거울에 비친 얼굴에서 괴물을 발견하게 되었고 지금까지 숱한 귀신들을 향해 호통을 치며 살아왔던 자신이야말로 사실은 귀신들로부터 호통을 받으며 살아왔음을 인정하지 않을 수 없었다. (93~94)

70이 넘은 고모는 상상임신을 하는데, 그것 역시 "고모의 가슴 한쪽에 언제나 있었으나 이제는 배 속으로 자리를 옮겨 똬리를 튼 단단한 신념을 파괴해 버릴 수 있는 사람은 아무도 없을 터였다"(76)는 그의 말처럼, 평생을 가슴 속에 담아둔 상처의 응어리가 육체화 된 것이라고 할 수 있다.

그렇다면, 아들은 왜 자살해야만 했을까? 그는 아들에 대해, 정확히 말하자면 아들의 자살에 대해 알기 위해 일기에 언급된 장소를 배회하고, 일기를 꼼꼼히 읽지만 오히려 "그가 알지 못했던 낯선 아들"(94)을 만날 뿐이다. 아들과 관계된 사람들을 만나도 "가까이 다가간다는 기분이 드는 게 아니라 아들의 주변을 배회하며 한 걸음씩 멀어진다는 기분"(95)이 드는 것이다. 그러나 그 오랜 배회를 통해 결국 아버지는 아들의 죽음이 어디서부터 비롯되었는가를 깨닫게 된다.

아들의 일기를 구성하는 모든 문장들은 삶의 본질 주변을 배회하는 한숨 같은 거라는 걸. 그럴 수밖에 없는 이유는 삶의 본질이 무엇인지 알 수 없기 때문이라는 걸. 아들이 살아 있다면 그는 이렇게 말해 주었을 것이다. 아들아, 그런 건 누구도 모른단다. 아무도 모르고 누구도 알 수 없어. 알 수 없는 건 알 수 없는 채 내버려 둬야 해. 그걸 모르는 게 네 잘못은 아니잖아. 그렇다면 아들은 그에게 이렇게 대답했을지도 모른다. 내버려 두지 않기 위해서요. 아무것도 그 무엇도 그냥 있는 그대로 내버려 두지 않기 위해서요. (95)

아버지는 '삶의 본질' 따위는 알 수 없다고 믿으며, 그렇기에 삶이란 '내버려 둬야 하는 것'이라고 생각한다. 반대로 아들은 고모의 구술된 이야기에서 "다 말하지 않은 채 감춰 둔 것들을 모른체하기 힘들"(87)어서 글을 쓸 정도로 삶에 적극적으로 개입하고자 한다. 아들은 삶을 '내 버려 두지 않기 위해서' 그토록 많은 글을 남긴 것이다. 죽기 전에 아들 은 아버지의 인생관이 그대로 담긴 전화통화를 엿듣게 된다. "우수에 잠긴 침묵"(96)으로 "먹고사느라고"(96)를 들먹이는 아버지를 보며, 아 들은 "연민이 뒤섞인 분노"(96)를 느낀다. 아들은 아버지가 "먹고살기 위해"(96) 많은 사람들을 "직접적으로 혹은 간접적으로 살해"(96)했으 며, 그렇게 해서 "아버지는 결국 당신 스스로를 살해하며 살아온 것일 지도 모른다"(96)고 생각한 것이다.

그렇다면 아들의 자살은 '먹고사느라고' 고모의 삶 등을 외면해온 아 버지가 되지 않기 위한 파괴적 저항의 한 극단적 발현이었다고 말할 수 있지 않을까? 「배회」의 마지막은 그가 고모의 병문안을 갔다가, 고모로 부터 등 뒤에 아들의 귀신이 있다는 이야기를 듣는 것이다. 그는 꼼짝도 하지 못하는데, 이유는 "고모가 한평생 배회하며 살아온 것들이 이제 그 를 둘러싸고 있었다. 그의 차례가 되었는지도 모른다"(98)고 느끼기 때 문이다. 이제 고모를 괴롭혔던 그 무수한 죽음과 '사건'들이, 그리고 그 것을 기록하며 괴로워했던 아들의 죽음과 고통이,[41] 이제는 그대로 그에 게 전이되고 있는 것이다. 등 뒤에 죽은 아들 대신 "설령 거기에 어둠만 이 있을 뿐이라 해도"(98) 그 사실에는 변함이 없다.

---

[41] 그렇다면 아들의 죽음에도 고모는 개입되어 있을까? 고모가 아들의 죽음과 결코 무관하지 않다는 사실은 "아들의 죽음에 고모의 책임이 있을지도 모른다고 의심"(92)하는 그의 아내를 통해 일정 부분 드러난다.

3. 행복한 상현씨

정소현의 「어제의 일들」(『한국문학』, 2014년 가을호)의 주인공에게도 과거의 '사건'은 악착같이 달라붙는다. 그녀는 현재 심각한 사고의 후유증으로 모든 대화를 기록에 남겨야 할 정도로 기억력이 좋지 않다. 상현은 고등학교 시절 자살하기 위해 5층 높이에서 뛰어 내렸다가 목숨만 건져 10개월간 투병한 끝에 지금과 같은 장애를 갖게 된 것이다. 지금 어머니라고 부르는 사람은 가족도 찾아오지 않는 상현을 10개월간 보살펴 준 간병인이다. 상현은 정확한 이유도 모른 채 할머니 할아버지, 고모와 의절한 채 어머니의 소유인 조그마한 주차장을 혼자서 지키며 살아가고 있다.

주차장은 자동차 여섯 대가 겨우 들어갈 정도로 작은 데다 주차선도 그려져 있지 않아 유료 주차장이 아닌 공터로 보인다. 처음 주차장을 만든 후 칠팔 년 정도는 호황이었지만 큰길에 고층 주차타워가 생긴 뒤부터는 손님이 완전히 끊겨버린다. 어머니는 자꾸만 주차장을 그만두고 싶다면서 상현에게 갈 길을 가라고 하는 상황이라, 상현은 어머니에게 아직은 손님이 든다고 거짓말을 하며 자신의 돈으로 매상을 채우고 있다.

주차장에서 일하는 상현을 본 누군가가 장애인을 약취하고 있다는 신고를 경찰에 할 정도로 불편한 몸이지만, 그녀는 "행복"(59)하다. "아무도 찾아오지 않았으므로 행복했다"(59)는 말처럼, 혼자 그림을 그리며 살아가는 상황에 그녀는 만족하는 것이다. 상현은 기억력이 형편없어 차주의 얼굴을 기억하지 못해 엉뚱한 사람에게 자동차 키를 내어주고는 한다. 이런 실수를 막기 위해 메모지에 자동차 넘버와 자동차 심벌을 적고 차주의 얼굴을 그렸던 것이다. 그러다가 주차장에서 남는 시간에 본격적으로 그림을 그리기 시작했고, 결국에는 공모전에도 당선되어 3권의 그림책까지 내게 된 것이다. 상현은 "어차피 사는 데 돈이 많이 드는 것도 아니었고 성공하고 싶은 생각도 없었기에 다른 것은 바라지도 않았"(72)다.

　이러한 상현에게 중고등학교 친구라는 율희가 나타난다. 율희가 '나'를 방문하여 하는 말은 상현이 이미 잊고 있는 그녀의 불행한 상태를 상현에게 확인시켜 주는 일이다. "에휴, 어떻게 이 지경이 됐니"(64)라고 말하거나, 혹은 "문화센터의 미술치료나 글쓰기, 노래나 악기를 배우는 일이 나의 마음을 치료하는 데 많은 도움이 될 거라고 권유"(67)하거나, 다른 직장으로 옮겨보라고 제안하거나, 그것도 아니면 화장품 세트를 선물하며 "결혼은 해보고 죽어야지"(68)라고 말하는 식이다. 그러나 이미 불편한 몸으로 오래 살다 보니 자신의 몸이 남에게 어떻게 보이는지 신경 쓰지 않게 된 상현은 "마음은 이미 괜찮아졌다는 것을 율희는 모르는 것 같았다"(67)고 생각하거나, "나는 지금이 딱 좋아. 가족도 있고, 친구도 있고, 이웃도 있어. 내 몫의 일도 있으니까 난 여기서 늙어 죽을 거야"(68)라고 대답할 뿐이다. 율희의 말은 상현에게 고마운 말이 아니라, 상현에게 "오래된 부끄러움들이 한꺼번에 몰려오는 것 같았다"(64)고 느끼게 할 뿐이다. 상현은 중학교 시절에도 율희가 쓸데없이 자신에게 신경을 써서, 자신을 더욱 비참하게 만들었던 일을 기억해낸다. 율희는 상현에게 거의 매일 선물을 주지만, 필요 없는 물건을 억지로 가져야만 하는 상황이 견딜 수 없었던 상현은 율희의 방문을 거절한다.

이 무렵 상현의 그림책을 낸 출판사의 게시판에는 상현과 중고등학교 동창임을 밝힌 독자가 상현이 중고등학교 시절 내내 유부남 미술 교사와 부적절한 관계를 가졌으며, 그 사실이 소문나서 상현이 자살시도를 하고 미술 교사는 해직되고 가정이 파탄 났다는 내용의 글을 올린다. 이후 중학교 동창들까지 율희를 따라 상현을 찾아온다. 고등학교 시절 투신한 후 병원에 입원했을 때도 친구들은 찾아와 대성통곡을 하거나 무릎을 꿇고 빌었다. 그러나 그 시절에도 투신의 후유증으로 자신이 왜 투신을 했으며, 친구들이 왜 자신에게 사죄하는지를 알지 못했던 상현은 다만 "그들이 용서받고 행복하게 사는 동안, 나는 병실 커튼 뒤 사람들의 웅성거리며 했던 말처럼 '반병신'이 되어 고통스러운 인생을 살아가게 될 거라는 생각"(82)에 괴로워했을 뿐이다.

결국 상현은 율희와 다른 친구들의 원치 않는 도움으로 과거를 복원하게 된다. 아무도 말을 건네주지 않고, 누구도 웃어주지 않았던 중학교 시절 상현에게 말을 걸어준 사람은 율희와 미술 선생님뿐이었다. 율희마저 "너한테 말을 걸면 다른 아이들이 싫어해, 이제 학교에서는 아는 척하지 말아줄래?"(88)라고 말하자, 선생님은 율희를 심하게 야단쳤고 이 일로 율희는 상현과 선생님이 잤다는 소문을 내고 다닌 것이다. 결국 그 악의적인 소문 때문에 미술 선생님마저 상현을 멀리하게 된다. 고모한테까지 "율희한테 들어서 다 알고 있어. 노인네들 실망시키지 마. 그게 그렇게 좋으면 커서 해"(89)라는 말을 듣게 된 상현은 자살시도까지 하게 된 것이다.

그 네 명의 친구들(미영, 지영, 선미, 예숙) 역시 상현의 자살 시도 이후 법정에서 미술 선생님이 자신들을 성추행했다는 거짓증언을 한다. 그들은 선생님이 자신을 성추행했다는 율희의 말을 믿었고, 매일 학교에 찾아오던 상현의 할아버지와 할머니를 위해서라고 말했지만, 사실은 지영의 고백처럼 "사실 네가 죽으려고 한 게 우리 때문이 아니라는 걸 증명하고 싶었"(85)기 때문이다. 수십 년이 지난 지금의 방문도 별다른 진정성이 없다는 점에서는 과거와 똑같다.

상현은 학교를 그만두고 학원 강사를 전전하다 도시 외곽에 작은 인테리어 가게를 열었다는 미술 선생님에게 전화를 건다. 그러자 선생님은 소문이 무서워 너를 외면하지만 않았어도 너가 그렇게 되지 않았을 거라며 사과한다. 이 순간에도 상현은 "언젯적 이야기를 하시는 건가요. 그 시간은 이미 오래전에 지나갔고 나는 여기에 이렇게 잘살고 있는데 무슨 말씀이세요"(87)라고 당당하게 말한다. 미술 선생님의 인생이 망했다는 식으로 이야기하는 친구들의 이야기에 "인생이란 것이 누군가에 의해 그렇게 쉽게 망쳐지도록 생겨먹지 않았"(86)으며 "내 인생이 망가지지 않았다고 생각하는 것과 마찬가지로, 그의 인생도 망가지지 않았다고 생각"(86)하는 상현에게는 당연한 반응이라고 할 수 있다.

「어제의 일들」은 상현과 어머니가 나누는 대화로 끝난다. 어머니는 딸의 죽음에서 시작된 우울증을 이겨보려 간병인으로 일하기 시작했고, 그로 인해 상현을 만났다. 어머니가 결코 평탄하지만은 않았던 자신의 지난 삶에 대한 이야기를 하는 태도는 "아주 미묘하게 변해 조금씩 덤덤해지고, 대범해"(93)져서, "일흔이 넘은 지금은 남 얘기처럼"(93)

한다. 그리고 마치 상현이 최근 겪었던 기억과의 사투를 모두 알고 있는 사람처럼, "모든 게 화무십일홍인 거라. 후회하고 원망하고 애 끓이면 뭐해. 좋은 날도 더러운 날도 다 지나가. 어차피 관 뚜껑 닫고 들어가면 다 똑같아. 그게 얼마나 다행이냐"(93)라고 말한다. 이 말을 듣고 상현은 "차마 다 기억할 수도, 돌이킬 수도 없는 그것들은 명백히 지나가버렸고, 기세등등한 위력을 잃은 지 오래다. 정말 살아 있어 다행이다. 다행이라 말할 수 있어 다행이다"(93)라며 '다행'이라는 말을 몇 번이나 되풀이한다.

이러한 상현의 '행복'한 모습에는 일견 수긍되는 면도 없지 않다. 율희가 잘 보여주듯이, 진정성이 동반되지 않은 타인에 대한 관심이 불러오는 해악도 우리는 적지 않게 보아왔기 때문이다. 율희 등이 수십 년에 걸쳐 보여준 상현에 대한 관심은 철저한 나르시시즘의 전도된 표현 그 이상도 이하도 아니다. 이들은 자기들의 우월함을 인정받기 위하여 왕따이자 장애인인 상현이 필요했던 것이고, 자신의 육체적 정신적 손해가 조금이라도 포착된 순간에는 언제나 상현을 향한 폭력을 휘두르는 데 주저하지 않았다. 그러나 '행복'에 젖어 있는 상현이 기억을 잃어버린 자이자 기억할 수도 없는 자라는 점은 그녀의 '다행'을 있는 그대로 받아들이기 어렵게 만든다.

4. '사건'을 바라보는 세 가지 방식

권여선의 「고모」, 손홍규의 「배회」, 정소현의 「어제의 일들」은 모두 한 인간에게 치명적인 '사건'에 대해 말하고 있다. 대학 시절 동기의 손바닥을 담뱃불로 지진 기억이나, 오빠가 빨갱이가 되어 억울하게 죽은 일이나, 어린 아들이 자살한 일이나, 선생님과의 추문으로 인해 자살시도를 한 일 등이 바로 그 '사건'에 해당할 것이다. 이러한 사건은 너무나 치명적인 것이기에 어떤 식으로든 억압되어야 한다. 권여선 소설의 이모는 자신의 삶 전체를 하나의 덮개기억으로 만들어 자신의 그 비정하고 위악적인 순간을 감춰왔을 정도이다. 그러나 제대로 정산되지 않은 기억은 반드시 되돌아올 수밖에 없다. 너무나도 치명적인 것이기에 깊숙이 은폐되어 있지만, 그것은 삶의 어느 순간엔가는 다시 나타날 수밖에 없는 것이다. 죽음을 얼마 앞둔 날에 만난 노숙자를 통해 그 사건은 되돌아오기도 하고, 손자뻘인 종손의 소설 속에 그 실체를 드러내기도 하며, 귀신이 되어 등 뒤에 나타날 수도 있고, 기억조차 불분명한 동기 동창의 우연한 방문을 통해서도 그것은 되살아날 수 있다.

'사건'을 받아들이는 방식은 각각의 작품이 조금씩 차이를 보여준다. 「이모」에서는 '사건'의 고유한 단독성이 강조된다. '나'는 이모의 진실(사건)을 남편에게 어떻게 전달할지 고민한다. 이모에게서 들은 이야기를 태우에게 해주어야 한다고 생각했지만, "막상 어떻게 시작해야 할지 몰라 망설이고만 있"(240)는 것이다. 나아가 "이러다 영영 못할지도 모른다는 생각"(240)까지 한다. 그리고 보면, "이모 스스로도 그 겨울밤에 대해 몇 번이나 되풀이해 얘기했고, 얘기를 할 때마다 뭔가 조금 달라진 것 같지 않느냐고 물었"(240)던 것이다. 결국 '사건'에 대한 기억이란 "매번 말과 시간을 통과할 때마다 살금살금 움직이고 자리를 바꾸도록 구성되어 있는 건지도 모르겠다"(240)고밖에 얘기할 수 없는 성질의 것인지 모른다. '사건'은 반드시 돌아오지만, 그 돌아온 사건을 명료하게 의식의 뜰채로 포착한다는 것은 불가능하다. 「배회」에서는 '사건'의 영원 회귀적 속성이 강력하게 이야기된다. '사건'은 너무나 힘이 세서, 결코 사라지지 않으며 개체의 죽음으로도 소멸되지 않은 채 영원히 지속된다. 앞에서도 살펴본 것처럼, 고모할머니의 사건이 아들을 거쳐 아버지에게까지 그대로 이어지고 있는 것이다. 이 작품에는 아들의 죽음 이외에도 여러 가지의 죽음이 존재한다. 박 부장은 "태어나자마자 울었는데 그치는 법을 몰라 여태도 울고 있다는"(74) 이야기를 남기고 자살한다. 이전에 박 부장은 발달장애를 앓던 아들의 죽음을 겪었다. 아들의 죽음이 박부장의 자살과 무관하지 않으며, 박부장의 자살은 이제 남겨진 막내아들에게 이어진다. 이 작품에서 '사건'은 이토록 힘이 세다. 「어제의 일들」에서 '사건'은 어떠한 그다지 힘이 세지 않으며 현재의 삶에 유의미한 성찰의 지점도 전혀 만들어내지 못한다. 오히려 그것은 삶의 의지를 약화시키는 퇴폐적 힘에 가까울 뿐이다. 그리하여 이 작품의 결론과도 같은 마지막 문장, "차마 다 기억할 수도, 돌이킬 수도 없는 그것들은 명백히 지나가버렸고, 기세등등한 위력을 잃은 지 오래다. 정말 살아 있어 다행이다. 다행이라 말할 수 있어 다행이다"(93)라는 문장이 제법 설득력 있게 들린다. 그러나 주인공 상현은 기억으로부터 배제된 존재이다. 이것은 상현이 어떠한 정체성도 구성할 수 없는 비인非人일 수도 있다는 것이며, 이로 인해 '사건'의 힘과 의의는 더욱 강조될 수밖에 없다. 비인이 느끼는 다행 속에서 인간이 다행을 느낄 수는 없기 때문이다.(2014)

제4부
파국 이후

세 개의 닫혀 진 문 열기

1. 상처의 문학

이 글에서 살펴보려고 하는 신경숙의 초기 작품은 작가의 출세작인 장편 『외딴 방』(문학동네, 1995)이 나오기 전까지의 단편소설들을 말한다.[1] 이 작품들에는 일반적인 초기작들이 그러하듯이, 신경숙이 품고 있는 문학적 원형이 별다른 가공 없이 거의 날 것으로 드러나 있다. 이들 작품은 하나같이 상처에 반응하는 각기 다른 모습을 서정적이며 아

---

[1] 신경숙의 초기 소설은 '상처의 문학', '여성 문학', '사소설', '감성의 문학' 등으로 호명되고는 했다. 그녀는 세계관, 현실인식, 전망 등을 과도하게 강조하던 전시대 문학과 선명하게 구분되는 시대적 아이콘으로 각인된 작가이다.

름다운 문체로 담아내고 있는 것이다.

널리 알려져 있다시피 그녀의 소설은 날 것 그대로의 죽음과 상실로 가득하다.[2] 「황성옛터」에서는 "장군감"[3]이었던 아들을 잃은 부모와 여동생이 등장하여, 그 말할 수 없는 회한을 쏟아놓는다. 「어떤 실종」에도 뼛가루도 없이 군대에서 죽은 자식의 죽음으로 인해 "불안과 눈물이 그물처럼 쳐져 버린"(168) 가족의 삶이 등장한다. 「그 女子의 이미지」에서는 "미자라고 불리웠던 오 년 반 동안의 아내"(106)의 죽음 앞에 선 남자가 주인공이다. 신경숙의 초기소설에서는 하다못해 기차에서 우연히 만난 여인의 머리에도 "흰 상장"(「밤길」, 96)이 꽂혀 있을 정도이다. 꼭 죽음이 아니더라도 사람의 삶에는 예기치 않은 "기습"(「밤길」, 49)이 있게 마련이며, 이러한 '기습'은 여러 빛깔의 상처를 만들어내는 법이다.

신경숙의 초기소설을 읽다보면 세 개의 닫혀 진 문 앞에서 어쩔 줄 몰라 하는 한 여인의 웅크린 어깨가 떠오른다. 그녀는 너무나도 애처로운 눈빛으로 그 문 안의 것들을 어루만지지 못하는 안타까움에 종종 걸음을 친다. 이 세 개의 문이야말로 신경숙을 작가라는 천형天刑의 길 위에 세운 근원적 힘이라고 해도 과언이 아니다. 그 문에 걸린 문패에는

---

2 신형철은 신경숙과 관련해 "한 편을 제외하면 모든 장편소설들이 최선을 다해 한 사람의 죽음 혹은 실종을 기록하고 있다"고 설명한다(「누구도 너무 많이 애도할 수는 없다」, 『문학동네』, 2010년 가을호, 83쪽).

3 신경숙, 『겨울우화』, 고려원, 1990, 115쪽. 「겨울우화」, 「지붕과 고양이」, 「밤길」, 「황성옛터」, 「聖日」, 「어떤 실종」, 「밤고기」, 「강물이 될 때까지」, 「등대댁」, 「조용한 비명」, 「외딴 방」은 『겨울우화』(고려원, 1990)에서 인용하였고, 「풍금이 있던 자리」, 「직녀들」, 「멀어지는 산」, 「그 女子의 이미지」, 「저쪽 언덕」, 「배드민턴 치는 女子」, 「새야 새야」, 「해변의 의자」, 「멀리, 끝없는 길 위에」는 『풍금이 있던 자리』(문학과지성사, 1993)에서 인용하였다. 앞으로의 인용시 본문 중에 페이지수만 기록하기로 한다.

각각 '엄마', '이숙', '희재'라는 이름이 쓰여 있다.

2. 엄마 혹은 고향

신경숙의 등단작인 「겨울우화」의 마지막에는 그녀의 문학을 이해하기 위해 쉽게 지나칠 수 없는 대목이 등장한다. 명혜가 혁수 모친이 사는 농촌 마을을 찾아갔다가 돌아오는 길에 "저녁밥 짓는 연기가 이 집저 집에서 솟아"(61)오르는 마을 풍경을 보며 다음과 같은 행복한 상념에 빠져드는 대목이다.

저 연기가 오르는 집으로 고양이처럼 살금살금 숨어 들어 본다면? 저들의 삶을 엿보고 싶어진다. 고샅길을 돌아 낮은 담을 들여다보며 서로 섞인 신발의 짝을 맞춰 보다가 거짓없이 흘러나오는 웃음소리를 듣게 된다면 문밖이라 하더라도 금세 따뜻하고 넉넉해지리라. 저들에겐, 식구들의 저녁을 짓기 위해 아궁이 앞에서 짚불을 때며 여기 눈물을 흘리고 있을 저들에게는 확실한 무엇이 있을 것 같다. 도망치거나 비켜 나지 않고 삶이 주는 아픔을 문지르고 쓰다듬을 줄 아는, 흉터를 가슴속에서 삭일 줄 아는. (61)

위의 인용에는 우리의 전통적인 농촌 마을에 대한 형언할 수 없는 깊은 애정이 문장마다 가득 흐르고 있다. 그 곳은 근대화된 도시와는 대척점에 서 있으며, '삶이 주는 아픔을 문지르고 쓰다듬을 줄 아는' 힘이 있는 공간이다. 주인공은 바로 이 마을을 엿보고 싶어 하는 것이다. 실제로 대부분의 초기작은 작가의 고향을 연상시키는 농촌 마을을 주요한 배경으로 삼고 있다.

「풍금이 있던 자리」는 유부남과 해외 도피를 앞둔 주인공이 자신이 살던 고향에 돌아와 어린 시절을 회고하는 내용의 소설이다. 고향이 주인공에게 얼마나 성스러운 공간인가 하는 점은 그녀가 이 고장을 떠나거나 도착할 때마다 역구내 수돗가에서 손을 씻는 행위를 통해서도 충분히 짐작할 수 있다. 그 기억의 핵심에는 열흘쯤 '나'의 집에 살다간 한 여인의 모습이 놓여 있다. 이 작품에서는 도시와 고향의 이분법이 '그 여자'와 엄마의 이분법으로 나타나고 있다. 그 여자는 그동안 주인공이 보아왔던 어머니와는 정반대의 화사하고 세련되고 단아한 여인이다. 소설의 대부분은 '그 여자'의 세련됨을 말하는 것에 할애되어 있다. 그렇다면 '그 여자'가 도착하자 말없이 집을 떠난 어머니는 과연 어떠한 모습일까?

머리에 땀이 밴 수건을 쓴 여자, 제사상에 오를 홍어 껍질을 억척스럽게 벗기고 있는 여자, 얼굴의 주름 사이로까지 땟국물이 흐르는 여자, 호박 구덩이에 똥물을 붓고 있는 여자, 퇴약볕 아래 고추 모종하는 여자, 된장 속에 들끓는 장벌레를 아무렇지도 않게 집어내는 여자, 산에 가서 갈퀴나무를 한짐씩 해서 지고 내려오는 여자, 들깻잎에 달라붙은 무른 깨벌레를 깨물어도 그냥 삼키는 여자, 샛거리로 먹을 먹거리와, 호미, 팔토시가 담긴 소쿠리를 옆구리에 낀 여자, 아궁이의 불을 뒤적이던 부지깽이로 말 안 듣는 아들을 패는 여자, 고무신에 황토흙이 덕지덕지 묻은 여자, 방바닥에 등을 대자마자 잠꽤하는 여자, 굵은 종아리에 논물에 사는 거머리가 물어뜯어 놓은 상처가 서너 개씩은 있는 여자, 계절 없이 살갗이 튼 여자…… (15)

'나'는 '그 여자처럼 되고 싶다'와 '그 여자처럼 될 수 없다'는 양 갈래 길 사이에서 고민한다. 그러나 끝내 '내'가 택하는 것은 '그 여자'가 되지 않는 삶이다. '나'는 위의 인용에서처럼 흙이 덕지덕지 붙은 고향 마을의 엄마를 선택하는 것이다.

「등대댁」에 나오는 등대댁은 『엄마를 부탁해』(창비, 2008)까지 이어지는 신경숙표 엄마의 원형이라 할 수 있다. 등대댁은 동네에서 유일하게 바닷가에서 시집온 사람으로서 마을에 큰일이 있을 때마다 앞장서서 도와주는 착한 심성의 소유자이다. 등대댁은 사고로 아들 형철이를 먼저 잃고, 열여덟 살밖에 되지 않은 복남이를 절름발이에게 시집을 보낸 상처가 있다. 그런 그녀는 자궁에 암세포가 가득 퍼져 수술도 불가능하다는 진단을 받는다.

이러한 고향(집)을 향한 구심력은 「저쪽 언덕」에서도 확인할 수 있다. 박수 누룩이란 이름의 개가 화자인 이 소설에서 남선아가씨와 남선의 엄마는 지금도 동네 고사告祀를 지내는 마을을 떠나고자 몸부림친다. 남선아가씨는 동현이라는 동네 청년과 연애중인데, 남선의 엄마는 동현이와 결혼하면 이 마을에서 계속 살아야 하기 때문에 절대 안 된다고 반대한다. 엄마는 남선에게 "여글 왜 못 떠나? 삼십 년 뒤에? 그땐 헛것이제! 샛문을 만들어 열어주는디도 왜 못 간디! 삼십 년 동안 대종가댁 며느리 노릇허고 남은 것이 이것이여. 여그서 뭔 좋은 꿈을 보았다고 못떠나? 여깄는 것들은 살아 있시믄 산 귀신이고 죽었시믄 죽은 귀신이여"(139)라고 절규한다. 남선이 역시 "내가 저깟 팽나무에 고사나 지냄서 여그서 살 것 같은가? 내는 한번 뜨면 다신 안 올 것이야. 여그 사람이면 다 지긋지긋해"(146)라고 탈향의 각오를 다지지만, 끝내 남선이는 자신을 짝사랑하는 좀 모자란 청년 금식이와 함께 죽고 만다. 결국 남선이는 자신의 엄마가 그랬듯이 고향을 떠나지 못하는 것이다.

「새야 새야」에는 이러한 구심적 욕망이 환상적인 모습으로 그려져 있다. 이 작품에서는 큰놈과 작은놈 그리고 엄마가 함께 살아가는데, 그들은 모두 문명의 떼가 타지 않은 모습으로 거의 자연에 가깝다. 그러다가 엄마와 큰놈은 죽고, 작은놈만 남는다. 다음의 인용문에서처럼 작은놈은 거렁뱅이 여자를 안고 어머니의 무덤을 두드린다.

(어머니.)

(……)

(어머니, 열어주세요.)

(……)

(작은놈이에요. 사, 삼켜주세요.)

조금, 조금 무덤의 아가리가 벌어진다. 널빤지가 짜개지는 소리가 나고 앙상히 마른 두 손이 삐거덕거리며 기어 나온다. (…중략…) 그들의 몸은 이미 안에 들어와 있다. 밑으로 밑으로 한없이 아늑한 웅덩이다. 어딜 그렇게 헤매고 다녔던 것인지. (205~206)

이때의 무덤은 어머니의 자궁을 상징한다고 해도 과언이 아니다. 사회로부터 상처만 받은 작은 놈은 결국 어머니의 자궁 속으로 퇴행한 것이다. 신경숙의 초기소설에서 상처받은 자들을 위로할 수 있는 힘을 지닌 고향은 어머니와 무덤으로 변형되어 나타나고 있는 것이다.

2. 이숙, 고립된 실존의 방

1980년대는 정치적 열기로 사회 전체가 뜨겁게 달아오른 시기이다. 그 정치적 관심은 그 열기로부터 소외된 자들에게 실존적 상처를 주기도 했다. 이러한 상처는 신경숙 소설에서 이숙이라는 인물을 통해 끊임없이 환기된다. 이숙은 작가의 최근 장편소설인 『어디선가 나를 찾는 전화벨이 울리고』(문학동네, 2010)에까지 나타난다.

이숙이 처음 나타난 것은 「밤길」에서이다. 이 작품에서 이숙은 "얼굴을 붉히고 말을 더듬거리고……그러고도 한없이 수줍어……고통스러게 고갤 숙이곤 했던"(87) 것으로 묘사된다. 시대의 뜨거운 열기 속에서 '나'를 포함한 이숙의 친구들은 그녀를 외면했고, 그녀는 거식증에 걸려 끝내 외롭게 죽어간다. "이숙이 이 지상에서 사라져 갈 때 우리는 뭘 했던가? 우리는 신새벽에 최루탄 파편에 죽은 유난히 눈썹이 검었던

한 청년의 장례식장엘 택시를 타고 갔고, 그의 영전에 분향을 했다. 이숙이 혼자 있는 시간을 견디지 못해 쓰러져 갈 때 우리는, 그 장례식 행렬을 따라 시청엘 갔었다"(101)는 고백은 이러한 사정을 잘 보여준다. 그 연대의 뜨거운 함성 속에서 "우리는 이숙을 그 산 밑동네에, 집도 세 채밖에 되지 않는다는 그곳에 혼자 두었다"(101)던 것이다.[4] 특히 '나'는 발이 퉁퉁 불어 찾아온 이숙을, 잠깐이라도 함께 하는 시간을 늘리고자 오랜 시간 이를 닦던 이숙을 "원고를 마저 써야 해, 시간이 없어"(90)라며 돌려보낸 경험까지 있다.

「멀리, 끝없는 길 위에」는 「밤길」에 대한 일종의 메타소설로서 애도의 지난한 과정 그 자체를 문제 삼고 있는 소설이다. 이 작품의 화자는 이미 죽은 이숙으로부터 벗어나지 못하는 우울증에 걸려 있다. "그녀를, 마지막으로 본때를 지독한 현재처럼 기억한다"(266)와 "나는, 그녀를 마지막 본때를, 지독한 현재 같은 그 시간에 대해 계속 이렇게 써놓았다"(268)와 같은 현재형 문장을 통해 확인할 수 있듯이, '나'에게 이숙은 여전히 지속되는 현재인 것이다. '나'는 "가여운 삶의 미래, 나의 미래. 세포 속에 쌓인 과거들. 그녀를 느끼게 하는 것들. 거리, 책, 몸짓, 말투 같은 것에 나는 숙명적으로 연관되어져 있다는 자각"(284)을 할 정도이다.

4　「멀리, 끝없는 길 위에」에서도 이숙이 자신의 아버지가 기거하던 빈집에서 우울증과 거식증으로 죽어가고 있을 때, 거리의 정치적 열기는 뜨거웠다. "우리는 머리맡에서 최루탄이 터져도 손을 놓지 않았다. 아무리 먼 훗날 생각해도 자랑할 수 있는 역사를 짤 수 있으리라, 이룰 수 있으리라, 우리 힘으로 밀어붙일 수 있으리라는 뭉침이, 그녀의 외마디를 그냥 지나쳐가게 했"(264)던 것이다.

이숙은 그 존재 자체가 상실의 기호라고 해도 과언이 아니다. 그녀는 대학교 시절부터 줄곧 공룡에 커다란 관심을 갖고 있다. 그녀가 읽는 책은 대부분 공룡에 대한 것들이다. 왜 그토록 공룡에 관심을 갖느냐는 질문에 이숙은 "사, 사라졌잖니"(257)라고 대답한다. 공룡은 그 자체로 사라진 것들의 대표가 되기에 모자람이 없다. 그녀의 아버지 역시 상실을 뼛속까지 새긴 존재이다. 그녀의 아버지는 북에서 내려온 실향민으로서, 아버지의 마음속에는 "어떤 기품처럼"(244) 북에 두고 온 토지가 남겨져 있다. 중국어, 러시아어, 일본어를 할 줄 아는 아버지는 아무런 생활능력이 없고, 결국에는 빈 농가에서 아내가 가져다주는 밥으로 간신히 생존을 이어간다. 이숙은 바로 그 아버지의 빈 집에서 죽어간 것이다. 이숙이 좋아하거나 관심을 갖는 인물들은 모두 사라졌거나 사라진 것에 집착하는 존재들이라고 볼 수 있다.

이 작품의 '나'는 스물네 살에 죽은 "그녀에게 무덤을 만들어줘 보겠다"(249)는 생각으로 이숙에 대한 글을 쓴다. 그 욕망은 요절한 젊은 시인(기형도)의 죽음을 기념하는 모습을 보며 더욱 강화된다. "그녀의 완전한 소멸을 막아볼 수 있었으면, 여기 이 글이 그녀의 무덤이었으면. 나는 고갤 숙였다. 산불처럼 번지는 욕망. 내가 배운 모든 이미지여, 살아나다오. 나는 그녀를 재생해내고 싶다, 엮어주고 싶다"(261)고 거의 절규하는 것이다. 이를 위해 "보탬도 뺌도 없이"(249) 이숙에 대한 글을 쓰고자 한다. 그러나 "이번에도 어느 부분은 과장될 것이고 어느 부분은 소멸될 것"(250)이라고 안타까워한다. 그러나 이러한 글쓰기가 과연 애도에 이를 수 있을까? 그것이 결코 쉽지 않다는 것은 다음의 인용들에 잘 나타나 있다.

　　나는, 그녀, 어린 그녀, 에 대한 얘길 적다 말고 이 글쓰기를 멈춰버
렸다. 그녀의 삶이 여기 있었다고 인상 지워주고 싶었던 욕망이 등뼈에
구멍을 내고 스르륵 빠져나가는 걸 봤다, 뱀처럼. 욕망이 기어 나가버린
자리에 주저앉아 멀거니 앉아 있었다. (248)

　　그 글 속에서의 그녀는 말을 더듬지 않는다. 그런데 지금 나는 왜 말
을 더듬지 않는 그녀를 생각조차 할 수 없을까? 그녀가 말을 더듬지 않
은 때가 있었을까? 왜 나는 그땐 그녀가 하는 대화에 말을 더듬게 하지
않았을까, 왜 그랬을까? 그녀가 나의 이미지 속에서 달라진 것일까? 아
니면 내가 달라진 것일까? (272)

그렇다면 언어화하고 상징화하는 것, 즉 애도하는 것이 결국에는 그
녀의 타자성을 지워버리기에 실패한 애도일 수밖에 없다면, 또 하나의
가능성은 어떠한 상징화도 거부한 채 그녀의 삶을 그 자체로 받아들이
는 방법도 존재할 것이다. 실제로 '나'는 이숙이 가봤던 A읍의 병원과
재활원을 기웃거리고, 이숙이 관심 가졌던 공룡의 자국을 찾아다니기
도 한다. 이때의 문제는 '나'의 몫이 이숙의 죽음 속에서 사라져 버릴 수
도 있다는 점이다. 이와 관련해 '나'는 다음과 같은 책임의식을 보여주
기도 한다.

나는 아직도 그녀의 사인을 정확히 모른다. 그 가족 누구에게도 왜 그녀를 그리 되도록 버려두었느냐고, 왜 그 지경이 되도록 병원에 데리고 가지 않았느냐고, 물을 수가, 나는 물을 수가 없었다. 마음에 끼어 있는 우울한 죄, 나는 죄가 많았다, 왜 그녀를 그렇게 내버려두었느냐고 따져 묻기에는. 무슨 일이든 왜 그랬어요? 라고 정확히 따져 물을 수 있는 사람은 행복하다, 행복한 것이다. (284)

그렇기에 이 작품의 제목이기도 한 '멀리, 끝없는 길 위에'는 지난한 애도의 과정 그 자체를 의미한다고 할 수 있다. 흡사 '내'가 글쓰기를 통해 그녀를 애도하는 작업은, 수화기 저편에서 의사소통이 불가능한 이국 여인을 향해 한없이 더듬거리며 누군가를 찾는 외국 여인의 불가능한 작업과 같은 일인지도 모른다.

「직녀들」에도 이숙은 다시 등장한다. P와 C와 O와 S, 그리고 이숙은 여고 동창생들이다. 이숙은 죽었고 나머지 동창생들은 언젠가 이숙과 나흘을 함께 보낸 바닷가에 왔다. 그들은 모두 이숙에 대한 애도에 이르지 못한 채, 여전히 우울증을 앓고 있다. 그것은 "둥근 것만 보면 이숙이 떠오"(60)른다고 고백하는 모습 등에서 확인할 수 있다. 이숙만이 이름을 가지고 있고, 나머지는 온전한 이름을 가지지 못한 채 이니셜로 불리워지는 것에서 알 수 있듯이 이들은 온전한 애도에 이르지 못한, 그리하여 온전한 주체가 되지 못한 자들이다. 결국 모두는 사고로 죽는다. 이것은 우울증의 끝이 죽음과 연결된다는 점을 자연스럽게 상기시킨다.

4. 희재, 쪽방의 상처

마지막으로 희재라는 명패가 붙어 있는 방을 살펴볼 차례다. 「외딴방」은 작가와 함께 공장을 다니며 산업체 야간 특별학급에 다니던 희재 언니에 대한 이야기이다. 이 작품은 "지금 그 여자 생각에 가슴이 미어져 나는 이 글을 쓴다"(286)는 문장이 작품의 서두에 등장할 정도로 절절한 그리움으로 가득 차 있다. 작품의 주인공은 낮에는 공장으로 출근하고, 밤에는 산업체 야간 특별학급에 다니며 "서른일곱 개의 방이 있던"(286) 집에서 살았다. 그 수많은 방 중의 다른 한 곳에는 희재 언니가 살고 있다. '나'와 희재 언니가 하던 '그럼' 게임은 이들이 처한 현실이 얼마나 고단한 것인지를 잘 보여준다.

> "난 잠을 자겠어. 사흘 나흘 깨지 않고 푹 자겠어."
> "……그럼."
> "동생이 학교 졸업하고 설마 대학 간다고는 안 하겠지, 안 그래?"
> "……그럼."
> "그래도 가겠다 하면 보내야겠지."
> "……그럼."
> "모르는 소리…… 이보다 더 일할 수는 없어. 하루는 24시간뿐이니까."
> "……그럼."
> "난 이 정도밖에 할 수 없어. 날 알아줄 거야."

"……그럼."

"반장님이 내일쯤은 작업실에 환풍기를 달아 주겠지?"

"……그럼."(292~293)

결국 희재 언니는 학교를 그만두고 의상실에 다닌다. 그곳에서 재단사와 연애를 하고 임신을 하지만, 재단사는 아이를 유산시키라고 말한다. 결국 희재 언니는 '나'에게 시골집에 며칠 다녀올 거라며, 저녁에 자신의 방문을 채워 달라고 부탁한다. '나'는 성실하게 그 부탁을 들어주었고, 그 방 안에서 희재 언니는 죽어갔던 것이다. 이 작품은 "그녀를 안에 두고, 그 선반 위 육 개월도 채 못 신은 학생 화를 안에 두고……열쇠를 채웠었다"(305)는 문장으로 끝난다.

단편 「외딴방」과 이후에 이어지는 장편 『외딴방』은 자신이 잠궜던 희재 언니의 방문을 여는 작업에 해당한다고 볼 수 있다. 희재 언니의 삶과 죽음은 지난 시절 공장에서 기계를 돌리던 수많은 여공들의 문제와 직접적으로 맞닿아 있다는 점에서 무척이나 정치적이다.

또한 신경숙의 소설에는 1980년대 운동권 학생들이 처했던 곤란한 삶도 중요하게 다루어진다. 등단작인 「겨울우화」에서 명혜와 혁수 모친의 가장 큰 상처는 혁수의 고통과 실종에서 비롯된다. 그런데 운동권 학생으로 시작해 광부, 포장마차, 운전기사를 거쳐 감옥에 수감되는 혁수의 삶은 1980년대 운동권 청년의 한 전형이 되기에 충분하다. 「어떤 실종」에서도 오빠는 대학에 가서 법전을 공부하는 대신 시위에 가담하였고, 기어이 강제징집 되어 사망한다. 이 부녀의 고통은 아들의 죽음을 애도하지 못한 채 죽은 어머니에 의해 더욱 커진다. 오빠의 죽음은 한 군의관이 부대 근처 강가로 산책을 나갔다가 발견한 "철사로 꽁꽁 묶여져"(150) 있는 한 젊은 남자의 시체와 무관할 수 없다. 「밤고기」에서는 초등학교 6학년인 윤희의 대학생 오빠가 등에 시퍼런 멍을 지닌 채 예고 없이 귀향한다. 어느 날 뭔가를 몹시 두려워하던 오빠에게, 단식 농성을 하는 학생들의 배후조종자로 수배중인 선배가 찾아온다. 결국 오빠의 선배와 오빠는 경찰들에게 잡혀가는 것으로 작품은 끝난다.

그동안 별 다른 주목을 받지 못했지만, 신경숙의 초기소설에는 분단의 상처에 대한 인식도 나타나 있다. 「지붕과 고양이」에서 곰배팔이는 한국전쟁 당시 폭격을 맞아 "얼굴이며 팔이 흉측스럽게 오그라 붙고 정신을 잃은 사람"(66)이다. 그러한 상처를 곰배팔은 상상도 못할 엉뚱한 짓으로 풀고는 하는데, 윤희를 성폭행하는 것도 그러한 엉뚱한 일에 해당된다. 「밤고기」에서도 '나'의 아버지와 귀빈이 아버지가 수로를 놓고 몸싸움을 할 때, 귀빈이 할머니는 "니놈 빨갱이한티 죽창 맞을 뻔한 걸 누가 구해 줬더냐, 이놈아!"(192)라고 일갈한다. 「강물이 될 때까지」에서도 "전쟁 때 경찰관 막내할아버지로 인해 큰아버지들이 죽창을 맞았을 때 아버지를 보호해 준 아낙이 샘골댁이었다"(228)는 말이 등장한다. 「聖日」에서 전용수 씨는 방송이 되는 것과는 무관하게 라디오 방송국으로 계속해서 정희라는 이름이 적힌 비슷한 내용의 엽서를 보낸다. 맞춤법도 제대로 지키지 못한 엽서는 한국전쟁의 비극과 관련된 내용을 담고 있다.

5. 우울증의 윤리

여성주의적 시각 역시 초기 신경숙 소설에서는 결코 놓칠 수 없는 부분이다. 「황성옛터」에서 오빠를 잃은 주인공은 아버지와 고모의 눈빛에서 오빠가 아닌 자신이 죽었기를 바라는 시선을 의식한다. 나중에는 "어머니도 나를 보면 오빠랑 바꿔졌으면 했을까?"(124)라고 의심을 품을 정도이다. 「밤고기」에서 윤희의 언니는 유부남인 목수의 유혹에 넘어가 힘든 나날을 살아가고 있다. 아버지는 다리에 장애가 있는 언니를 심하게 폭행해서 가출하게 만드는데, 아버지 자신이야말로 불륜을 저지르고 있었음이 작품의 마지막에 드러난다. 「풍금이 있던 자리」에서 남편에게 버림받지 않기 위해 불편한 몸으로 줄넘기를 하는 점촌댁이나 「배드민턴 치는 여자」에서 성폭행 당한 후에 포크레인 위에 올라간 여자도 신경숙 초기 소설에서는 쉽게 잊을 수 없는 중요한 인물들이다.

결론적으로 신경숙의 초기 작품들은 망각 속으로 사라진 존재에게 적절한 형상과 의미를 부여함으로써 그들을 되살리는 작업이었다고 할 수 있다. 동시에 이러한 작업이 가지는 폭력성과 왜곡의 가능성에 항상 예민한 의식을 기울였던 것이다. 이것은 소설쓰기의 과정을 소설화하는 메타픽션적 경향으로 나타나기도 했다. 그녀의 초기 소설을 대표하는 기호로 등장했던 쉼표와 말없음표, 말줄임표 역시 발화한다는 것이 지니는 위험과 가능성에 대한 인식에서 비롯된 것으로 보인다. 신경숙은 상징적 죽음을 사라진 자들에게 쉽게 선사하고, 그들로부터 벗어나려 하지 않는다. 반대로 말할 수 없는 사자死者들에게 언제까지나 매달림으로써, 자신의 책임을 다하고자 한다. 그렇다면 작가는 다분히 전략적으로 우울증[5]을 선택한 것으로 볼 수 있다. 신경숙에게도 애도가 이루어진다면, 그것은 우울을 지양하기보다 오히려 우울의 한가운데서 우울을 인정함으로써 가능하다. 신경숙은 손쉬운 애도가 아니라 끈질기게 대상을 자기의 일부로 받아들이는 우울증적 주체가 됨으로써, 지난 시절의 죄책감과 부담으로부터 벗어나기를 거부한다. 이런 맥락에서라면 신경숙의 우울증적 주체는 나름의 건강함과 용기를 지녔었다고 말할 수 있을 것이다.(2012)

---

5   죽음을 애도하지 못할 때 주체는 포기된 대상을 자신과 우울증적으로 합체시키고 이를 통해 자아를 형성해간다는 프로이트의 논지는 이후 버틀러에 의해 정치적으로 전유된다. 버틀러는 애도되어야 할 대상을 제대로 애도할 수 없을 때 주체는 오히려 그 대상을 자신과 합체하고 그 대상이 이루려고 했던 이념을 실현하는 일에 열중하게 되며, 이를 통해 애도를 불가능하게 했던 권력을 교란하고 해체하는 정치적 행위를 할 수 있게 된다는 것이다. 애도의 금지는 아이러니하게도 애도를 금지하는 권력에 대한 저항을 낳는다는 것, 이것이 바로 버틀러가 도출해내고자 하는 우울증적 주체의 정치성이다.(이현재, 「죽음에 대한 우울증적 태도와 정치적 행위의 가능성」, 『아무도 기억하지 않는 자의 죽음』, 산책자, 2009, 233쪽).

잘린 혀들의 나라

1. 북송 교포들의 잘린 혀

북한은 우리에게 신의 얼굴을 한 타자이다. 그것은 때로 '익숙한 나'라고 할 만큼 가까이 있지만, 그것은 때로 '낯설은 나'라고 할 만큼 너무나 먼 곳에 있기도 하다. 분단 이후 지난 70여 년간 북한은 남한 문학작품 속에 다양한 모습으로 등장하였다. 그러한 변화는 실제로 북한이 변했기 때문이기도 하고, 북한을 바라보는 우리의 마음이 변했기 때문이기도 하다. 공중에서 흔들린 것은 깃대에 매달린 깃발일 수도, 바람일 수도, 그것도 아니면 보는 이의 마음일 수도 있다. 이성아의 『가마우지는 왜 바다로 갔을까』(나무옆의자, 2015)와 남북한 작가의 공동소설집

『국경을 넘는 그림자』(예옥, 2015)는 최근에 남한 사회에서 형성된 북한에 대한 표상의 대표적인 사례를 선명하게 보여준다.

『가마우지는 왜 바다로 갔을까』는 북송된 재일동포가 북한에서 겪는 고통스러운 삶에 초점을 맞추고 있는 작품이다. 북송선을 타고 북한에 간 백소라의 가족이 북한에서 '귀포'로서 겪는 일들은 우리가 생각할 수 있는 인간 삶의 최악이다. 어린 아이가 가지고 간 바비인형조차 "미제 장난감"(50)이라는 이유로 용인되지 않는 북한에서의 삶은 "유리벽 안에서 사는 것과 다르지 않"(150)다. 또한 "지옥"(290)이라 불리는 그곳에는 부정부패와 폭력이 난무하고, 빈곤과 억압만이 존재한다. 작가가 형상화하고 있는 북한은 어린 학생이 똥을 "민족의 영산"(213)인 "백두산"(213)에 비유했다는 이유만으로 대학 진학이 취소되고 대신 무산의 탄광으로 발령을 받는 그런 곳이다.

『가마우지는 왜 바다로 갔을까』에서 가장 빛나는 부분은 북한이라는 '지옥'을 만나 무너져 가는 귀국동포의 삶을 언어라는 매개를 통해 드러내는 대목이다. 북한을 동경하게 된 오빠로부터 조선말을 배울 때, 소라는 조선말을 좋아하여 "아무도 모르게 보물을 숨겨두고 있"(123)는 기분을 느낀다. '조센징'으로서 차별을 받으며 일본에 살 때, '조선말'은 소라에게 보물이었던 것이다. 그러나 북한에서 소라가 실제로 맞닥뜨리는 말들은 "이해할 수 없는 말, 인정할 수 없는 말, 복종할 수 없는 말, 상상할 수 없는 말, 추한 말, 역겨운 말, 강요하는 말, 네모난 말, 딱딱한 말, 날카로운 말"(93)들 뿐이며, 이런 말들은 결코 소라의 "마음으로 들어오지 않"(93)는다. 이러한 북한의 언어들에 맞서 누구보다 언어에 민감한 소라는 "쓰다가 죽을지 몰라도, 죽은 채로 살고 싶지는 않"(66)은 마음으로 "일본 말"(351)로 된 글을 쓰기 시작한다.

소라에게 글을 쓰는 행위는 "하이쿠를 읊으며 가슴이 저미도록 슬퍼져 강물처럼 울음이 차올랐던 소녀"(66)를 확인하는 의식이기도 하다. 하이쿠를 좋아하는 소라는 북한에 갈 때, 대표적인 하이쿠 시인인 바쇼의 시집 몇 권을 챙겨 간다. 하이쿠는 소라의 고유성과 아름다운 생명력을 의미하는 하나의 상징이다. 북한에서 소라의 꿈과 삶이 훼손되어 끝내 사라지는 과정은 멋과 낭만으로 가득한 바쇼의 하이쿠가 소멸되는 과정과 병행한다. "하이쿠 시집 몇 권을 들고 암탉처럼 종종거리던"(337) 소라는, 북한 생활을 시작한 지 얼마 지나지 않아 하이쿠 시집을 땔감으로 쓸 수밖에 없는 상황으로 내몰린다. 김일성 사후에는 북한이 더욱 끔찍한 곳으로 변모하고, 이때부터 소라에게는 하이쿠의 단 한 구절도 "마치 강바닥의 깊은 뻘 속에 묻힌 듯 떠오르지 않"(272)는다. 북한은 하이쿠의 세계와는 "너무나 먼 세계"(272)였던 것이다.

이처럼 자기만의 고유한 언어를 잃어버리게 되는 것은 단지 귀국동포에게만 해당하는 일은 아니다. 소라에게 유일한 인간적 온기를 느끼게 해주었고, 나중 해랑의 아버지가 되기도 하는 담덕에게도 마찬가지 일이 벌어진다. 담덕의 가족사를 통해 북한 사람들 모두는 자기만의 언어를 가질 수 없다는 사실이 드러나고 있다. 담덕의 아버지는 본래 글을 쓰는 사람이지만, 글에 문제가 있어 회령으로 이주를 하게 되고 그곳에서 글을 쓰는 대신 활판공으로 일한다. 담덕도 원래는 아버지를 따라 작가가 되고 싶었지만, 아버지의 어처구니없는 인생행로를 보며 자신의 꿈을 포기한 채 군인이 된다. 소라는 여러 가지 일을 전전하다가 김책탄광에서 저질탄을 골라내는 일을 하는데, 이 때 "누가 누군지 분간도 가지 않고 말도 필요 없는 작업이 딱 마음에 들었다"(325)며 만족해한다. 자신의 고유한 말이 불가능한 북한에서는 차라리 말하지 않는 삶이 가장 편안한 것일 수도 있는 것이다.

살아 있는 말이 불가능한 북한 사회의 모습은 스스로 혀를 자른 아버지의 모습을 통해 극명하게 드러난다. 소라의 아버지는 남한 대학생들의 데모장면을 방송으로 보다가, 한국이 발전했으며 자유가 있다고 별생각 없이 동료에게 말한다. 그러나 이 일로 소라의 아버지는 "스파이, 첩자, 반동"(154)의 죄목을 얻게 되고, 끝내는 수용소에 갇힌다. 그후 한참의 시간이 지난 2009년 보따리 장사로 떠돌던 소라는 아버지가 갇혀 있던 수용소 근처를 지나다가 한 노인을 만나고, 그로부터 아버지의 소식을 듣는다. 아버지는 이발사로 일했는데 평소 한마디 말도 하지 않았다. 아버지는 스스로 혀를 잘라 "벙어리가 아니었지만, 벙어리가 아닌 것도 아니"(09)게 스스로를 만들었던 것이다. 아버지는 스스로 혀를 잘라낸 것이고, 이것은 북한이라는 사회가 기본적으로 어떠한 말도 허용하지 않는 사회라는 것을 의미한다. 아버지는 "말 한마디 잘못한 죄"로 "남은 생을 벙어리로 살"(338)아야 했던 것이다. 끝내 아버지는 수용소 안에 만연한 폭력으로 인해 목숨까지 잃게 된다.

감시와 처벌의 그물이 이토록 촘촘하게 쳐져 있는 사회이지만, 가끔 생명으로 가득한 말이 터져 나오는 순간도 존재한다. 어린 소라가 담덕과 마음을 나누며 나누었던 이야기들은, "봄이 되면 꽃송이처럼 터질"(104)

것들에 비유되는 것이다. 또한 1983년 화자가 재일동포 북한 방문의 일환으로 소라의 가족을 방문하게 되었을 때, 그들은 도청장치가 두려워 이불을 뒤집어쓰고 일본어로 속삭인다.[6] 이 순간 소라는 "거미줄처럼 나를 옭아매고 있던 것들을 한순간에 벗어버린 듯 무한한 자유의 느낌이 나를 덮쳤"(209)다고 느낀다. 그러나 말들이 잠시나마 생명을 얻는 순간은 죽음의 긴 시간에 비한다면 너무나도 짧다.

이 작품에서 거의 유일하게 자신의 언어를 지킬 수 있었던 존재는 북송선을 타지 않았던 미오의 아버지 리병호이다. 재일교포의 북송이 활발하게 이루어지던 당시, 조총련도 "행방불명, 연락두절, 실종, 숙청, 처형, 스파이 등등의 말"(326)이 난무할 만큼 억압적이고 비인간적인 조직으로 변한다. 이 시기 리병호는 조총련의 방침과는 다르게 일본인 아내와의 이혼을 거부하고 딸들과 함께 팝송을 들었다는 이유로, "미제국주의자의 앞잡이"(325)라는 선고를 받는다. 그럼에도 리병호는 북한의 주체사상을 반대하며 끝까지 자신의 신조를 지켰던 것이다. 그 결과 조총련을 나온 리병호는 "집에서 책이나 보고 팔리지도 않을 평론이나 쓰"(262)는 사람으로 남게 된다. 나중 화자는 미오의 아버지를 "시대

---

6 이 작품의 화자는 소설의 話者(narrator)에 버금갈만큼 중요한 역할을 한다. 결국 백소라의 글이 작가인 준에게까지 전달된 것은 바로 화자를 통해서이다. 화자는 소라의 삶을 전달해주는 진짜 話者이기도 한 것이다. 화자는 칠순을 바라보는 나이가 될 때까지, 배나 인편으로 돈이나 물건을 북한에 간 소라 가족에게 보내며 관심을 기울인다. 화자가 평생 자신의 사촌인 소라에게 관심을 기울이는 이유는, 화자도 총련에서 일하며 많은 사람들을 북송시키는데 큰 역할을 했기 때문이다. 화자는 스스로 자신이 "천벌"(336)을 받고 있다고 여긴다. "일본도 조총련도 북한도, 그 어느 누구도 미안하다는 말 한마디 하지 않는" 상황에서, 화자는 "평생을 십자가처럼 그 죄의식을 끌고"(352) 살아가는 윤리적 존재라고 할 수 있다.

적인 유행에 휩쓸리지 않고 양심의 소리를 따른 분"(295)으로, 미오 역시도 자신의 아버지가 "아무것도 하지 않았"(354)기에 "더 나쁜 사람이 되진 않"(354)을 수 있었다고 긍정적으로 평가한다.

소라 가족의 북한 생활은 철저한 비극으로 끝난다. 소라의 가족은 수용소에 끌려간 아버지를 구하기 위해서라도 더 열심히 생활하며 체제에 충성하지만, 변하는 것은 아무 것도 없다. 오빠 경엽은 함께 일하는 동료가 일본 배로 탈출을 시도했던 일이 빌미가 되어 아오지에서 노동형을 받다가, 나중에는 알코올중독자가 되어 사십도 되지 않은 나이에 죽는다. 어머니 역시 생존하기 위해 온갖 고생을 하지만 나중에는 사기꾼으로까지 몰리는 비참한 상황에서 죽게 된다. 소라를 제외한 아버지, 어머니, 오빠 모두 실제적이며 동시에 상징적인 죽음을 맞이하는 것이다.

그러나 소라는 자신의 가족들과는 다르게 탈북이라는 새로운 탈주선을 만들어낸다. 그것은 소라가 북한에서 오랫동안 잊고 있었던 '사랑'이라는 말을 되찾은 것과 무관하지 않다. 다음의 인용문에서처럼, 소라는 해랑을 낳고 나서 "비로소 엄마가 되었고, 사랑을 알게"(338) 된 것이다.

어떤 말들은 결코 발성되지 않는 것들이 있다. 사랑도 그런 말 중 하나였다. 사랑도 없이 사랑이란 말을 하고 싶지 않았고, 사랑이란 말이 저절로 나오는 날을 기다렸다. 아끼거나 외면했다. 그런데 이제 보니 잃어버린 거였다. 누구에게나 똑같이 아무런 대가 없이 주어지는 그것을 아끼다가 다 잃어버린 거였다. 사랑 한번 해보지 못하고 이 나이에 이르

러, 가장 아픈 방식으로 사랑을 말하게 되었다. 이것이 사랑이 인간을
벌하는 방식일까.(338)

2. 탈북자들의 북한 형상화

『국경을 넘는 그림자』에는 '북한 인권을 말하는 남북한 작가의 공동
소설집'이라는 부제가 붙어 있다. 이 작품의 커다란 주제의식 역시 이
성아의 『가마우지는 왜 바다로 갔을까』와 크게 다르지 않다. 선명한 이
분법에 바탕해 북한이 보여주는 여러 가지 문제적인 지점을 참혹한 느
낌으로 형상화하고 있다. 이 공동 소설집에는 북한 사회로부터 비롯된
심각한 인권 유린의 상황이 다양하게 등장한다. 거리를 떠돌다 죽어간
북한의 어린 꽃제비들(「꽃망울」), 탈북 하여 남한에 온 후 중국에 남겨진
아이에게 돈을 보내는 엄마(「어디까지 왔나」), 세 번의 탈북과 두 번의 인
신매매로 인한 후유증에 시달리는 소녀(「나는, 미안합니다」), 재일교포 출
신의 탈북자(「천국의 난민」), 북한 사회의 부정부패를 포르노적 상상력
으로 육화한 여성(「진옥이」), 국군포로 출신 탈북자(「유월의 신부」), 불신
이 가득한 북한의 어촌 마을(「소원」), 탈북과 송환을 반복하다가 네 개
의 이름을 갖게 된 인간(「네 개의 이름」) 등이 그 구체적인 모습이다.

인상적인 것은 『국경을 넘는 그림자』에서도 북한은 혀가 잘려나간
사회라는 점이다. 도명학의 「책 도둑」에서 참된 말을 담고 있는 책은 북
한 사회에 존재할 수 없다. 이 작품은 김유정의 「만무방」(조선일보, 1935)

을 떠올리게 한다. 「만무방」이 자신이 농사지은 벼를 자신이 훔치는 반어적 상황을 통해 식민지 농촌 사회의 참담한 삶을 드러냈다면, 이 작품은 자기의 책을 자기의 아내가 훔치는 상황을 통해 언어가 죽어 있는 북한의 상황을 그대로 보여준다. 도작가동맹위원장은 책은 "곧 생명"(165)이라고 여길 만큼 책을 소중하게 생각하는 장서가藏書家이다. 그가 소장한 책에는 "오래전 회수도서로 취급돼 사라진 책들"(164)도 포함된다. 그러나 경제적 궁핍으로 인해 위원장의 아내는 남편의 귀한 책이 소장된 도서들을 꿰짝 채로 장마당에 팔아 버린다. 이념적인 이유뿐만 아니라 경제적인 이유로도 북한에서는 소중한 책(언어)을 개인이 보유할 수 없는 것이다. 「책도둑」에서 아무런 부담 없이 북한 사람들이 소유할 수 있는 책이란 결국 김정일의 『주체문학론』 정도뿐이다.

방민호의 「삼수갑산」은 한국근대문학사에서 가장 고결한 내면의 소유자 중 한명인, 백석이 북한에서 살아냈을 삶의 후반부를 담담하게 추체험하고 있는 작품이다. "월급 받고 글 쓰는 사람들"(312)이 가득한 세상에서 백석은 홀로 올곧은 정신을 지키며 살고자 한다. 그 대가로 그는 자신의 존재이유이기도 한 글쓰기를 포기한다. 백석에게 북한에서의 생활이란 "세상 같은 건 더러워 버리는 것"(320)[7]라고 노래했던 일제 말기의 연속이거나 그보다 더 나쁜 시기일 뿐이다. 북한에서 백석이 유일하게 가능한 언어의 세계로 생각했던 것은 "아이들의 세계"(328), 즉 "아동문학"(328)이었다. 거기에서만은 "메마른 언어를 글에 적용하지

---

7   이 표현은 백석의 시 「나와 나타샤와 흰 당나귀」(『여성』, 1938.3)에 등장한다.

않아도 될 것 같았"(328)던 것이다. 그러나 삼수에 유배된 삶이 증명하듯이, 북한에서는 그것조차도 가능하지 않다. 그럼에도 백석은 "내 자신이 이렇게 살아간다는 것"(337)이라는 올바른 삶의 자세는 결코 포기하지 않는다. 이러한 백석의 맑은 결기는 방민호가 지향하는 삶의 자세와 맞닿아 있는 것으로 보인다.

북한에서 참된 언어가 존재할 수 없다면, 탈북자들에게 남한은 참된 언어가 존재하는 세계일 수 있을까? 그 가능 여부는 이은철의 「아버지의 다이어리」에서 어느 정도 확인해 볼 수 있다. 남한에서 췌장암으로 죽어 가는 아버지는 개인적 진실로 가득한 검정색 노트를 아들에게 남겨 놓는다. 거기에는 자신의 아버지에게 보내는 편지도 있고, 미래의 며느리감에 대한 쑥스러운 칭찬도 있다. 그것은 분명 '잘린 혀'가 남길 수 있는 말들과는 거리가 먼 것이다. 특히 "한국은 우리가 살던 북한에 비해 사람 사는 냄새가 덜하오"(357)라는 솔직한 비판은 이 소설집에서 발견할 수 있는 신선한 대목 중의 하나이기도 하다.

3. 맹목과 인용을 넘어

북한은 남한의 현실을 규정하는 핵심적인 요소이며, 남한에 살고 있는 탈북자는 현재 3만 명에 가깝다. 이를 반영하여 북한이나 탈북자를 다룬 수많은 소설들이 쓰여 졌다. 『국경을 넘는 그림자』는 이제 남한 사람이 형상화한 북한 이야기가 아니라 북한에서 태어나 자란 사람들이 직접 자신들의 이야기를 했다는 점에서 그 고유한 의미가 두드러진 작품집이다. 하나의 문학사적 사건이라 보아도 충분한 이 작품집을 앞에 두고 남한의 규범화된 예술성을 제일의적 잣대로 들이미는 것은 조금 옹졸한 일일 수도 있다. 잠시 그러한 기준은 옆에 두고 그들이 전달하고자 하는 메시지에 귀를 기울이는 것도 지금 단계에서는 의미 있는 독법 중의 하나일 것이다. 한 가지 남는 의문은 이와 같은 독법에 따를 때, 탈북자들 역시 강을 건너는 순간 온전한 북한 사람일 수는 없다는 점이다.

이와 관련해 이성아의 『가마우지는 왜 바다로 갔을까』(2015)는 더욱 곤혹스러운 측면을 지니고 있다. 이 작품은 남한에서 나고 자란 작가가 북한에서도 특수한 사람들인 북송 재일교포의 삶을 다루고 있기 때문이다. 그야말로 자신이 발 딛고 선 곳으로부터 몇 단계 떨어져 있는 인간과 세상을 형상화하고 있는 것이다. 따라서 이 작품은 하나의 맹목(작가와 대상간의 거리를 의식하지 못한다면)이 되거나 하나의 만용(작가와 대상간의 거리를 의식하지 않는다면)이 될 수도 있는 운명을 지니고 있다. 다행히도 『가마우지는 왜 바다로 갔을까』는 이 거리에 대한 예민한 자의식으로 가득하다. 그것은 몇 가지 이야기가 겹쳐 있는 중층적 액자소설이라는 복잡한 작품의 서사구조에서부터 확인된다. 미오, 소라, 화자가 번갈아 가며 초점화자로 등장하는 이 작품의 맨 안쪽에는 재일동포로서 북송선을 타고 북한에 간 소라의 글이 있고, 그것을 발견한 화자는 거기에 자기의 글을 덧보태 미오에게 건넨다.[8] 조선국적의 재일동포 의사로서 해마다 북한에 결핵약을 가지고 방문하는 미오는 소라와 화자의 글을 다시 작가인 준에게 건네준다. 그러니까 여러 단계를 거쳐서야 재일동포의 북한생활기는 간신히 작품화되고 있는 것이다. 이러한 전달의 복잡성 속에는 쉽게 전달할 수 없는 사건의 특수성이 암시적으로 드러나 있다. 더군다나 백소라의 글이 쓰여 진 "갱지 공책"(343)은 "중간에 찢긴 것도 있었고 어떤 글은 다른 종이를 찢어서 쓴 것도 있"(343)다. 찢기기도 하고, 다른 종이가 덧대져 있기도 한 갱지야말로 백소라의 삶이 지닌 재현(불)가능성을 직접적으로 드러내는 문학적 형식인지도 모른다.(2016)

---

8   미오가 준에게 건넨 가방 속에는 여러 권의 공책이 들어 있으며, 거기에는 "크기나 두께 무엇 하나 일정치 않았고 고문서라도 되는 것처럼 누렇게 색이 바랜 갱지 공책들"(13)과 "그 사이에 껴 있는 하얀색 스프링노트"(13)가 담겨져 있다. 누런 공책을 쓴 사람은 후쿠오카의 조선인 부락에서 태어나 열두 살이던 1972년에 가족과 함께 북송선을 탄 백소라이다. 스프링 노트의 주인은 화자로서 백소라의 아버지가 바로 그녀의 외삼촌이다.

가족의 빛과 그림자

1. 사랑이 꽃피는 나무

윤대녕은 「은어낚시통신」(1994)으로 이념과 실천 과잉의 이전 시기
와는 구분되는 새로운 1990년대 문학의 첫장을 열어 제친 작가이다.
그는 이전에 쉽게 발화되지 않았던 '존재'라는 말을 들고 나왔으며, 그
러한 탐구는 이전에 보기 힘든 감성적이며 시적인 문장을 통한 내면 묘
사를 동반한 것이기도 했다. '시원始原에의 회귀'라고 일컬어지던 그의
문학은 상처받은 영혼을 위무해 주는 측면에서의 정서적 기능과 매혹
적인 이미지와 분위기의 미학적 측면을 극단적으로 확장시킨 매우 낯
선 모습의 것이었다. 동시에 그는 1990년대 이후 본격화된 후기 자본

주의 사회의 현란한 문화적 기호들을 소설의 육체 속에 적당히 활용하는 놀라운 장기를 발휘하기도 하였다.

「삐에로들의 집」에서도 원두커피와 이국적 음악들 그리고 작품의 주제와 직접적으로 연결된 여러 가지 서양 명화들은 소설의 곳곳에서 적절하게 그 모습을 드러내고 있다. 그러나 이번 장편소설은 이전 작품들과는 그 결과 맥락이 상당히 다르다. 무엇보다 이 작품은 작가의 말에서도 분명하게 확인할 수 있듯이, 이전과는 달리 사회적 메시지를 전달하는데 초점을 맞추고 있는 것이다. 그것이 지나쳐 윤대녕이라는 작가의 맥락에서뿐만 아니라 근대 소설 일반의 미학적 측면에서도 어색해 보일 정도이다. 일테면 이 작품의 중요한 문제의식인 "책임의식이 결여된 기성세대"(144)에 대한 이야기가 몇 페이지에 걸쳐 진술되는 것이나 "타인에 대해 본능적으로 적대적"(149)인 사회에 대한 문제의식을 설파하는 대목 등이 그러하다.

사층짜리 연립주택인 아몬드 나무 하우스에는 여섯 명의 사람들이 살고 있다. 이들은 "난민이나 고아 같은 존재들"(93)로서, 모두 저마다의 상처를 안고 있는 사람들이다. 연극배우이자 극작가로 활동했던 1인칭 초점화자 명우는 외설적인 연극을 공연했다가 거의 노숙자로 전락한다. 명우가 아몬드 나무 하우스에 입주하기 직전의 처지는 "비 내리는 아침에 난데없이 유실물 처리장으로 끌려간다 해도 달리 불평이나 저항을 할 만한 상태가 아니었다"(8)고 표현될 만큼 끔찍한 것이다. 아몬드 나무 하우스의 다른 구성원들의 삶 역시 그다지 다르지 않다. 서른이 넘도록 친부親父가 누군지 모르는 다큐멘터리 작가 현주, 젊은 나이에 이혼한 사진작가 윤정, 엄마의 자살로 큰 충격을 받은 고등학생 정민, 연인이 집단 윤간당한 충격으로 자살한 대학생 윤태 등의 삶이 지닌 주름과 어둠이 모두 만만치 않은 것이다.

이들은 상처 받은 자들인 동시에 스스로를 세상으로부터 유폐시킨 자들이라는 특징이 있다. 그러나 이들은 조금씩 자신의 상처로부터 걸어 나와 타인을 향해 자신을 개방하기 시작한다. "타인 때문에 순수하게 아파본 경험이 없는"(107) 명우는 "실제적인 감각으로 순수한 타인에 대한 감정을 회복하고 있는 중"(109)이다.

아몬드 나무 하우스라는 존재와 그 안에서의 치유를 가능케 하는 것은 마마(남희정)이다. 아몬드 하우스의 "주인"(217)인 마마는 "그 분의 내력을 모르는 한, 우리는 여기서 유령 같은 존재"(217)라는 명우의 말처럼 매우 중요한 의미를 지니고 있다. 그녀의 삶은 전과 후가 확연하게 구분될 정도로 한차례의 크나큰 변모를 겪게 된다. 1950년에 태어난 마마의 전반기 삶은 축재蓄財와 권력權力만을 최우선시한 전후의 한국사회를 대표한다고 해도 모자라지 않는다. 마마의 아버지와 남편은 모두 많은 돈을 벌었다가 정치에 대한 야망으로 인해 그것을 잃어버렸다. 아버지와 사별하고 남편과 이혼한 마마는 이후 무작정 상경하여 억척같이 돈을 벌기 시작한다. 그녀가 온몸으로 돌파해 온 한국사회는 그야말로 먹고 먹히는 육식성이 주도해온 사회라고 해도 과언은 아니다. 이전의 세계와 단절하고 아몬드 나무 하우스에서 살아가는 마마는 철저하게 "육고기"(85)를 거부한다. 이것은 축재와 권력만이 절대 가치로 인정되는 육식성의 세계에 대한 거부를 상징적으로 보여준다.[9]

아몬드 나무 하우스는 그러한 육식성의 세계와는 구별되는 일종의 방주라고 할 수 있다. '육식성의 세계'와 '아몬드 나무 하우스'의 대비는 교환의 논리와 증여의 논리 사이의 대비라고 할 수 있다. 아몬드 나무 하우스에서 보여주는 마마의 삶은 그야말로 증여에 바탕해 잃어버린 공동체를 복원하는 모습에 해당한다. 흥미로운 것은 그것을 가능케 하는 부(富)가 철저히 교환의 원리에 따라 이루어진 것이라는 사실이다. 그녀가 돈을 벌었던 방식은 사채와 주가조작, 돈세탁, 차명계좌 관리 등의 방법이었다. 교환 원리를 극대화 한 화폐자본에 바탕해서 그녀는 부를 쌓아왔던 것이다. 그러한 삶의 지속으로 인해 마마는 "필연적으로 자신을 혐오하게 되는 순간"(223)을 맞이하게 된 것이다.

명우와의 결합 가능성이 강하게 암시되고 있는 윤정 역시 마마와 비슷한 삶의 깨달음을 겪게 된다. 윤정은 "자신이나 다른 삶들은 돌아볼 겨를도 없"(91)이 "경쟁적으로 자신을 소모시키면서 살아왔던"(91) 과거를 반성하며, "내 삶의 생태" 즉 "내게 부여된 고유한 삶"(92)을 복원할 생각을 가지게 된다.

「삐에로들의 집」에서 뿌리 없는 삐에로 나무 하우스의 구성원들은 하나의 가족이 됨으로써 자신들의 뿌리를 형성하게 된다. 윤정은 아몬드 나무 하우스 사람들을 "가족"(101)이라 부르며, "내게도 가족이 있다는 사실에 더할 나위 없는 안도감"(101)을 느낀다. 명우 역시 윤정의 가

---

9 육식성의 의미는 거의 고아로 성장하며 "지하 술집에서 시중드는 일"(170)까지 한 윤정을 통해서도 드러난다. 윤정은 유흥가가 "거칠고 사나운 육식성의 세계"(170)라고 이야기한다. 이러한 육식성의 세계는 연예계에 종사하던 한보라를 자살하게 만들었고, 명우의 연인이었던 난희를 해외로 떠나게 만들기도 하였다.

족이라는 말이 "압정처럼 가슴에 와박혔다"(101)는 표현에서 알 수 있듯이 '가족'을 강렬하게 받아들인다. 다음의 인용문에서처럼 마마 역시도 '가족'을 특별하게 받아들인다.

> "저를 집사로 여기시는 건 상관없습니다. 하지만 집사도 가족의 일원이 아니던가요? 만약 그렇게 인정해주지 않으신다면, 내일이라도 당장 집을 비우겠습니다.
> 일순 당황한 표정으로 마마가 눈을 흘려뜨고 나를 쳐다보았다.
> 이어 가래 끓는 소리로 내뱉었다.
> "자네, 지금 뭐라고 했나."
> "……"
> "가족?"(112)

"타인에게 관용과 선의를 실천하는 사람"(153)이 되는 꿈을 가지고 있는 윤태 역시도 "가족을 갖는 게 일생의 소원이자 꿈"(153)인 사람이다. 명우는 입대하는 윤태의 소원을 들어주는 조건으로 "자네가 언젠가 여기로 돌아온다는 조건"(154)을 내세울 정도인데, 명우가 마마에게 "여기가 집"(201)이라고 말하는 것에서 알 수 있듯이, 윤태의 돌아옴은 귀가에 해당한다. 이처럼 「삐에로들의 집」에서 집과 가족이라는 가치는 하나의 중핵으로서 이 작품을 이끌어 나가는 욕망의 대상이다. 윤대녕은 이미 '작가의 말'에서 "나는 이 훼손된 존재들을 통해 새로운 유사가족의 형태와 그 연대의 가능성을 모색해보고 싶었다"(247)고 분명하게 밝히고 있는 바이다. 작가가 대안적 삶의 양식으로 내세우고 있는 '유사 가족'은 아무래도 '유사'가 아닌 '가족'에 초점을 맞추어 읽어야 할 것으로 이해된다.

그런데 이쯤에서 생각해 보아야 할 것은 아몬드 나무 하우스의 구성원들(명우를 제외하고)이 모두 '난민이나 고아 같은 존재들'이 된 이유가 다름 아닌 가족으로부터 비롯되었다는 사실이다. 정민의 엄마는 교통사고로 말을 잃었고, 이 일로 알콜 중독자가 된 아버지에게 상습적으로 폭행을 당하다 자살했다. 윤태 역시 "일찌감치 부모한테 버림을 받은 처지"(131)의 청년이다. 윤정은 어린 시절 미군 주둔지에서 성장했고, 그곳에서 어머니는 의문의 죽음을 당한다. 이후 아버지는 다른 여자와 재혼하고, 윤정과 동생은 거의 고아처럼 힘들게 성장해야만 했던 것이다. '땅에서 넘어진 자, 땅에서 일어나라因地而倒者 因地而起也'는 말을 생각나게 하는 것일 수도 있지만, 가족이 거느린 그늘에 대한 좀더 심층적인 탐구가 뒤따라야 한다는 사실 역시 놓쳐서는 안 될 것이다.

2. 구성적 외부로서의 홀

편혜영의 「홀」은 얼핏 보기에는 아몬드 나무 하우스의 구성원들이 바라던 바를 성취한 지점에서부터 시작하는 소설이라고 할 수 있다. 겉으로 보기에 40대의 오기는 아몬드 나무 하우스 사람들이 그토록 원하던 가족을 훌륭하게 성취한 것으로 보인다. 교수라는 안정된 직장을 가진 오기는 남들이 부러워하는 집에서 아내와 행복한 삶을 살아가고 있다. 그러나 이 작품이 진정으로 말하고자 하는 것은 그토록 애타게 찾아 헤맨 가족 안에 존재하는, 거대한 홀hole(구멍·구덩이)에 대해서이다.

그 홀은 갑작스러운 교통사고로 아내가 죽고, 눈을 깜박이는 것만 가능할 정도의 중상을 당했기 때문에 발생한 것은 아니다. 오히려 교통사고는 가족 안에 크게 자리 잡고 있던 허방을 발견하게 하는 하나의 계기에 불과하다. 이 소설책의 표지에는 처음 보았을 때 고급스럽고 우아한 누가 봐도 부러워할 만한 이층집이 그려져 있다. 그러나 책을 모두 읽은 후에 바라보면, 그 집은 고딕소설의 주요한 배경처럼 기괴하고 음울한 모습으로 달라져 보인다. 편혜영이 「홀」에서 그려 보이는 가족 역시 그 속을 살펴보면, 얼핏 보았을 때와는 다른 기괴함과 음울함을 그 안에 품고 있는 것이다.

편혜영의 「홀」은 잘 만들어진 스릴러 영화처럼 읽는 사람을 긴장 속으로 밀어 넣는다. 그러한 긴장은 작가의 치밀한 계산과 만만치 않은 내공에서 비롯된 것이라고 할 수 있다. 괴기스러운 낯섦을 조성하기 위한 장치는 곳곳에 배치되어 있는데, 대표적으로 일본에서 나고 자란 장모를 통해 낯선 일본어나 일본 풍습을 적절하게 서사 속에 끼워 넣는 것 등을 들 수 있다. 무엇보다도 독자가 동일시하기 쉬운 초점화자인 오기의 상태는 그 자체만으로도 독자에게 긴장과 불안을 유발하기에 충분하다. 거기에 덧보태 간병인과의 사이에서 시작된 불편한 관계는 간병인의 아들과의 관계를 거쳐 장모님과의 고립된 관계로 이어지며 긴장의 극점을 향해 치닫는다. 장모는 오기가 병에서 낫는 것을 바라지도 않으며 나중에는 병원에도 데려가지 않는다. 오기와 장모만 남겨진 고립된 집에서의 일들은 섬찟한 공포를 불러일으키는데, 그것은 오이디푸스기 이전 전지전능한 어머니가 악마로 돌변했을 때 느끼는 유아의 공포와 같은 성질의 것이라고 볼 수 있다.

오기의 가족 안에 아가리를 벌리고 있는 그 심연으로서의 구멍은 가족 역시도 '아몬드 나무 하우스'와는 달리 증여가 아닌 교환의 원리에 바탕한 사회라는 성격에서 비롯된다. 교환의 논리는 물질적인 차원에서만 이루어지는 것이 아니라 감정이나 상처라는 차원에서도 일어날 수 있는 것이다. 처음 오기의 집에는 오기와 아내만이 존재한다. 그 둘은 "영영 속물로 살지, 잉여로 남을지"(78)가 결정되는 사십대를 맞이하였고, 오기는 '속물'로 아내는 '잉여'로 낙착을 보게 된다. 그러나 엄밀히 말하자면 오기와 아내는 모두 속물로서, 둘 사이에는 단지 '성공한 속물'이냐 '실패한 속물'이냐의 차이만 존재한다고 보아야 한다. "늘 누군가처럼 되고 싶어"(87)하는 아내는 "단지 성공해서 이름을 날리고 싶어 했"(125)던 것이다.

교수에 임용되기 위해 경쟁자의 약점을 적절하게 이용할 정도로 유능한 오기는 삶에서 승승장구한다. 오기는 "더 많은 것을 갖고 싶어 노골적으로 술수를 부"(79)릴 줄도 아는 사람인 것이다. 이에 반해 아내는 대학원, 출판사, 인터넷 신문사를 전전하며 어디에서도 뿌리내리지 못한채, 성공과는 거리가 먼 삶을 산다. 이러한 아내를 향해 오기는 따뜻한 위로나 도움을 주기는커녕 비웃거나 조롱하여 힘을 빼기나 했던 것이다. 오기는 다른 여자와 바람을 피기까지 한다. 결국 사고로 아내는 죽고 오기만 살아나서 오기가 아내에게 진 빚은 영원히 상환이 불가능하게 되어 버린다. 이러한 상황에서 장모는 아내 대신 빚을 받아내기 위해 등장한 것이다.

「홀」에서는 장모가 아내의 분신 혹은 대리인이라는 것을 정교하지만 동시에 표나게 강조하고 있다. 장모는 아내가 끼던 다이아몬드 반지를 자신이 갖겠다고 말하며, 아내가 정원 가꾸는 일에 그토록 열심이었듯이, 장모도 자신의 모든 에너지를 정원 가꾸는 일에 투자한다. 오히려 장모는 "아내가 정원 일을 할 때 입는 옷을 입고 모자를 쓰고 삽을 들고"(160) 있어서 "꼭 아내처럼 보"(160)인다. 무엇보다 장모 스스로 오기에게 "내 딸이 못한 거, 내 딸이 하려던 거, 내 딸이 하고 싶어 한 것, 그걸 내가 다 해야 하니까. 내가 다 할 걸세. 자네도 알다시피 나한테는 딸뿐이었네"(168)라고 하여, 아내를 대신하는 존재임을 분명하게 밝히고 있다.

이러한 장모의 대신 빚 받아내기는 아내가 평소에 오기와의 자잘한 일상까지도 "강박적으로 기록"(127)했기에 가능한 일이다. 장모가 그 기록에 바탕해서 활동한다는 것은 아내가 큰 상처를 받게 한 사람들을 장모가 또 다시 초대해서 오기를 모욕하는 장면에서 충분히 암시된다. 장모는 오기를 조금씩 그러나 치밀하고도 강력하게 괴롭히기 시작하고, 그것은 막장을 향해 치닫는다. 장모는 살려달라는 뜻의 '다스케테쿠다사이'라는 말을 하는데, 어느 순간부터 오기도 "장모가 중얼거리던 다스케테쿠다사이라는 말을 저도 모르게 따라"(191)한다. 어쩌면 이 '다스케테쿠다사이'라는 일본말은 오기의 아내도 주문처럼 외웠을지도 모르는 일이다.

오기는 지도학 전공 교수이다. 지도는 여러 가지 근원적 한계를 가지고 있지만, "실패를 통해 나아"(75)지는 장점이 있는 세계이다. 그러나 "삶은 실패가 쌓일 뿐, 실패를 통해 나아지지는 않"(75)는다. 실제로 오기와 아내가 겪은 일은 오기의 아버지와 어머니가 겪은 일에 대응된다. 어느새 오기는 자신의 아버지가 되어 갔으며, 오기의 어머니가 자살했듯이 아내 역시 사고를 통해 자살한다. 오기는 "끈질기게 뭔가를 추구하고, 그것 이외에 다른 것은 돌아보지 않고, 결국에는 성취하고, 한길로만 살아온 것을 자부하는 사람에 대한 두려움 같은 게 있었"(20)다. 그런 사람들은 남들의 "박약한 의지를 손쉽게 비웃"고 "고집과 독선이 지나쳤고 자신의 자부가 폭력이 된다는 걸 의식하지 못"(20)한다. 그런 사람이 바로 오기의 아버지였던 것이다. 오기는 아내와의 관계에서 철저하게 아버지로서 행세하였다. 오기 스스로도 "아버지를 비난했지만 자신 역시 이미 비슷한 가치로 살아가고 있었다"(79)고 인정할 정도이다. 오기가 자신의 아버지와 비슷해진 것처럼, 오기의 아내는 오기의 엄마와 같은 모습으로 변모해간다. 오기의 엄마는 아버지를 향해 비아냥거리고는 했는데, 아내 역시 "매사 빈정대고 조롱했"(128)던 것이다. 오기는 부모의 삶을 조금도 개선시키지 못한 채 그대로 반복했던 것임을 알 수 있다.

이 작품은 오기가 장모가 판 커다란 구덩이hole에 갇혀 옴짝달싹하지 못하는 것으로 끝난다. 비유가 아닌 실제로 오기는 집에 자리 잡은 거대한 홀 속에 빠져버린 것이다. 이 홀은 어떠한 의미화나 가치부여도 할 수 없는 식별 불가능성의 지대이며, 가족이라는 가치가 근거를 잃고 침몰하는 어둠이라고 할 수 있다. 이 홀은 가족이라는 상징계에 커다란 균열과 파열을 일으키는 실재계라고 할 수 있으며, 그 어떤 상징계적 커튼으로도 봉합되지 않는다. 실재로서의 홀과 거기에 빠진 오기의 모습은 어설프고 그럴듯한 대안적인 답보다는, 가족의 문제를 심연深淵으로까지 밀고 들어가 가족에 대해 다시 생각하도록 만드는 물음을 던진다고 볼 수 있다.

나아가 이 홀은 가족뿐만 아니라 인간관계 전반에서 발견되는 모종의 심연을 발견하게 하는 계기로까지 발전한다. 다음의 인용문은 이 작품의 마지막 대목으로서, 가장 슬픈 장면이기도 하다.

우는 아내를 보며 오기는 웃었다. 이게 슬픈가. 겨우 이런 얘기로 우네. 아내가 이렇게 감상적이었나. 이해할 순 없지만 사랑스러웠기 때문에 달래고 싶었다. 우리는 무사할 테고, 어떤 일이 있어도 저 너머로 홀로 가지 않겠다고 얘기했다. 허튼 약속 없이, 섣부른 이해 없이 아내를 슬픔에서 천천히 건너오게 하면 좋았을 거라는 생각은 나중에야 들었다. 오기는 미래의 슬픔을 이미 겪은 듯한 아내를 가만히 안아주었고 울음이 서서히 잦아들다가 그쳐가는 걸 지켜봤다.

깊고 어두운 구멍에 누워 있다고 해서 오기가 아내의 슬픔을 알게 된 건 아니었다. 하지만 자신이 아내를 조금도 달래지 못했다는 건 알 수 있었다. 아내가 눈물을 거둔 것은 그저 그럴 때가 되어서였지, 더 이상 슬프지 않아서는 아니었다.

오기는 비로소 울었다. 아내의 슬픔 때문이 아니었다. 그저 그럴 때가 되어서였다. (208~209)

소설을 읽고 우는 아내를 보며 오기는 웃는다. 그 순간 오기는 '이해'와 '약속'으로 아내를 달래려고 했지만, 그것은 홀에 빠진 지금 돌이켜보면 단지 '허튼 약속'이고 '섣부른 이해'에 불과했던 것이다. 그러나 여전히 '아내의 슬픔'은 결코 알 수 없는 것으로, 오기의 눈물 역시도 아내의 슬픔과는 무관한 것으로 남겨진다. 아무리 정확한 지도도 결코 현실을 있는 그대로 드러낼 수는 없기에, 현실과 다르거나 현실에서 누락되는 부분이 발생할 수밖에 없다. 모든 인간관계에 내재된 이 홀은 우리 삶의 필연적인 구성적 외부라고 해도 과언이 아닐 것이다.

3. 증여와 교환

윤대녕이 「삐에로들의 집」에서 추구하는 가족과 편혜영이 「홀」에서 파헤치는 가족은 서로 다른 모습을 보여준다. 각각의 가족은 증여와 교환이라는 서로 다른 원리에 의하여 작동한다. 존재의 비의를 시적인 문장으로 탐구하던 윤대녕은 「삐에로들의 집」에서 우리 시대의 나아갈 바를 다소 교훈적으로 보일 만큼 절실하게 전달하였다. 이를 통해 윤대녕은 철저히 증여의 원리에 바탕한 유사 가족을 하나의 대안으로까지 제시하는 모습을 보여주고 있다. 조건 없는 부조와 증여야말로 공동체의 제1 원칙이라고 할 수 있다면, 아몬드 나무 하우스는 교환의 원리는 최소화하고 증여의 원리는 최대화한 명실상부한 공동체라고 할 수 있다. 여기서 주의해야 할 점은, 이 가족이 마마라는 한 여인의 경제력과 선의에 거의 전적으로 의존하고 있다는 점이다. 그러고 보면, 이 작품의 주인공인 김명우 역시 자신이 살던 방의 전前주인이 "몸부림치는 소리"(62)를 느끼는 평범치 않은 능력을 지닌 사람으로 설정되어 있었다. 이것은 유사 '가족'이라는 공동체를 반드시 이루고자 하는 작가의 비장한 의지에서 비롯된 결과라고 할 수 있을 것이다.

편혜영이 해부한 오기의 가족은 화폐적 차원은 아니지만 정신적인 차원에서 교환의 원리가 극대화된 채 유지되는 참담한 사회의 모습에 가깝다. 거기서는 누군가에게 진 빚은 반드시 상환이 이루어져야 하며, 이것은 세대를 넘어서까지도 지켜져야만 하는 하나의 철칙이다. 편혜영은 풍문으로만 나돌던 그로테스크나 기괴함 등의 실체를 한국소설사에 제시한 대표적인 작가라고 할 수 있다. 그러한 그로테스크나 기괴함의 배후에서 벌어지던 파국은 시간이 지날수록 추상적 세계에서 구체적인 세계로 변모해나가는 모습을 보여주었다. 이번 작품 「홀」에서는 그러한 파국이 평범한 일상의 밀폐된 공간에서 이루어지기에 공포와 불안의 정도는 더욱 클 수밖에 없다. 한정된 배경은 더욱 심리에 대한 집중도를 높여 주고, 이에 따라 등장인물이 느끼는 긴장과 불안의 정서적 강렬도는 더욱 직접적으로 독자에게 전달되는 것이다. 이러한 강렬도를 통해 작가는 가족이라는 평온한 이름 아래 숨겨진 거대한 허방의 잔혹함을 뚜렷이 감각하도록 만드는 문학적 성취를 보여주고 있다.(2016)

너 자신을 증명하라!

사사키 아타루, 안천 역, 『이 치열한 무력을』(자음과 모음, 2013)

　작년에 번역 출간된 사사키 아타루의 「잘라라, 기도하는 그 손을」 (자음과모음, 2012년)은 무기력증에 걸린 한국인문학계에 오랜만에 적지 않은 반향을 불러온 저서이다. 철학과 문학, 역사, 종교학 등 인문학의 거의 모든 영역에 걸쳐 있는 이 저작이, 특히나 뜨거운 반응을 불러일으 킨 곳은 다름 아닌 문단이었다. 이것은 지난 10여 년 간 문학계를 지배 해 온 가장 주도적인 담론이 문학 종언론이었던 것과 관련된다. '문학 은 죽었다.'는 것이 충격적인 명제에서 하나의 상식으로 변해가는 과정 에서, 사사키 아타루는 놀랍게도 '읽고 쓰는 것이야말로 혁명'이라는 문학혁명론을 복음처럼 들려주었던 것이다.

　「이 치열한 무력을」(자음과모음, 2013년)은 바로 그 문학혁명론이 가져온 파장에 대한 답변서이자 증보판이라고 부를 수 있다. 1948년생으로 소설가이자 비평가인 가가미 아키라는 「잘라라, 기도하는 그 손을」에서 주문처럼 외우고 있는 '읽고 쓰는 것이야말로 혁명'이라는 명제가 잘못 소비될 수 있는 한 가지 방식에 대하여 비판하고 있다. 그 명제는 학생 운동으로 유명했지만 실제로는 대다수가 정치에 무관심했던 자기와 같은 세대들에게 "그래, 책을 읽으면 그걸로 된 거야"(50)와 같은 식의 면죄부를 주었다는 것이다. 이것은 사사키 아타루의 문학혁명론이 꼼꼼하게 해명하고 넘어가야 할 중요한 문제가 아닐 수 없다. 이에 대해 사사키 아타루는 미셸 푸코의 말을 빌려 "이론을 구성하는 것, 사유하는 것, 어떤 시점을 만드는 것만으로도 하나의 실천"(52)이라고 주장한다. 이러한 실천의 구체적 사례로 제1인터내셔널이 해체된 이후에도 대영 도서관에 틀어 박혀 『자본론』을 집필한 마르크스를 들고 있다.

헤겔은 이 대담집에서 주요한 비판의 대상인데, 이 비판이 중요한 이유는 헤겔의 철학이 바로 "'종언'의 철학"(141)이기 때문이다. 그러나 헤겔 스스로도 증명하듯이, 헤겔이 주장한 종교나 예술의 종언이란 불가능하다. 헤겔의 대표작 「정신현상학」은 "모든 것이 언어로, 의미로 회수되고 절대지라는 것이 우뚝 솟아 종교나 예술은 폐기된다"(25)고 주장했지만, 아이러니하게도 「정신현상학」의 마지막 문구는 "시"(25)로 끝난다는 것이다. 예술이 죽는 과정을 완전히 철학적이며 이성적으로 기술했다고 생각한 순간에, 헤겔은 자기도 모르게 시를 쓰고 말았다는 것이다.

「잘라라, 기도하는 그 손을」과 「이 치열한 무력을」 사이에는 2011년 3월 11일이 놓여 있다. 그 날 거대한 지진해일은 일본의 동북 지방을 덮쳤고, 그로 인해 발생한 원전 사고는 지금까지도 진행중이다. 3·11 이야말로 종말이라는 감각을 우리에게 불러일으키는 대사건이며, 사사키 아타루의 핵심적인 명제인 '종말은 없다'와 '문학은 무력하지 않다'에 대한 가장 강력한 반론이라고 볼 수도 있다. 그렇기에 「이 치열한 무력을」은 일본의 대표적인 지성인들과 나눈 대담집이라기보다는 3·11과 나눈 논쟁집이라고 보는 것이 타당한지도 모른다. 이 작품의 제목이기도 한 '이 치열한 무력을'도 "특권적인 미나 예술만 대지진 이후 무력한 것은 아니다. 모든 것이 무력했다. 이 치열한 무력만이 성취할 수 있는 게 있다"(165)라는 문장에서 비롯된 것이다.

사사키 아타루는 3·11로 인해 두 가지 죽음이 발생했다고 주장한다. 지진과 쓰나미로 인해 사람들이 죽어간 찰나의 죽음과 원전사고로 인해 천천히 다가오는 완만한 죽음이 그것이다. 3·11의 진정한 공포는 바로 이 완만한 죽음에서 비롯된다. 새롭게 주어진 죽음의 완만함은 삶 그 자체와 유사하다. 그렇다면 삶에 '이전'이나 '이후'를 상정할 수 없듯이, 3·11에도 '이전'이나 '이후'를 설정한다는 것은 불가능한 일이다. 더군다나 플루토늄 239의 반감기가 2만 4천년이고, 우라늄 238은 45억 년인 상황에서 원전사고의 끝은 더더욱 존재하기 어렵다. 이 현실 앞에서 문학(예술, 사상)이 무력하다고 말하는 것은 별다른 의미가 없다. 이 압도적인 현실 앞에서는 모든 것이 무력하기 때문이다. 문학이나 예술이 "특권적으로 무력하다고 말하는 것"(153)은 "어쩌면 권력을 갖고 싶어서, 유명해지고 싶어서, 돈을 벌고 싶어서 사상이나 문학을 했다는"(153) 것으로 들릴 수도 있다고 비판한다. "예술이나 사상에 '권력'이 있다고, '힘이 있다'고 여"(153)겼을 때만, 문학과 예술의 무력을 힘주어 말할 수 있기 때문이다.

사사키 아타루에게 문학은 직접적으로 효과를 발휘하는 영역이 아니다. 그것은 아주 오랜 시간을 두고 조금씩 자신을 증명하는 종류의 활동이다. 그러하기에 정말로 문학을 긍정하는 길은, 직접적인 효과와 관련해서는 문학이 거의 무의미함을 받아들이는 것에서부터 시작된다. 사사키 아타루는 2차 대전 당시 수용소에서 비참한 삶과 죽음을 겪은 후에도 책을 쓴 첼란, 레비나스, 슐츠를 통하여 문학은 "쓸모없지도, 무의미하지도 않다"(155)고 이야기한다. 멸망과 종말이라는 생각 속에서 자신을 방기한 사람들보다는 글쓰기에 자신의 자존을 건 자들이 존재하며, 그들이 쓴 책은 오랜 시간을 두고 그러한 도박이 결코 헛되지 않았음을 증명하고도 남는다는 것이다.

사사키 아타루가 문학종언론이 아닌 문학혁명론을 이야기할 수 있는 것은, 그가 문학의 개념을 매우 넓게 잡고 있기에 가능한 것이기도 하다. 「잘라라, 기도하는 그 손을」에서는 문학이 '언어예술 작품으로서의 문학literature'이 아니라 literature의 어원인 라틴어 littera에 어울리는 문헌이나 서지 일반을 의미했다면, 「이 치열한 무력을」에서는 푸코적인 의미의 생정치를 문학(예술)과 동일시하려는 하나의 사유실험을 행하고 있다. 사사키 아타루는 푸코가 한 인터뷰에서 인간을 만드는 것은 결단코 예술이라고 말한 것을 인용하며, 우리는 "기계 아티스트도, 미적 아티스트도 아닌 교육·정치 아티스트의 예술을 통해 형성된 것"(179)이라고 주장한다.

나아가 사사키 아타루는 실러의 견해를 들어, 문학과 예술만이 위로부터가 아닌 아래로부터의 혁명을 가능하게 한다고 말한다. 실러는 민중 봉기라는 보텀업bottom-up으로 시작된 혁명조차 결국은 "국가에 의한 개개인의 폐기=지양"(171)이라는 톱다운top-down의 혁명으로 변질될 수 있는데, 진정한 보텀업bottom-up에 의한 정치 변혁은 인간을 고귀하게 하는 것을 통해서만 실현된다는 것이다. 이 때 인간을 고귀하게 하는 수단이 바로 예술이라고 보았다. 예술은 "국가가 부여한 것이 아닌, 어떤 정치적 부패가 있어도 가능한 수단"(172)이라는 것이다. 예술이야말로 감성을 이성과 이어주는 길이며, 개별적인 감성적 욕구나 이해를 지닌 개인을 그보다 위에 있는 도덕이나 법, 국가로 높여줄 수 있다.

　　사사키 아타루는 이전부터 자신의 핵심적인 주장은 주문을 외우듯이 몇 번이고 반복하는 특징을 보여준다. 이것은 마치 힙합 가수가 반복되는 리듬에 같은 가사를 힘주어 부르는 모습을 연상시킬 정도이다. 하긴 다방면에 재능을 보여주고 있는 사사키 아타루는 일본 내에서 꽤 알려진 힙합 작사가이기도 하다. 사사키 아타루의 책을 읽으면, 그 반복되는 명제만은 결코 잊을 수가 없게 된다. 「잘라라, 기도하는 그 손을」의 주문이 '읽고 쓰는 것은 혁명이다'였다면, 「이 치열한 무력을」의 주문은 '인간은 예술에서 태어나, 예술을 살며, 예술을 낳는다'(180)일 것이다. 이와 같은 말은 계속해서 반복된다.[10] 이것은 「이 치열한 무력을」에서 사

10　이외에도 "인간은 예술의 결과고, 예술의 원인이다."(180), "우리의 예술이 우리 자신을, 우리 인간을 계속 제조하고 있다는 점만큼은 분명하다."(181), "우리는 예술에 의해 만들어졌고, 우리는 예술을 만들어낸다"(181)와 같은 문장들을 들 수 있다.

사키 아타루의 사고가 푸코식의 생정치와 예술을 거의 동일한 지평 속에서 사유하고 있음을 증명한다. 그리하여 사사키 아타루는 파울 첼란이 수용소라는 전대미문의 폭력 앞에서 자신의 존재의미를 증명했듯이, 우리에게도 이제 하나의 사명이 주어졌다고 이야기한다. 이 당부야말로 이 책의 핵심이라고 해도 과언이 아니다.

우리는 강인하게 만들어졌음을 증명해야 한다. 제군들이 할 수 있는 것은 무엇인가? 바로 예술 작품을 만드는 것이다. 우리 앞 세대 중 일부가 비열하기 그지없는 자기기만에 빠져 이런 참화를 불러왔다 하더라도, 그들만 있었던 것은 아니라는 것을 우리는 증명할 수 있다. 이 대지진 이후에 뛰어난 작품을 제작하는 것은 결코 무의미하지 않다. 그것을 보고 후세 사람들이 무슨 생각을 할까? 그런 지옥 속에서 그녀 / 그들은 이런 것을 만들었구나. 이렇게 생각할 것이다. (181~182)

일본에서도 「잘라라, 기도하는 그 손을」은 몇 개월 만에 3만부가 팔릴 정도로 큰 주목을 받았다. 이러한 영향으로 사사키 아타루는 강연, 대담 등을 적극적으로 했으며, 그 결과물들을 시리즈로 엮어 출간하고 있다. 「이 치열한 무력을」은 그 중에서 네 번째 시리즈에 해당하는 것이다. 비평가, 소설가, 에세이스트, 모델, 아티스트 등과의 대담을 모아 놓은 책답게 「이 치열한 무력을」은 "높은 완성도"(381) 대신 "어떤 종류의 잡다함"(381)을 보여준다. 이 잡다함 중에는 독자의 흥미를 자극하는 것들이 적지 않게 존재한다.

이 책에서 사사키 아타루는 핵무기나 핵발전의 완전한 폐기를 주장한다. "모든 종류의 핵무기와 원전은 전 세계에서 신속하게, 완전히 '폐기'돼야"(143) 하며, 이는 "변혁이자 새로운 세계의 시작"(143)이라는 것이다. 이를 위한 근거로 사사키 아타루가 내세운 근거는 지금까지 존재한 원전 폐기론 중에 가장 설득력 있게 들린다. 노르웨이의 온칼로(고준위 핵폐기물 보관 시설) 이야기인데, 이곳에서 핵폐기물이 아무 해가 없어질 때까지 봉인해두는 데는 10만 년이 걸린다고 한다. 그런데 '이곳에 핵폐기물이 있습니다.'라고 노르웨이어로 써놓아도, 10만 년 후에 노르웨이어가 존재할지는 알 수 없다는 것이다. 인류가 문자를 쓰기 시작한 지 겨우 5천 년 정도 밖에 되지 않았다는 것을 생각할 때, 언어와 관련해 10만 년이란 거의 영원이라고 해도 과언이 아니다. 이러한 장대한 무력無力 앞에서 핵이라는 어마어마한 물건을 관리하려는 것은 인간의 오만일 수밖에 없다.

사사키 아타루는 최근 소설가로서도 활발한 활동을 보여주고 있다. 그러한 영향인지 이 책에는 소설에 대한 저자의 적지 않은 입장이 나타나 있다. 핵심은 소설이 기본적으로 "번역이고 타자에게 말을 건네는 언어"(368)라는 것이다. "타자로부터 유래한 언어이자, 타자에게 보내는 언어며, 타자의 세계관이고, 묘사하는 자신의 말조차 타자의 말인 상황을 만들어내는 것"(368)이 소설의 언어라는 것이다. 사사키 아타루는 산문의 기원을 번역, 주석, 변명의 세 가지에서 찾고 있는데, 그것은 모두 타자를 염두에 둔 발화라는 점에서 공통점을 지닌다. 이것은 사사키 아타루에게 소설이란 근원적으로 삶과 세상에 깊이 연관되어 있는 글쓰기임을 보여주는 것이라 할 수 있다.

연애에 대한 생각도 사사키 아타루다운 면이 있다. 오늘날 사람들이 말하는 연애가 널리 퍼진 것은 제1차 세계대전보다 훨씬 나중의 일이며, 연애를 잘한다는 것은 예전이나 지금이나 어려운 일이라는 것이다. 나아가 "연애는 환상"(76)이라는 주장도 하고 있다. 그렇지만 "환상의 파괴가 즉시 진리의 창조로 이어지지는 않는다. 거기에 나타나는 것은 무지, 진공, 황야다"(77)라는 니체의 말을 인용하면서까지, 연애는 반드시 해야 한다고 주장한다. 이것 역시 어떠한 파국 앞에서도 무언가를 제작해야 한다는 그 강인한 의지가 생각나는 대목이 아닐 수 없다. 사사키 아타루는 「이 치열한 무력을」에 수록된 마지막 글인 소설가 이토 세이코와의 대담에서 "희망이 없다는 게 희망입니다"(380)와 "구원이 없는 것이 구원입니다"(380)라는 말로 이 책을 끝내고 있다. 이 불굴의 정신 속에서 문학과 예술은 그렇게 조금 한 뼘이나마 앞으로 나아갈 수 있을 것이다.(2013)